土浦日本大学高等学校

〈収録内容〉

※国語の大問二・三は、問題に使用された作品の著作権者が二次使用の許可を出していないため、問題を掲載しておりません。

便利な DL コンテンツは右の QR コードから

解答用紙

過去年度

⇒ 

※データのダウンロードは 2025 年 3 月末日まで。
※データへのアクセスには、右記のパスワードの入力が必要となります。 ⇒ 854691

〈合格基準点〉

	一般（進学）	一般（特進）	学力Ⅱ種特待	学力Ⅰ種特待	G S
2024年度	140点／265点	200点／351点	220点／380点	264点／443点	200点／340点
2023年度	120点／245点	190点／349点	212点／382点	250点／439点	200点／350点
2022年度	150点／274点	206点／359点	224点／386点	256点／434点	220点／365点
2021年度	154点／282点	208点／361点	228点／390点	256点／430点	220点／363点
2020年度	150点／280点	188点／336点	212点／371点	242点／415点	220点／371点
2019年度	152点／265点	200点／335点	226点／372点	254点／413点	220点／349点

※3 科（一般単願）／ 5 科（一般併願）
※GS は、350 点満点（英語 1.5 倍）

本書の特長

実戦力がつく入試過去問題集

▶ 問題 …………… 実際の入試問題を見やすく再編集。

▶ 解答用紙 …… 実戦対応仕様で収録。

▶ 解答解説 …… 詳しくわかりやすい解説には、難易度の目安がわかる「基本・重要・やや難」の分類マークつき（下記参照）。各科末尾には合格へと導く「ワンポイントアドバイス」を配置。採点に便利な配点つき。

入試に役立つ分類マーク 

基本 確実な得点源！
受験生の 90%以上が正解できるような基礎的、かつ平易な問題。
何度もくり返して学習し、ケアレスミスも防げるようにしておこう。

重要 受験生なら何としても正解したい！
入試では典型的な問題で、長年にわたり、多くの学校でよく出題される問題。
各単元の内容理解を深めるのにも役立てよう。

やや難 これが解ければ合格に近づく！
受験生にとっては、かなり手ごたえのある問題。
合格者の正解率が低い場合もあるので、あきらめずにじっくりと取り組んでみよう。

合格への対策、実力錬成のための内容が充実

▶ 各科目の出題傾向の分析、合否を分けた問題の確認で、入試対策を強化！

▶ その他、学校紹介、過去問の効果的な使い方など、学習意欲を高める要素が満載！

解答用紙ダウンロード 解答用紙はプリントアウトしてご利用いただけます。弊社ＨＰの商品詳細ページよりダウンロードしてください。トビラのＱＲコードからアクセス可。

UD FONT 見やすく読みまちがえにくいユニバーサルデザインフォントを採用しています。

土浦日本大学高等学校

普通科
生徒数　1959名
〒300-0826
茨城県土浦市小松ヶ丘町4-46
☎029-822-3382
☎029-823-4439（情報入試室）
常磐線土浦駅　徒歩25分またはバス10分
桜川、下妻、江戸崎、利根、守谷、岩井、つくば、つくばみらい、水戸方面よりスクールバスあり

将来の希望選択に応える
３コース５クラス制
帰国国際生入試の実施

URL	https://www.tng.ac.jp/tsuchiura/

特色ある施設が充実

総合学習情報センター内には総合図書館（蔵書数８万冊以上）、他に生物・物理・化学実験室、多目的学習室・生徒ラウンジ・音楽室がある。本館は、吹き抜けのメディアプラザを中心に回廊型に教室が配置されている。校舎、総合体育館には全館冷暖房完備で快適な学習環境を提供。ランニングロード等を併せ持つ総合体育館は同時間に10コマの授業展開が可能。学校の近くには右籾桜グラウンド、男子寄宿舎「桜心館」、ナイター施設を整えた野球場等を完備した「かすみがうら桜グラウンド」がある。

目標別のコース制で希望進路を実現

３コース５クラス制を導入している。

国公立・難関私立大学を目指す**特別進学コース（スーパーハイクラス・特進クラス）**では、ハイレベルな授業とテスト、課外授業で高い学力を養成。独自の探究活動でプレゼンテーション能力、レポート作成能力を高め、推薦入試にも対応している。日本大学・難関私立大学を目指す**総合進学コース（進学クラス・スポーツクラス）**では、日本大学内部進学を目標としたカリキュラム編成で、生徒の希望と適性に応じた進学をバックアップ。2年次より「医歯薬系クラス」も設置している。難関私立大学と海外の大学への進学を目指す**グローバル・スタディコース**では、少人数授業でネイティブと日本人教師によるチームティーチングを実施するほか、短期（1年生オーストラリア）・中期（2年生カナダ）の留学（必修）、1年間のオーストラリア長期留学（希望者）もある。

人気の総合図書館 床暖房で冬も快適

全国屈指のクラブ多数 海外修学旅行

23ある運動部の多くが、インターハイなどの全国大会の出場経験があり、オリンピック選手を輩出している。硬式野球、バスケットボール、バレーボール、剣道、柔道、陸上、レスリングなど、いずれも伝統と実績を誇る。文化部は13あり、囲碁・将棋部や音楽部は全国大会で活躍している。他にも吹奏楽、科学、茶道など多岐にわたって活動している。

蓼科でのサマースクール、海外修学旅行やハワイ英語研修など、一人ひとりの可能性を広げる多彩な行事も用意されている。

日大への推薦入学 難関他大学へも多数

推薦入学制度を利用し、日大への進学が多いが、他大学への進学率も高く、2023年３月卒業生の主な進学先は、東京大、北海道大、東北大、お茶の水女子大、筑波大、茨城大、千葉大、茨城県立医大、早稲田大、慶應義塾大、上智大、東京理科大、明治大、青山学院大、国際基督教大、中央大、法政大、中央（チュンアン）大、Queen Mary University of Londonなど多数。

在校生からのメッセージ

中学生の頃進路を考えた際、生物に関する学びができる大学に進学したいと考え、生物資源科学部のある日本大学付属校の本校に入学を決めました。通学はスクールバスでの登下校で快適です。総合進学コースは、放課後の課外授業が希望制のため、私は選択せず部活動に力を入れています。おかげで高校から始めた弓道に専念できています。勉強も部活動もどちらも頑張りたい私にとっては、最適な環境で高校生活を過ごせています。
（総合進学コース　進学クラス男子）

快適な学習環境を提供 Wi-Fi、冷暖房

中学校の先生に学習環境が整った本校を勧められたことをきっかけに説明会へ参加し高校選択をしました。最難関の国公立大学を目指すコースのため、勉強ばかりのイメージもありましたが、クラスの雰囲気が良く、行事と学習のメリハリがついています。日頃は放課後の課外授業で、苦手な分野を補ったり発展問題に取り組んだりして学力の向上に努めています。友達同士でわからない問題を話し合えるところや先生方が本当に丁寧で親身になってくださるので、第一志望を目指して毎日頑張れています。
（特別進学コース　スーパーハイクラス女子）

元々英語に強い興味があり、本校のGSクラスの卒業生である友人から話をよく聞いていたことから、入学を志望しました。「アクティブ・イングリッシュ」という独自の授業では、１クラスを３つに分け約10名の生徒に先生２名がプレゼンテーションやディベートに必要な能力の養成をサポートしてくださいます。帰国子女の同級生がたくさんいることもあり、日常的に英語に触れる機会が多くあります。２回の留学（オーストラリアとカナダ）を経て、より実践的な英語力が身についたと実感しています。将来は英語に関わる仕事で国際的に活躍したいです。
（グローバル・スタディコース　GSクラス女子）

2024年度入試要項

試験日　1/9（単願推薦）
1/15（併願推薦型Ａ日程）
1/21（併願推薦型Ｂ日程・一般）

試験科目　国・数・英＋面接（単願推薦・一般単願）
国・数・英・理・社（併願推薦型・一般併願）

2024年度	募集定員	受験者数	合格者数	競争率
単願推薦	630	313	313	1.0
併願推薦・一般		2178	1974	1.1

※帰国国際生入試（1/20、国・数・英＋面接）、海外帰国生入試の詳細については、学校に直接お問い合わせ下さい

過去問の効果的な使い方

① **はじめに**　入学試験対策に的を絞った学習をする場合に効果的に活用したいのが「過去問」です。なぜならば，志望校別の出題傾向や出題構成，出題数などを知ることによって学習計画が立てやすくなるからです。入学試験に合格するという目的を達成するためには，各教科ともに「何を」「いつまでに」やるかを決めて計画的に学習することが必要です。目標を定めて効率よく学習を進めるために過去問を大いに活用してください。また，塾に通われていたり，家庭教師のもとで学習されていたりする場合は，それぞれのカリキュラムによって，どの段階で，どのように過去問を活用するのかが異なるので，その先生方の指示にしたがって「過去問」を活用してください。

② **目的**　過去問学習の目的は，言うまでもなく，志望校に合格することです。どのような分野の問題が出題されているか，どのレベルか，出題の数は多めか，といった概要をまず把握し，それを基に学習計画を立ててください。また，近年の出題傾向を把握することによって，入学試験に対する自分なりの感触をつかむこともできます。

過去問に取り組むことで，実際の試験をイメージすることもできます。制限時間内にどの程度までできるか，今の段階でどのくらいの得点を得られるかということも確かめられます。それによって必要な学習量も見えてきますし，過去問に取り組む体験は試験当日の緊張を和らげることにも役立つでしょう。

③ **開始時期**　過去問への取り組みは，全分野の学習に目安のつく時期，つまり，9月以降に始めるのが一般的です。しかし，全体的な傾向をつかみたい場合や，学習進度が早くて，夏前におおよその学習を終えている場合には，7月，8月頃から始めてもかまいません。もちろん，受験間際に模擬テストのつもりでやってみるのもよいでしょう。ただ，どの時期に行うにせよ，取り組むときには，集中的に徹底して取り組むようにしましょう。

④ **活用法**　各年度の入試問題を全問マスターしようと思う必要はありません。できる限り多くの問題にあたって自信をつけることは必要ですが，重要なのは，志望校に合格するためには，どの問題が解けなければいけないのかを知ることです。問題を制限時間内にやってみる。解答で答え合わせをしてみる。間違えたりできなかったりしたところについては，解説をじっくり読んでみる。そうすることによって，本校の入試問題に取り組むことが今の自分にとって適当かどうかが，はっきりします。出題傾向を研究し，合否のポイントとなる重要な部分を見極めて，入学試験に必要な力を効率よく身につけてください。

数学

各都道府県の公立高校の入学試験問題は，中学数学のすべての分野から幅広く出題されます。内容的にも，基本的・典型的なものから思考力・応用力を必要とするものまでバランスよく構成されています。私立・国立高校では，中学数学のすべての分野から出題されることには変わりはありませんが，出題形式，難易度などに差があり，また，年度によっての出題分野の偏りもあります。公立高校を含め，ほとんどの学校で，前半は広い範囲からの基本的な小問群，後半はあるテーマに沿っての数問の小問を集めた大問という形での出題となっています。

まずは，単年度の問題を制限時間内にやってみてください。その後で，解答の答え合わせ，解説での研究に時間をかけて取り組んでください。前半の小問群，後半の大問の一部を合わせて50％以上の正解が得られそうなら多年度のものにも順次挑戦してみるとよいでしょう。

英語

英語の志望校対策としては，まず志望校の出題形式をしっかり把握しておくことが重要です。英語の問題は，大きく分けて，リスニング，発音・アクセント，文法，読解，英作文の5種類に分けられます。リスニング問題の有無(出題されるならば，どのような形式で出題されるか)，発音・アクセント問題の形式，文法問題の形式(語句補充，語句整序，正誤問題など)，英作文の有無(出題されるならば，和文英訳か，条件作文か，自由作文か）など，細かく具体的につかみましょう。読解問題では，物語文，エッセイ，論理的な文章，会話文などのジャンルのほかに，文章の長さも知っておきましょう。また，読解問題でも，文法を問う問題が多いか，内容を問う問題が多く出題されるか，といった傾向をおさえておくことも重要です。志望校で出題される問題の形式に慣れておけば，本番ですんなり問題に対応することができますし，読解問題で出題される文章の内容や量をつかんでおけば，読解問題対策の勉強として，どのような読解問題を多くこなせばよいかの指針になります。

最後に，英語の入試問題では，なんと言っても読解問題でどれだけ得点できるかが最大のポイントとなります。初めて見る長い文章をすらすらと読み解くのはたいへんなことですが，そのような力を身につけるには，リスニングも含めて，総合的に英語に慣れていくことが必要です。「急がば回れ」ということわざの通り，志望校対策を進める一方で，英語という言語の基本的な学習を地道に続けることも忘れないでください。

国語

国語は，出題文の種類，解答形式をまず確認しましょう。論理的な文章と文学的な文章のどちらが中心となっているか，あるいは，どちらも同じ比重で出題されているか，韻文(和歌・短歌・俳句・詩・漢詩)は出題されているか，独立問題として古文の出題はあるか，といった，文章の種類を確認し，学習の方向性を決めましょう。また，解答形式は，記号選択のみか，記述解答はどの程度あるか，記述は書き抜き程度か，要約や説明はあるか，といった点を確認し，記述力重視の傾向にある場合は，文章力に磨きをかけることを意識するとよいでしょう。さらに，知識問題はどの程度出題されているか，語句(ことわざ・慣用句など)，文法，文学史など，特に出題頻度の高い分野はないか，といったことを確認しましょう。出題頻度の高い分野については，集中的に学習することが必要です。読解問題の出題傾向については，脱語補充問題が多い，書き抜きで解答する言い換えの問題が多い，自分の言葉で説明する問題が多い，選択肢がよく練られている，といった傾向を把握したうえで，これらを意識して取り組むと解答力を高めることができます。「漢字」「語句・文法」「文学史」「現代文の読解問題」「古文」「韻文」と，出題ジャンルを分類して取り組むとよいでしょう。毎年出題されているジャンルがあるとわかった場合は，必ず正解できる力をつけられるよう意識して取り組み，得点力を高めましょう。

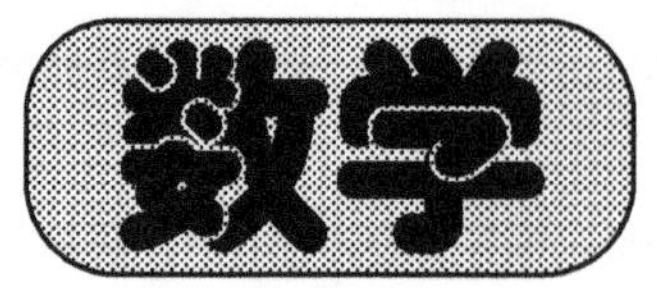

出題傾向の分析と 合格への対策

●出題傾向と内容

本年度の出題数は大問5題，小問数にして20題程度であり，解答形式は全問マークシート方式であった。また，出題内容は1が数と式，平方根，方程式，データの活用の計算を主体とした小問群，2が1次関数のグラフ，確率，円と相似，3が方程式の文章題，4が関数のグラフと図形の融合問題，5が空間図形の計量問題であり，各分野からバランスよく出題されている。

全体的に問題数は多くなく，高難度な問題も出題されていないが，必要な公式や解法を的確に選択して利用する力や，面倒な計算を速く正確に実行する力が必要となる。

学習のポイント

例題レベルの解法や定理・公式などを1つでも多く身につけ，標準レベルの問題集や過去問を円滑に解きこなす力をつけよう。

●2025年度の予想と対策

来年度も，出題形式・問題数・難度に大きな変化はなく，幅広い出題範囲から，標準的な内容が出題されるだろう。昨年度も連立方程式の文章題が出題されているので，しっかり問題を解いておこう。

対策として，中学数学全般で出てくる公式・定理・性質などを把握するのはもちろんのこと，参考書などで紹介される教科書外の解法にも目を通しておこう。特に，関数とグラフ，平面図形を重点的に学習し，グラフと図形の融合問題や平面図形の問題を解く経験を豊富にしておこう。また過去問を必ず解き，本番の試験のつもりで時間を計って挑戦し，マークシート方式の解答の書き方にも慣れておこう。

▼年度別出題内容分類表 ……

出題内容			2020年	2021年	2022年	2023年	2024年
数と式		数の性質	○		○		
		数・式の計算	○	○	○	○	○
		因数分解			○		
		平方根	○	○	○	○	○
方程式・不等式		一次方程式	○	○		○	○
		二次方程式		○	○	○	○
		不等式					
		方程式・不等式の応用	○	○	○	○	○
関数		一次関数	○	○	○	○	○
		二乗に比例する関数	○	○	○	○	○
		比例関数					
		関数とグラフ	○	○	○	○	○
		グラフの作成					
図形	平面図形	角度		○	○		
		合同・相似	○	○	○	○	○
		三平方の定理	○			○	
		円の性質	○	○	○	○	○
	空間図形	合同・相似					○
		三平方の定理			○	○	○
		切断					○
	計量	長さ	○	○	○	○	○
		面積	○		○	○	○
		体積	○	○	○	○	○
		証明					
		作図					
		動点					
統計		場合の数					
		確率	○	○	○	○	○
		統計・標本調査					○
融合問題		図形と関数・グラフ	○	○	○	○	○
		図形と確率					
		関数・グラフと確率					
		その他					
その他			○	○	○	○	○

土浦日本大学高等学校

出題傾向の分析と 合格への対策

●出題傾向と内容

本年度は，長文読解2題，会話文問題，資料読解問題，同意語，正誤問題，語句整序，語句補充の計8題が出題された。出題傾向は例年とほぼ変わらなかった。

読解問題は内容吟味が中心で英問英答も多い。長文の量が非常に多く，速く正確に文章を読む力が要求されている。文章量に圧倒されることなく速読しなければ時間内に読み終えられない。

文法問題は，例年通り，ほぼ中学学習範囲の内容で，現在完了，間接疑問文，分詞，関係代名詞などを中心に，オーソドックスな問題が出題された。

学習のポイント

長文の分量が多いので，英文を速く正確に読む練習を積もう。文法は標準からやや応用までを幅広く学習しよう。

●2025年度の予想と対策

来年度も本年度と同程度の問題数，文章量が出題されると想定して，万全の準備をしておこう。

長文読解の対策としては，あらゆるジャンルの英文を速く正確に読む練習を積んでおこう。内容吟味の選択肢は標準的なレベルのものが多いため，時間内に読み切れれば対応できる問題が多い。まずはしっかり本文を時間内に読み切れるよう練習しておこう。

文法は標準レベルで，奇をてらわないオーソドックスな問題が多い。標準からやや難までの問題集を繰り返し解き，特に整序問題は確実にしておくこと。

▼年度別出題内容分類表 ……

	出題内容	2020年	2021年	2022年	2023年	2024年
話し方・聞き方	単語の発音					
	アクセント					
	くぎり・強勢・抑揚					
	聞き取り・書き取り					
語い	単語・熟語・慣用句	○	○	○	○	○
	同意語・反意語	○	○	○		○
	同音異義語					
読解	英文和訳(記述・選択)					
	内容吟味	○	○	○	○	○
	要旨把握		○	○	○	○
	語句解釈	○				
	語句補充・選択	○	○	○	○	○
	段落・文整序					○
	指示語		○	○	○	
	会話文	○	○	○	○	○
文法・作文	和文英訳					
	語句補充・選択	○	○	○	○	
	語句整序	○	○	○	○	○
	正誤問題	○	○	○	○	○
	言い換え・書き換え					
	英問英答	○				
	自由・条件英作文					
文法事項	間接疑問文		○	○	○	○
	進行形					
	助動詞	○	○		○	○
	付加疑問文					
	感嘆文		○			
	不定詞	○	○		○	
	分詞・動名詞	○	○	○	○	○
	比較					○
	受動態	○	○	○	○	
	現在完了	○	○	○	○	
	前置詞	○	○		○	○
	接続詞	○		○	○	○
	関係代名詞	○	○	○	○	○

土浦日本大学高等学校

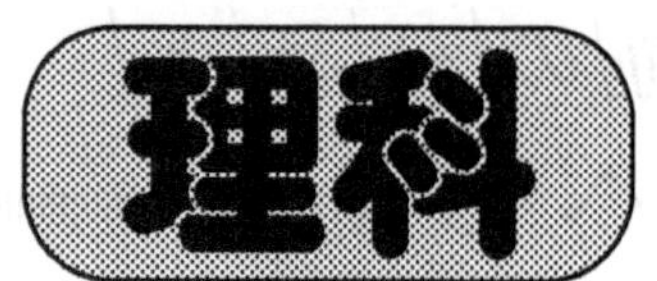

出題傾向の分析と 合格への対策

●出題傾向と内容

問題は大問が8題，小問が45題程度である。試験時間は50分であり，内容的には基本問題から応用問題まで幅広く出題されている。また，実験を主題とした問題も多く，問題文にグラフや表，図が多くみられる。例年と同様に，問題文の長文化が見られた。

解答はすべてマークシート式で，内容的には基本知識を問う問題が多い。計算が必要な問題は物理・化学分野だけでなく，地学・生物分野からも出題されることもある。計算問題は標準レベルのものが多い。

学習のポイント

教科書の内容を中心に，幅広い範囲について標準レベルまでの問題集をしっかりとこなしておこう。

●2025年度の予想と対策

問題形式や問題数については，今年と同様の出題が予想される。

難易度は，教科書内容が中心で，標準レベル程度までの問題が出題される。計算問題でやや難しい問題も出題されるが，問題集等で取り上げられる内容の範囲なので，しっかり演習しておきたい。地学・生物分野でも計算問題が出題される可能性がある。また，各分野で複数の単元からの出題が予想されるので，偏りのない学習が必要である。

また，問題数に対して試験時間が短いので，できる問題から解くようにし時間配分には十分気を配るようにしたい。

▼年度別出題内容分類表 ……

	出題内容	2020年	2021年	2022年	2023年	2024年
第一分野	物質とその変化				○	○
	気体の発生とその性質					○
	光と音の性質	○	○	○	○	
	熱と温度					
	力・圧力		○	○		○
	化学変化と質量	○	○	○		
	原子と分子				○	
	電流と電圧			○	○	○
	電力と熱		○		○	
	溶液とその性質		○			○
	電気分解とイオン	○		○		
	酸とアルカリ・中和					○
	仕事					○
	磁界とその変化	○		○		○
	運動とエネルギー	○		○		
	その他					
第二分野	植物の種類とその生活					○
	動物の種類とその生活					
	植物の体のしくみ	○	○	○	○	○
	動物の体のしくみ					○
	ヒトの体のしくみ	○	○	○	○	
	生殖と遺伝		○		○	
	生物の類縁関係と進化			○		
	生物どうしのつながり			○	○	○
	地球と太陽系	○		○	○	○
	天気の変化	○	○	○	○	○
	地層と岩石	○	○	○	○	○
	大地の動き・地震	○				
	その他				○	

土浦日本大学高等学校

出題傾向の分析と 合格への対策

●出題傾向と内容

出題数は大問が6題で小問数は50問，解答形式はすべてマークシートである。各分野総合の問題が多いが，分野別ではほぼ均等に出題されているといってよいであろう。

地理は世界の国々のほか，日本の産業や貿易，地形図の読み取りなどについての問題。

歴史は原始～現代の通史で政治史や社会史，文化史と多方面からの出題となっている。

公民は憲法や人権，政治のしくみ，国際経済などを問うもの。

いずれも資料の読み取りが多いので時間配分などには注意する必要がある。

✔学習のポイント

- ・統計資料の読み取りに慣れておこう！
- ・分野別の流れをまとめよう！
- ・毎日のニュースと絡めて学習しよう！

●2025年度の予想と対策

各分野とも幅広い範囲から出題されているので，特定の分野に偏らず知識の幅を広げることが必要である。まずは教科書レベルの基本的なことを確実に身につけることから始めよう。

地理は地図帳を有効に活用し各地の自然や産業についてまとめることである。歴史は政治分野を中心に各時代の流れをつかむことから始めよう。それができたら外交や土地制度など各種テーマに沿って進めることである。公民は憲法や政治のしくみが基本となる。また，分野の枠を超えた出題も予想されるので，ニュースなどを通じて世の中の動きにアンテナを張っておくことが大切である。

▼年度別出題内容分類表 ……

		出題内容	2020年	2021年	2022年	2023年	2024年
地理的分野	(日本)	地形図	○	○	○	○	○
		地形・気候・人口	○	○			○
		諸地域の特色	○	○			
		産業	○	○	○	○	○
		交通・貿易		○	○	○	
	(世界)	人々の生活と環境	○	○	○		○
		地形・気候・人口	○	○	○	○	○
		諸地域の特色				○	○
		産業		○	○	○	○
		交通・貿易					
	地理総合						
歴史的分野	(日本史)	各時代の特色					
		政治・外交史	○	○	○	○	○
		社会・経済史	○	○	○	○	○
		文化史	○	○	○	○	○
		日本史総合					
	(世界史)	政治・社会・経済史	○	○	○	○	○
		文化史			○		
		世界史総合					
	日本史と世界史の関連		○	○	○	○	○
	歴史総合						
公民的分野	家族と社会生活		○				
	経済生活						
	日本経済		○	○			
	憲法（日本）		○	○	○	○	○
	政治のしくみ		○	○	○	○	○
	国際経済		○		○	○	○
	国際政治		○	○	○	○	○
	その他						
	公民総合						
各分野総合問題							

土浦日本大学高等学校

出題傾向の分析と 合格への対策

●出題傾向と内容

本年度も，国語の知識に関する独立問題が1題，現代文の読解問題が2題，古文の読解問題が1題という計4題の大問構成となっている。国語の知識問題は，例年通りの漢字の設問，慣用句の設問に加え，新たに漢文の返り点についての設問が出題された。昨年度は故事成語に関する設問が出たこともあり，毎年幅広く出題されると言える。

論説文は文脈把握が中心で，本格的な論説文というより書簡のような文章から出題されている。

古文は昨年同様江戸時代の文章からの出題。現代語訳が多めに付されており，現代語への変換は比較的容易。設問としては訳ではなく内容読解が中心であった。和歌の解釈も問われたが，和歌だけでなく本文内容から選択肢を絞れる内容であった。

✔学習のポイント

国語知識は，範囲を絞らず幅広く学習しよう。比喩的な表現や婉曲的な表現は，必ずその具体的内容を考えながら読もう。古文は，現代語訳だけではなく訳したうえでどのような内容なのか，現代文と同じレベルで考えよう。

●2025年度の予想と対策

国語の知識分野についてはかなり幅広く出題されるので，とにかく広範囲に学習しておくこと。ただし慣用句については毎年出題され，過去には故事成語のほか筆順・画数・部首というかなり細かな範囲についても出題されている。

現代文については，論説文と小説の組み合わせで出題される傾向にある。文章や設問自体の難度は高くないと思われるが，選択肢を吟味して，どんなに些細な記述でも本文内容と照らし合わせて確認する習慣をつけたい。小説は現代に近いものだけでなく，明治～昭和初期の文体にも慣れておくこと。

古文は基本的に，ある程度の現代語訳はできる力をつけておくべきだろう。訳すだけでなく，細かい文脈や心情を把握しなければならない点は現代文と同様だと思っておこう。また，和歌解釈も問われる可能性があるので，和歌を含む文章(『伊勢物語』など)を積極的に読んでおこう。

記述問題は出題されないが，選択肢はやや多め。絞り切れない場合はその設問で立ち止まらずに，ある程度絞ったら次の設問に進み，後で再考することで時間のロスを防ぐことがおすすめ。

▼年度別出題内容分類表 ……

		出題内容	2020年	2021年	2022年	2023年	2024年
内容の分類	読解	主題・表題	○				
		大意・要旨	○		○		
		情景・心情	○	○	○	○	○
		内容吟味	○	○	○	○	○
		文脈把握	○	○	○	○	○
		段落・文章構成	○				
		指示語の問題	○	○			
		接続語の問題				○	○
		脱文・脱語補充	○	○	○	○	○
	漢字・語句	漢字の読み書き	○	○	○	○	○
		筆順・画数・部首		○			
		語句の意味	○	○	○	○	○
		同義語・対義語			○		
		熟語	○	○	○	○	
		ことわざ・慣用句		○	○	○	○
	表現	短文作成					
		作文(自由・課題)					
		その他			○		
	文法	文と文節	○				
		品詞・用法	○			○	○
		仮名遣い	○	○			
		敬語・その他		○	○	○	○
	古文の口語訳					○	
	表現技法		○				
	文学史		○			○	○
問題文の種類	散文	論説文・説明文	○	○	○	○	
		記録文・報告文					○
		小説・物語・伝記	○	○	○	○	○
		随筆・紀行・日記					
	韻文	詩					
		和歌(短歌)					○
		俳句・川柳				○	
	古文		○	○	○	○	○
	漢文・漢詩						○

土浦日本大学高等学校

2024年度 合否の鍵はこの問題だ!!

数 学 ①(5), ②(2), ③, ④(2), ⑤

① (5) 記録の個数が奇数，偶数の場合で中央値の求め方が異なることに注意しよう。

② (2) 組合せの総数は10通りなので丁寧に書き出してみるとよい。そのうえで，1つ1つ処理していくと良いだろう。

③ (1)・(2)は典型的な連立方程式の文章題であるが，(3)は経験が少ない受験生も多いと思われる。十分復習しておこう。

④ (2) 平行四辺形がひし形になる条件を記憶しておこう。また，ひし形は4辺が等しいことや，対角線が垂直に交わることも重要な性質である。

⑤ 典型的な立方体の切断に関する問題である。等脚台形の面積の求め方や補助線の引き方を記憶しておこう。類題を活用して問題に慣れておこう。

英 語 ①

読解問題で確実に得点できるようにすることが，合格への近道である。その中でも，①の長文読解問題は非常に長い文章なので，正確に読み取る必要がある。また，①は物語文で読みやすいが，慣れていないと時間がかかってしまうので，長文読解の方法をきちんと身につけておきたい。以下の点に注意をしながら長文読解に取り組もう。

① 設問に目を通し，下線部や空欄に関する問い以外の問題には事前に目を通しておく。
② [注]に目を通し，どのような内容か把握する。
③ 段落ごとに読み進める。読み進める際には，きちんと日本語訳をしながら内容を理解する。
④ その段落に問題となる部分があれば，その場で読んで解く。

以上のように読み進めれば，すばやく問題を処理できるだろう。また，英文を読むときには，頭の中で英文を音読するのではなく，きちんと日本語に訳しながら読むことが大切である。そのためには，教科書に出てくる例文はぜひ暗唱できるまで繰り返したい。そして，問題集や過去問を用いて数多くの問題に触れて，練習を積むことが大切である。

理 科 6

大問が8題で各分野から2題の出題があり，そのうち1題は小問集合，もう1題はテーマを絞った問題である。問題レベルは全般的には標準的である。教科書の内容を偏りなく広く理解しておくことが大切である。

今回合否を分ける鍵となった問題として，6を取り上げる。力のつり合いの問題である。

質量500gの物体をつるすと10cm伸びるばねがある。このばねが1cm伸びるとき物体の質量は50gである。

実験3では，2本のばねに物体をつるし角度をつけて引き上げる。このとき2本のばねの合力と物体の重力がつり合う。それぞれのばねは7cm伸びるので，ばねの弾性力は50×7÷100＝3.5(N)である。合力は2つの力を辺とする平行四辺形の対角線の長さで表され，ここでは向かい合う角が60°と120°をなす平行四辺形になるので，短い方の対角線より合力が3.5Nとわかる。よって物体の重力もこれに等しく，重さは3.5Nである。

実験4では，斜面下向きに1.5Nの力がかかり，これがばねの弾性力とつり合うのでばねの伸びは1.5÷0.5＝3(cm)となり，全体の長さが23cmになる。

実験5では，ばねが引き上げる力の大きさは8×0.5＝4(N)であり，動滑車の両側に合計で8Nの上向きの力がかかる。よって物体の重力は8Nである。これが30cm引き上げられ，それにかかった時間が5秒なので，その間の仕事率は8×0.3÷5＝0.48(W)である。

物理・化学分野の計算問題にやや難しい問題も見られるが，いずれもどんな問題集でも取り上げられる典型的な内容であるので，事前に十分練習しておきたい。50分の試験で大問が8題なので，時間配分に気を配りながら問題を解くことが重要である。計算問題などでやや難しい問題がある場合，まず簡単な問題の解答を済ませてから，難問を解くようにしたい。出題は広い範囲に及ぶので，理科全般の基礎知識をしっかりと習得するようにしよう。

社 会 2 (1)

本校では，基本的な知識事項の丸暗記だけでは対応できない「思考力」や「読み取り力」が試される問題が出題される。自分自身で持っている知識を活用したり，まとまった分量のリード文や資料データを読解することが求められている。このような力は一朝一夕では身につかないものなので，日々の継続的なトレーニングの積み重ねが不可欠となってくる。設問が変わってもしっかり対応できるような汎用性の高い力をつけることができるかが大切になってくる。

2(1)の設問は，以上のような出題傾向を象徴している問題であり，過去問演習等で対策してきた受験生とそうでない受験生とではっきり差がつくことが予想される。形式に慣れていないと試験本番で焦ってしまう可能性がある。この設問は，「日本の現在と将来の人口」に関する問題であるが，一定時間内に正確にできるかどうかがポイントとなってくる。「スピード」と「慎重さ」がともに求められる設問となる。本校の社会の問題は全体的に設問数が多く，この問題に必要以上に時間を割いてしまうと，制限時間切れになってしまう危険性もある。

この設問の配点自体が他の設問と比べて高いということはないが，合格ラインに到達するためにはこのような問題で確実に得点することが求められ，「合否を左右する設問」といっても過言ではない。

国 語 三 問20

小説では，自分の感想と本文中から読み取れることを混同してはいけない。読書と問題に解答することは全く別の作業である。読書では許される自由な感想や想像・考察は，問題に解答するうえでは禁忌である。

では問題に解答するうえでは何を求められるかというと，「本文の記述から論理的・一般的に読み取れる・読み取ることが妥当であることの把握」である。言い換えれば，「100人中95人は納得する読み方」である。問20の特にア・イは，ウ・オに比べてはっきりと本文と矛盾するとまでは言えない。むしろ，読書として自由な想像・考察をする限りではア・イも許されるだろう。しかし，これはあくまでも国語の問題とその解答なので，そのような恣意的・個人的な読み方をしてはならない。アの「恋心」を女の態度や発言から，イの「幸福をつかむ」を本文終盤から見出しても，100人中95人の納得は得られない。であれば，素直に「女の言葉の意味が，よくわからなかった」「視野を遠ざかるのだけを見ていた」という記述からエを選択すべきである。

この，「100人中95人は納得するかどうか」という感覚が，国語においては非常に重要である。過去問演習のときも，特に小説ではこの意識を強く持って解答，および解説の参照を行ってほしい。

大切なことはメモしておこうネ！

T.G

2024年度

★★★★★★★★★★★★★★★★★★★★★★★

入　試　問　題

2024年度

土浦日本大学高等学校入試問題

【数　学】（50分）〈満点：100点〉

【注意】（1）定規，コンパス，分度器，計算機は使用してはいけません。

（2）計算は，この問題冊子の余白を利用して行い，解答用紙を使ってはいけません。

（3）□の中の1つのカタカナには1つの数字が入ります。その数字をマークしなさい。

例題　三角形の内角の和は アイウ °である。

答えは180であるから，右のようにマークします。

ア	0 ● 2 3 4 5 6 7 8 9
イ	0 1 2 3 4 5 6 7 ● 9
ウ	● 1 2 3 4 5 6 7 8 9

また，選択肢から選ぶときは，該当する番号をマークしなさい。

（4）分数で答える場合は必ず約分し，比で答える場合は最も簡単な整数比で答えなさい。
また，根号の中はできるだけ小さい自然数で答えなさい。

1 次の□をうめなさい。

（1）$\frac{1}{6}+(-0.5)^3\div\left(\frac{3}{2}\right)^2=\frac{\boxed{ア}}{\boxed{イ}}$

（2）$(\sqrt{3}+2)(\sqrt{12}-2)-\frac{6}{\sqrt{3}}=\boxed{ウ}$

（3）方程式$3x(x-1)=1$を解くと，$x=\frac{\boxed{エ}\pm\sqrt{\boxed{オカ}}}{\boxed{キ}}$である。

（4）連立方程式$\begin{cases}3x+y=-5\\x-2y=-11\end{cases}$の解は，$x=-\boxed{ク}$，$y=\boxed{ケ}$である。

（5）右の表は，ある部活動の1年生部員7人と2年生部員8人の反復横跳(と)びの記録である。2年生部員の記録の中央値が，1年生部員の記録の中央値より1回多いとき，$a=\boxed{コサ}$である。

1年生部員	記録（回）	2年生部員	記録（回）
A	52	H	43
B	59	I	49
C	49	J	46
D	38	K	65
E	45	L	61
F	55	M	48
G	40	N	56
		O	a

2 次の［　］をうめなさい。

（1） 1次関数$y=ax+b$について

（i） $a>0$，$b<0$のとき，図の⓪～③のうちこの関数のグラフとして適切なものは［ア］である。

（ii） $a+b>0$，$ab<0$のとき，図の⓪～③のうちこの関数のグラフとして適切なものは［イ］である。

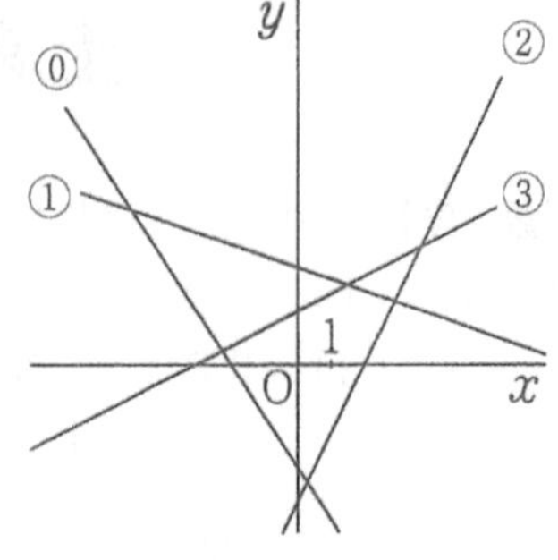

（2） 袋の中に，1から5までの数字が書かれた5個の玉が入っている。この袋から玉を同時に3個取り出すとき

（i） 取り出した3個の玉に書かれた数がすべて奇数である確率は$\frac{\boxed{ウ}}{\boxed{エオ}}$である。

（ii） 取り出した3個の玉に書かれた数の和が，袋の中に残った2個の玉に書かれた数の積より小さくなる確率は$\frac{\boxed{カ}}{\boxed{キ}}$である。

（3） 図において，AB＝3，AC＝2，BD＝5である。このとき，CE＝［クケ］，CF：FD＝［コ］：［サ］である。

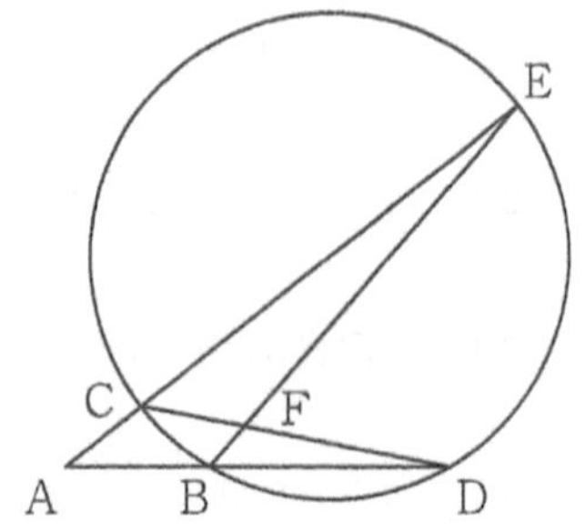

3 40人のクラスで問題①，②の2問からなる10点満点の小テストをおこなったところ，結果は次のようになった。

・クラス全体の平均点は7.4点，男子の平均点は6.5点，女子の平均点は8点であった。

・問題①の正解率は80%，問題②の正解率は60%であり，部分点は一切なかった。

・0点の生徒は男女合わせて3人であった。

このとき，次の［　］をうめなさい。

（1） このクラスの男子の人数は［アイ］人である。

（2） 問題①の配点は［ウ］点である。

（3） 10点満点の生徒の人数は［エオ］人である。

4 図において，Oは原点，Aはx軸上の正の部分の点である。①は放物線$y=ax^2\ (a>0)$であり，2点B，Cを通る。四角形OABCが平行四辺形となるとき，次の□をうめなさい。

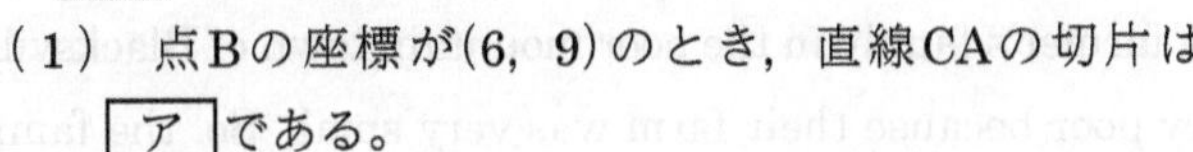

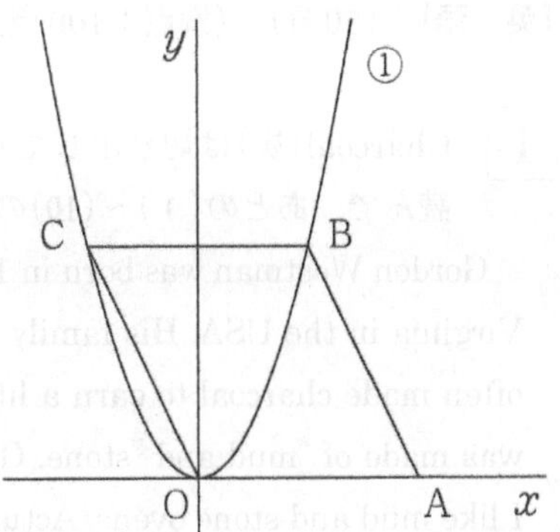

（1） 点Bの座標が(6, 9)のとき，直線CAの切片は［ア］である。

（2） OA＝OC＝$4\sqrt{3}$のとき，$a=\dfrac{[イ]}{[ウ]}$である。

（3） 直線OBの傾きが4のとき，直線CAの傾きは$-\dfrac{[エ]}{[オ]}$である。

5 図は1辺の長さが2の立方体ABCD−EFGHである。辺BC，辺CDの中点をそれぞれM，Nとし，4点M，N，H，Fを通る平面でこの立方体を切り分けたとき，次の□をうめなさい。

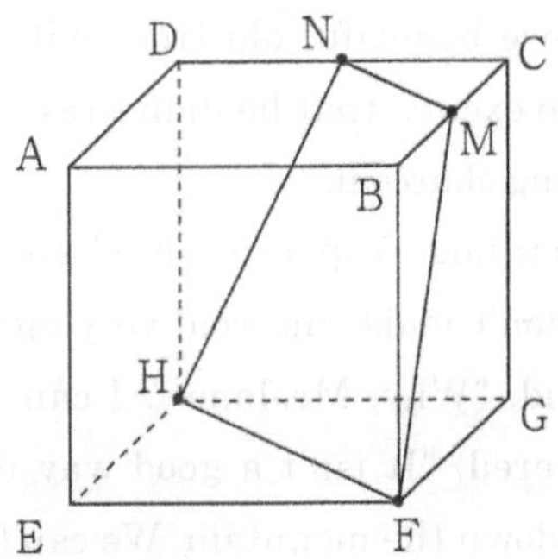

（1） MN＝$\sqrt{[ア]}$であり，MF＝$\sqrt{[イ]}$である。

（2） 四角形MNHFの面積は$\dfrac{[ウ]}{[エ]}$である。

（3） 切り分けた立体のうち，点Cを含む側の立体の体積は$\dfrac{[オ]}{[カ]}$である。

【英　語】（50分）〈満点：100点〉

1 Charcoal(炭)は切り出した木材を窯(かま)で焼いて作ります。次のcharcoalに関する物語を読んで，あとの(1)～(10)の問いに答えなさい。

Gordon Westman was born in 1850 to a farmer's family in the poor mountain town of Blacksville, Virginia in the USA. His family was very poor because their farm was very small. So, the family often made charcoal to earn a little *extra money. The *oven that they used for charcoal making was made of *mud and *stone. Gordon's father said, "Mud is free and everywhere. So are stones. I like mud and stone ovens. Actually, we can't have an expensive *brick oven here." He was proud of his charcoal, because it was as good as the charcoal made in Woodbury, a town famous for its charcoal.

Gordon was not the oldest son, so he had to become independent and leave his family when he became older. So, when Gordon was 15, he left the village. It was one of the village's rules. He decided to go to Woodbury.

When Gordon got to Woodbury, he was very excited. He saw a lot of tall *oak trees on top of Mt.Smith. He said, "Wow! Those beautiful old trees will later be turned into Woodbury's famous charcoal." Gordon was so excited that he didn't rest at all. He visited the Jones family. The family was famous for making charcoal.

John Jones showed Gordon their huge, expensive, brick charcoal ovens. John said, "I hope you won't be disappointed, but we don't make charcoal very often. The last time we made it was about 5 years ago." Gordon said, "Why, Mr.Jones? I can see a lot of tall oak trees on the mountain." John quickly answered, "It isn't a good way to make money anymore. It's too expensive to bring the cut trees down the mountain. We can't make much money from charcoal now."

The next day, Gordon met a boy about his age named Jimmy James on the street in Woodbury. Jimmy was about to return to his hometown, Watertown, on top of Mt.Smith. He invited Gordon to visit his home there. Gordon decided to go with him to see the old oak trees there.

Gordon and Jimmy arrived at Jimmy's house in Watertown that evening. ①The James family was very happy to meet Gordon because not many people visited their village. Gordon said, "I just wanted to see the oak trees on the mountain that my father always talked about." "Well, I don't know why you like those old, useless trees, but go ahead. We haven't cut any down for a long time," Jimmy's father, William, said. Behind the house there were thousands of beautiful old oak trees.

The people in the village of Watertown were very kind, but they were very poor. Gordon thought, "A village surrounded by good oak trees should not be poor, but it was. Why don't these people make charcoal? There are many good oaks around here."

Gordon asked, "Why don't you get extra money by making charcoal?" William laughed and said, "Making charcoal is very difficult and expensive. You need large brick ovens. It's easy to cut down trees, but it's too difficult to take the trees down to the Jones family in Woodbury. We have to ask a lot of people to bring their horses to help and that's too expensive. That's why the Jones family doesn't make charcoal very often. If they don't ask us to cut down trees for charcoal-making, it can't be a good business for us."

Gordon said, "I can make it a good business for you! Help me build a charcoal oven here in the village. We can make our own charcoal!" William said, "Don't you know that you need a lot of bricks to build a charcoal oven? Who can buy those expensive, heavy bricks and bring them to Watertown? Not me! It's impossible!"

Gordon smiled. "Actually, we make charcoal using a mud and stone oven in my hometown, Blacksville." "Impossible! Everyone knows that you need a brick oven to make charcoal!" said William. William and Jimmy laughed at Gordon's idea.

But Gordon didn't give up. "It's true!" he said. "We use simple ovens made of mud and stone to make charcoal in Blacksville. I can show you how to do it. Then, we can use the huge oaks around here to make lots of charcoal. You can sell the charcoal in Woodbury!" William and Jimmy just laughed.

The next day, however, Jimmy visited Gordon. Behind Jimmy were William and lots of other people from Watertown. "We're interested in making charcoal. Can you show us how? We will help you!" they said. Gordon agreed. He was happy to help the kind people of Watertown.

For two months they put all of their efforts into ②<u>the project</u>. First, Gordon asked the people to *dig a big hole in the ground. Gordon then asked the people to collect lots of mud and hundreds of stones about the size of a softball. ③<u>The people then used the stones to cover the walls inside the hole</u>. They didn't forget to put mud between the stones to *bond them together. "Very good. These walls will never fall down," one of the people said.

Next, the people of Watertown cut down a large oak tree. They then cut it into very small pieces. Gordon carefully filled their new oven with the pieces of oak wood. Then, the people made a mud roof over the oven. Finally, Gordon started the fire inside the oven. They watched the oven carefully for six days. On the seventh day, Gordon told everyone that the charcoal was ready. They carefully opened the oven. Inside, there were hundreds of kilograms of charcoal! "We did it!" everyone shouted.

William picked up a piece of charcoal. He was surprised and said, "Wow, I didn't realize how light this is. Because it is light, we can easily carry it to Woodbury. [④] We don't have to ask for lots of help!"

After that day, the people of Watertown brought their charcoal to Woodbury and sold it. Charcoal making made Watertown famous! Gordon was not rich, but he was very happy!

*[注] extra money 臨時収入　oven 窯(かま)　mud 泥　stone 石　brick レンガ
oak カシ(の木)　dig 掘る　bond 接着させる

(1) BlacksvilleとGordon's familyに関する記述として，最も適するものを，次の1～4の中から**1つ**選びなさい。

1. Gordon's family owned a lot of land there.

2．Most of the people in Blacksville were rich.

3．Gordon's family made brick ovens because they were rich.

4．Charcoal making helped Gordon's family make some extra money.

（2） Gordonが村を離れた理由として，最も適するものを，次の1～4の中から**1つ**選びなさい。

1．He wanted to live with his grandparents.

2．He found a wife outside the village.

3．He had to follow the village's rule.

4．He didn't want to live in a rich village.

（3） Gordonがthe Jones familyについて知ったこととして，最も適するものを，次の1～4の中から**1つ**選びなさい。

1．The Jones family's charcoal oven was made of mud.

2．They couldn't remember the last time they made charcoal.

3．They didn't earn a lot of money by making and selling charcoal.

4．They didn't want to talk to Gordon, because they were too busy.

（4） The Jones familyについて，最も適するものを，次の1～4の中から**1つ**選びなさい。

1．The Jones family asked Gordon to make charcoal.

2．The Jones family didn't want to buy oak trees from Mt.Smith.

3．The Jones family didn't have an expensive brick charcoal oven.

4．The Jones family didn't know how to cut down the big oak trees.

（5） 下線部①の理由として，最も適するものを，次の1～4の中から**1つ**選びなさい。

1．Visitors to Watertown were not common.

2．They knew Gordon was not very good at making charcoal.

3．Gordon helped Jimmy when he got lost on his way home.

4．They thought Gordon was a member of a rich family in Woodbury.

（6） 下線部②の内容として，最も適するものを，次の1～4の中から**1つ**選びなさい。

1．The people of Watertown were buying bricks from Woodbury.

2．The people of Woodbury were making expensive bricks.

3．The people of Woodbury were making expensive brick ovens.

4．The people of Watertown were making their own charcoal oven.

（7） 下線部③の理由として，最も適するものを，次の1～4の中から**1つ**選びなさい。

1．They used the stones to heat the oven.

2．They used the stones to make the oven strong.

3．They used the stones to make the walls beautiful.

4．They used the stones to make the oven more expensive.

（8） [④]に入れるのに，最も適するものを，次の1～4の中から**1つ**選びなさい。

1．The Jones family is very smart!

2．We can sell our charcoal by ourselves!

3．It will be easier for us to live in Woodbury!

4．We learned that wood is lighter than charcoal!

(9) 本文の内容に合うように，1~4の英文を時系列に並べなさい。解答は1番目から4番目の順に番号で答えなさい。

1．Gordon asked William to make charcoal with him, but William didn't like his idea.

2．The first charcoal was made by Gordon and the people of Watertown.

3．The people in Watertown began to sell their charcoal in Woodbury.

4．Jimmy met Gordon on the street in Woodbury for the first time.

(10) 本文の内容に合うものを，次の1～4の中から**1つ**選びなさい。

1．Jimmy was 10 years older than Gordon.

2．Gordon said he wanted to help William make charcoal.

3．Gordon and Jimmy made a brick charcoal oven with 10 other people.

4．William was very excited to show Gordon the oak trees behind his house.

2 次の英文を読んで，あとの(11)～(18)の問いに答えなさい。

In the 1980s, I lived and worked in a small country called Belize, in Central America. In those days, Belize had a very small population of about 250,000 people. Most people lived in a few small cities along the east coast. Almost no one lived in the western half of this small country. This was because the western half was full of many *jungle-covered mountains with no roads but many dangerous animals and strange *insects.

One of my first jobs was to help build a road through this jungle. However, I was surprised to discover that we were not the first to build a road there. In fact, there were already thousands of kilometers of "roads" that had been built through the jungle. However, these were not actually roads like we see in Japan. These roads or trails were only about 30 cm wide but very long! Who or what built these very small roads through the jungle?

I first noticed these roads when I sat down next to a huge tree. There was a very small and [①] trail leading away from the tree into the forest. The trail was very clean and easy to see in the thick jungle. Could this trail have been made by a very small person? I looked for footprints on the trail. There were none. Could these trails have been made by a very small animal? I looked for animal footprints. There were none. Who or what built this tiny little road?

I asked one of the local workers. He laughed and said that these roads were actually built by "nature's greatest road builders!" He then took me out into the jungle along one of these little roads. After about ten minutes, he told me to look at the tree next to us. At first, I couldn't see anything. Then I noticed that there was something like a long, thin green snake going straight up the tree. What was it? We moved closer, and then I could see it easily. There were millions of ants climbing up and down the tree. The ants going down the tree were carrying small pieces of leaves in their tiny *jaws. The leaves were about 3 cm long by 4 cm wide. My friend told me that these ants are called leaf-cutter ants.

We followed the ants that were carrying the leaves. Next to the tree was the beginning of one of the little roads I had followed through the jungle. Moving along this road were millions of ants. On the left side of the road were ants carrying the small green leaves. On the right were millions of ants moving towards the tree. It was just like a very (②) road in Japan! We very carefully followed the ants carrying the small pieces of leaves. After about 15 minutes, the ant road led to a hole in the ground. The entrance to the hole was protected by a group of large ants. They were like ant police officers!

This small hole was the entrance to a huge underground ant city which covered several meters. It probably had a population of over 20,000,000 ants. My friend told me that there was only one queen but millions of worker ants. There were more ants in this small underground space than there were people in the country of Belize! In fact, there were many more ants there than the human population of Tokyo!

What do the ants do with the leaves? Well, they don't eat them. (③), the ants take the small pieces of leaves to their underground gardens. The leaves are placed in large rooms where they are left in the dark. The leaves soon grow a *fungus that is a kind of food for the ants. The ants need a lot of leaves to grow enough fungus to produce food for over 20,000,000 ants. In fact, leaf-cutter ants can remove the leaves of a large tree in just 24 hours!

Leaf-cutter ants build their tiny roads to make it easier to transport the leaves. In fact, leaf-cutter ants can carry about *50 times their own weight for very long distances using only their jaws. This would be like you picking up a small car and running with it over your head for several kilometers! Amazing!

If you have a chance to visit a jungle in Central or South America, please look for nature's greatest road builders. I am sure you will find them interesting!

*[注] jungle ジャングル　insect 昆虫　jaw あご　fungus 菌類
50 times their own weight 自分の体重の50倍

(11) 次の質問の答えとして，最も適するものを，次の１～４の中から**１つ**選びなさい。
Why did very few people want to live in the western half of Belize in the 1980s?
1. The western half was too near the ocean.
2. The western half had too many mountains.
3. The western half had no animals or insects.
4. There were already too many people living there.

(12) [①]に入れるのに，最も適する語を，次の１～４の中から**１つ**選びなさい。
1. busy　2. famous　3. narrow　4. sweet

(13) Leaf-cutter antの生態について，最も適するものを，次の１～８の中から**２つ**選びなさい。(同じ解答欄に**２つ**マークしなさい)
1. 草の葉を使って約30センチ幅の小道を作る。
2. 往復する際，左側通行で移動する。
3. 約4センチ幅の木の葉を使って巣を作る。
4. 木の幹に穴を空け，木の内部に巣を作る。
5. 菌類を利用して，巣の衛生管理をする。
6. 木の葉を主食としている。

7．食料を巣の中で栽培する。

8．蛇と共存関係にある。

(14)　（ ② ）に入れるのに，最も適する語を，次の1～4の中から**1つ**選びなさい。

1．crowded　　2. danger　　3. faster　　4. stranger

(15)　（ ③ ）に入れるのに，最も適する語(句)を，次の1～4の中から**1つ**選びなさい。

1．At last　　2. Interesting　　3. Instead　　4. This way

(16)　次の質問の答えとして，最も適するものを，次の1～4の中から**1つ**選びなさい。

How do leaf-cutter ants take the pieces of leaves back to their underground city?

1．They carry the leaves in a bag.

2．They throw the leaves on the ground.

3．They carry the leaves with their jaws.

4．They push the leaves using their legs.

(17)　次の質問の答えとして，最も適するものを，次の1～4の中から**1つ**選びなさい。

How does the population of a leaf-cutter ant city compare to the population of Tokyo?

1．The population of a leaf-cutter ant city is smaller.

2．The population of a leaf-cutter ant city is much larger.

3．The population of a leaf-cutter ant city is the same.

4．The article about leaf-cutter ants does not give this information.

(18)　本文の内容に合っているものを，次の1～7の中から**2つ**選びなさい。(同じ解答欄に**2つ**マークしなさい)

1．The writer was surprised to discover that ants built small roads through the jungle.

2．In the western half of Belize in the 1980s, there was a very modern road network.

3．Leaf-cutter ants need to eat a 3 cm by 4 cm piece of leaf every day to survive.

4．A typical leaf-cutter ant city has a population of more than 20 billion ants.

5．Leaf fungus is a very dangerous disease that sometimes kills ants.

6．Leaf-cutter ant cities usually have many queens and few workers.

7．An underground ant city usually covers several meters.

3　次の英文を読んで，あとの(19)～(27)の問いに答えなさい。

Mr.Jones：Does anyone know what a "marsupial" is?

Billy：[①]

Mr.Jones：OK, Billy, tell us what a marsupial is.

Billy：A marsupial is an *alien that comes from the planet *Mars! I saw pictures of them in my comic book.

Ann：Are you serious? I don't think that's true.

Hitomi：Of course, it's true! Why do you question everything（ ② ）says?

Ann：Because he is often wrong. Remember when he told us a banana was a vegetable?

Hitomi：Billy didn't say that, I did. A banana IS a vegetable. My teacher told me that. He said that they grow in the ground like carrots. Are you saying that my teacher is a *liar???

Mr.Jones : OK, OK! Relax, Hitomi! [③], bananas grow on trees. They are not vegetables. They are fruits. And Billy, marsupials are not aliens from the planet Mars. They are very interesting (④) found right here on earth.

Billy : LIAR!!!

Hitomi : LIAR!!!

Ann : Aren't they usually found in Australia?

Mr.Jones : Yes, a large number of marsupials are found in Australia and New Guinea, but many are also found in South America.

Sally : Are there any found in North America, Mr.Jones?

Mr.Jones : Yes, the *opossum is a marsupial that is very common in North America. I saw many when I was a kid living in Mississippi. They are very active at night and are often hit by cars as they try to cross the road.

Hiroshi : Are koalas marsupials?

Mr.Jones : Yes, they are.

Sally : What about rabbits?

Mr.Jones : No, rabbits are not marsupials. Many people think they are related to kangaroos, another type of marsupial, but that is not correct.

Ann : I don't understand. What exactly is a marsupial?

Mr.Jones : A marsupial is an animal that has a baby that doesn't develop inside of its mother. Instead, when it is a very small baby, it lives in the mother's pouch, a small bag of skin on the mother's lower body. The very small baby continues to eat and grow inside the pouch until it is finished developing. It can then leave the pouch. But many marsupials continue to live in their mother's pouch for quite a long time.

Hiroshi : Can you give us some other examples of marsupials?

Mr.Jones : I could, but that would be too easy. Let's play a marsupial guessing game. OK?

Class : OK, Mr.Jones! We love games!!

Billy : I don't like games!!!

Hitomi : Neither do I!!!! Games are for children!!!

Mr.Jones : OK, here's your first marsupial: This small animal lives in Australia. It lives in the trees. It eats leaves. It sleeps many hours a day. It has very small eyes, ears with a lot of hair, brown or gray hair on its body, a black nose, and three fingers and two thumbs on each hand. What is it?

Billy : A MONKEY!!!!! IT'S A MONKEY!!!!

Hitomi : NO! IT'S A GORILLA! A GORILLA!!!!

Ann : WRONG!!! Those are not marsupials!

Mr.Jones : I thought you two didn't like games?

Billy : We like to play games, but we never win! It's not fair!!!

Hitomi : Yes, your game is too hard! Nobody can guess the answer!! IT'S NOT FAIR!!! NOT

FAIR!!!!

Sally : The answer is a koala!!!

Mr.Jones : YES! That's right!

Hiroshi : One point for Sally.

Mr.Jones : Here's the next one: It also lives in Australia. This animal has very good eyes. It can hear very well because it can move its ears around easily. It has a long, powerful tail. It lives in the hills and forests. It eats leaves. It is active at night when it is cooler. It has very large, strong legs but small arms. It jumps from one place to another. What is it?

Billy : A COW!! IT'S A COW!!!

Hitomi : NO! IT'S A DUCK!!! A DUCK!!!!!

Ann : WRONG AGAIN!!! They are not marsupials!

Hiroshi : It's a kangaroo, right?

Mr.Jones : YEEEESSSS! That's correct!! It's a kangaroo!

Sally : One point for Hiroshi.

Hitomi : Come on, Billy! We can't let them win! TRY HARDER!!!

Billy : My head hurts! This game is too hard! I should get points for trying!!

Mr.Jones : No, you only get a point if you say the right answer.

Hitomi : NOT FAIR!! NOT FAIR!!! We should get points for trying!!!!!

Sally : Next!

Mr.Jones : OK, here's a hard one! It lives in the trees. It is small. Its body is about 20 centimeters long. Its tail is about the same size as its body. It weighs between 90 - 130 grams. It has *flaps of skin between its arms and its legs. It can use this skin as a kind of wing which helps it *glide from tree to tree. It likes sweet things, but it also eats *insects. What is it?

Billy : IT'S A *CROCODILE!!!!!

Hitomi : NO! IT'S A CAT!!!! A CAT!!!!!!!!

Ann : No, it's a *sugar glider!

Mr.Jones : Yes, that's right!! [⑤]

Ann : I like to (⑥-a) books and (⑥-b) about nature.

Hitomi : NOT FAIR! NOT FAIR! She reads books! She studies! That's *cheating!!!

Mr.Jones : No, that's called being "smart." Maybe if you and Billy read a book or actually studied something instead of playing on your smartphones all day, you might be as smart as Ann!

Billy : Your questions are too hard!!! Now my head hurts!

Hitomi : I hate smart people!!! It's NOT fair! NOT FAIR!!!!

*[注] alien 地球外生命体 Mars 火星 liar うそつき opossum オポッサム(ネズミに似た動物)
flap of skin 飛膜 glide 滑空する insect 昆虫 crocodile ワニ
sugar glider フクロモモンガ cheat いかさまをする

(19) [①]に入れるのに最も適するものを，次の1～4の中から**1つ**選びなさい。

1．I will!　2．I know!　3．I'm sure!　4．I don't know!

(20) (②)に入れるのに最も適するものを，次の1～4の中から**1つ**選びなさい。

1．Ann　2．Billy　3．Mr.Jones　4．Sally

(21) 次の質問に対する答えとして最も適するものを，次の1～4の中から**1つ**選びなさい。

Who said that a banana was a vegetable?

1．Ann　2．Billy　3．Mr.Jones　4．Hitomi

(22) [③]に入れるのに最も適する語(句)を，次の1～4の中から**1つ**選びなさい。

1．In your opinion　2．As they know　3．Finally　4．In fact

(23) (④)に入れるのに最も適する語を，次の1～4の中から**1つ**選びなさい。

1．animals　2．vegetables　3．planets　4．aliens

(24) Marsupialとして，**適切でない**語を，次の1～4の中から**1つ**選びなさい。

1．koalas　2．opossums　3．rabbits　4．kangaroos

(25) [⑤]に入れるのに最も適するものを，次の1～4の中から**1つ**選びなさい。

1．Which one did you want?
2．When did you make that?
3．How did you know that?
4．What did you do to it?

(26) (⑥-a)，(⑥-b)に入れる語の組み合わせとして，最も適するものを，次の1～4の中から**1つ**選びなさい。

1．⑥-a. use　⑥-b. play
2．⑥-a. play　⑥-b. use
3．⑥-a. study　⑥-b. use
4．⑥-a. read　⑥-b. study

(27) 本文の内容として，**適切でない**ものを，次の1～7の中から**2つ**選びなさい。
(同じ解答欄に**2つ**マークしなさい)

1．Sugar gliderは，胴体とほぼ同じ長さの尾を持っている。
2．Sugar gliderは，昆虫などを食べるが甘いものも好む。
3．Koalaの前足には，それぞれ，3本の指と2本の親指がある。
4．多くのmarsupialは，オーストラリアで確認することができる。
5．北アメリカにおいて，opossumはmarsupial類に分類されない。
6．Kangarooは，鋭い視覚と聴覚を持っている。
7．森に生息するkangarooは，強力な尻尾を使い，木から木へと空中移動する。

4 次のホームページについて，(28)～(31)の英語の問いに対する答えとして，最も適するものを，1～4の中から**1つずつ**選びなさい。

Meadowland *Apartments

New *Residents Wanted!!

Start a new life at Meadowland Apartments, new apartment buildings that were built just two weeks ago. Our simple, one-room apartments are perfect for students or working people. If you are young and want to live in an exciting *location close to the center of the city, please visit us at our website. Hurry! These cheap and convenient apartments are very popular!

LOCATION:

★ It is a ten-minute walk from Meadowland Train Station!
★ It is a five-minute walk from a supermarket, a hospital, and many nice restaurants!
★ It is a three-minute walk to Meadowland Stadium.
★ Meadowland University is across the street! It' s great for students!

GOOD POINTS:

★ You don' t need a car!
★ The *rent is cheaper than other apartment buildings.
★ You can have a good view of the city from your apartment.
★ You can easily buy everything you need at shops near your apartment.
★ There are many exciting concerts and sports events at Meadowland Stadium.

CONTACT:

★ Meadowland.apartments.com
You can contact us only ONLINE. Sorry, we do not have any offices that customers can visit.

*［注］ apartment　マンション　　resident　住人　　location　立地　　rent　家賃

(28) What is a good point of Meadowland Apartments?
1．You can easily walk to shops or restaurants.
2．You can easily visit the apartment office by car.
3．You can take a train to the nearest supermarket.
4．A popular stadium is three stations away by train.

(29) Which people would prefer Meadowland Apartments?
1．People who prefer to drive everywhere instead of walking.
2．People who don't like to drive.
3．People who don't like going to live sporting events or concerts.
4．People who like to live quietly away from the noise and crowds of the city.

(30) What type of person would NOT like to live at Meadowland Apartments?
1. An older person who wants a large, quiet apartment with many rooms.
2. A young person who wants to live near the train station and shops.
3. A student who wants to go to a lot of loud and exciting concerts.
4. A person who wants a small apartment with a good view of the city.

(31) What should you do if you are interested in Meadowland Apartments?
1. You should call the apartment office.
2. You should send a letter to the apartment office.
3. You should visit the apartment's website as soon as possible.
4. You should go to the apartment building and see a staff member.

5 次の(32)～(34)の各文の下線を引いた語(句)とほぼ同じ意味になる語(句)を，次の1～4の中から**1つずつ**選びなさい。

(32) My father asked my coach, "How is my son progressing?"
1. donating　2. establishing　3. practicing　4. improving

(33) The new tax law doesn't affect me very much because I'm a student.
1. arrest　2. protect　3. influence　4. encourage

(34) After Tomoko practiced her speech in English many times, she won the contest.
1. at first　2. repeatedly　3. probably　4. at that time

6 次の(35)～(37)の各文には，下線を引いた部分に誤りが1箇所あります。誤りのある箇所をそれぞれ①～④から**1つずつ**選びなさい。

(35) This place ①was selected ②as the most ③visiting restaurant ④in 2023.

(36) A：I am very nervous.
B：Don't worry, Amy. You ①haven't speak ②perfect Japanese, but you must ③say ④something.

(37) My family ①likes to watch movies ②on the weekends, and we like ③animation movies the best ④in all.

7 (38)～(42)について，(　　)内の語(句)を，意味が通るように並べかえなさい。解答は1番目～6番目の語(句)の順に番号で答えなさい。日本文がある場合には，その意味を表すよう完成させなさい。

(38) 私は，イタリア製の赤いTシャツを着た男の子の隣に座っている。
I'm sitting next to (1. wearing　2. in　3. made　4. Italy　5. the boy　6. a red T-shirt).

(39) 多くの人が，タロウのことを秀才と呼ぶかもしれません。なぜならタロウはいつもクラスでトップの成績をおさめているからだ。
A lot of people (1. because　2. call　3. he　4. may　5. "smart boy"　6. Taro) always gets the highest score in his class.

(40) Please (1. for the children 2. notebooks 3. send 4. unused 5. us 6. who) can't go to school.

(41) Yuko (1. know 2. what 3. do 4. she 5. doesn't 6. should) next.

(42) My sister (1. me 2. the party 3. come to 4. would 5. her boyfriend 6. told).

例題Ⅰ (1. you 2. will 3. a 4. give 5. hand 6. tomorrow).

1番目	①●③④⑤⑥
2番目	①②③●⑤⑥
3番目	●②③④⑤⑥
4番目	①②●④⑤⑥
5番目	①②③④●⑥
6番目	①②③④⑤●

この例では，I will give you a hand tomorrow.とするために，上から順に②，④，①，③，⑤，⑥のところにマークしてあります。

8

(43)～(47)について，(　　　)に入れるのに最も適する語(句)を，次の1～4の中から**1つずつ**選びなさい。

(43) People in Malaysia (　　　) many languages.

1. speak　2. speaks　3. spoken　4. speaking

(44) If we use bicycles (　　　) cars, it will be good for the environment.

1. as for　2. instead of　3. so that　4. thanks to

(45) Is this old house (　　　) as a World Heritage Site?

1. list　2. lists　3. listed　4. listing

(46) The baseball players played a (　　　) game today than yesterday.

1. good　2. well　3. better　4. best

(47) A：Are you prepared for a disaster?

B：Yes, we have decided how to contact each other (　　　) a disaster.

1. during　2. into　3. until　4. with

【理　科】（50分）〈満点：100点〉

1 次の各問いに答えなさい。

（1） 地球上の炭素は生物の活動を通して循環している。下の図1は地球上の炭素の循環を示したものである。図中の A と C は何を示しているか。最も適当な組み合わせを次の①～⑥から一つ選びなさい。

図1

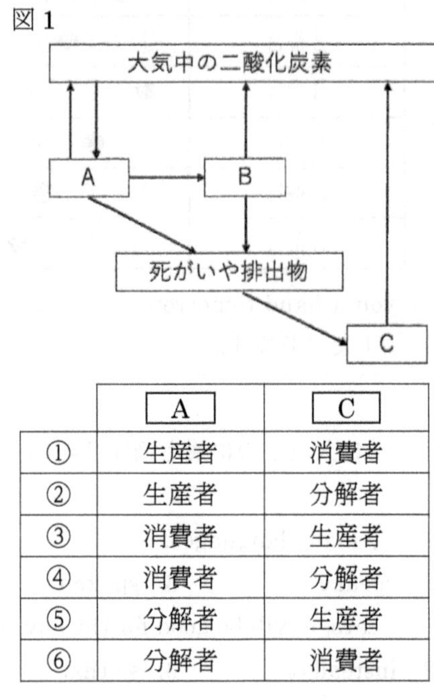

	A	C
①	生産者	消費者
②	生産者	分解者
③	消費者	生産者
④	消費者	分解者
⑤	分解者	生産者
⑥	分解者	消費者

（2） 多細胞生物の成長について述べた次の文のうち，最も適当なものを次の①～⑤から一つ選びなさい。

① 多細胞生物の胚は細胞分裂をくり返して成長していき，個々の細胞の構造や機能は一つの個体であればどれも同じとなる。

② 多細胞生物の胚では細胞分裂に伴って核も分裂するため，含まれる染色体の数も半減する。

③ 多細胞生物は細胞分裂によって細胞数が増えることでからだを大きくし，その代わり個々の細胞は小さくなっていく。

④ 多細胞生物は細胞一つ一つが成長することでからだを大きくし，個体の細胞数は変わらない。

⑤ 多細胞生物は細胞分裂によって細胞数を増やし，さらにその細胞一つ一つが成長することでからだを大きくする。

（3） 図2はタマネギの根の先端部を顕微鏡で観察し，スケッチしたものである。図中の①～④を細胞分裂の進行する順に並び替えたとき，3番目にくるものとして最も適当なものを，次の①～④から一つ選びなさい。

図2

（4） 動物の受け取る刺激とその反応について述べた次の文のうち，**誤りを含むもの**を次の①～④から一つ選びなさい。

① 動物がにおいや光，音などを刺激として受け取る器官を，感覚器官と呼ぶ。
② 動物が感覚器官で外部から受け取った刺激は，運動神経を通じて脳や脊髄に伝わる。
③ 脳は，多くの神経が集まってできており，判断や命令を行う役割を担う。
④ 刺激を受け取る器官には特定の細胞があり，その細胞が受け取ることができる刺激の種類は決まっている。

（5） 節足動物について述べた次の文のうち，**誤りを含むもの**を次の①～④から一つ選びなさい。

① 貝殻をもつものと，もたないものがいる。
② 体とあしに節をもつ。
③ 体を支える外骨格をもつ。
④ 節足動物のなかまには，昆虫がいる。

2 次の各問いに答えなさい。

（1） 地層が堆積した当時の生物の死がいや生活の跡などが地層中に残ったものを化石という。化石には，(ア)サンゴのようにその地層ができた当時の環境を推測することができる示相化石と，(イ)アンモナイトのようにその地層ができた時代を推測することができる示準化石がある。このように，地層を調べることによって，過去の自然環境やその移り変わりを知ることができる。

（a） 下線部(ア)について，見つかった化石と，化石からわかる地層が堆積した当時の環境の組み合わせとして，**誤りを含むもの**を次の①～④から一つ選びなさい。

	見つかった化石	化石から分かる当時の環境
①	アサリ	浅い海
②	ハマグリ	浅い海
③	シジミ	湖や河口付近
④	ブナ	冷たく，水のきれいな深い海

（b） ある化石が示相化石となる条件として，**誤りを含むもの**を次の①～④から一つ選びなさい。

① 化石と同じなかまの生物がすでに絶滅しており，現在生存していないこと。

② 生活できる環境が限られている生物の化石であること。

③ 生活のようすがわかっている生物の化石であること。

④ よく栄え，個体数が多い生物の化石であること。

（c） 下線部(イ)について，アンモナイトと同じ時代の化石はどれか。最も適当なものを次の①～④から一つ選びなさい。

① サンヨウチュウ　　② フズリナ

③ ティラノサウルス　　④ ナウマンゾウ

（2） 太平洋側の海抜0mにある25℃の空気のかたまりが高さ3000mの山を越えて日本海側に降りていくものと考える(図1)。空気のかたまりが山の斜面をのぼっていくとき，ちょうど海抜1000mの地点から海抜3000mの山頂まで雲をつくって雨を降らせていた。その空気のかたまりは水分を失い，日本海側では雲をつくらず下降していった。雲がなければ100mあたり1.0℃気温が変化し，雲がある場合には100mあたり0.5℃気温が変化する。太平洋側の地上，雲の出はじめ，雲がなくなる山頂，日本海側の地上それぞれの湿度〔%〕と気温〔℃〕を示す ア ～ キ の数字の組合せとして，最も適当なものを次の①～⑥から一つ選びなさい。ただし，雲が出ていない場合は空気1 m^3あたりの水蒸気量は変化しないものとし，必要であれば以下の表1を利用しなさい。

図1

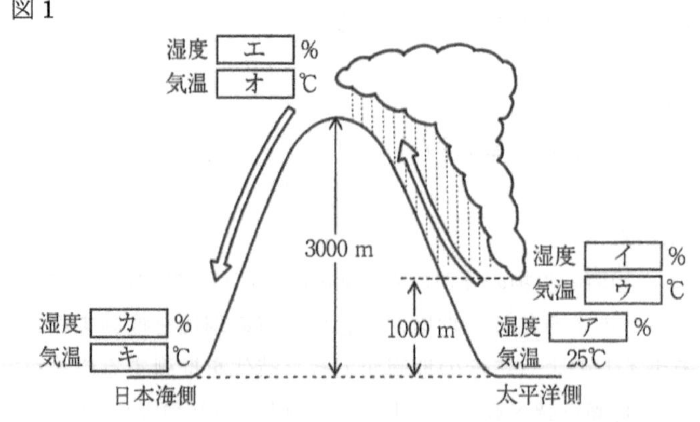

表1

気温〔℃〕	0	1	2	3	4	5	6	7	8	9
飽和水蒸気量〔g／m^3〕	4.8	5.2	5.6	5.9	6.4	6.8	7.3	7.8	8.3	8.8
気温〔℃〕	10	11	12	13	14	15	16	17	18	19
飽和水蒸気量〔g／m^3〕	9.4	10	10.7	11.4	12.1	12.8	13.6	14.5	15.4	16.3
気温〔℃〕	20	21	22	23	24	25	26	27	28	29
飽和水蒸気量〔g／m^3〕	17.3	18.3	19.4	20.6	21.8	23.1	24.4	25.8	27.2	28.8
気温〔℃〕	30	31	32	33	34	35	36	37	38	39
飽和水蒸気量〔g／m^3〕	30.4	32.1	33.8	35.7	37.6	39.6	41.8	44	46.3	48.7

	ア	イ	ウ	エ	オ	カ	キ
①	55	100	15	100	5	38	35
②	55	75	15	75	10	23	25
③	55	100	15	100	5	17	35
④	75	100	20	100	0	38	15
⑤	75	55	20	100	5	23	25
⑥	75	100	20	55	10	17	15

（3） 図2は，白地図上に明石市と土浦市の位置を示したものである。春分の日に明石市（東経135°）で，図3のように白い紙の上に棒を立て，8：00から16：00まで一時間ごとに棒の影の先端の位置を記録して線で結んだところ，図4のような直線となった。この日，同様の観察実験を土浦市（東経140°）で行った場合，予想される結果として最も適当なものを次の①～⑤から一つ選びなさい。

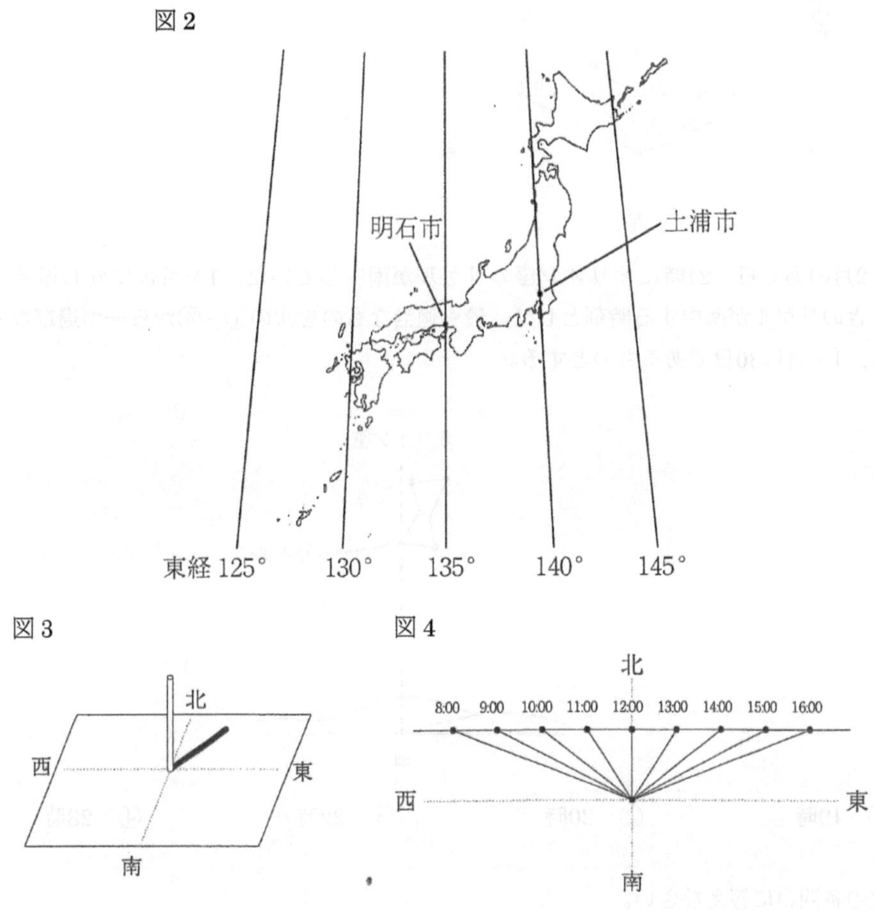

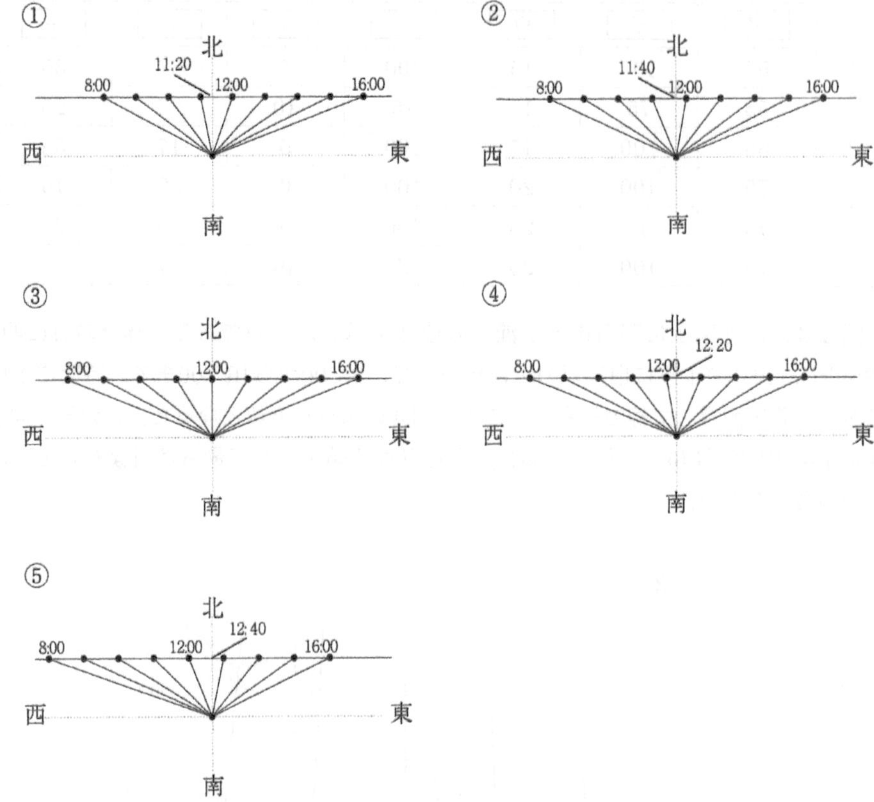

（4） 2月のある日，21時にオリオン座のリゲルが南中していた。1ヶ月後に同じ場所で観察したときのリゲルが南中する時刻として，最も適当なものを次の①～④から一つ選びなさい。ただし，1ヶ月は30日であるものとする。

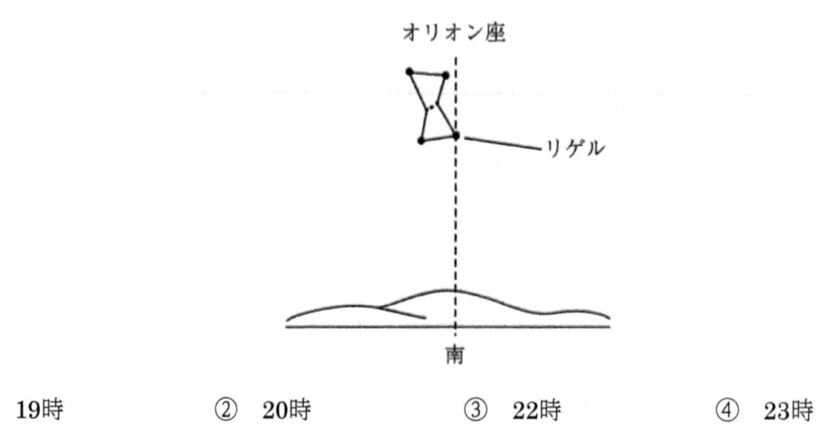

① 19時　② 20時　③ 22時　④ 23時

3 次の各問いに答えなさい。

（1） アンモニアの性質を調べるために，図1のような実験装置を組み立て，水を入れたスポイトを押してフラスコの中に少量の水を入れると，<u>ビーカーの中の水がフラスコの中に吸い込まれた</u>。次の(a)・(b)の各問いに答えなさい。

図1

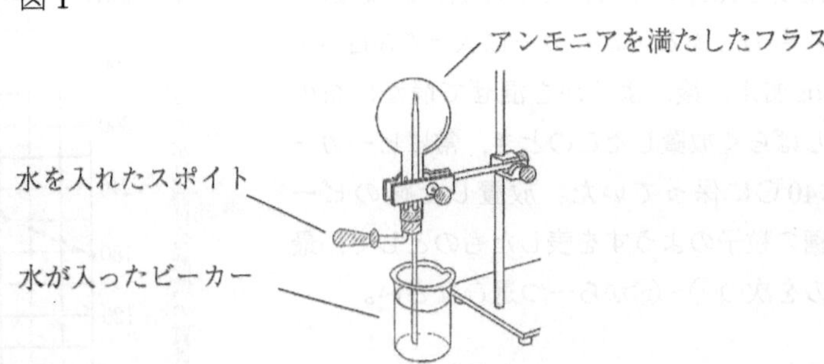

（a） 下線部の現象は，アンモニアのどのような性質が関係しているか。最も適当なものを次の①～⑥から一つ選びなさい。

① 空気より密度が小さい。　② 水に溶けやすい。
③ 窒素と酸素の元素が含まれている。　④ においが刺激臭である。
⑤ 分子をつくる物質である。　⑥ 非金属である。

（b） ビーカーの中にフェノールフタレイン溶液を入れておくと，ビーカーの中の水がフラスコの中に吸い込まれる際に色の変化が見られる。このときの色の変化とその変化から分かるアンモニアの性質の組み合わせとして，最も適当なものを次の①～⑧から一つ選びなさい。

	フェノールフタレイン溶液の色の変化	アンモニアの性質
①	青色から赤色	酸性
②	青色から赤色	アルカリ性
③	赤色から青色	酸性
④	赤色から青色	アルカリ性
⑤	緑色から青色	酸性
⑥	緑色から青色	アルカリ性
⑦	無色から赤色	酸性
⑧	無色から赤色	アルカリ性

（2） 気体の発生方法と発生する気体の種類の組み合わせとして，最も適当なものを次の①～⑥から一つ選びなさい。

	気体の発生方法	発生する気体
①	うすい塩酸に石灰石を加える	水素
②	うすい塩酸に石灰石を加える	窒素
③	うすい過酸化水素水に二酸化マンガンを加える	二酸化炭素
④	うすい過酸化水素水に二酸化マンガンを加える	酸素
⑤	うすい塩酸に亜鉛を加える	アンモニア
⑥	うすい塩酸に亜鉛を加える	硫化水素

（３） 図２は，温度と100gの水に溶ける砂糖の質量(g)の関係を表したものである。ビーカーに入った50gの水に砂糖を130g加えた後，よくかき混ぜて静かに机の上に置いてしばらく放置したこのとき，常にビーカー内の温度は40℃に保っていた。放置した後のビーカー内の砂糖の粒子のようすを表したものとして，最も適当なものを次の①～⑥から一つ選びなさい。

図２

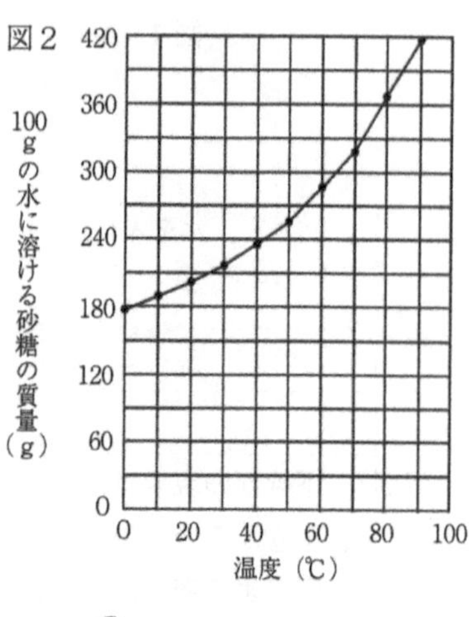

①

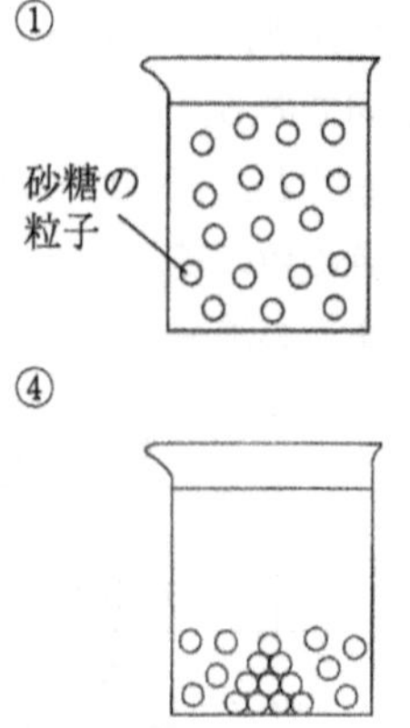

②

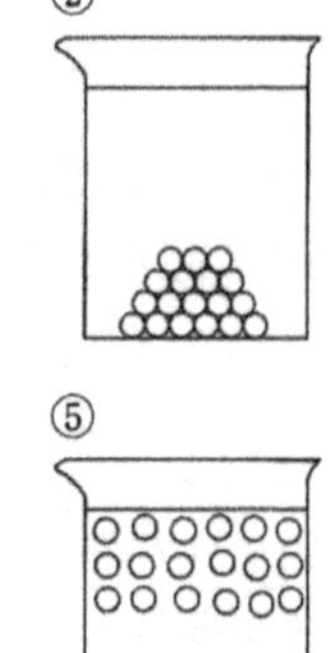

③

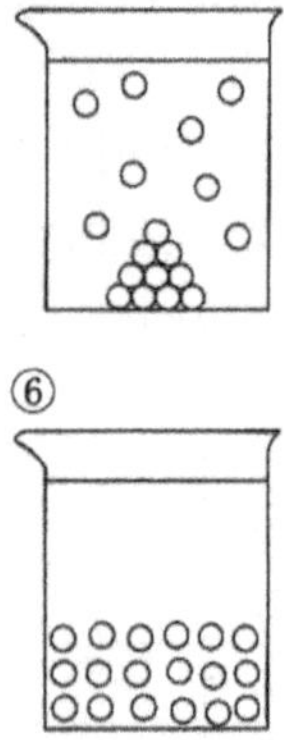

④

⑤

⑥

（４） 図３のように，試験管の中に炭酸水素ナトリウムを入れて十分に加熱し，発生した気体を集気びんの中に集めた。このとき，試験管の口の部分に液体がついた。次の(a)・(b)の各問いに答えなさい。

図３

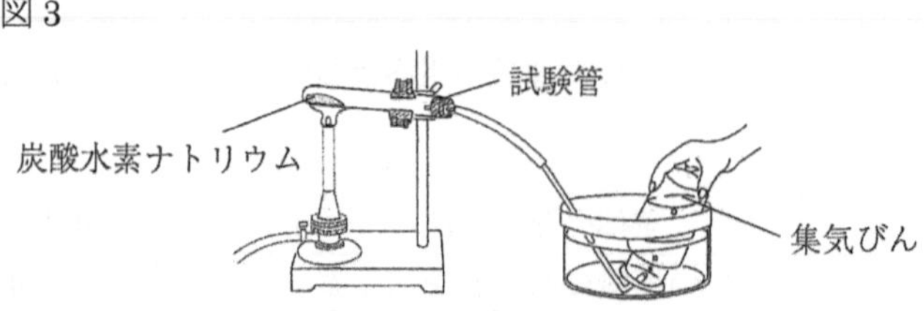

（ａ） 集気びんに集めた気体と，試験管の口の部分についた液体の種類を確かめるために必要な操作とそのときの変化について，最も適当な組み合わせを次の①～⑨から一つ選びなさい。

	気体の種類を確かめるための操作とそのときの変化	液体の種類を確かめるための操作とそのときの変化
①	気体中に火のついたマッチを入れると，ポンと音を出して気体が燃える	二酸化マンガンに液体をつけると，酸素が発生する

②	気体中に火のついたマッチを入れると，ポンと音を出して気体が燃える	石灰石に液体をつけると，二酸化炭素が発生する
③	気体中に火のついたマッチを入れると，ポンと音を出して気体が燃える	塩化コバルト紙に液体をつけると，青色から赤色に変わる
④	気体を石灰水に通じると，白く濁る	二酸化マンガンに液体をつけると，酸素が発生する
⑤	気体を石灰水に通じると，白く濁る	石灰石に液体をつけると，二酸化炭素が発生する
⑥	気体を石灰水に通じると，白く濁る	塩化コバルト紙に液体をつけると，青色から赤色に変わる
⑦	気体中に火のついたマッチを入れると，火の勢いが激しくなる	二酸化マンガンに液体をつけると，酸素が発生する
⑧	気体中に火のついたマッチを入れると，火の勢いが激しくなる	石灰石に液体をつけると，二酸化炭素が発生する
⑨	気体中に火のついたマッチを入れると，火の勢いが激しくなる	塩化コバルト紙に液体をつけると，青色から赤色に変わる

（b） 加熱後，試験管の中に固体が残っていた。この固体について述べた文として，最も適当なものを次の①～⑥から一つ選びなさい。

① 見た目が，黒っぽい色になっている。
② ハンマーで叩くとうすく広がる。
③ 加熱前の炭酸水素ナトリウムと比べ，質量は変わっていない。
④ 炭酸水素ナトリウムよりも，水に溶けにくい。
⑤ 炭酸水素ナトリウムよりも，アルカリ性が強い。
⑥ 水素元素を含む物質である。

4 次の各問いに答えなさい。

（1） 図1，図2のような回路がある。図1のA，図2のB，Cを流れる電流の大きさを，それぞれI_A，I_B，I_Cとおく。I_A，I_B，I_Cの大小関係を表したものとして，最も適当なものを次の①～⑥から一つ選びなさい。

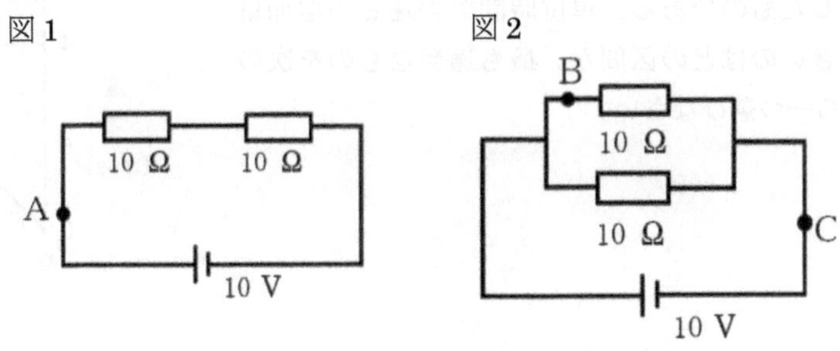

① $I_A > I_B > I_C$　② $I_A > I_C > I_B$　③ $I_B > I_A > I_C$
④ $I_B > I_C > I_A$　⑤ $I_C > I_A > I_B$　⑥ $I_C > I_B > I_A$

（2） 鏡の見え方を調べるために，水平な床に垂直に立てた幅2m，高さ2mの鏡の前に，長さ1.5mの細い棒を床に垂直に立て，その上に小球をつけた。図3は，そのようすを真上から見た図である。なお，この図のマス目は，1辺の長さが1mの正方形を表している。

身長が1.5mの観察者がA～Fのそれぞれの地点から鏡を見たとき，小球を鏡で観察することができるのは何ヶ所であると考えられるか。最も適当なものを次の①～⑥から一つ選びなさい。

図3

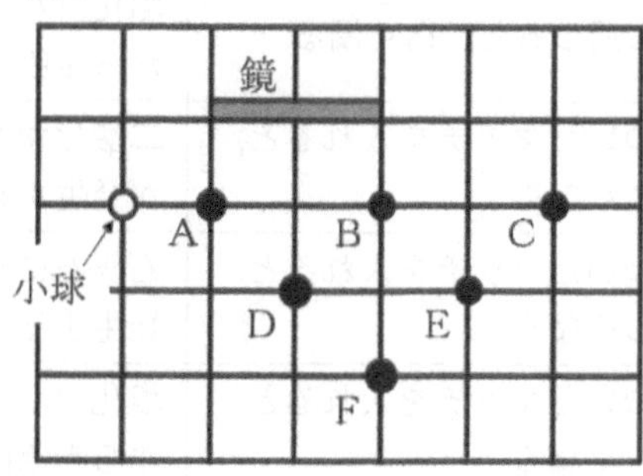

① 1ヶ所　② 2ヶ所　③ 3ヶ所
④ 4ヶ所　⑤ 5ヶ所　⑥ 6ヶ所

（3） 図4のように，コイルの上部すれすれに，棒磁石を一定の速さで水平に動かした。このとき，検流計の針はどのように動くか。最も適当なものを次の①～④から一つ選びなさい。

図4

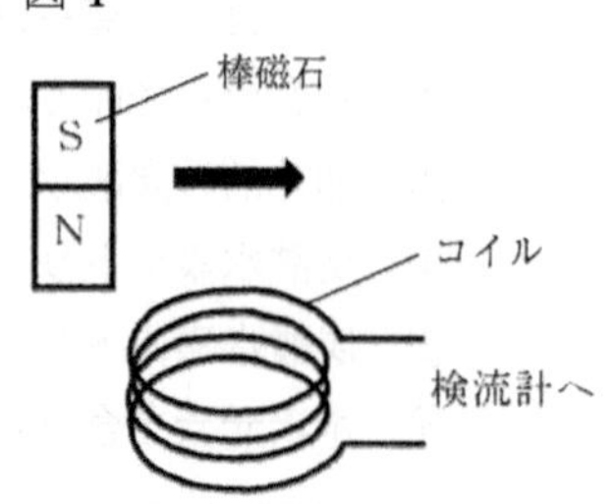

① 針は一方向にふれたあと，元の位置に戻る。
② 針は一方向にふれたあと，元の位置に戻り，再び同じ方向にふれ，元の位置に戻る。
③ 針は一方向にふれたあと，元の位置に戻り，次は逆方向にふれ，元の位置に戻る。
④ 針は一方向にふれたままとなる。

（4） 右のグラフは，直線運動をする物体の速さと時間の関係を示したものである。単位時間での速さの増加量が最も大きいのはどの区間か。最も適当なものを次の①～④から一つ選びなさい。

図5

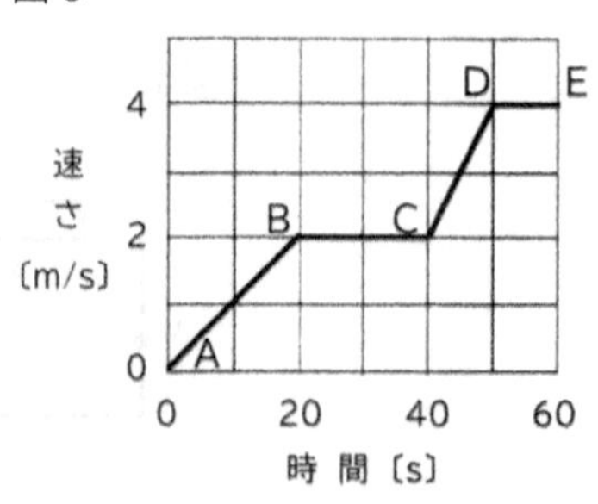

① A→B　② B→C　③ C→D　④ D→E

（5） 直方体Aと直方体Bを図6のように水平な床の上に重ねて置いた。図の(ア)～(カ)の矢印は，直方体A，直方体Bまたは床のどれかにはたらいている力の向きと作用点のみを表しており，矢印の長さは力の大きさに関係なく，すべて同じ長さにしている。

図6

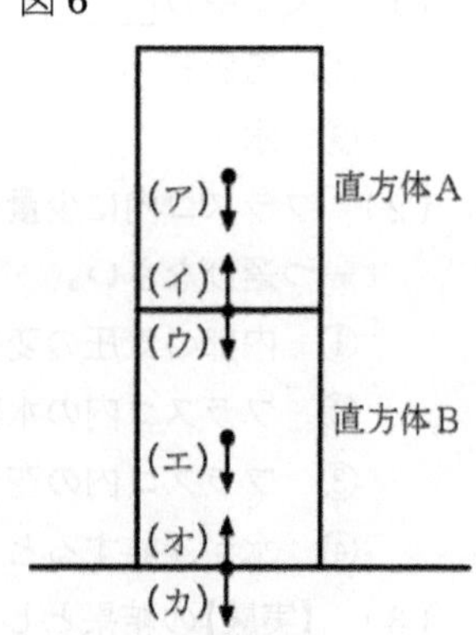

（a） 図6でお互いにおよぼし合っている2力(作用・反作用の関係の2力)の組み合わせとして正しいものを次の①～⑧から**二つ**選びなさい(同じ解答欄に二つマークしなさい)。

① (ア) と (イ)　② (イ) と (ウ)
③ (ウ) と (エ)　④ (エ) と (オ)
⑤ (オ) と (カ)　⑥ (ア) と (オ)
⑦ (イ) と (カ)　⑧ (ウ) と (オ)

（b） 図6でつり合っている力の組み合わせとして正しいものを次の①～⑧から**二つ**選びなさい(同じ解答欄に二つマークしなさい)。

① (ア) と (イ)　② (イ) と (ウ)
③ (ウ) と (エ)　④ (エ) と (オ)
⑤ (オ) と (カ)　⑥ (ア) ＋ (ウ) と (イ)
⑦ (ウ) ＋ (エ) と (オ)　⑧ (ウ) ＋ (エ) ＋ (カ) と (オ)

5 雲のでき方を調べるために，以下の【実験】を行った。次の各問いに答えなさい。

【実験】 フラスコの中に少量の [ア] を入れたあと，少量の線香の煙と風船を入れた。その後，デジタル温度計と大型注射器を取り付けたゴム栓をつけて図のような装置を用意した。次に，大型注射器のピストンをすばやく引いて，風船や温度，フラスコ内のようすの変化を調べた。その後，大型注射器のピストンをすばやく押して，風船や温度，フラスコ内のようすの変化を調べた。

図

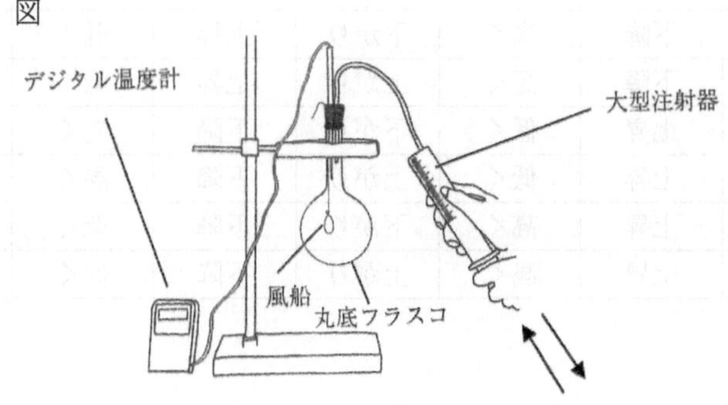

（1） 文章中の［ア］にあてはまる物質として，最も適当なものを次の①～④から一つ選びなさい。

① 石灰石　　② 塩化ナトリウム
③ 水　　④ 沸騰石

（2） フラスコ内に少量の線香の煙を入れて実験を行う理由として，最も適当なものを①～④から一つ選びなさい。

① 内部の気圧の変化を分かりやすくするため。
② フラスコ内の水蒸気を露点に達しやすくするため。
③ フラスコ内の空気が漏れていないかを調べるため。
④ 水が凝結するときの核とするため。

（3） 【実験】の結果として，最も適当なものを次の①～⑧から**二つ**選びなさい(同じ解答欄に二つマークしなさい)。

① ピストンを引くと，風船が膨らみ，温度が下がった。また，フラスコ内が白くくもった。
② ピストンを引くと，風船が膨らみ，温度が下がった。また，フラスコ内に変化はなかった。
③ ピストンを引くと，風船がしぼみ，温度が上がった。また，フラスコ内が白くくもった。
④ ピストンを引くと，風船がしぼみ，温度が上がった。また，フラスコ内に変化はなかった。
⑤ ピストンを押すと，風船が膨らみ，温度が下がった。また，フラスコ内が白くくもった。
⑥ ピストンを押すと，風船が膨らみ，温度が上がった。また，フラスコ内のくもりが消えた。
⑦ ピストンを押すと，風船がしぼみ，温度が上がった。また，フラスコ内が白くくもった。
⑧ ピストンを押すと，風船がしぼみ，温度が上がった。また，フラスコ内のくもりが消えた。

（4） 雲のでき方についての以下の文の［イ］～［キ］にあてはまる語句の組み合わせとして，最も適当なものを次の①～⑧から一つ選びなさい。

> 自然界では，空気は［イ］するとまわりの気圧が［ウ］なるため膨張する。そのため，［イ］する空気の温度は［エ］，やがて空気中の水蒸気の一部が小さな水滴や氷の粒になり，雲ができる。一方，空気が［オ］するとまわりの気圧が［カ］なり，圧縮されて温度が［キ］。そのため，［オ］気流があるところでは雲ができにくい。

	イ	ウ	エ	オ	カ	キ
①	下降	低く	下がり	上昇	高く	上がる
②	下降	低く	上がり	上昇	高く	下がる
③	下降	高く	下がり	上昇	低く	上がる
④	下降	高く	上がり	上昇	低く	下がる
⑤	上昇	低く	下がり	下降	高く	上がる
⑥	上昇	低く	上がり	下降	高く	下がる
⑦	上昇	高く	下がり	下降	低く	上がる
⑧	上昇	高く	上がり	下降	低く	下がる

（5） 水の循環について述べた以下の文の ク ～ コ に入る語句の組み合わせとして，最も適当なものを次の①～⑧から一つ選びなさい。

> 雲は，直径が0.005～0.05mmくらいの粒（小さな水滴や氷の結晶）が空の高いところに浮かんでいるものである。そして，それらが落ちてこないのは ク 気流によって支えられているからである。雲をつくっている水滴や氷の粒が成長して大きくなると，その重さを ク 気流では支えきれなくなって，雨や雪などの降水となって地表に落ちてくる。地表に到達した水は， ケ のエネルギーによって コ することで大気中に送り込まれる。そして， ク 気流によって上空へ移動する際に再び雲が形成される。このように，地球上の水は気体，液体，固体と状態を変化させ，それらが移動することによって循環している。

	ク	ケ	コ
①	上昇	風	凝結
②	上昇	風	蒸発
③	上昇	太陽	凝結
④	上昇	太陽	蒸発
⑤	下降	風	凝結
⑥	下降	風	蒸発
⑦	下降	太陽	凝結
⑧	下降	太陽	蒸発

6 物体に対してはたらく力と仕事について調べるために，【実験１】～【実験５】を行った。これらの実験について次の各問いに答えなさい。

ただし，質量100gの物体にはたらく重力の大きさを1Nとし，ばね，ひも，滑車の質量，および物体と斜面の間の摩擦，滑車の摩擦は考えないものとする。

【実験１】 長さ20cmのばねに物体をつるし，物体の質量とばねの長さとの関係を調べたところ図１のグラフが得られた。

図１

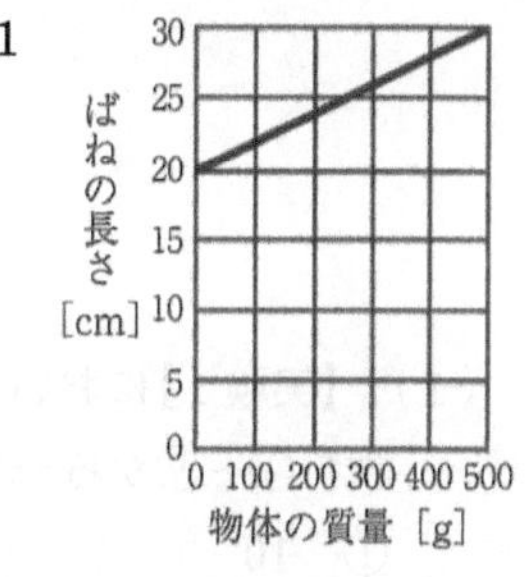

【実験２】 図２のように，【実験１】で図２用いたばねに650gの物体をつるした。

図２

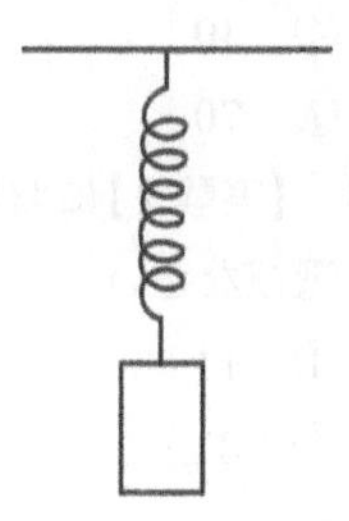

【実験3】 【実験1】で用いたばねを2つ使って，図3のように物体をつり下げたところ，つりあった。このときそれぞれのばねの長さは27cmであった。

図3

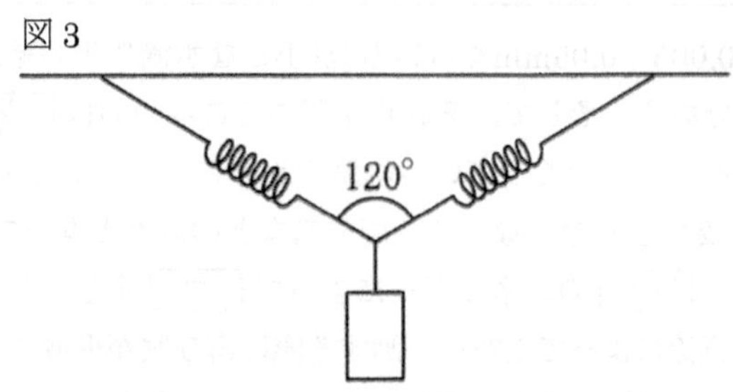

【実験4】 図4のように，【実験1】で用いたばねに300gの物体をつるし，物体を斜面上のA点からB点まで斜面にそってゆっくり100cm引き上げた。このとき物体は垂直方向に50cm上がり，ばねの長さは一定であった。

図4

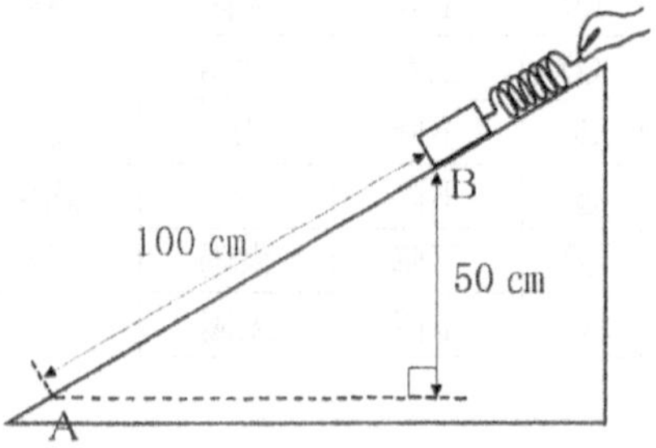

【実験5】 図5のように，滑車とひもと【実験1】で用いたばねを使った装置に物体をつるし，まっすぐ上にゆっくりと5秒間引き上げた。このとき物体は垂直方向に30cm上がり，ばねの長さは28cmであった。

図5

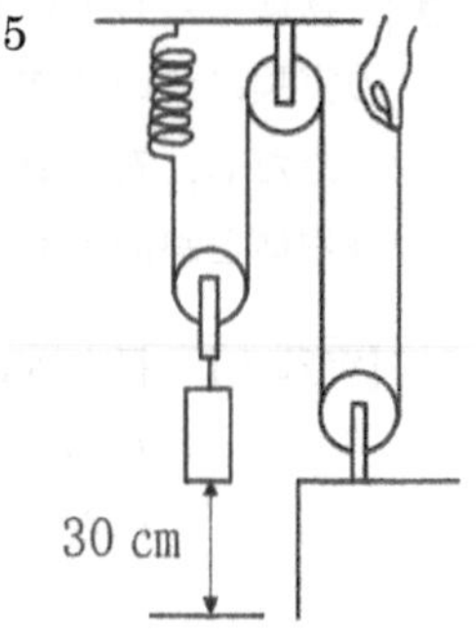

（1） 【実験1】において，ばねの伸びが1cmになるときの物体の質量は何gか。最も適当なものを次の①～⑨から一つ選びなさい。

① 10	② 20	③ 30
④ 40	⑤ 50	⑥ 60
⑦ 70	⑧ 80	⑨ 90

（2） 【実験2】において，ばねの長さは何cmになったか。最も適当なものを次の①～⑧から一つ選びなさい。

① 11	② 12	③ 13	④ 14
⑤ 31	⑥ 32	⑦ 33	⑧ 34

（3）【実験3】において，物体の重さは何Nか。最も適当なものを次の①～⑨から一つ選びなさい。

① 1	② 1.5	③ 2
④ 2.5	⑤ 3	⑥ 3.5
⑦ 4	⑧ 4.5	⑨ 5

（4）【実験4】において，引き上げているときのばねの長さは何cmか。最も適当なものを次の①～⑨から一つ選びなさい。

① 21	② 22	③ 23
④ 24	⑤ 25	⑥ 26
⑦ 27	⑧ 28	⑨ 29

（5）【実験5】において，物体に対して引き上げた力がした仕事率は何Wか。最も適当なものを次の①～⑧から一つ選びなさい。

① 0.12	② 0.24	③ 0.48	④ 0.96
⑤ 3	⑥ 6	⑦ 12	⑧ 24

7 中学生の佐藤さんは，電解質の水溶液に電流が流れる仕組みに興味を持ち，水酸化バリウム水溶液に硫酸を加えた水溶液に電流を流す実験を行った。以下は，そのレポートの一部である。次の各問いに答えなさい。

【実験内容】

0.35%の水酸化バリウム水溶液が300gずつ入ったビーカーを，9つ用意した。これらの水溶液中にBTB溶液を少量加えた後，図1のようにこまごめピペットを用いて3%の硫酸を加えた。このとき，電子てんびんを用いて同時に質量を測定し，1つ目のビーカーには硫酸を5g加え，2つ目のビーカーからは5gずつ量を増やして加えた。そして，それぞれのビーカー中の色の変化を観察した。その後，図2のようにそれぞれのビーカー中に生じた沈殿をろ過し，電子てんびんを用いて沈殿の質量を測った。さらに，図3の装置を組み立てて，それぞれのビーカー中の溶液をろ過した後の溶液に流れる電流の大きさ[mA]を測定し，加えた硫酸の質量と流れた電流の大きさのグラフを作成した（図4）。

図1

図2

図3

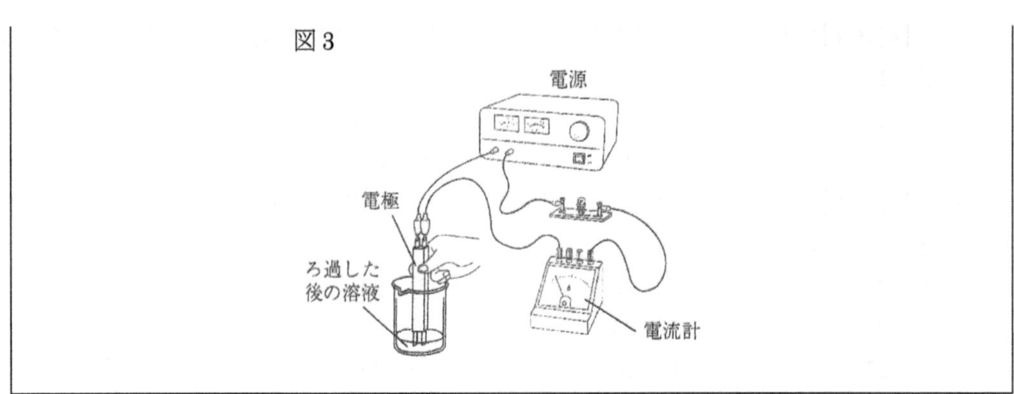

【実験結果】

表：溶液の色の変化と生じた沈殿の質量

加えた硫酸の質量(g)	5	10	15	20	25	30	35	40	45
ビーカーの中の水溶液の色	A								
生じた沈殿の質量(g)	0.36	0.71	1.07	1.43	1.43	1.43	1.43	1.43	1.43

図4：流れた電流の大きさ

B

【考察】

[i] 生じた沈殿の色は白色であり，それは［C］であると考えられる。

[ii] 表から，硫酸を［D］g加えたときに，水酸化バリウムがほとんど［E］されたと考えられる。

[iii] 表と図4から，水溶液中に電離した状態のイオンの数が最も少なくなったときに，流れる電流の大きさも最も小さくなったと考えられる。

（1） この実験で用意した各ビーカーに含まれる水酸化バリウムの質量を求めると，［ア］［イ］.［ウ］［エ］gである。［ア］～［エ］に入る最も適当な数値を，以下の例に従ってマークしなさい。

例　6gの場合

ア：0　イ：6　ウ：0　エ：0

（2） 表の A にあてはまるビーカー中の水溶液の色の組み合わせとして，最も適当なものを次の①～⑧から一つ選びなさい。

加えた硫酸の質量(g)	5	10	15	20	25	30	35	40	45
①	緑	緑	黄	青	青	青	青	青	青
②	緑	緑	緑	黄	青	青	青	青	青
③	青	青	緑	黄	黄	黄	黄	黄	黄
④	青	青	青	緑	黄	黄	黄	黄	黄
⑤	無	無	赤	赤	赤	赤	赤	赤	赤
⑥	無	無	無	赤	赤	赤	赤	赤	赤
⑦	赤	赤	無	無	無	無	無	無	無
⑧	赤	赤	赤	無	無	無	無	無	無

（3） 考察の C ～ E にあてはまる語句や数字の組み合わせとして，最も適当なものを次の①～⑧から一つ選びなさい。

	C	D	E
①	水酸化バリウム	15	酸化
②	硫酸バリウム	15	中和
③	水酸化バリウム	20	酸化
④	硫酸バリウム	20	中和
⑤	水酸化バリウム	15	中和
⑥	硫酸バリウム	15	酸化
⑦	水酸化バリウム	20	中和
⑧	硫酸バリウム	20	酸化

（4） 【考察】［iii］の内容を基に，図4の B にあてはまるグラフを模式的に表したものとして，最も適当なものを次の①～⑧から一つ選びなさい。

①
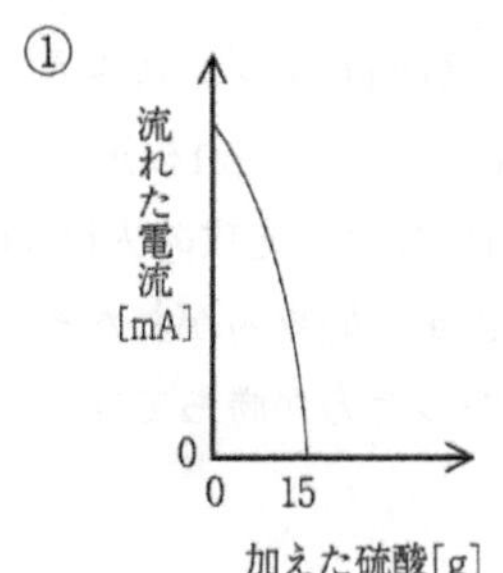

②
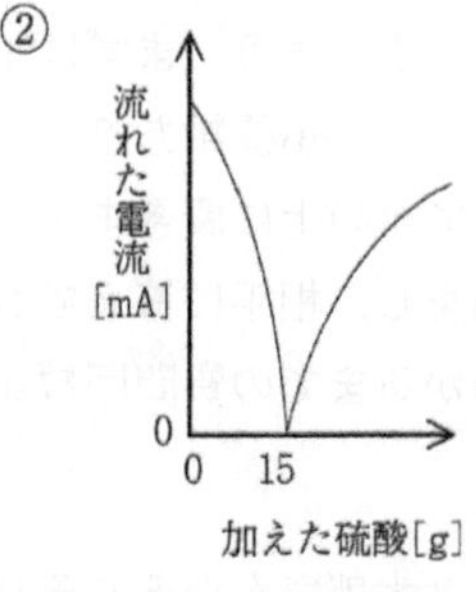

③
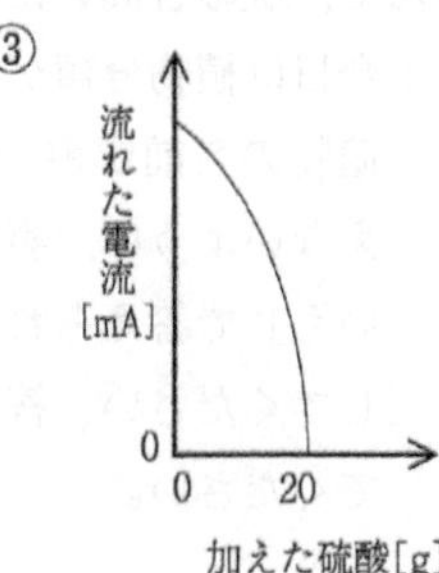

④

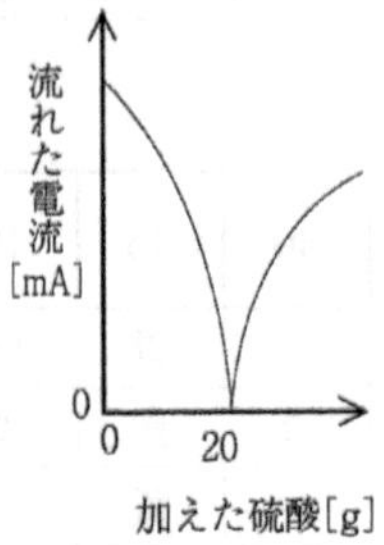

⑤

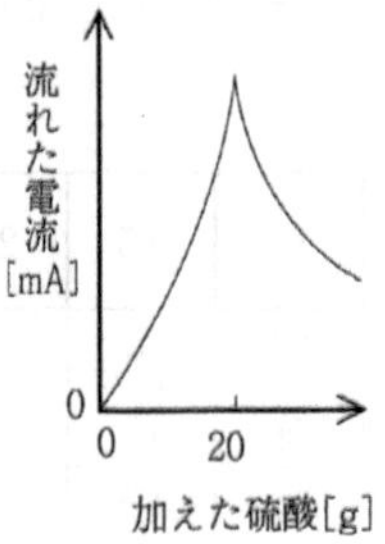

⑥

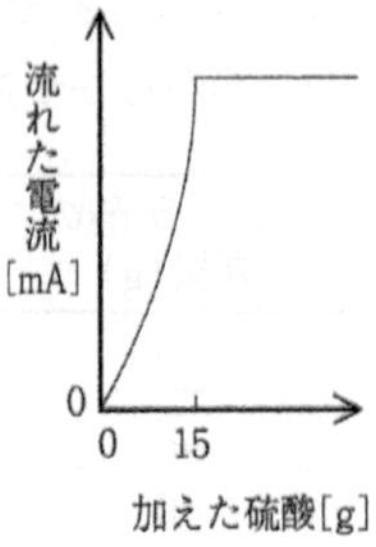

⑦

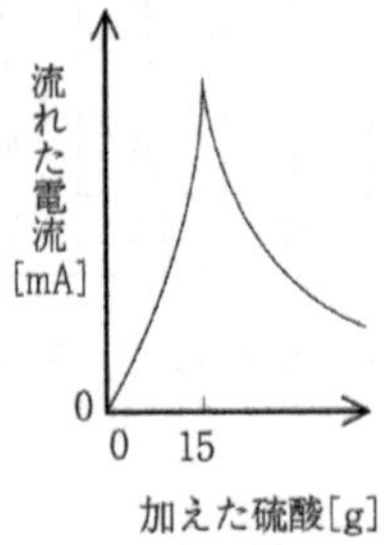

⑧

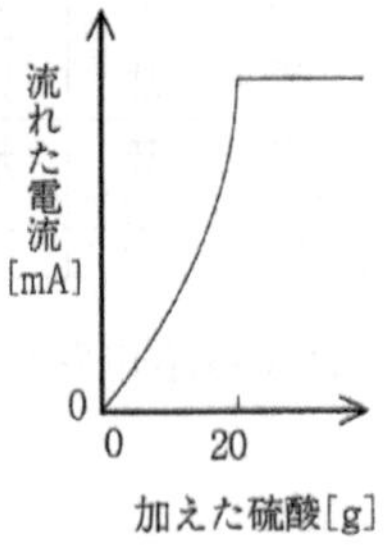

（5） この実験において，硫酸を30g加えたときに水酸化バリウムがほとんど反応しきるようにしたい。

この場合は，硫酸の濃度を［オ］［カ］．［キ］%に調整しておく必要がある。［オ］～［キ］に入る最も適当な数値を，以下の例に従ってマークしなさい。

> ［例］ 6%の場合
> オ：0　カ：6　キ：0

8 花子さんと太郎さんは，授業で植物分類ゲームを行った。以下はそのときの会話文である。これを読んで，次の各問いに答えなさい。

先生　　：今日は植物分類ゲームをしましょう。まずはルールを説明します。皆さんの机の上には植物の名前が書かれたカードが6種類あります（図1）。ここから1枚選んで他の人に見えないように，裏面にして机の上に置きます。2人組になり，先攻の人は「はい」か「いいえ」で答えられる質問をし，相手に答えてもらいます。植物名がわかった時点で解答してください。答えがわかるまでの質問回数が少なかった方が勝ちです。それでは始めてください。

～　花子さんと太郎さんがそれぞれカードを選ぶ　～

花子さん：それでは，質問をしていくね。その植物は，種子をつくる？
太郎さん：はい。
花子さん：その植物は，胚珠が子房に包まれている？

太郎さん：はい。
花子さん：その植物は，発芽の時に子葉が1枚？
太郎さん：はい。
花子さん：わかった。太郎さんのカードは［ア］だね。
太郎さん：正解。3回の質問で答えられるなんてすごい。でも負けないよ。質問をしていくね。その植物は，根，茎，葉の区別がある？
花子さん：はい。
太郎さん：胚珠が子房に包まれている？
花子さん：いいえ。
太郎さん：2回でわかったよ。花子さんのカードは「マツ」だね。
花子さん：違うよ。太郎さん，あと1つ重要な質問をしなければわからないと思うよ。
太郎さん：そうなのか。では，［イ］？
花子さん：いいえ。
太郎さん：それなら，花子さんのカードは［ウ］だね。
花子さん：正解だよ。お互い3回だから引き分けだね。でも，太郎さんに［イ］かという質問を最初にされてしまったら負けていたかも。
太郎さん：面白いゲームだったね。そして植物はたくさんの特徴をもっているんだね。植物について，もっと詳しく調べてみようよ。

図１
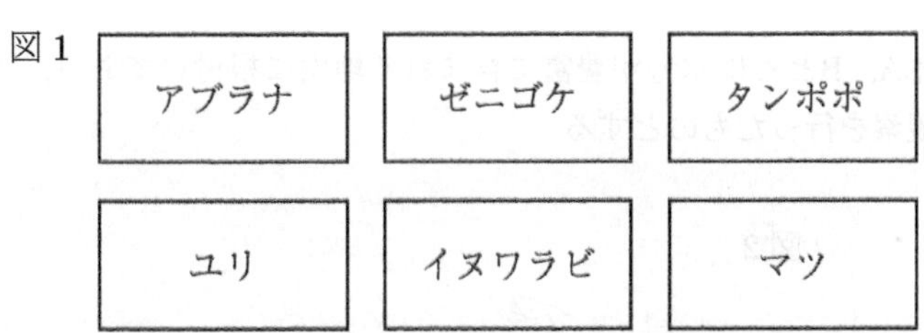

（1） 下線部のような特徴をもつ植物を単子葉類とよぶ。単子葉類について，次の（a）・（b）の各問いに答えなさい。

（a） 単子葉類に分類される植物として，最も適当なものを次の①～⑤から一つ選びなさい。

① エンドウ　② アサガオ　③ バラ
④ サクラ　⑤ トウモロコシ

（b） 単子葉類が共通してもつ特徴として，最も適当なものを次の①～④から一つ選びなさい。

① 葉脈が網目状に通る。　② 花粉が直接胚珠につく。
③ 維管束が輪の形に並んでいる。　④ ひげ根をもつ。

（2） 会話文中の［イ］に入る内容として，最も適当なものを次の①～④から一つ選びなさい。

① 種子をつくる
② 維管束がある
③ 葉脈は網目状に通る
④ 光合成を行わず，有機物の分解で栄養を得る

（3） 会話文中の ア ， ウ に入る植物名の組み合わせとして，最も適当なものを次の①～⑨から一つ選びなさい。

	ア	ウ
①	マツ	ゼニゴケ
②	マツ	イヌワラビ
③	マツ	アブラナ
④	ユリ	ゼニゴケ
⑤	ユリ	イヌワラビ
⑥	ユリ	アブラナ
⑦	タンポポ	ゼニゴケ
⑧	タンポポ	イヌワラビ
⑨	タンポポ	アブラナ

（4） この会話の後，植物のからだのつくりに興味をもった2人は植物の茎について調べることにした。同じ植物の苗木である苗木Aと苗木Bを用意し，それぞれ茎の一部分を削り取った(図2)。その後，2本のようすを観察した。図3は，それぞれの苗木の茎の断画図であり，色がぬられた部分が削り取られた部分を表している。苗木Aと苗木Bを観察したようすについて述べた文として，最も適当なものを次の①～⑥から**二つ**選びなさい(同じ解答欄に二つマークしなさい)。

ただし，苗木A，Bともに水分が豊富に含まれる地面に根付いており，太陽光が十分にあたる環境でこの観察を行ったものとする。

図2

図3

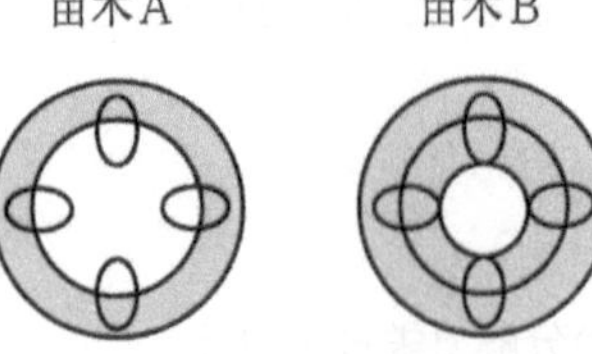

① 苗木A，苗木Bともに翌日までにしおれてしまった。

② 苗木Aは翌日までにしおれてしまったが，苗木Bは数日間観察してもしおれることはなかった。

③ 苗木Bは翌日までにしおれてしまったが，苗木Aは数日間観察してもしおれることはなかった。

④ 苗木A，苗木Bともに数日間観察してもしおれることはなかった。

⑤ 実験後数ヵ月たつと，苗木Aの削り取った部分の下部の茎が肥大し，こぶのようになった。そのこぶの中にたまった物質を調べると，根から吸収した水や無機養分が多く含まれていた。

⑥ 実験後数ヵ月たつと，苗木Aの削り取った部分の上部の茎が肥大し，こぶのようになった。そのこぶの中にたまった物質を調べると，上部にある葉で作られた養分が多く含まれていた。

【社　会】（50分）〈満点：100点〉

1 あとの問いに答えなさい。**(8)**～**(10)**については，それぞれの説明にあてはまる国名を，以下の①～④のうちから一つずつ選びなさい。なお，**(8)**～**(10)**は，**図1**(地図)中の番号に対応している。

(1) アメリカのローズベルト大統領とイギリスのチャーチル首相が，1941年8月に示したナチス・ドイツに対決する決意と戦後の平和構想の名称として適切なものを，以下の①～④のうちから一つ選びなさい。

① 大西洋憲章　② ポツダム宣言　③ 大東亜共栄圏　④ 日中共同声明

(2) 第一次世界大戦後のイタリアで，ファシスト党を率いた人物として適切なものを，以下の①～④のうちから一つ選びなさい。

① ヒトラー　② ケネディ　③ スターリン　④ ムッソリーニ

(3) 清を倒して，南京でアジア初の共和国である中華民国の建国を宣言した出来事として適切なものを，以下の①～④のうちから一つ選びなさい。

① 辛亥革命　② 五・四運動　③ 三・一独立運動　④ 義和団事件

(4) 日本国憲法の3つの基本原理として**適切でないもの**を，以下の①～④のうちから一つ選びなさい。

① 平和主義　② 基本的人権の尊重

③ 三権分立　④ 国民主権

(5) 衆議院議員選挙に立候補できる年齢として適切なものを，以下の①～④のうちから一つ選びなさい。

① 18歳　② 20歳　③ 25歳　④ 30歳

(6) 日本において，社会福祉，社会保障，公衆衛生の向上・増進などを担当している省として適切なものを，以下の①～④のうちから一つ選びなさい。

① 文部科学省　② 厚生労働省　③ 環境省　④ 農林水産省

(7) 東南アジアやインドなどの気候に強い影響を及ぼす，夏は海洋から大陸へ，冬は大陸から海洋へ向かって吹く風の名称として適切なものを，以下の①～④のうちから一つ選びなさい。

① 偏西風　② モンスーン　③ 台風　④ やませ

(8) 人口が2億人を超え，イスラム教徒が多数を占める国である。また，農業が盛んで米やパーム油の有数の産地である。

① インドネシア　② フィリピン　③ マレーシア　④ タイ

(9) 国土の大半が高原地帯で乾燥した気候である。産油国であり，国内ではイスラム教を信仰する人々が多い。

① イラン　② イラク　③ パキスタン　④ トルコ

(10) アフリカの中でも数少ない，人口が1億人を超える国であり，日本へはコーヒー豆などが輸出されている。

① ケニア　② エチオピア　③ ガーナ　④ リビア

図１

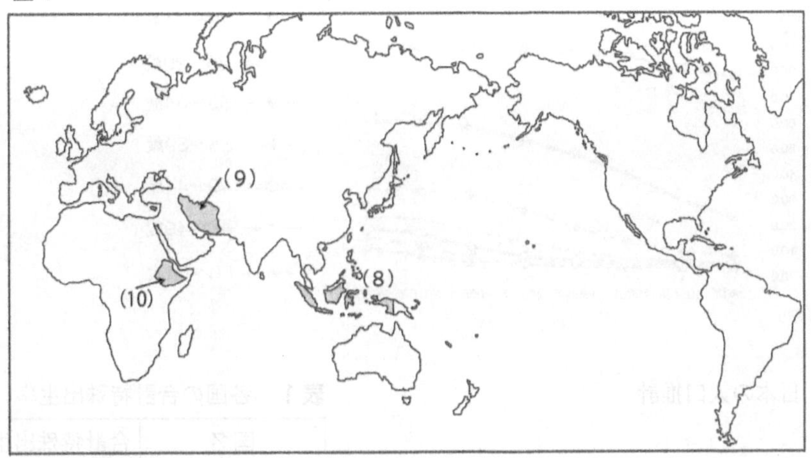

2 次の文章**A～D**を読んで，あとの問いに答えなさい。

A 皆さんが今後の人生を生きていくうえで必要な力とは何でしょうか。AI(人工知能)技術の進歩は著しく，(a)将来の社会を展望したとき，人間の生活がAIにとってかわられるシンギュラリティ注)がくるのではないかと危惧する声もあります。しかし，ある研究者の主張では，AIを「人間の一般的な知識と同等レベルの知恵」と定義すると，自律的に，つまり人間の力をまったく借りずに，人間よりも能力の高いAIを作り出すことはできないと言われています。むしろ，危惧されていることは，人間の読み書きする能力の衰えです。(b)文字を読み書きするという人間にしかできない能力が失われることで，人間らしさが失われる可能性があるからです。

注）技術的特異点。AIが人類の知能を超える転換点のこと。

(1) 下線部(a)に関連して，現在と将来の日本の人口に関連する**図１～3**と**表１**から読み取れることとして適切なものを，次の①～④のうちから**すべて**選びなさい。

図１ 年齢階級別未婚率の推移(男性)

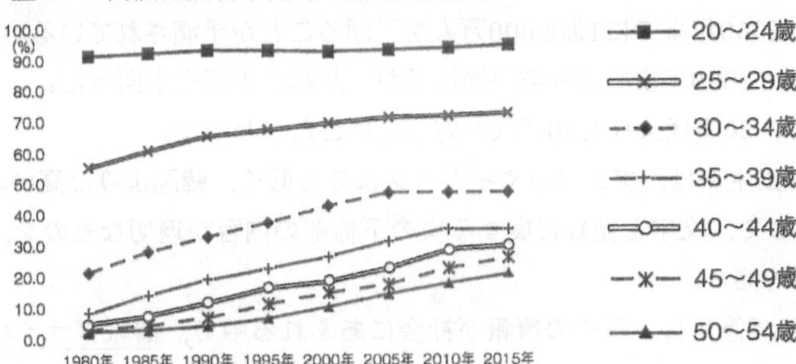

図2　年齢階級別未婚率の推移(女性)

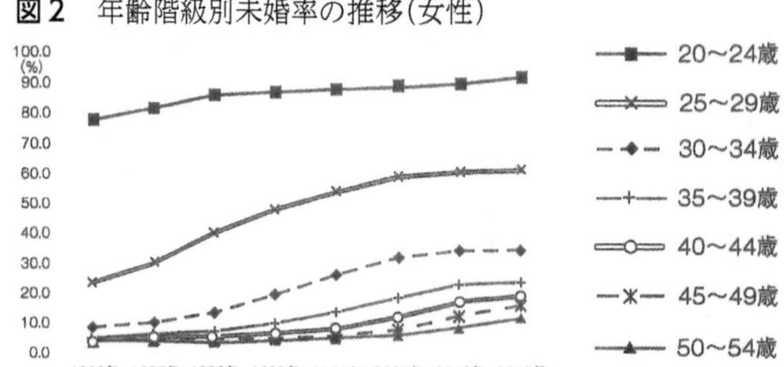

図3　日本の人口推計

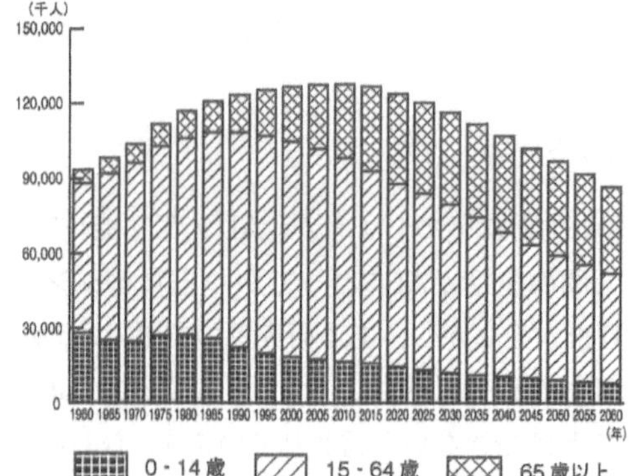

表1　各国の合計特殊出生率

国名	合計特殊出生率
日本	1.34
韓国	0.84
シンガポール	1.10
フランス	1.86
ドイツ	1.54
イタリア	1.27
スウェーデン	1.71
イギリス	1.68
アメリカ	1.64

注）イギリスは2018年，フランス・ドイツ・イタリア・スウェーデンは2019年，その他は2020年の調査による。

（いずれも厚生労働省ホームページにより作成）

① 日本の人口は，2050年までに1億2,000万人を下回ることが予測されている。
② 女性の未婚率は，2020年までに専業主婦世帯が，共働き世帯を上回った。
③ 日本の未婚率は，20歳代よりも30歳代の方が高いことがわかる。
④ 日本の合計特殊出生率は，アメリカやイギリスよりも低く，韓国よりは高い。

（2） 下線部(b)に関連して，文字と記録に関する文の下線部の内容が適切なものを，次の①～④のうちから一つ選びなさい。

① インターネットが普及し，多くの情報が社会にあふれる中で，情報プライバシーを身につけ，正しく情報を収集する必要がある。
② 国会には違憲審査権があり，政府に対して法律の制定などに必要な記録の提出を求めることができる。
③ 国際連合の機関が，人類共通の遺産を世界遺産として認定しており，日本では20の文化遺産と5の自然遺産が登録されている。

④ 唐の制度を学んだ日本でも憲法を定め，戸籍に登録した人に土地を与え，税や兵役を負担させた。

B 戦争はしばしば新しい武器の開発を促しました。(c)中国で生まれた火薬は，イスラム世界を経由してヨーロッパに伝わりました。第二次世界大戦中のアメリカ合衆国では，(d)マンハッタン計画と呼ばれる核兵器開発計画が国家規模で進められました。1945年7月，(e)ポツダム会談が行われている最中，アメリカ合衆国は人類史上初の核実験に成功しました。

(3) 下線部(c)に関連して，中国で生まれたものとして適切なものを，以下の①～④のうちから**すべて**選びなさい。

① 羅針盤　　② 紙　　③ 仏教　　④ 鉄砲

(4) 下線部(d)「マンハッタン計画」は，世界的に有名なユダヤ人物理学者アインシュタインがアメリカ大統領に送った手紙を機に始まったと言われる。ユダヤ人に関する記述として**適切でないもの**を，以下の①～④のうちから一つ選びなさい。

① アンネ・フランクはユダヤ人迫害を逃れ，隠れ家に身を潜めたものの，密告により発見され，強制収容所へ送られた。彼女の日記は，潜伏中の生活が克明に記された貴重な資料である。

② ドイツは，ポーランドのアウシュヴィッツ強制収容所で多くのユダヤ人を虐殺した。ドイツの政策に対して，ヨーロッパ各地でレジスタンスと呼ばれる抵抗運動が起こった。

③ ワシントン条約に対する国民の不満を背景として，第一次世界大戦後のドイツには，ナチス(ナチ党)と呼ばれる政党が結成された。ナチスはユダヤ人を迫害し，ドイツ民族の優秀さを主張した。

④ 第四次中東戦争が起こると，ユダヤ人国家のイスラエルと対立したアラブ諸国は石油の輸出価格を大幅に引き上げ，石油危機が起こった。石油に依存して経済成長を遂げた先進国の経済に大きな打撃を与えた。

(5) 下線部(e)「ポツダム会談」の結果，連合国が発した日本に降伏を勧告する宣言の内容として適切なものを，次の①～④のうちから一つ選びなさい。

	内容
①	日本国民は，正当に選挙された国会における代表者を通じて行動し，われらとわれらの子孫のために，諸国民との協和による成果と，わが国全土にわたって自由のもたらす恵沢を確保し，政府の行為によって再び戦争の惨禍が起ることのないようにすることを決意し，ここに主権が国民に存することを宣言し，この憲法を確定する。
②	連合国は，日本国とその領海に対する日本国民の完全な主権を承認する。 日本国は，台湾と澎湖諸島に対する全ての権利を放棄する。 日本国は，千島列島と，ポーツマス条約で得た樺太の一部に対する全ての権利を放棄する。
③	中国政府は，ドイツが山東省に持っている一切の権益を日本に譲る。 日本の旅順・大連の租借の期限，南満州鉄道の期限を99か年延長する。 中国政府は，南満州・東部内蒙古における鉱山の採掘権を日本国民に与える。

④	日本の主権がおよぶのは，本州・北海道・九州・四国と，連合国が決める島に限る。全ての戦争犯罪人には懲罰を加える。日本政府は，国民の民主主義的傾向を復活強化させ，言論・宗教・思想の自由をはじめ，基本的人権の尊重を確立させなければならない。

C　アイザック・アシモフ（1920～1992）は，ロボットの到来を予測し，人類とどのように共存すべきかを説きました。1942年，『堂々めぐり』という短編小説の中で，ロボット三原則を示しました。これはロボット開発にあたってつくられた倫理規範です。

ロボット三原則

第1条　ロボットは人間に危害を加えてはならない。また，その危険を看過することによって，人間に危害を及ぼしてはならない。

第2条　ロボットは人間に与えられた命令に服従しなければならない。ただし，あたえられた命令が，第1条に反する場合は，この限りではない。

第3条　ロボットは，前掲第1条および第2条に反する恐れのない限り，自己を守らなければならない。

ロボットは，人間に服従するものとされているが，人間の活動を補助する役割を期待されています。(f)医療や介護の分野では，人手不足を補うため，介護ロボットの導入が検討されています。(g)災害や戦争が起きたときには，被災者の捜索や復興支援などにおいて，ロボットが活躍しました。一方で災害時には，(h)自衛隊が派遣されたり，ボランティアの人たちが活動したりすることもあります。災害に備えて人ができることと，ロボットを活用したほうが良い場合を想定しておくことは大切です。

（6）　下線部(f)「医療や介護の分野」の問題に関する文として**適切でないもの**を，以下の①～④のうちから一つ選びなさい。

① 少子高齢化に伴い，看護師や介護士の不足が予想されているが，看護師や介護士として働くことを期待される外国人の日本語能力は問われていない。

② 高齢者の増加は，公的年金や介護保険など社会保障費の増加につながり，現役世代の経済的負担が増すことになる。

③ アフリカでは人口の増加が見込まれているが，必要な食料の供給が追いつかず，十分な栄養がとれない人々が多いため，特に高齢者や乳幼児は病気に対する抵抗力が弱い。

④ 一人暮らしの高齢者や高齢者だけの世帯を社会全体で支えるため，訪問介護や巡回診療などを自治体が支援している。

（7）　下線部(g)に関連して，自然災害への備えや災害時にとるべき行動として適切なものを，以下の①～④のうちから一つ選びなさい。

① 保護者に災害時の連絡方法をすべて任せておく。

② ハザードマップを見て，自宅近くに危険な箇所がないかを確認する。

③ 避難するときは，電車を使わず車を使うようにする。

④ 携帯ラジオを使うのは面倒なので，SNSのみで情報を確認する。

(8) 下線部(h)に関連して，自衛隊や日本の安全保障について述べた文の下線部の内容が**適切でないもの**を，以下の①～④のうちから一つ選びなさい。

① 同盟関係にある国が攻撃を受けた場合，自国が攻撃を受けたとみなして応戦する権利を集団的自衛権といい，2014年に内閣は憲法の解釈を変更して，これを限定的に容認した。

② カンボジアの民主化を支援するため，1992年に初めて自衛隊をPKO(国連平和維持活動)に派遣し，選挙の監視活動を行った。

③ 1996年に自衛隊がゴラン高原に派遣され停戦監視にあたったことで，パレスチナ問題はすべて解決した。

④ 日本国憲法第9条は，戦争を放棄し，戦力を持たず，交戦権を認めないとしている一方で，最低限の自衛権は認められていると政府は解釈している。

D 日本は地震の多い国です。2011年3月11日に発生した(i)東日本大震災は，まだ記憶に新しいことでしょう。[あ]と呼ばれる大きな陥没地帯が日本列島の中央部にあり，これを境に東側は南北に，西側には東西に山脈が走っています。フィリピン海[い]と太平洋[い]が接していて，地震が起こる可能性は高いのです。なかでも，南海トラフを震源とする地震は，今後かなり高い確率で発生すると予測されています。しかし，地震を予知することは不可能なので，事前に備えておくしかありません。

(9) 空欄[あ]・[い]にあてはまる語句の組み合わせとして適切なものを，以下の①～⑥のうちから一つ選びなさい。

① [あ]－日本アルプス　　[い]－プレート
② [あ]－フォッサマグナ　　[い]－プレート
③ [あ]－日本アルプス　　[い]－造山帯
④ [あ]－フォッサマグナ　　[い]－造山帯
⑤ [あ]－日本アルプス　　[い]－盆地
⑥ [あ]－フォッサマグナ　　[い]－盆地

(10) 下線部(i)「東日本大震災」を経験した人が，自らの経験を語り，記録に残そうとする取り組みがある。ある人は，震災当日の経験を以下のように証言している。あなたがこの証言を聞いて，クラスでその内容を伝えるとき，必要な情報として適切なものを，次の①～④のうちから一つ選びなさい。

震災があった日は，仙石線に乗って，両親が住む石巻市の実家に帰っていました。自宅へ戻るため，再び仙石線に乗ろうと，駅で切符を買いました。その時，大きな揺れを感じました。両親のことが心配になり，再び実家に戻りました。津波が来ると思って，両親に逃げようと話しましたが，両親はそれを嫌がりました。ケンカ腰になりながらも両親を説得し，ようやく実家の2階に避難させました。その時，すでに津波が押し寄せてきていました。2階へ避難し終えると同時に，津波が自宅の階段を駆け上がってくる勢いで迫ってきましたが，間一髪で逃げることができたのです。

(みやぎ東日本大震災津波伝承館での証言により作成)

① 仙石線の電車にいち早く乗って逃げることが最も安心だ。
② 津波の到達を知った後，大きな揺れを感じ，地震の発生を知った。
③ 津波の到達を予想し，高台に逃げようと考え，両親に避難を呼びかけた。
④ 不足した水や食料を，近所の人たちと協力して融通しあう必要がある。

3 次の文章を読んで，あとの問いに答えなさい。

2023年に土浦日本大学高等学校は創立60周年を迎えました。本校の歴史を追いながら，日本の歴史を振り返ってみましょう。

1963年，土浦女子高等学校が日本大学の付属校となり，校名が土浦高等学校となりました。翌年，土浦日本大学高等学校へと改称しました。本校が誕生した1960年代はいわゆる(a)高度経済成長期と呼ばれ，1968年には日本の国民総生産(GNP)はアメリカに次ぐ世界第2位となりました。国民の暮らしは豊かになる一方で，さまざまな社会問題も生まれ，なかでも公害は深刻な社会問題となりました。

1970年にはレスリング部にて初の国民体育大会優勝者を輩出しました。1977年にはバスケットボール部が高校三冠を達成するなど，創立以来多くの部活動が全国大会へと出場し，「文武不岐」をモットーに学業とスポーツの両立を図っています。

現在の本館校舎が完成したのは1989年のことでした。地下1階・地上6階の校舎で，その後改築を重ね，現在の形になりました。また日本大学学祖であり，(b)内閣制度ができて初めて司法大臣に就任した山田顕義のブロンズ像も同時に建立されました。山田は第1次松方正義内閣でも司法大臣を務め，(c)司法権の独立が問題となった大津事件にも関わりました。本館校舎が完成した平成初期は，株式と土地の価格が異常に高騰したバブル経済と呼ばれる時期でした。しかし，バブル経済も1991年に崩壊し，「失われた10年」と呼ばれる長い不況が続くことになりました。また，1993年には長く続いた(d)55年体制が崩壊し，新たに細川護熙内閣が誕生して，(e)選挙制度改革も進みました。

本校の特色の一つである(f)イギリスへの修学旅行が始まったのは2008年でした。イギリスは歴史や伝統に彩られた国であり，首都ロンドンは世界経済の中心の一つでもあります。また，イギリスは(g)人権保障の考えが芽生えた国でもあり，日本の政治にも影響を与えました。修学旅行では，ウエストミンスター寺院などを見学し，イギリスの(h)文化や歴史を学びます。

2000年代の日本は景気回復に向けてさまざまな改革を行いました。2001年に誕生した小泉純一郎内閣では，郵政民営化や特殊法人改革などの構造改革を進め，財政支出の削減を図りました。また，三位一体の改革と呼ばれる地方改革も行い，(i)地方財政の改善と地方分権を進めました。しかし，2008年に起こった世界金融危機により，再び日本は不況に陥り，「失われた10年」は「失われた20年」と呼ばれるようになりました。

そして2011年には東日本大震災が起こり，世界金融危機からの建て直しを図っていた日本経済にさらなる打撃を与えました。

60周年という節目を迎えましたが，今後も本校に通う生徒，そして卒業生が誇りに思える学校として70周年を迎えたいと思います。

(1) 本文から読み取れることとして適切なものを，次の①～④のうちから一つ選びなさい。

① 1960年代は高度経済成長期と呼ばれ，日本のGNPは世界第2位になり，1990年代に起

こったバブル経済により世界第1位となった。

② 日本が「失われた10年」と呼ばれる不況に陥った原因は，バブル経済の崩壊と，細川護熙内閣の誕生である。

③ 2000年代初頭の小泉内閣では，長い不況から抜け出すために郵政民営化などの構造改革を行った。

④ 平成以降の日本はいくつもの問題が重なり，経済不況に陥ることが多かったが，その度に急速な景気の回復を見せている。

(2) 下線部(a)「高度経済成長期」について述べた文として適切なものを，以下の①～④のうちから一つ選びなさい。

① 技術革新が進み，鉄鋼や造船などの重化学工業から繊維工業などの軽工業へ製造業の中心が移った。

② 1960年に吉田茂内閣は「所得倍増」計画を打ち出し，経済成長を促した。

③ 電気洗濯機・電気冷蔵庫・白黒テレビが「三種の神器」と呼ばれ，家庭に普及した。

④ 1964年に東京オリンピックが開催され，それに合わせて東京国際空港(羽田空港)が開港した。

(3) 下線部(b)に関連して，中学生の聡さんは内閣についてのレポートを作成するため，調べたことを**図1**のようにメモとして書き出した。空欄 あ ・ い にあてはまる語句の組み合わせとして適切なものを，以下の①～④のうちから一つ選びなさい。

図1

内閣は天皇の国事行為に対して あ と承認を行う。	内閣総理大臣は い を主宰し，重要政策に関する基本方針などを発議する。

① あ －命令　い －閣議　　② あ －命令　い －臨時会

③ あ －助言　い －閣議　　④ あ －助言　い －臨時会

(4) 下線部(c)に関連して，司法に関する文として適切なものを，以下の①～④のうちから一つ選びなさい。

① 日本国憲法では，裁判官はその良心に従い独立して職権を行うこととされている。

② 司法権は最高裁判所及び下級裁判所に認められているが，例外として内閣は弾劾裁判を行うことができる。

③ すべての裁判官は心身の故障以外の理由でその職権を失うことはない。

④ 裁判員制度では，裁判員も有罪か無罪かの判断を下すが，有罪の場合の刑罰は裁判官のみで決定する。

(5) 下線部(d)に関連して，次の**図2**は戦後における主な政党の変遷を示したものである。**図2**から読み取れる内容として**適切でないもの**を，以下の①～④のうちから一つ選びなさい。

① 1990年代になると，政党が乱立し分裂や合同を繰り返している。

② 戦後の日本共産党は，分裂や合流することなく一貫して存在している。

③ 自由民主党は，55年体制以降分裂することなく維持されている。

④ 民主党は民進党へ名称を変えた後，立憲民主党と国民民主党へと分裂した。

図2　戦後における主な政党の変遷

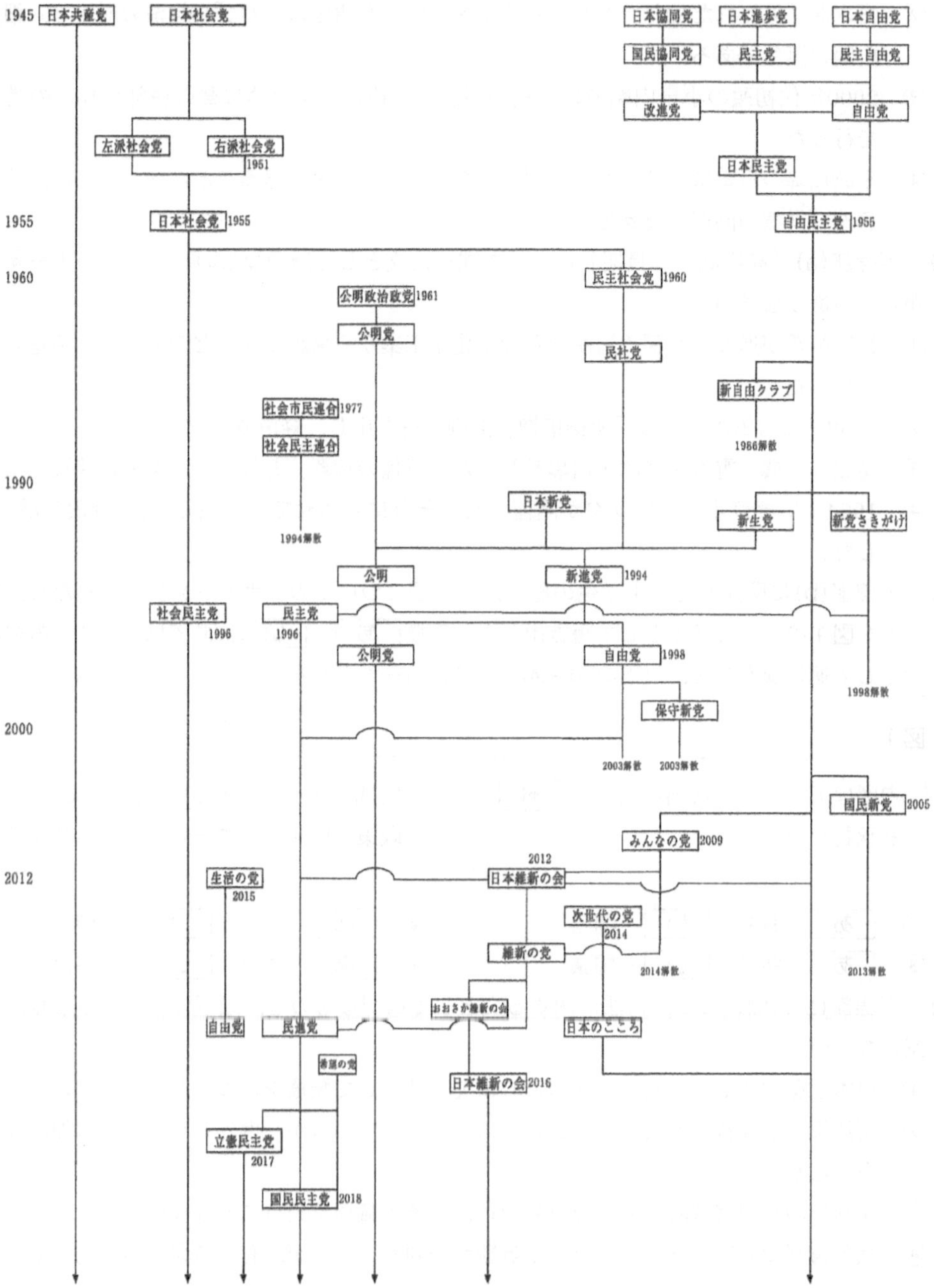

（国会図書館資料などにより作成）

（6）　下線部(e)に関連して，**図3・4**は戦後の衆議院議員選挙と参議院議員選挙の投票率を示している。グラフから読み取れることとして適切なものを，次の①～④のうちから一つ選びなさい。

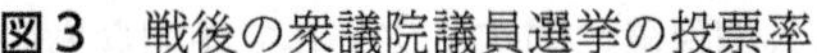

図3　戦後の衆議院議員選挙の投票率

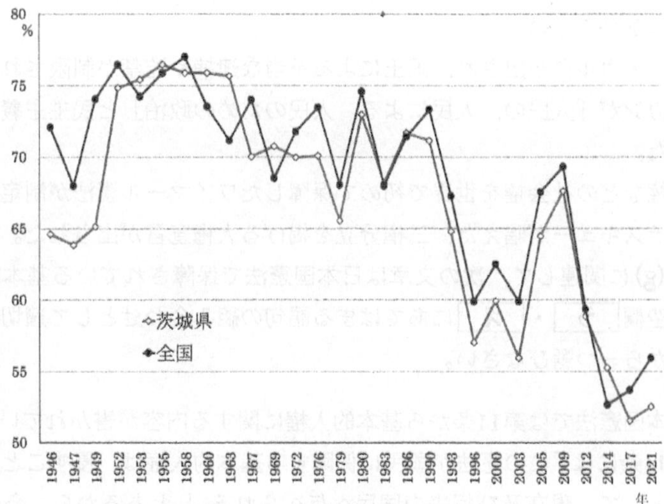

図4　戦後の参議院議員選挙の投票率

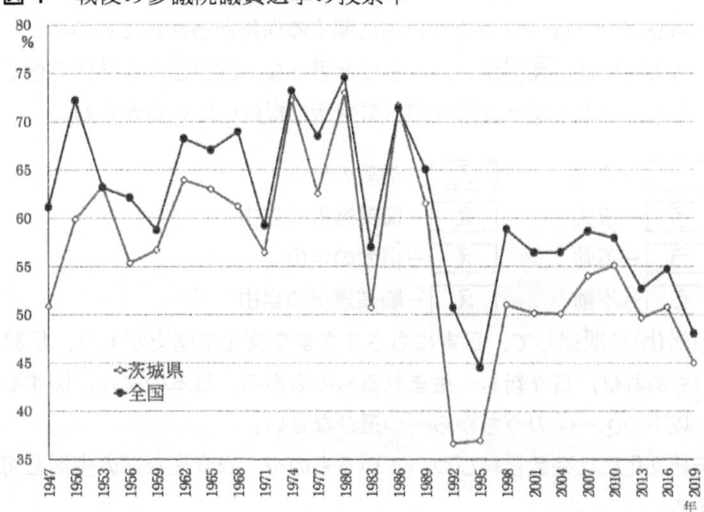

（いずれも茨城県ホームページにより作成）

① 1990年の衆議院議員選挙以降，茨城県の投票率が全国の投票率を上回ったことは一度もない。

② 全国の投票率と茨城県の投票率に10%以上の差が生じたことがあるのは，参議院議員選挙のみである。

③ 衆議院議員選挙と参議院議員選挙を比較したとき，茨城県の投票率が60%を下回った回数は衆議院議員選挙の方が多い。

④ 参議院議員選挙において，全国の投票率と茨城県の投票率がともに50%以下になった選挙は一度もない。

(7) 下線部(f)「イギリス」における人権保障に関する文として適切なものを，以下の①～④のうちから一つ選びなさい。

① マグナ・カルタが出され，国王による不当な逮捕や監禁が制限された。
② リンカンが「人民の，人民による，人民のための政治」と民主主義の理念を唱える演説を行った。
③ 生存権などの社会権を世界で初めて保障したワイマール憲法が制定された。
④ モンテスキューが唱えた，三権分立を掲げる人権宣言が出された。

(8) 下線部(g)に関連して，次の文章は日本国憲法で保障されている基本的人権に関する会話文である。空欄 う ・ え にあてはまる語句の組み合わせとして適切なものを，以下の①～④のうちから一つ選びなさい。

達也：日本国憲法では第11条から基本的人権に関する内容が書かれているね。
幹貴：第11条には「この憲法が国民に保障する基本的人権は，侵すことのできない う の権利として，現在及び将来の国民へ与へられる。」とあるから，今の僕たちだけじゃなくて，自分の子どもたち，孫たちにも保障されているね。
達也：第18条からはさまざまな自由に関する保障が書かれているね。
幹貴：個人的には え が一番大事だと思うな。誰がどんな神様を信じるかはそれぞれの自由だし，日本も様々な宗教が日常生活に根付いているからね。

① う －永久　え －信教の自由
② う －永久　え －職業選択の自由
③ う －不動　え －信教の自由
④ う －不動　え －職業選択の自由

(9) 下線部(h)に関連して，日本にもさまざまな文化や歴史があり，伝統として引き継がれてきたものもあれば，日々新しく生まれるものもある。日本の文化に関する文として**適切でないもの**を，以下の①～④のうちから一つ選びなさい。

① 伝統文化には宗教と結びついているものや，衣食住などの生活と切り離せないものも存在する。
② 日本のアニメやポップカルチャーは，海外から高い評価を得ており，海外でもイベントが開催されている。
③ 少子高齢化などを理由に伝統文化の継承者が減少しており，存続の危機に陥っているものがある。
④ 文化財保護法には，建造物や絵画などの有形文化財について保護する規定はあるが，演劇や音楽などの無形文化財に関する規定はない。

(10) 下線部(i)「地方財政」に関する文X・Yの正誤の組み合わせとして適切なものを，以下の①～④のうちから一つ選びなさい。

X－地方公共団体の歳入の約4割は地方税である。
Y－地方交付税交付金は，地方公共団体の間の財政格差を抑えるために国から分配される。

① X－正　Y－正　② X－正　Y－誤
③ X－誤　Y－正　④ X－誤　Y－誤

4 次の文章を読んで，あとの問いに答えなさい。

2022年，カタールにて通算22回目のサッカーワールドカップが開催された。この大会の公式ボールである「アル・リフラ」には，内部センサーが搭載されており，試合中のより正確な判定を可能にした。この技術は日本対スペイン戦においても話題となった。

世界で使用されているサッカーボールの約7割がパキスタンで生産されている。諸説あるが，［あ］発祥のスポーツが現在のサッカーのルールや形式の原型とされ，［あ］の植民地であったインドやパキスタンでサッカーボールが生産されるようになった。現在のサッカーボールは主に人工皮革でつくられているが，以前は牛革でつくられていた。インドでは，牛を殺生してはいけないというヒンドゥー教のタブーがある一方で，パキスタンでは，(a)イスラム教の信徒が多数を占めており，このようなタブーには触れないことから次第にパキスタンでの生産に移行した。サッカーボールの生産は現在でも手縫いが一般的な工程であり，パキスタンのサッカーボール生産では，多くの児童労働が行われていることが指摘されている。こうした指摘から，サッカーボール生産に関わる労働環境を改善する取り組みとして，適正な価格での取引や適正な賃金の支払いなどが求められている。

サッカーは世界中で親しまれており，ワールドカップの第1回大会は，1930年に南アメリカのウルグアイで開催された。この大会に出場した国の多くは，(b)北アメリカ・南アメリカの国が中心で，ヨーロッパや日本を含めたアジアの国の多くは出場を辞退した。辞退理由の一つとして，(c)距離の遠さがあるといわれている。

日本では，19世紀に横浜や神戸でサッカークラブが創設され，試合が行われた記録がある。1921年には日本サッカー協会の前身である大日本蹴球協会が設立され，1993年にはプロサッカーリーグである(d)Jリーグが創設された。

日本においてもサッカーボール生産は行われている。2006年ドイツで開催されたワールドカップの公式球には，広島に本社がある「モルテン」というスポーツ用品の(e)製造会社が持つ接合技術が提供されている。このボールは，糸を使わず，特殊な接着剤で接合して製造される縫い目のないボールであり，高い評価を得た。

(1) 空欄［あ］にあてはまる国名として適切なものを，以下の①～④のうちから一つ選びなさい。

① スイス　② イタリア　③ イギリス　④ フランス

(2) 下線部(a)「イスラム教」について述べた文として**適切でないもの**を，以下の①～④のうちから一つ選びなさい。

① 1日に5回，聖地メッカに向かって祈りを捧げる習慣を礼拝という。

② イスラム教は主に北アフリカや西アジアで信仰されている。

③ イスラム教は仏教とキリスト教とともに三大宗教(世界宗教)と呼ばれている。

④ 豚肉を食べてはいけない決まりのことを断食という。

(3) 下線部(b)「北アメリカ・南アメリカ」の地形について説明した文章中の空欄［い］・［う］にあてはまる語句の組み合わせとして適切なものを，次の①～⑥のうちから一つ選びなさい。

北アメリカ大陸や南アメリカ大陸の西側では活発な地震活動や火山活動が見られます。例えば北アメリカ大陸の西側には［い］と呼ばれる標高が4,000mを超える高くて険しい山脈がのびています。南アメリカ大陸の西側にある山脈を水源として東側に流れる河川は［う］と呼ばれ，流域面積が世界最大の河川です。

① ［い］－アパラチア山脈　［う］－アマゾン川
② ［い］－アパラチア山脈　［う］－ナイル川
③ ［い］－アンデス山脈　［う］－アマゾン川
④ ［い］－アンデス山脈　［う］－ナイル川
⑤ ［い］－ロッキー山脈　［う］－アマゾン川
⑥ ［い］－ロッキー山脈　［う］－ナイル川

（4） 下線部(c)に関連して，次の文章は日本とウルグアイの距離や時差に関する会話文である。空欄［え］・［お］にあてはまる語句の組み合わせとして適切なものを，以下の①～④のうちから一つ選びなさい。

和生：日本の首都の東京とウルグアイの首都のモンテビデオの距離はどれほどあるのかな。
武史：地図から距離を調べる方法があるよ。
和生：利用するのは［え］の地図だね。
武史：では，日本とウルグアイの時差は調べられるのかな。
和生：［お］が15度異なると，1時間の時差が生じます。日本とウルグアイの時差は12時間あるようです。

図1

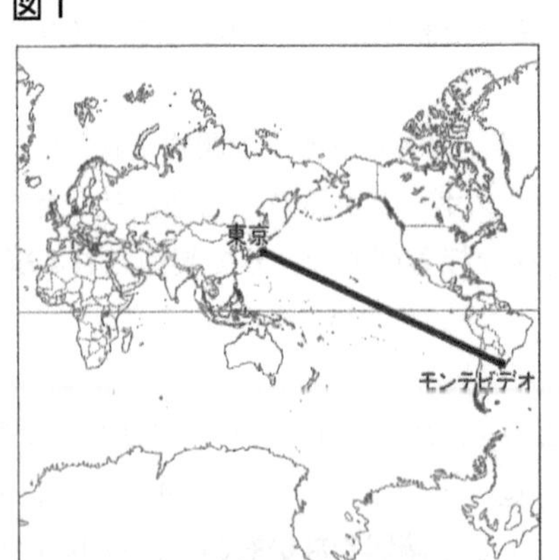

図2

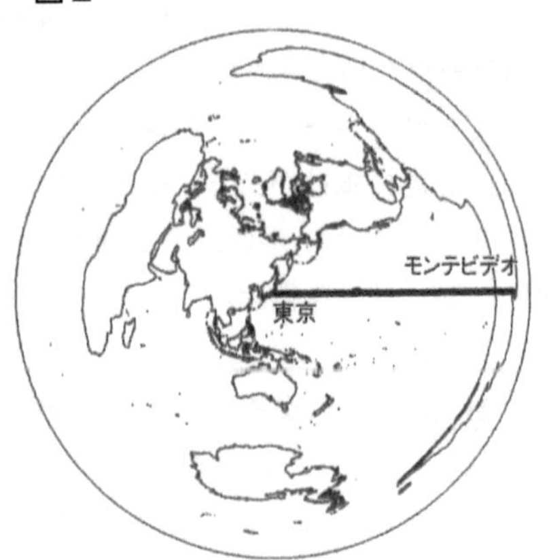

① ［え］－図1　［お］－緯度
② ［え］－図1　［お］－経度
③ ［え］－図2　［お］－緯度
④ ［え］－図2　［お］－経度

（5） 下線部(d)に関連して，次の**表1**はJリーグ所属のサッカーチームが置かれているいくつかの県の図書館・海水浴場数・スキー場数を示したものである。A～Cは千葉県，長野県，新潟県のいずれかである。**表1**中のA～Cにあてはまる県の組み合わせとして適切なものを，次の①～⑥のうちから一つ選びなさい。

表1

	図書館数	海水浴場数	スキー場数
A	144	60	0
B	126	0	73
C	79	54	29

(『データでみる県勢2021』により作成)

	①	②	③	④	⑤	⑥
千葉県	A	A	B	B	C	C
長野県	B	C	A	C	A	B
新潟県	C	B	C	A	B	A

(6) 下線部(e)に関連して，次の図3は，日本の都道府県の2019年における製造品出荷額を示したものである。図3を参考に空欄 か にあてはまる県として適切なものを，以下の①～④のうちから一つ選びなさい。

図3

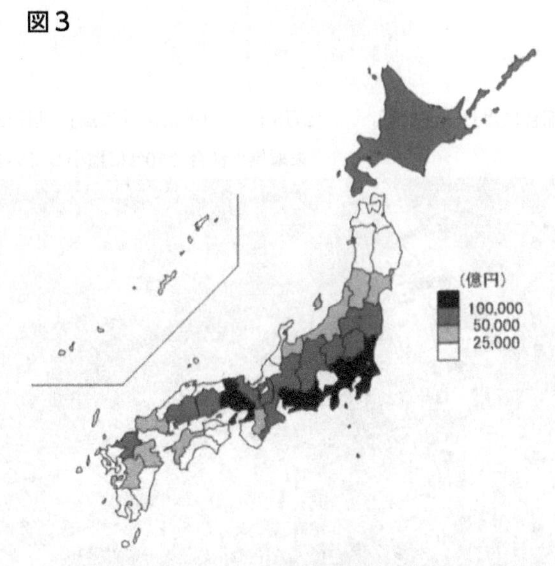

(「工業統計調査」により作成)

か の県庁所在地は政令指定都市でもあり，経済の中心地として大企業の支社や様々な工場が立地している。 か の沿岸には多くの港が整備され，古くより魚の加工や海藻の加工が盛んであり，1995年の製造品出荷額は約3兆6,000億円である。出荷額に占める食料品の割合が高いことが特徴であるが，近年では電子部品の生産も増え，2019年の製造出荷額は約4兆5,000億円である。

① 福岡県　② 奈良県　③ 宮城県　④ 栃木県

5 北村さんは夏休みの課題として，地域調査を行うことにした。次の**図１・２**を読み取り，あとの問いに答えなさい。

※編集の都合で70%に縮小しています。

図１

注）問題の都合により一部加筆。　（2万5千分の1地形図「広島」，昭和25年第2回修正測量，60%縮小）

※編集の都合で70%に縮小しています。

図２

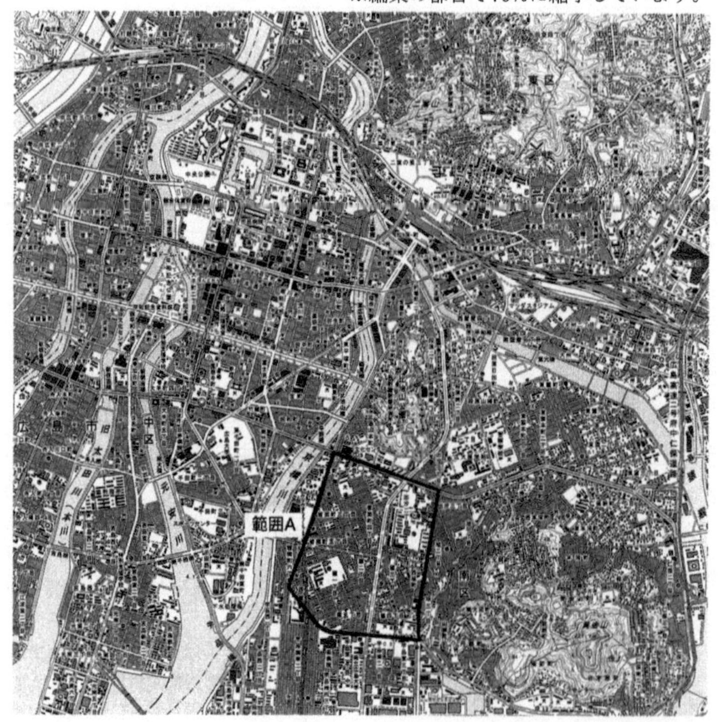

注）問題の都合により一部加筆。　（2万5千分の1地形図「広島」，平成24年更新，60%縮小）

(1) 図1の原寸の地図上において8cmの直線の，実際の距離として適切なものを，以下の①～⑥のうちから一つ選びなさい。

① 200m　② 500m　③ 1km
④ 1.5km　⑤ 2km　⑥ 3km

(2) 図1・2から読み取れることとして適切なものを，以下の①～④のうちから一つ選びなさい。

① 図1の「黄金山」の周囲は，図2では開発が進み，工業地帯になったことがわかる。
② 図1の「おおずぐち」駅は，図2では駅がなくなり，駅があった場所の北側に「マツダスタジアム」が建設されたことがわかる。
③ 図1における「広島大学」は，図2では同じ場所に「スポーツセンター」になっており，「広島大学」は別の場所に移転したことがわかる。
④ 図1における「元安川」は，図2では埋め立てられ港が整備されていることがわかる。

(3) 図2において範囲Aに見られる地図記号として適切なものを，以下の①～④のうちから一つ選びなさい。

① 市役所　② 図書館　③ 小・中学校　④ 博物館

(4) 北村さんは広島市に現存する被爆建造物の保存や継承に興味を持った。被爆建造物をテーマとして調査する手法や内容について述べた文X・Yの正誤の組み合わせとして適切なものを，以下の①～④のうちから一つ選びなさい。

X－広島市や被爆建造物の保存活動を行う市民団体に聞き取り調査を実施する。
Y－過去の地形図と現在の地形図を比較して，被爆建造物の損傷度合いや取り壊しの状況を調査する。

① X－正　Y－正　② X－正　Y－誤
③ X－誤　Y－正　④ X－誤　Y－誤

6 次の会話文を読んで，あとの問いに答えなさい。

陽人：次の日曜日に家族と一緒に(a)自動車で，野田市の櫻木(さくらぎ)神社へ行くことになりました。先生は，櫻木神社を知っていますか。

先生：知っています。神社一帯が古墳時代前期の遺跡でした。その遺跡からは［あ］など祭祀に使われていたものが多数出土しています。

陽人：有名な神社なのですね。私は全然知らなかったです。

先生：大化の改新で活躍した［い］の子孫によって，平安時代に建立されたと言われる由緒ある神社です。櫻木神社に行ったあとは，どこかへ行く予定はありますか。

陽人：(b)野田市にある千葉県立関宿城博物館へ行く予定です。戦国時代の(c)関宿城の歴史や，河川流域で起きた(d)災害，(e)川沿いで暮らす人々の生活が知りたくて，家族で行くことになりました。先生は行ったことがありますか。

先生：ありますよ。(f)利根川流域の歴史を知る上で，非常に良い博物館だと思います。(g)博物館で歴史について学んだあと，利根川と江戸川を実際に見に行くと良いかもしれませんね。

陽人：行くのが楽しみになってきました。ほかに行った方が良い場所はありますか。

先生：関宿城博物館から利根川を渡って，茨城県の境町へ行くと，道の駅さかいがあります。そこでは(h)国立競技場の設計を行った隈研吾さんが設計した建物を見ることができます。現代の(i)建築を知る機会になると思います。
陽人：家族にも提案してみますね。

（1） 空欄 あ ・ い にあてはまる語句の組み合わせとして適切なものを，以下の①～④のうちから一つ選びなさい。

① あ －土偶　い －藤原道長
② あ －土偶　い －藤原鎌足
③ あ －玉　い －藤原道長
④ あ －玉　い －藤原鎌足

（2） 下線部(a)に関連して，高速道路の建設・管理を行っている東日本高速道路株式会社（NEXCO東日本）の歴史を**表1**にまとめた。**表1**中の**A**～**D**の時期について述べた文として適切なものを，以下の①～④のうちから一つ選びなさい。

表1

西暦	東日本高速道路株式会社の歴史	時期
1956	日本道路公団の設立。	A
1963	日本初の高速道路として名神高速道路が開通した。 開通に合わせ，交通管理隊も誕生した。	B
1969	東名高速道路が全通。	
1985	関越トンネル下り線の開通。 11kmもの長さを誇る，関越トンネル。総事業費約630億円という一大プロジェクトであった。	C
1997	東京湾アクアラインの開通。	D
2005	日本道路公団から分割され，東日本高速道路株式会社が発足した。	

（NEXCO東日本ホームページにより作成）

① **A**の頃，地球温暖化防止京都会議が開かれるなど，地球温暖化に対する国際的な問題提起が行われた。
② **B**の頃，都市部における過密化やごみ問題などが深刻化した。
③ **C**の頃，日ソ共同宣言が調印されたのち，日本は国際連合へ加盟した。
④ **D**の頃，朝鮮戦争が起きた影響で，日本は好景気となった。

（3） 下線部(b)「野田市」の歴史に関する文をあげた。古いものから時代順に並べ替えたときに**3番目にくるもの**を，以下の①～④のうちから一つ選びなさい。

① 関東大震災直後，混乱した社会のなかで福田村事件が起きた。
② 後三年合戦で活躍した鎌倉景正が，合戦後に右目の療養のため，現在の野田市を訪れた。
③ 醤油(しょうゆ)産業が発達し，江戸幕府により幕府御用醤油の指定を受けた。
④ 豊臣秀吉が小田原城を攻めている頃，現在の野田市にある木野崎城が落城した。

（4） 下線部(c)に関連して，関宿の歴史を**表2**にまとめた。空欄 う ～ か にあてはまる語句の組み合わせとして適切なものを，次の①～⑧のうちから一つ選びなさい。

表2

時代	出来事
戦国時代	[う]の乱以後，幕府が力を失い，各地で戦国大名が活躍する時代が到来した。この時期に，古河公方家臣の簗田(やなだ)氏が関東の水運を押さえる拠点として，関宿城を築城。戦国時代末期に起きた関宿合戦で簗田氏が，北条氏に敗れると，北条氏が滅亡するまで治めた。
江戸時代	幕府は，関ケ原の戦い以前から徳川家に従っていた[え]大名を関宿に配置。初代藩主は松平康元であった。彼は江戸幕府初代将軍である[お]の異父弟にあたる人物である。
	1669年から幕末まで久世氏による治世が続く。 12代藩主　久世広之が幕政主導を任される役職である[か]に就任。 13代藩主　久世重之が[か]に就任。朝鮮との外交文書を取り交わす。 21代藩主　久世広周が[か]に就任。公武合体運動に尽力。

（千葉県立関宿城博物館ホームページにより作成）

① [う]－応仁　[え]－外様　[お]－徳川家康　[か]－旗本
② [う]－応仁　[え]－譜代　[お]－徳川家康　[か]－老中
③ [う]－応仁　[え]－外様　[お]－徳川家光　[か]－老中
④ [う]－応仁　[え]－譜代　[お]－徳川家光　[か]－旗本
⑤ [う]－保元　[え]－外様　[お]－徳川家康　[か]－旗本
⑥ [う]－保元　[え]－譜代　[お]－徳川家康　[か]－老中
⑦ [う]－保元　[え]－外様　[お]－徳川家光　[か]－老中
⑧ [う]－保元　[え]－譜代　[お]－徳川家光　[か]－旗本

(5)　下線部(d)「災害」に関する文として**適切でないもの**を，以下の①～④のうちから一つ選びなさい。

① 聖武天皇と光明皇后は，仏教の力にたよって，災害や伝染病などの不安から国家を守ろうとした。
② 田沼意次による政治が行われていた時代は，浅間山の大噴火などによる凶作が起き，各地で百姓一揆や打ちこわしが急増した。
③ 阪神・淡路大震災をきっかけにボランティア活動の重要性が明らかとなり，国家総動員法が制定された。
④ 東日本大震災の際の福島第一原子力発電所の事故を受けて，原子力発電のあり方について議論がされている。

(6)　下線部(e)に関連して，古代のアフリカやアジアの大河のほとりでは，古代文明が発達することがあった。それらの文明のうち，次の説明文に該当する文明の名称として適切なものを，次の①～④のうちから一つ選びなさい。

説明文
・毎年夏に川が氾濫することで，養分の多い土が残り，農耕が発達した。
・1年を365日として12か月に分ける太陽暦を使用していた。
・ものの形をかたどって描かれたといわれる象形文字が発明された。

① エジプト文明　② メソポタミア文明
③ インダス文明　④ 中国文明

(7) 下線部(f)「利根川」の歴史についてまとめた文章の空欄［き］・［く］にあてはまる語句の組み合わせとして適切なものを，以下の①～④のうちから一つ選びなさい。

利根川の名称が初めて登場する文献は，奈良時代に編纂された『［き］』です。「利根川の川瀬も知らす　ただ渡り　波にあふのす逢へる君かも」という歌が詠まれています。このような恋の歌に詠まれる一方で，利根川は「暴れ川」としても知られ，度重なる氾濫(はんらん)で，人々の生命や財産が奪われてきました。

かつての利根川は，太平洋ではなく東京湾(江戸湾)に注いでいました。現在の流路になったのは，江戸時代に行われた土木事業により流路が東にうつされたためです。これは，［く］などが目的でした。これにより，利根川の中流から下流にかけて，穀倉地帯が形成されました。また，高瀬舟と呼ばれる木造船により多くの物資が運ばれ，物流の拠点として，川沿いの町も発展しました。

① ［き］－古今和歌集　［く］－下水やごみによる水質汚染の緩和
② ［き］－古今和歌集　［く］－新田開発や水害防止，物流の活性化
③ ［き］－万葉集　［く］－下水やごみによる水質汚染の緩和
④ ［き］－万葉集　［く］－新田開発や水害防止，物流の活性化

(8) 下線部(g)に関連して，**図1**は東京国立博物館に所蔵されている資料である。この資料に描かれた出来事として適切なものを，以下の①～④のうちから一つ選びなさい。

図1

(東京国立博物館所蔵資料による)

① 元寇　② 慶長の役　③ ペリー来航　④ ノルマントン号事件

(9)　下線部(h)「国立競技場」の歴史を調べると，その前身は大正8年に着工された明治神宮外苑競技場であり，戦後，国立競技場として再建設された。**図2・3**は明治神宮外苑競技場または国立競技場で行われた出来事の様子である。**図2・3**について述べた文**X・Y**の正誤の組み合わせとして適切なものを，以下の①～④のうちから一つ選びなさい。

図3

(いずれも『新しい日本史』による)

X－**図2**は，非戦闘員の小学生が農村部へ疎開する際に行われた壮行会の様子である。
Y－**図3**は，アジア最初のオリンピックが東京で開催された時の様子である。

① X－正　Y－正　　② X－正　Y－誤
③ X－誤　Y－正　　④ X－誤　Y－誤

(10)　下線部(i)に関連して，日本の歴史的建築物である法隆寺についてまとめた文章中の下線部の内容が**適切でないもの**を，次の①～④のうちから一つ選びなさい。

日本を代表する建築物の一つとして，法隆寺がある。法隆寺は，①聖徳太子によって建立された。7世紀後半に火災にあい，現在の建物は，8世紀初めまでに再建されたものである。②現存する世界最古の木造建築とも言われ，また，③天平文化を代表する寺院建築である。この時代の日本では，徐々に寺院が建立されていった。その背景には，6世紀半ばに朝鮮半島から伝わった仏教の伝来が関係している。当初は④渡来人や蘇我氏を中心に信仰されていたが，その後，皇族や中央の豪族の間にも広まった。

ウ　再び大地震が起きるので、用心する必要があるということ。
エ　大地震が起きて、それにより人類が滅んでしまうということ。
オ　再び大地震が起きるので、簡素な家に住むべきだということ。

問25　以下の会話文は、本文を読んだ生徒たちが、傍線部5「きもはみなつぶしはてたる大なゆを山にのこして音を聞くかな」の歌について話し合っている場面である。この会話の内、正しくないことを述べているものを**一つ**選びなさい。

ア　「肝を潰す」には、「非常に驚く」という意味があるそうだよ。当時の人々もこの大地震には非常に驚いたんだね。
イ　「山にのこして音を聞くかな」からは、大地震以降、大きな地震が起こらず、山は地鳴りをしているけれども、以前ほど町は揺れてはいないことが分かるよ。
ウ　「山にのこして音を聞くかな」では、人々は地震への恐怖で呆然（ぼうぜん）としてしまい、地鳴りを聞くだけで震え上がるようになったことが読み取れるね。
エ　「かな」は感動を表す言葉だよ。この部分に和歌の作者である「ある人」の地震に対する気持ちが表明されているんだね。
オ　大地震の後には余震が続くけど、それが徐々に落ち着いて、地鳴りだけになって、こうして日常に戻っていく人たちのことがここには描かれているね。

地はゆらねども、山は常物(ひたもの)（ひたすらに）に鳴りひびきて、どうどうといふを聞きて、ある人、かくぞ思ひつづけける。

きもはみなつぶしはてたる大なゆを
山にのこして音を聞くかな

（浅井了意『夏難免怡詞(かなめいし)』より一部改変）

※なゐ…地震のこと。「大ゆり」「大なゆ」もこの地震のことを表している。
※将軍塚…桓武天皇が平安京遷都の際に都を守るために造ったとされる塚。天変地異の際にはこの塚が鳴動したという。
※禁中…宮中。
※苫…菅(すげ)や茅(かや)を編んで屋根を覆うもの。
※乾のかた…北西の方角のこと。
※二条御城…徳川家康により建てられた城。
※大手・からめ手…表門と裏門。
※石ずへ…柱を立てる土台となる石。
※指物・鴨居…木と木を組み合わせてできた建物の構造材。

問21 傍線部1「色をうしなひ」とはどういうことか。最も適当なものを**一つ**選びなさい。

ア　表情を失うこと。　　イ　顔色が悪くなること。
ウ　顔を赤く染めること。　　エ　顔を背けること。
オ　顔を隠すこと。

問22 傍線部2「御殿を出でてうつり住ませ給ふ」とあるが、このような行動を貴族がとったのはなぜだと考えられるか。最も適当なものを**一つ**選びなさい。

ア　知識の浅い者たちの噂(うわさ)話を信じ、大きな家では倒壊の危険があると考えたから。
イ　知識の浅い者たちの噂話は信じるに値しないと考え、簡素な家のほうが安全だと判断したから。
ウ　自分の身を守る場所がない町人たちに、安全な場所を提供しようと考えたから。
エ　屋敷は以前の地震で崩れてしまったが、それでもこの地への愛着が捨てきれなかったから。
オ　地震によって財産を失ってしまい、宮中に住み続けられなくなってしまったから。

問23 傍線部3「未の刻ばかり」は、十二支を使った時刻の表記だが、「未の刻」は何時頃を指すか。最も適当なものを**一つ**選びなさい。なお「子(ね)の刻＝0時頃」「午(うま)の刻＝12時頃」である。

ア　6時頃　　イ　10時頃　　ウ　14時頃
エ　18時頃　　オ　20時頃

問24 傍線部4「さればこそ」は、どういうことに対して述べた言葉か。最も適当なものを**一つ**選びなさい。

ア　大地震が起きて、明け方には皆荷物を運び、避難したということ。
イ　大地震が起きて、それにより妻や子供が逃げ遅れてしまうということ。

四 次の文章は、寛文二（一六六二）年五月一日に京の都で発生した大地震の被害について述べたものである。これを読んで、後の問いに答えなさい。

※なゐのふらざる間（地震が起こらない間）にも、只どうどうと鳴る音は、しばらくも絶ゆることなし。地の底か、山のうちかと思ふ所に、「これは※将軍塚の鳴るなり。只事にはあらず」などいひはやらかせば（言い広めるので）、上下万民（身分の高い者も低い者も誰もが）いよいよ手をにぎり、足をつまだて（つま先立ちにして）、日ごろかはゆき妻や子ども、今更足まとひ（足手まとい）になる心地して、逃げ行くべきところを案じわづらひ（思い悩み）、何の目に見えたる事もなきに（何でもないことに）、1<u>色をうしなひ</u>、ふるひわななく。その中に、なま心ありける者ども（知識の浅い）、「今より後は、猶も大事あるべし（さらに大変なことがあるだろう）。『来たる四日に、大ゆりして（大地震が起こり）大地ひきさけ、泥わきいで、家々のこらずくづれ、人種あるまじき（人類は滅んでしまうだろう）』と占ひいだしたり」と沙汰しければ（うわさしたので）、町人共はいふに及ばず、やごとなき（高貴な）上つ方まで、※禁中の焼けあとに小屋をかまへ、杉の青葉にて四方をかこみ、※苫をもつて上をおほひ、2<u>御殿を出でてうつり住ませ給ふ</u>（移ってお住みになる）。案のごとく（予想通りに揺れ）、四日になりては、夜の明方より、上下用心して、物を待ちうくるやう也ける所に、3<u>未の刻ばかりに</u>、※乾のかたよりどうどうと鳴り出でつつ、ひらにゆりけるほどに、去ぬる朔日ほどこそなけれ（ではないが）、かたのごとくの大ゆりなりければ（予想と違わない）、上下万民、「4<u>さればこそ</u>（やっぱりそうだ）」とて気を失ふ。※二条御城の※大手・からめ手、四方ともに大地われさけ、やぐら傾き、壁こぼれ、少しも大いなる家ほど強くあたりて、柱は※石ずへをはづれ、※指物・鴨居、抜けくつろぎ、今やひしげ崩るかとぞおぼえける。「四日め、四日めに大ゆりはあるなり。その日が大事ぞ、大事ぞ」とて、それよりこのかたは、日ごとに廿度卅度、常ゆりにゆりけれども、後には馴れたるゆへにや、おどろく事も、そのかみ（以前ほど）ほどにはなし。

親父は精も魂もつき果てたっていう感じでした。

ア　BADC　イ　BDCA　ウ　CABD
エ　CDAB　オ　DCAB

問18　傍線部4「親父がぼくにいったんです」とあるが、その内容として最も適当なものを**一つ**選びなさい。

ア　その人なりの苦労や正義を大切にして、生き甲斐を仕事に求め続けることが、人生を輝かせることにつながる。
イ　その人なりの個性は他者には見えないが、そのわからない部分を理解しようとする姿勢が大切である。
ウ　人は人生における様々な決断の場面で、対立する他者からの軽蔑や差別に耐えながら生きる必要がある。
エ　生きるか死ぬかという難しい問題に向き合って生きるということが、大人になることの第一歩である。
オ　人の価値観は他の人間には決して分からないものだから、その人の人生に口を出すべきではない。

問19　本文の表現について誤っているものを**一つ**選びなさい。

ア　波線部a「不断の伴奏」は、海水浴の客たちの笑い声が警笛を鳴らしたくなるほど不愉快なものであることを示している。
イ　波線部b「緑いろの光」は海の黒さとの対比で強調されており、星空の下で淡く光る幻想的な海の景色を読者に想像させる。
ウ　波線部c「まちがいなく」から、視覚では判然としないほど周囲が暗いにも関わらず、聴覚を頼りに若い女がいることを確信していることが分かる。
エ　波線部d「睨むような目」から、人生を悲観し、生きることがいやになった「女」が、他者からの干渉を拒否している様子が伝わってくる。
オ　波線部e「遠く、波打ち際で砕ける波の音」は、昼間の喧騒(けんそう)とは対照的な、深夜の海の静けさを読者に印象付けている。

問20　本文の内容について最も適当なものを**一つ**選びなさい。

ア　「女」は慎一に恋心を抱いているが、慎一はまだ若く人生経験が浅いため「女」の言葉の真意が理解できず、ただ彼女の車が遠ざかるのを眺めているしかなかった。
イ　真赤なスポーツ・カーは都会で生きていくという「女」の決意の象徴であり、慎一がその車を見送る行為は「女」が都会で幸福をつかむ未来を暗示している。
ウ　慎一が仕事に生きがいを見出させようと説得したことで、働くことの意味に思い悩んでいた「女」は晴れ晴れとした気持ちで都会に帰っていった。
エ　慎一にとっての「女」はあくまで理解できない他者であり、遠ざかる車を見る描写からも、二人は重なり合うことのないそれぞれの夏を過ごしていることがわかる。
オ　慎一は「女」の気を引こうと重々しい話を披露して自身が精神的に大人であるとアピールしたが、それが「女」に伝わらなかったため、落胆して車を見送った。

問14　傍線部1「他人の町」という表現から読み取れることはどういうことか。最も適当なものを**一つ**選びなさい。

ア　都会から来た人々が町の住民に対してよそよそしく、田舎を見下す意識が人々の言動から読み取れること。

イ　都会から町へ住民の流入が増加し、人口の半分以上が都会出身者となったため、様相が変わったこと。

ウ　若者や家族のレジャーに現地の住民も参加し、まるで別の町になったかのような繁盛ぶりを見せていること。

エ　町の賑わいが都会からの観光客によってもたらされたものでしかなく、地元の住民にとっては無縁であること。

オ　町の産業が観光に依存しており、他人である旅行客の消費に頼らざるを得ない状況であったこと。

問15　傍線部2「『休暇』も『避暑地』もなかった」と慎一が感じていたのはなぜか。最も適当なものを**一つ**選びなさい。

ア　母からアルバイトを条件に進学を許可されており、夏の間に貯金する必要があったから。

イ　繁盛期で忙しい同級生の兄の手助けをしながら、進学の準備を進めるという狙いがあったから。

ウ　進路希望を叶えるためには貯蓄の必要があると自身で考え、遊ぶ余裕もなく働いていたから。

エ　夏は町の繁盛期で稼ぎ時であり、休むよりも働いた方が充実した夏休みを過ごせると考えたから。

オ　町は観光客に占領されていて落ち着ける場所がなく、働いた方がましだと考えたから。

問16　傍線部3「やはり、海は親しかった」と慎一が思ったのはなぜか。最も適当なものを**一つ**選びなさい。

ア　夏の観光客に占領されたことで、生まれ育った町の海に疎外感を覚えていたが、海に入ると、忘れかけていた安らぎと心地よさを感じたから。

イ　海で泳ぐことは久しぶりで不安を感じたが、海は幼いころと変わらず冷たく快適で、ブランクを感じることなく泳ぐことができたから。

ウ　観光地化した海を地元の人は敬遠していたが、慎一には、海は観光地化する以前と変わらないことが実感されたから。

エ　深夜の海は冷たく暗く危険で近づくことを恐れていたが、いざ海に入ってみると、深夜まで続いた勤務の疲れを十分に癒やしてくれるものだったから。

オ　父親を亡くした海で泳ぐことに遠慮があったが、誰もいない海で過ごすうちに、そのことも気にならないほどの快適さを感じたから。

問17　空欄 X は次のA～Dの文から成り立っている。正しい順序に並べてあるものを**一つ**選びなさい。

A　おい、よく見ろ、おれは、こいつに勝ったんだぞ。生きるってことは、こういう、この手ごたえのことなんだよ。

B　そのときは、親父も生命からがらだったんです。

C　……でもその夜、親父はそのカジキの背をたたきながらぼくにいったんです。

D　牛みたいな大きなカジキを、ふらふらになって担ぎながら、

「ちがいます。4親父がぼくにいったんです。死のうとしている人間を、軽蔑しちゃいけない。どんな人間にも、その人なりの苦労や、正義がある。その人だけの生甲斐(いきがい)ってやつがある。そいつは、他の人間には、絶対にわかりっこないんだ、って」

女は無言だった。e遠く、波打ち際で砕ける波の音がしていた。

「人間には、他の人間のこと、ことにその生きるか死ぬかっていう肝心のことなんかは、決してわかりっこないんだ、人間は、だれでもそのことに耐えなくちゃいけないんだ、って。……だから、目の前で人間が死のうとしても、それをとめちゃいけない。その人を好きなように死なしてやるほうが、ずっと親切だし、ほんとうは、ずっと勇気のいることなんだ、って……」

女の顔に夜光虫の緑の※燐光(りんこう)が照って、それが呼吸づくように明るくなり、また暗くなった。女は怒ったような目つきで、海をみつめていた。

「ぼくの親父も、自殺したんです。背骨を打ってもう漁ができなくなって、この沖で銛をからだに結(ゆ)わえつけてとびこんじゃったんです。……あなたも、ぼくはとめはしません」

彼は岸に顔を向けた。そのままゆっくりと引きかえした。真暗な夜の中で、ただ夜光虫だけが彼につづき、波間にあざやかに濡(ぬ)れた色の燐光を散らしていた。

真赤なスポーツ・カーが、慎一のいるガソリン・スタンドに止まったのは、翌日の夕暮れ近くだった。ガソリンを入れに近づく慎一の顔を見て、女はサン・グラスをとり、急に目を大きくした。

「昨夜は」といい、女は笑いかけた。「……ねえ、あのお話、ほんとう?」

「ほんとうです」と、慎一は答えた。

「……そう。ありがと。私、あれから一時間近くかかって、やっと岸に着いたわ」

女は慎一の手を握った。

「あなたに、勇気を教えられたわ。それと、働くってことの意味とを」

国道を真赤なスポーツ・カーが小さくなるのを、慎一はぼんやりと見ていた。女の言葉の意味が、よくわからなかった。

彼はただ、小さなその町に今日も溢(あふ)れている無数の都会の人びと、その人びとがそれぞれに生きている夏の一つ、そんな他人の夏の一つが、しだいに視野を遠ざかるのだけを見ていた。

(山川方夫『他人の夏』より一部改変)

※ウクレレ…ギターに似た小型の弦楽器。ハワイアン音楽に用いられることが多い。
※夜光虫…ヤコウチュウ科の原生生物。刺激によって発光する。
※底引き網…網を海の底にたらし、それを船で引いて魚をとる漁法。
※銛…鯨や魚介類を突いたり刺したりしてとる漁具で、ふつう木の柄の先に鉄製の突き具をつける。
※二十八貫…約百五キログラム。
※カジキ…かじきまぐろ。多くは体長二～三メートル。まぐろに似ているが、上あごが剣状に長く伸びている。
※燐光…燐が空気中で酸化する時に発する青白い光。ここでは、それに似た夜光虫の光のこと。

知らぬまにかなり沖にきていた。
ふと、彼は目をこらした。すぐ近くの暗黒の海面に、やはり夜光虫らしい仄(ほの)かな光の煙をきらめかせて、なにかが動いている。
「……だあれ？　あなた」
若い女の声が呼んだ。c<u>まちがいなく若い女</u>がひとり、深夜の海を泳いでいるのだった。
「知らない人ね、きっと。……」
女は、ひとりごとのようにいった。はじめて慎一は気づいた。女の声はひどく疲れ、喘(あえ)いでいた。
「大丈夫ですか？」
慎一はその声の方角に向いていった。
「いいの。ほっといてよ」
女は答え、笑った。だが、声は苦しげで、笑い声もうまく続かなかった。慎一はその方向に泳ぎ寄った。
「……あぶないですよ、この海は。すぐうねりが変わるんです。もっと岸の近くで……」
「かまわないで」
ほんの二メートルほど先の海面で、波の襞(ひだ)とともに夜光虫の光に顔をかすかに浮きあがらせた女は、d<u>睨(にら)むよう</u>な目をしていた。ああ、と慎一は思った。彼は、その顔をおぼえていた。
今日、真赤なスポーツ・カーにひとりで乗ってきた女だった。目の大きな、呼吸(いき)をのむほど美しいまだ若い女で、同級生の兄は、あれは有名な映画女優にちがいないぞといった。
「……あなた、この町の人ね？」
女の顔は見えなかった。彼は答えた。
「そうです。だからこの海にはくわしいんです」
「漁師さんなの？」
「……親父(おやじ)が漁師でした」と彼はいった。「親父は、沖で一人※底引き網をやってたんです。※銛(もり)も打ったんです。※二十八貫もある※カジキを、三日がかりでつかまえたこともあります」
自分でも、なぜこんなことをしゃべりはじめたのか、見当がつかなかった。
ただ、なんとなく女を自分とつなぎとめておきたかったのかもしれない。
「［X］……あのとき、親父は泣いていました」
「銛で打ったの？」
「そうです。とても重い銛なんです」
「ずいぶん、原始的ね」女はひきつったような声で笑った。「で、お父さんは？」
「死にました。去年」
女はだまった。ゆっくりとその女のそばをまわりながら、彼はいった。
「……あなたは、自殺するつもりですか？」
喘ぐ呼吸が聞こえ、女は反抗的に答えた。
「ほっといてよ。……あなたには、関係ないことだわ」
「べつに、やめなさい、っていうつもりじゃないんですよ」
女は、ヒステリックにいった。
「からかうの？　軽蔑しているのね、私を。子どものくせに」
あわてて、慎一はいった。

エ　介護現場の具体的な体験をもとに語ることで、論に説得力を与えている。

オ　短い文や話し言葉により、身近なところから筆者が語りかけているような印象を与えている。

三　次の文章は、昭和期を舞台とした小説の全文である。これを読んで後の問いに答えなさい。

海岸のその町は、夏になると、急に1他人の町になってしまう。都会から、らくに日帰りができるという距離のせいか、避暑客たちが山のように押し寄せてくるのだ。夏のあいだじゅう、町は人口も倍近くにふくれあがり、海水浴の客たちがすっかり町を占領して、夜も昼も、うきうきとそうぞうしい。

その年も、いつのまにか夏がきてしまっていた。ぞくぞくと都会からの海水浴の客たちがつめかけ、例年どおり町をわがもの顔に歩きまわる。大きく背中をあけた水着にサンダルの女。※ウクレレを持ったサン・グラスの男たち。写真機をぶらさげ子どもをかかえた家族連れ。真赤なショート・パンツに太腿（ふともも）をむきだしにした麦藁帽（むぎわらぼう）の若い女たち。そんな人びとの高い笑い声に、自動車の警笛がa不断の伴奏のように鳴りつづける。

そこには、たしかに「夏」があり「避暑地」があり、決して都会では味わえない「休暇」の感触があったが、でも、その町で生まれ、その町で育った慎一には、そのすべてはひとごとでしかなかった。いわば、他人たちのお祭りにすぎなかった。だいいち、彼には2「休暇」も「避暑地」もなかったのだ。

来年、彼は近くの工業高校に進学するつもりでいた。それを母に許してもらうため、すこしでも貯金をしておこうと、その夏、慎一は同級生の兄が経営するガソリン・スタンドに、アルバイトとしてやとわれていた。都会から来た連中が占領していたのは町だけではなく、もちろん、海もだった。海岸に咲いた色とりどりのビーチ・パラソルや天幕（テント）がしまわれるのは、夜も九時をすぎてからだろうか。それからもひとしきり海岸は、ダンスやら散歩やら音楽やらでにぎわう。海辺から人びとのざわめきがひっそりと途絶えるのは、それが終わってから朝までのごく短い時間なのだ。

八月のはじめの、ひどく暑い日だった。その日は夜ふけまで暑さがつづいていた。それで海へ駈（か）けつけてきた連中も多いらしく、自動車を水洗いする仕事が午前一時すぎまでかかった。慎一が、久しぶりに海で泳いだのはその夜だった。

自分の町の海、幼いころから慣れきった海だというのに、こうして人目をさけてこっそりと泳ぐなんて、なんだかよその家の庭にしのびこんでいるみたいだ。「お客さん」たちに遠慮しているようなそんな自分がふとおかしかったが、慎一はすぐそんな考えも忘れた。冷たい海の肌がなつかしく、快かった。

3やはり、海は親しかった。月はなかった。が、頭上にはいくつかの星が輝き、黒い海にはきらきらと※夜光虫が淡いb緑いろの光の呼吸をしている。

夜光虫は、泳ぐ彼の全身に瞬きながらもつれ、まつわりつき、波が崩れるとき、一瞬だけ光を強めながら美しく散乱する。……慎一は、

イ　答えが明らかな問題に対しても、介護者があえてわからないふりをし続けることで、「答えを手放す」という心の安らぎを得るということ。

ウ　介護者が「モヤモヤし続ける」ストレスを抱えることで、老いに悩む相手に共感でき、より適したサービスを提供できるということ。

エ　介護される人が受容とも抵抗とも見分けがつかない中途半端な態度をとることで、介護者が自らの判断で自らの行動を正当化できるということ。

オ　介護者が介護のあり方を自問自答しつつも「これで充分である」という手応えを求めないことで、自らの心のゆとりを確保しているということ。

問11　傍線部４「体の意思に手応えをえる」とあるがどういうことか。最も適当なものを**一つ**選びなさい。

ア　介護を受ける人の意思は他者が介入を試みても制御できない生理現象からくみ取ることができるということ。

イ　他者の都合に合わせたくないという介護を受ける人の抗いが生理現象から理解できるということ。

ウ　体に触れることで初めて相手が明確に持っている考えを読み取ることができるということ。

エ　介護を受ける人が自分の心情を相手に察してほしくて、あえて示さないという意思を介護者が見出すということ。

オ　介護者が強引なケアをしようとすると、介護を受ける人の拒否反応が表れるということ。

問12　傍線部５「そんなとき、祈っていました」とあるがなぜか。最も適当なものを**一つ**選びなさい。

ア　荒ぶらないお年寄りは筆者にとっての理想の介護対象者であり、思わず祈りをささげずにはいられないほど自分の気持ちを鎮めてくれたから。

イ　荒ぶるお年寄りから対応をお願いされたことを言い訳にして介護者の都合を優先する身勝手さが、祈ることで許されると思ったから。

ウ　代表を務める施設の危機回避を最優先する事情が理解されないことは承知しつつも、現実的に祈らなければならないほど追い込まれていたから。

エ　言い訳ばかりしている介護者自身を正当化するには、祈るという宗教的行為を引き合いに出すしかないと判断したから。

オ　祈るという行為によって、荒ぶるお年寄りを優先して、荒ぶらないお年寄りのケアが行き届かなくなることへの葛藤から目をそらしたいから。

問13　この手紙の表現の特徴についての説明として誤りを含むものを**一つ**選びなさい。

ア　文末に呼びかけや同意を求める表現を用い、筆者の人格が豊かに表出されている。

イ　伊藤亜紗に対する反論はかっこに入れて、本文を読みやすくしている。

ウ　冒頭の伊藤亜紗の問いかけに答えることにとどまらず、幅広く助言する形で論が展開している。

であるかぎり、病気ではない、と村瀬さんは言います。（略）そこで本書では『病気ではない、正常なこと』というニュアンスを込めて、『認知症』ではなく『ぼけ』という言葉を使っています。」

※付託…人に頼んで任せること。

※孕まれる…内に含むこと。

※対談…冒頭の手紙のやりとりのきっかけとなった、村瀬と伊藤とのオンライン対談。

問7 傍線部1「見方を変えると介護しやすいのです」とあるがなぜか。最も適当なものを**一つ**選びなさい。

ア　荒ぶるぼけのある人は実は介護されたがっている人であり、介護者側が判断を委ねることで問題が沈静化するのは明白だから。

イ　荒ぶるぼけのある人の「いまここ」へのこだわりをくむと、介護を受ける人全体のニーズがわかり、荒ぶりのないぼけの人へのサービスにも還元されるから。

ウ　周囲のご都合主義に対して荒ぶるぼけのある人が行う抵抗は、問題行動ではなくむしろ称賛すべき批判精神の理想形だから。

エ　表面化した荒ぶるぼけのある人の意思を尊重して適切な機会をうかがいながら対応することは、関係性を築くチャンスにもなるから。

オ　荒ぶるぼけのある人は抵抗力が目に見えるので、荒ぶりのないぼけの人にくらべて抵抗のパワーの大小が測りやすく、その多少に応じた対応マニュアルを作れるから。

問8 傍線部2「荒ぶりのないぼけの人（老いの深まった人）は介護が難しい」とあるがなぜか。その理由として最も適当なものを**一つ**選びなさい。

ア　自ら生きようという主体性に乏しい状態に相手を追いやった責任を介護者が重く受け止めるしかないから。

イ　相手の無自覚ゆえの無邪気さが気になり、自分のモチベーションの維持が困難になるから。

ウ　相手は介護の困難さを知らない人であるため、気軽に食事や排泄の介助をしてもらえると勘違いしているから。

エ　意思表示をしない相手が物のように見え、そのことが介護者の自己嫌悪を招きうるから。

オ　会話のない状況に耐えきれず、どうして欲しいのか理解できないことを相手のせいにしてしまうから。

問9 空欄［A］に当てはまる正しいものを**一つ**選びなさい。

ア　「利他」の問題を考えるときに、お年寄りとかかわる

イ　お年寄りとかかわることは究極な感じがする

ウ　これで良かったか確証の持てない

エ　時間が過ぎていくことがよくある

オ　時間が過ぎていく事実に付き合っていく

問10 傍線部3「不安定であり続けることで、安定が孕まれる」とはどういうことか。最も適当なものを**一つ**選びなさい。

ア　介護者が答えを探しているという状況を持続しかつ当事者とも共有することで、不安が半減し「老い」が反映された制度を受け入れる余裕が生じるということ。

い続ける感情のループは、不安定であり続けることなのですが、それを手放さないことが大切なのかなぁと感じます。3不安定であり続けることで、安定が※孕まれるように感じます。

二年ほど働いて、介護する意味を見失った新人職員がいます。「老い」が不在の文化を育んだ社会に、「老い」の反映された制度が生まれるはずもありません。そのあおりもあって介護することに疲れきった彼女は、ぼけや全介助のお年寄りを「ただ食べて出すだけの存在」として負担に感じるようになりました。

生きる意味、存在する価値を見出せない。そんな自分も嫌になってしまった。頭で思考し行動することが「人」であるという人間観だと、そんなお年寄りたちが食べて出すだけの存在に思えてしまい、意思を感じることは難しくなる。本当は彼女の問題に収まらない社会の問題でもあるのですが……。

（略）

生理的な現象にも他者が関わることで明確な主張を孕みます。食べたくなければ口が開かない。たとえ無理に口の中に含ませたとしても喉は飲み込まない。排泄は頼んで出るものじゃないし、かと思えばところかまわず出るときは出ます。睡眠も同様です。食事、排泄、睡眠には、他者がどんなに頑張っても、代わることのできない主体(営み)があります。それは意識でコントロールしきれるものでもありません。よって一般的には反応と呼ばれてしまいますが……。手で触りながら、体の営みに触れることで、4体の意思に手応えをえる。これが、※対談で飛び出した生理へとつながる話です。

最後にもうひとつ。

介護の現場では優先事項の選択を迫られることが、多々あります。荒ぶらないぼけのあるお年寄りにとって「今、トイレに行ったほうがいいな」と思って入室すると、同時に荒ぶりやすいぼけのお年寄りが荒ぶり始める。そうなると、やはり、荒ぶるお年寄りを優先せざるをえない。危機の回避が優先されてしまう。

後回しになる荒ぶらないぼけのお年寄りに、後ろめたい気持ちになる。5そんなとき、祈っていました。内実は言い訳です。「本当は今、あなたの元に行くべきなのですが、荒ぶるぼけが僕を呼んでいます。お許しを」。言葉にすればこんな感じです。ちょっとだけ、目をつむりそのような気持ちで許しを請う祈り、協力を請う祈り。そして、部屋を出る。

同時に「これは僕の都合ではありません。荒ぶるぼけにみまわれたお年寄りに成り代わりお願いしているのです」と言い訳の言い訳をする。信仰とはほど遠く、宗教的とも言い難い単なる心の呟きでしたが、僕の生活に初めて息づいた、声なき人に対する現実的な祈りでした。少なくとも僕にとっては。「私」を手放したかのように見えるお年寄りは、そんな力を発揮しました。改めて考えてみれば、荒ぶるぼけに出くわした僕が荒ぶりのないぼけの力を借りて、自分の気持ちを鎮めるために行ったのかもしれません。

（伊藤亜紗・村瀬孝生『ぼけと利他』より一部改変）

※ぼけ…本書の「はじめに」には、伊藤亜紗による次のような記述がある。

「一般には『認知症』と呼ばれることが多い現象ですが、加齢とともに現れる自然な変化荒ぶる※ぼけのある人は、一般的に介護しにくいと思われています。昔は問題行動のある人と言われて忌み嫌われていました。今もです。確かに介護する側の都合がことごとく通用しない、歩み寄らない（当事者からすれば、歩み寄りたくても、寄れないのですが）。よって共存が難しいと感じられてしまいます。

けれど、1見方を変えると介護しやすいのです。介護する私や家庭、社会の「都合」に対する抗いが、当事者の意思として浮き上がるからです。「今、その時間じゃない。ここじゃない」。「それは、私の時間じゃない。私の場所じゃない」と。その理由はわかりかねても、「抗い」という行動が意思であると思える。

荒ぶるぼけには、介護する者が身を委ねることができます。「委ねる」とは具体的にいうと、介護者が荒ぶりに対して、ちゃんと恐れ慄いて引き下がることかなと思います。委ねてしまえば、問題が問題じゃなくなるし、相手を尊重したことになる、と思える。そうすれば、改めて「今ならいいですか、ここでいいですか」と問い直せます。そのタイミングを一緒に見つける努力ができます。それは関係の始まりでもあります。

一方で、2荒ぶりのないぼけの人（老いの深まった人）は介護が難しい。言葉も発しない全介助。自分から歩かないけど、手を引けば歩く。歩けなくても車いすに乗れば、どこにでも連れて行ける。食べようとしないけど、口元に食事を運べば、だいたい食べる。排泄は介助したから出るというわけではありませんが、濡れたパッドは替えさせてくれる。強い抵抗もない人がいます。介護者の思い通りになってしまいます。

ＮＯはないけど、ＯＫもない。もし介護者が食事の手伝いをしなければ死んでしまうでしょう。それでも、恨まないだろうなぁと思います。たとえ献身的に食べる手伝いをしたとしても感謝はないでしょう。そんな「自意識的な要求の無さ」「生きるも死ぬもあなた次第」という他人事のような無私的態度に途方に暮れます。伊藤さんの言う「［　Ａ　］」状況です。

本当は介護する僕たちが「わかっていない」のですが、その状況に耐えきれずいつのまにか介護されるお年寄りを「わからない人」にすり替えてしまうのです。そうなると介護が作業になり、人が物になっていく。やっぱり、人を物のように扱うわけにはいかないよなぁと葛藤する。

よって、自分を問い続けます。「今、この人とどう過ごすのか」「どう過ごしたらいいのか」「どう過ごしたいのか」。悩むことになります。この無防備な※付託に対して。

自分が問われるというのは、あまり気持ちが良いものではありません。やっぱり、良い面より嫌な面が際立つのです。自分の嫌な面を知れば知るほど、独りよがりになれなくなる。何とか「これでいいですよねぇ」と、手応えが欲しい。よってその模索に勤しみ続けることになります。

モヤモヤし続ける。いつも、現在進行形で過去にならない感じです。それが、付き合っていくときの感じでしょうか。介護者も答えを手放して付き合い続けるより他ないのですが、面白いのは、「答えを手放す」と楽になってくるのです。解放感が出てくる。

それでも「わからない」「モヤモヤ」「葛藤」「これでいいよね」と問

オ　C…鼻　D…口

問3　次の文の空欄に入る正しい語句を選ぶ際、使わないものを**一つ**選びなさい。ただし同じ選択肢は一度しか使えないものとする。

1　読書は楽しい。［　　］知識も身につく。
2　今日中にこの本を読まなければならない。［　　］まだ一ページも読み進められていない。
3　この本は読みごたえがあるなあ。［　　］今日は午後から雨のようだね。
4　駅前の図書館に、人気のカフェが新しく併設された。［　　］開店当日は、混雑が予想される。

ア　しかし　　イ　したがって　　ウ　ところで
エ　しかも　　オ　あるいは

問4　次のa・bの傍線部の中で誤った漢字が用いられているものをそれぞれ**一つ**選びなさい。

a　ア　刑期を終え出所する。
　　イ　戦後最長の好景気に沸く。
　　ウ　この合宿期間は生まれ変わる絶好の契期だ。
　　エ　飛行機のコックピットには多くの計器がある。
　　オ　類似の事件が継起する。

b　ア　国連憲章に署名する。
　　イ　事件の現場検証を行う。
　　ウ　長年の功労を顕彰する。
　　エ　ご賢勝をお祈り申し上げます。
　　オ　雑誌の懸賞に当選する。

問5　次の傍線部の中から慣用表現として正しいものを**一つ**選びなさい。

ア　国語の先生に言葉の大切さを説くのは釈迦(しゃか)に説法だ。
イ　自ら経験しないかぎりどんな大災害も対面の火事だ。
ウ　からあげ専門店が雨土のたけのこのように続出する。
エ　少子高齢化対策が必須であるのは論争をまたない。
オ　親からそんな注意をされるなんて蒼(そう)天の霹靂(へきれき)だった。

問6　「己に如(し)かざる者を友とする無かれ。」と読むように返り点をつけたものとして、正しいものを**一つ**選びなさい。

ア　無　友レ　不レ　如レ　己　者。
イ　無レ　友一　不レ　如レ　己　者一。
ウ　無レ　友　不二　如　己一　者。
エ　無レ　友　不二　如レ　己　者一。
オ　無二　友レ　不　如一　己　者。

二

社会福祉施設（宅老所「よりあい」）代表の村瀬(むらせ)孝生に伊藤亜紗が次の問いかけをした。

「利他」の問題を考えるときに、お年寄りとかかわることは究極な感じがしています。自分が働きかけてもフィードバックがいまいちわからなかったり、違う形で返ってきたり、本当にこれで良かったのかと確証が持てないまま時間が過ぎていくことがよくあると思います。その事実に付き合っていくことは、どんな感じですか？

次の文章はその問いかけに対する村瀬の手紙の一部である。これを読んで後の問いに答えなさい。

【国　語】（五〇分）〈満点：一〇〇点〉

一　次の各問いに答えなさい。

問1　次の文章を読んで、後の各問いに答えなさい。

啄木(たくぼく)が1もし、自分は短歌で身を2立てようなんて思って、3真面目(まじめ)に精進していたら、作品はずいぶんと違ったものになっただろう。もちろん、精進の結果では4ないという5ことは、彼の作品を貶(おとし)めることにはならない。

（俵万智『言葉の虫めがね』より）

a　文中の「啄木」は石川啄木のことだが、彼の歌集として正しいものを**一つ**選びなさい。

ア『春と修羅』　イ『若菜集』
ウ『みだれ髪』　エ『月に吠(ほ)える』
オ『一握の砂』

b　本文中の傍線部1～5のうち、用言はどれか。正しいものを**一つ**選びなさい。

ア　2・3・4　イ　1・2・4　ウ　1・3・4
エ　2・4・5　オ　1・4・5

問2　次の文章を読んで、後の各問いに答えなさい。

「おっしゃられる」というのを、非常にしばしば耳にする。これは厳密に言うと間違いだ。「言う」の尊敬のかたちは「おっしゃる」か「A」または「B」である。「おっしゃる」で充分なのに、物足りなく思うのだろうか。さらに尊敬の「れる」をつけるのは、二重敬語となってしまう。

二重敬語としては、「拝見させていただきます」といった言い方も多い。「拝見します」か「見せていただきます」で充分だ。拝見だけでなく、この「〇〇させていただきます」というのは、最近やたら C につく。「〇日で締め切らせていただきます」とか「商品の発送をもって、当選のお知らせにかえさせていただきます」とか「今回で終了させていただきます」とか。視聴者や客に対して気をつかった表現なのだろうけど、締め切るとか当選発表をわざわざしないとか今回で終わるとかいうのは、みんなそっちが勝手に決めたことである。こちらには D をはさむ余地がないわけで、一方的に通告される立場の人間は、実質的には全然気をつかわれていない。それなのに、言葉のうえで過剰に丁寧にされると、なんだか逆にしっくりこない。そっちが決めたんだから「今回で終了いたします」で充分じゃないか、と思うのだ。

（同前一部改変）

a　空欄 A 、 B には「言う」の尊敬語が当てはまる。次の中から「言う」の尊敬語を**二つ**選びなさい。

ア　申し上げる　イ　申される　ウ　お言いになる
エ　言います　オ　言われる

b　空欄 C 、 D に適語を入れて慣用表現を作る時、正しい語の組み合わせを**一つ**選びなさい。

ア　C…口　D…耳　イ　C…鼻　D…手
ウ　C…目　D…手　エ　C…耳　D…口

MEMO

大切なことはメモしておこうネ！

T.G

2024年度

解答と解説

《2024年度の配点は解答欄に掲載してあります。》

＜数学解答＞

1 (1) ア 1 イ 9 (2) ウ 2 (3) エ 3 オ 2 カ 1 キ 6
(4) ク 3 ケ 4 (5) コ 5 サ 1

2 (1) ア 2 イ 1 (2) ウ 1 エ 1 オ 0 カ 2 キ 5
(3) ク 1 ケ 0 コ 1 サ 2

3 (1) ア 1 イ 6 (2) ウ 7 (3) エ 1 オ 9

4 (1) ア 6 (2) イ 1 ウ 2 (3) エ 4 オ 3

5 (1) ア 2 イ 5 (2) ウ 9 エ 2 (3) オ 7 カ 3

○推定配点○

1 各4点×5 2～5 各5点×16 計100点

＜数学解説＞

基本 1 (数・式の計算，平方根の計算，二次方程式・連立方程式の計算，中央値の決定)

(1) $(-0.5)^3=\left(-\frac{1}{2}\right)^3=-\frac{1}{8}$であるから，$\frac{1}{6}+(-0.5)^3\div\left(\frac{3}{2}\right)^2=\frac{1}{6}+\left(-\frac{1}{8}\right)\div\frac{9}{4}=\frac{1}{6}-\frac{1}{18}=\frac{2}{18}=\frac{1}{9}$

(2) $(\sqrt{3}+2)(\sqrt{12}-2)-\frac{6}{\sqrt{3}}=(\sqrt{3}+2)(2\sqrt{3}-2)-2\sqrt{3}=(6-4)+(-2+4)\sqrt{3}-2\sqrt{3}=2$

(3) $3x(x-1)=1$ $3x^2-3x-1=0$ 二次方程式の解の公式より，
$x=\frac{-(-3)\pm\sqrt{(-3)^2-4\times3\times(-1)}}{2\times3}=\frac{3\pm\sqrt{21}}{6}$

(4) $3x+y=-5$…① $x-2y=-11$…② ①×2+②より，$7x=-21$ $x=-3$ これを②に代入して，$-3-2y=-11$ $y=4$

重要 (5) 1年生部員7人の記録を小さい順に並べると，38，40，45，<u>49</u>，52，55，59であるから，中央値は小さい方から4番目の49(回)である。よって，2年生部員の記録の中央値は50(回)となる。さらに，2年生部員は8人であるから中央値は小さい方から4番目と5番目の記録の平均となる。よって，記録を小さい順に並べると，43，46，48，<u>49</u>，<u>a</u>，56，61，65となる。$(49+a)\div2=50$を解いて，$a=51$

2 (1次関数のグラフ，確率，円と相似)

基本 (1) (i) $a>0$，$b<0$より，グラフの傾きは正，y切片は負であるから，適切なグラフは②

重要 (ii) まず$ab<0$より，aとbは異符号であるから，考えられるグラフは①または②である。次に，$y=ax+b$に$x=1$を代入すると，$y=a+b$となり，条件から$y=a+b>0$である。つまり，$x=1$のとき，yの値が正となる。以上より，適切なグラフは①

基本 (2) (i) 異なる5個の玉から3個の玉を取り出す組合せは，{1, 2, 3}，{1, 2, 4}，{1, 2, 5}，{1, 3, 4}，{1, 3, 5}，{1, 4, 5}，{2, 3, 4}，{2, 3, 5}，{2, 4, 5}，{3, 4, 5}の10通りある。このう

ち，すべて奇数であるものは{1，3，5}であるから，求める確率は$\frac{1}{10}$　(ii) 題意を満たす組合せは{1，2，3}，{1，2，4}，{1，2，5}，{1，3，4}であるから，$\frac{4}{10}=\frac{2}{5}$

重要 (3) △ADCと△AEBにおいて，∠Aは共通…①，∠ADC＝∠AEB($\overset{\frown}{BC}$に対する円周角)…② ①，②より，2組の角がそれぞれ等しいので△ADC∽△AEBである。よって，AD：AE＝AC：ABが成り立つ。8：(2＋CE)＝2：3　2×CE＋4＝24　CE＝10　次に，Cを通りBEに平行な直線とABとの交点をGとする。△ABEでGC//BEより，AG：GB＝AC：CE＝2：10＝1：5となる。よって，GB＝$\frac{5}{1+5}$×AB＝$\frac{5}{6}$×3＝$\frac{5}{2}$となる。また，△DGCでBF//GCより，CF：FD＝GB：BD＝$\frac{5}{2}$：5＝5：10＝1：2

3 (方程式の文章題)

基本 (1) 男子の人数をx人，女子の人数をy人とする。クラス全体の人数から，$x+y=40$…(ア)　平均点から，$6.5x+8y=7.4\times40$　両辺を2倍して，$13x+16y=592$…(イ)　(ア)×16－(イ)より，$3x=48$　$x=16$

基本 (2) 問題①の配点をa点，問題②の配点をb点とする。合計点から，$a+b=10$…(ウ)　問題①を正解した人数は40×0.8＝32(人)，問題②を正解した人数は40×0.6＝24(人)である。(正解した人数)×(配点)＝(総得点)だから，$32a+24b=7.4\times40$　両辺を8で割って，$4a+3b=37$…(エ)　(エ)－(ウ)×3より，$a=7$

重要 (3) 問題①を正解した生徒32人の中には，問題①のみを正解した生徒と問題①と②の両方正解した生徒が含まれている。同様に，問題②を正解した生徒24人の中には，問題②のみを正解した生徒と問題①と②の両方正解した生徒が含まれている。よって，(問題①を正解した人数)＋(問題②を正解した人数)－(両方正解した人数)＝40－3が成り立つ。32＋24－(両方正解した人数)＝37　これを解いて，(両方正解した人数)＝19(人)

4 (図形と関数・グラフの融合問題)

基本 (1) 2点B，Cはy軸に関して対称である。B(6，9)であるから，C(－6，9)となる。よって，BC＝12である。四角形OABCは平行四辺形であるから，AO＝BC＝12となる。よって，A(12，0)となる。直線CAの傾きは，$\frac{0-9}{12-(-6)}=\frac{-9}{18}=-\frac{1}{2}$　直線CAの式を$y=-\frac{1}{2}x+b$として，$x=12$，$y=0$を代入すると，$0=-\frac{1}{2}\times12+b$　これを解いて，$b=6$

重要 (2) OA＝OC＝$4\sqrt{3}$より，四角形OABCは隣り合う2辺が等しい平行四辺形なのでひし形となり，4辺が等しい。線分BCとy軸との交点をDとすると，BC＝$4\sqrt{3}$より，BD＝CD＝$2\sqrt{3}$である。△OCDで三平方の定理より，OD＝$\sqrt{OC^2-CD^2}=\sqrt{(4\sqrt{3})^2-(2\sqrt{3})^2}=6$である。よって，C$(-2\sqrt{3}$，6)となる。Cは$y=ax^2$上の点だから，$6=a\times(-2\sqrt{3})^2$　これを解いて，$a=\frac{1}{2}$

重要 (3) 直線OBの傾きが4だから，直線OBの式は$y=4x$である。よって，B(t，$4t$)，C($-t$，$4t$)とおける。(1)と同様にして，AO＝BC＝$2t$となるから，A($2t$，0)と表せる。よって，直線CAの傾きは，$\frac{0-4t}{2t-(-t)}=\frac{-4t}{3t}=-\frac{4}{3}$

5 (立体図形の計量)

基本 (1) △CMNで三平方の定理より，MN＝$\sqrt{CM^2+CN^2}=\sqrt{1^2+1^2}=\sqrt{2}$　△BFMで三平方の定理より，MF＝$\sqrt{BM^2+BF^2}=\sqrt{1^2+2^2}=\sqrt{5}$

重要 (2) 2点M，Nはそれぞれ辺BC，DCの中点だから，△CBDで中点連結定理より，MN//BDである。これとFH//BDより，MN//FHである。また，MF＝NH＝$\sqrt{5}$であるから，四角形MNHFは等脚台形である。ここで，次ページの図のように，M，Nから辺FHに垂線MI，NJをそれぞれ引く。四角形MNJIは長方形となるから，$IJ=MN=\sqrt{2}$ である。また，△MIF≡△NJHより，FI=HJとなる。よって，$FI=HJ=(FH-IJ)\div 2=(2\sqrt{2}-\sqrt{2})\div 2=\frac{\sqrt{2}}{2}$となるから，台形の高さ$MI=\sqrt{MF^2-FI^2}=\sqrt{(\sqrt{5})^2-\left(\frac{\sqrt{2}}{2}\right)^2}=\frac{3\sqrt{2}}{2}$である。以上から，求める面積は，$\frac{1}{2}\times(MN+FH)\times MI=\frac{1}{2}\times(\sqrt{2}+2\sqrt{2})\times\frac{3\sqrt{2}}{2}=\frac{9}{2}$

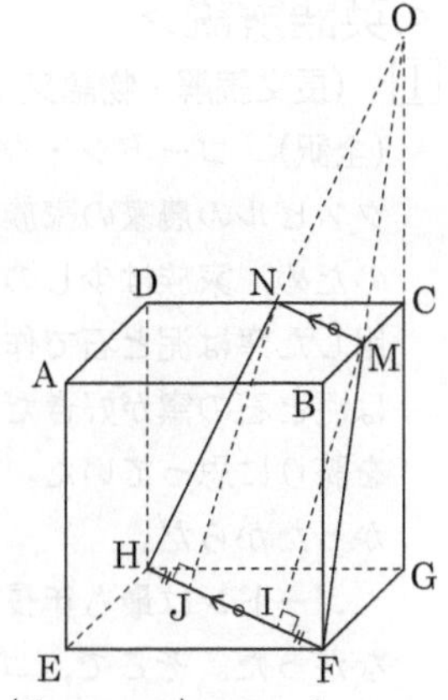

重要 (3) 右図のように，直線CG，MF，NHの交点をOとする。三角すいO－CMNと三角すいO－GFHは相似な図形であり，相似比はMN：FH＝1：2から1：2となる。よって，OC：OG＝1：2となり，OC＝2とわかる。以上から，求める立体は，三角すいO－GFHから三角すいO－CMNを取り除いたものであるから，体積は$\frac{1}{3}\times\triangle GFH\times OG-\frac{1}{3}\times\triangle CMN\times OC=\frac{1}{3}\times\left(\frac{1}{2}\times 2\times 2\right)\times 4-\frac{1}{3}\times\left(\frac{1}{2}\times 1\times 1\right)\times 2=\frac{8}{3}-\frac{1}{3}=\frac{7}{3}$

★ワンポイントアドバイス★

基本から標準レベルの問題が出題されている。典型的な問題が多いので、過去問を繰り返し解き直して高得点を目指そう。

<英語解答>

1 (1) 4 (2) 3 (3) 3 (4) 2 (5) 1 (6) 4 (7) 2 (8) 2
(9) 4, 1, 2, 3 (10) 2

2 (11) 2 (12) 3 (13) 2, 7 (14) 1 (15) 3 (16) 3 (17) 2
(18) 1, 7

3 (19) 2 (20) 2 (21) 4 (22) 4 (23) 1 (24) 3 (25) 3
(26) 4 (27) 5, 7

4 (28) 1 (29) 2 (30) 1 (31) 3

5 (32) 4 (33) 3 (34) 2

6 (35) ③ (36) ① (37) ④

7 (38) 516324 (39) 426513 (40) 354216 (41) 512463 (42) 615432

8 (43) 1 (44) 2 (45) 3 (46) 3 (47) 1

○推定配点○

各2点×50(1(9)，7各完答) 計100点

<英語解説>

重要 1 (長文読解・物語文：語句補充，文整序，要旨把握，内容吟味)

(全訳) ゴードン・ウェストマンは1850年にアメリカ合衆国バージニア州の貧しい山岳町ブラックスビルの農家の家族に生まれた。彼の家族は農場がとても小さかったため非常に貧しかった。そのため，家族は少しの「臨時収入」を得るためにしばしば木炭を作っていた。彼らが木炭製造に使用した窯は泥と石で作られていた。ゴードンの父は「泥は無料でどこにでもある。石も同様だ。私は泥と石の窯が好きだ。実際，ここでは高価なレンガの窯は持てない」と言った。彼は自分の木炭を誇りに思っていた。なぜならそれは木炭で有名な町ウッドベリーで作られた木炭と同じくらい良かったからだ。

ゴードンは最も年長の息子ではなかったので，年を取ったら独立して家族から離れなければならなかった。そこで，ゴードンが15歳の時，彼は村を離れることを決めた。それは村の規則の一つだった。彼はウッドベリーに行くことにした。

ウッドベリーに着いたとき，ゴードンはとても興奮していた。彼はスミス山の頂上にたくさんの背の高いカシの木を見た。彼は「わあ！これらの美しい古い木々は後でウッドベリーの有名な木炭に変わるだろう」と言った。ゴードンはとても興奮していたので，休むことはなかった。彼はジョーンズ家を訪れた。その家族は木炭作りで有名だった。

ジョン・ジョーンズはゴードンに彼らの巨大で高価なレンガの木炭窯を見せた。ジョンは「がっかりしないでほしいが，私たちはあまり頻繁に木炭を作らない。最後に作ったのは約5年前だ」と言った。ゴードンは「どうしてですか，ジョーンズさん？　山にはたくさんの背の高いカシの木がありますよ」と言った。ジョンはすぐに「もうそれはお金を稼ぐ良い方法ではない。山から切り倒した木を運び出すのがあまりにも金がかかりすぎる。今では木炭からあまりお金を稼ぐことができないんだ」と答えた。

翌日，ゴードンはウッドベリーの通りで自分と同じくらいの年齢の少年ジミー・ジェームスに出会った。ジミーはスミス山の頂上にある故郷のウォータータウンに戻ろうとしていた。彼はゴードンを自宅に訪れるよう招待した。ゴードンは彼と一緒に行って，そこで古いカシの木々を見ることにした。

ゴードンとジミーはその夕方にジミーの家に到着した。①<u>ジェームス家はゴードンに会えてとても嬉しかった</u>。なぜなら多くの人が彼らの村を訪れることはなかったからだ。ゴードンは「私はただ，父がいつも話していた山のカシの木々を見たかっただけです」と言った。「まあ，なぜあなたがそれらの古くて役に立たない木々を好むのかわからないけれど，どうぞ。私たちは長い間どの木も切り倒していない」とジミーの父ウィリアムは言った。家の後ろには何千もの美しい古いカシの木があった。

ウォータータウンの村人たちはとても親切だったが，とても貧しかった。ゴードンは「良いカシの木に囲まれた村が貧しいはずがないのに，それなのに貧しい。なぜこれらの人々は木炭を作らないのだろう？ここにはたくさんの良いカシの木があるのに」と思った。

ゴードンは「なぜ木炭を作って臨時収入を得ないのですか？」と尋ねた。ウィリアムは笑って「木炭を作るのはとても難しくて高価だ。大きなレンガの窯が必要だ。木を切り倒すのは簡単だが，それをウッドベリーのジョーンズ家に運ぶのはあまりにも難しい。たくさんの人に馬を連れてきてもらう必要があるが，それはあまりにも高価だ。それがジョーンズ家があまり頻繁に木炭を作らない理由だ。彼らが木炭作りのために木を切り倒すように私たちに頼まない限り，それは私たちにとって良いビジネスになることはない」と言った。

ゴードンは「私があなたたちのために良いビジネスにすることができます！ここで私たち自身の

木炭窯を建ててください。私たちは自分たちの木炭を作ることができます！」と言った。ウィリアムは「レンガの木炭窯を建てるにはたくさんのレンガが必要だということを知らないのか？それらの高価で重いレンガを誰が買ってウォータータウンに運べるのか？私はできない！それは不可能だ！」と言った。

ゴードンは微笑んだ。「実際に，私たちは故郷のブラックスビルで泥と石の窯を使って木炭を作っています」「不可能だ！誰もが木炭を作るにはレンガの窯が必要だと知っている！」とウィリアムは言った。ウィリアムとジミーはゴードンのアイデアを笑った。

しかし，ゴードンはあきらめなかった。「本当だ！」と彼は言った。「私たちはブラックスビルで泥と石でできたシンプルな窯を使って木炭を作っています。その方法を見せてあげることができます。それから，ここにある巨大なカシを使ってたくさんの木炭を作ることができます。あなたはその木炭をウッドベリーで売ることができます！」ウィリアムとジミーはただ笑った。

しかし，翌日，ジミーはゴードンを訪れた。ジミーの後ろにはウィリアムとウォータータウンのたくさんの他の人々がいた。「私たちは木炭作りに興味があります。どうやって作るのか教えてくれますか？　手伝います！」彼らは言った。ゴードンは同意した。彼はウォータータウンの親切な人々を助けることができて嬉しかった。

二か月間，彼らは②プロジェクトに全力を注いだ。まず，ゴードンは人々に大きな穴を掘るように頼んだ。次に，ゴードンは人々にたくさんの泥とソフトボール大の石を数百個集めるように頼んだ。③人々はそれからその穴の内側の壁を石で覆った。彼らは石の間に泥を入れるのを忘れなかった。「とても良いぞ。これらの壁は決して倒れないだろう」と人々の一人が言った。

次に，ウォータータウンの人々は大きなカシの木を切り倒した。それから，彼らはそれをとても小さく切った。ゴードンは慎重に彼らの新しい窯をカシの木のかけらで満たした。次に，人々は窯の上に泥の屋根を作った。最後に，ゴードンは窯の中で火をつけた。彼らは六日間窯を注意深く見守った。七日目に，ゴードンはみんなに木炭ができたと告げた。彼らは慎重に窯を開けた。中には何百キログラムもの木炭があった！「やった！」とみんなが叫んだ。

ウィリアムは木炭の一片を拾い上げた。彼は驚いて「わあ，これがこんなに軽いとは思わなかった。これは軽いので，私たちは簡単にウッドベリーに運ぶことができる。④自分たちで木炭を売ることができるぞ。たくさんの助けを求める必要はない！」と言った。

その日以降，ウォータータウンの人々は彼らの木炭をウッドベリーに持って行って売った。木炭作りがウォータータウンを有名にした！ ゴードンは金持ちではなかったが，とても幸せだった！

(1)　第1段落第2，3文参照。ゴードンの家族は小さな農場を持っており，木炭作りで少しの「臨時収入」を得ていた。

(2)　第2段落参照。ゴードンは村の規則に従い，15歳で村を離れた。

(3)　第4段落参照。ジョーンズ家は木を山から運び出すのが高価であるため，もはや木炭から多くのお金を稼いでいなかった。

(4)　第4段落参照。ジョーンズ家は，木炭作りがもはやお金を稼ぐ良い方法ではないと考え，頻繁には木炭を作っていなかった。

(5)　下線部の後のbecause以下が理由。多くの人が彼らの村を訪れることはなかったからである。

(6)　下線部より後の部分がprojectの内容である。ゴードンとウォータータウンの人々は，自分たちの木炭窯を建てるために努力した。

(7)　この後の「これらの壁は決して倒れないだろう」という発言から，窯の壁を強くするために石を使ったとわかる。

(8)　ウィリアムとジミーは当初ゴードンのアイデアを笑ったが，ゴードンがブラックスビルでの木炭製造法を示した後，自分たちで木炭をウッドベリーに売ることができると考えるようになった。

(9) ジミーは初めてウッドベリーの街でゴードンに会い，ゴードンがウィリアムに木炭作りを提案したが，ウィリアムはそのアイデアを気に入らなかった。その後，ゴードンとウォータータウンの人々は初めて木炭を作り，最終的にウッドベリーで木炭を売り始めた。

(10) 1「ジミーはゴードンよりも10歳年上である」 第5段落第1文参照。ジミーとゴードンはほぼ同じ年齢であるため不適切。 2「ゴードンはウィリアムが木炭を作るのを手伝いたいと言った」 第9段落参照。ゴードンはウィリアムに手助けを申し出ているので適切。 3「ゴードンとジミーは他の10人とレンガの窯を作った」 人数についての記述はないため不適切。 4「ウィリアムはゴードンに家の裏のカシの木を見せてワクワクした」 カシの木を見てワクワクしたのはゴードンであり，ウィリアムではないため不適切。

2 (長文読解・説明文：語句補充，内容吟味，要旨把握)

(全訳) 1980年代，私は中央アメリカのベリーズと呼ばれる小さな国で生活し，働いていた。当時，ベリーズの人口は約25万人と非常に少なかった。ほとんどの人々は東海岸に沿っていくつかの小さな都市に住んでいた。西半分にはほとんど人が住んでいなかった。その理由は西半分が道路もなく，多くの危険な動物や奇妙な昆虫がいるジャングルで覆われた山地だったからだ。

私の最初の仕事の一つは，このジャングルを通る道を建設する手伝いをすることだった。しかし，自分たちがそこに初めて道路を作る者ではないことを発見し驚いた。実際，そこにはすでにジャングルを通る何千キロメートルもの「道」が建設されていた。これらは私たちが日本で見るような道ではない。幅約30cmだが長い道，または小道だった。誰がまたは何がこの小さな道をジャングルを通って建設したのか？

私は大きな木の隣に座ったとき，これらの道に最初に気づいた。木から森へと続く非常に小さく①細い道があった。密林の中でもはっきりと見えた。この小道は非常に小さな人間によって作られたのか？ 私は道に足跡がないか探した。何もなかった。非常に小さな動物によって作られたのか？動物の足跡を探した。やはりなかった。一体誰がまたは何がこの小さな道を作ったのか？

地元の作業員の一人に尋ねた。彼は笑って，これらの道は「自然が生んだ最高の道路建設者によって作られたものだ」と言った。そして，彼は私を一つの小道に沿ってジャングルの中へ連れて行った。約10分後，彼は私に隣の木を見るように言った。最初は何も見えなかった。それから，よく見ると，木をまっすぐに上っていく長くて細い緑の蛇のようなものがあった。それは何か？ 近づいてみると，簡単にそれが何であるかがわかった。何百万ものアリが木を上り下りしていた。木を下るアリは，約3cmの長さで4cmの幅の葉の小片を小さな顎で運んでいた。私の友人は，これらのアリはハキリアリと呼ばれると教えてくれた。

葉を運んでいるアリを追いかけていった。木の隣には，私がジャングルを通ってたどった小さな道の一つが始まっていた。この道に沿って，何百万ものアリが動いていた。道の左側では，小さな緑の葉を運ぶアリがいた。右側では，木に向かって動く何百万ものアリがいた。それはまるで非常に②混雑した日本の道のようだった！私たちは慎重に小片の葉を運ぶアリを追いかけた。約15分後，アリの道は地面の穴へと続いた。穴の入口は，大きなアリのグループによって守られていた。彼らはアリの警察官のようだった！

この小さな穴は，数mにわたる巨大な地下のアリの都市への入り口だった。おそらく，2,000万以上のアリがいた。私の友人は，女王アリは一匹だけだが，働きアリは何百万もいると教えてくれた。この小さな地下空間には，ベリーズ国の人口よりも多くのアリがいた！ 実際，東京の人口よりもはるかに多いアリがそこにいた！

アリは葉っぱで何をするのか？　アリはそれらを食べない。③その代わりに，アリは葉の小片を地下の庭へ運ぶ。葉は暗闇の中に放置される大きな部屋に置かれる。すぐに葉にはアリの食べ物の一種になる菌類が生える。2,000万以上のアリに十分な食料を生産するためには，多くの葉が必要だ。実際，ハキリアリはたった24時間で大きな木の葉を取ることができる！

ハキリアリは，葉を運ぶのを容易にするために，小さな道を建設する。実際ハキリアリは，自分の体重の約50倍もの重さを，ただの顎だけで非常に長い距離にわたって運ぶことができる。これは，あなたが小さな車を持ち上げて，頭の上にのせて数キロメートルにわたって走るようなものだ！驚くべきことである！

もし中央または南アメリカのジャングルを訪れる機会があれば，ぜひ自然が生んだ最高の道路建設者を探してみてほしい。きっと興味深い発見があるはずだ！

(11)「なぜ1980年代ベリーズの西半分に住みたいと思う人がほとんどいなかったのか」第1段落最終文参照。「道路もなく，多くの危険な動物や奇妙な昆虫がいるジャングルで覆われた山地だった」とあることから判断する。

(12) 前の段落に「幅約30㎝」とあるので，「細い」という意味の narrow が適切である。

(13)「道の左側では，緑の葉を運ぶアリがいて，右側では，木に向かって動くアリがいた」や「葉は暗闇の中に放置される大きな部屋に置かれ，葉にはアリの食べ物の一種になる菌類が生える」とあることから判断する。

(14) 道に何百万ものアリがいる様子を，日本の「混雑した」道のようだとたとえている。

(15) アリが葉を食べるのではなく，「そのかわりに(Instead)それを使って食べ物を栽培するのである。

(16)「ハキリアリは地下都市にどのようにして葉を持っていくか」本文中にはアリが葉をあごで運んでいる様子が述べられている。

(17)「ハキリアリの都市の人口は東京の人口と比べてどうか」第6段落最終文に，アリの都市の人口が東京の人口よりもはるかに多いことが示されている。

(18) 1「筆者はハキリアリがジャングルを通る小さな道を作ったことを発見して驚いた」第2段落第2文参照。筆者は自分たちがそこに初めて道路を作る者ではないとわかり驚いたので適切。2「1980年代のベリーズの西半分には，非常に近代的な道路網があった」第1段落最終文参照。ベリーズの西半分には道路がなかったので不適切。3「ハキリアリは生き残るために毎日3cm×4cmの葉片を食べる必要がある」第7段落第2文参照。ハキリアリは葉を食べないとあるので不適切。4「典型的なハキリアリの都市の人口は200億以上である」第6段落第2文参照。ハキリアリの都市には2000万以上のアリがいるので不適切。5「葉の菌類は，時にハキリアリを死に至らしめる非常に危険な病気である」第7段落第5文参照。葉の菌類はアリの食料になるので不適切。6「ハキリアリの都市には通常，多数の女王と少数の働きアリがいる」第6段落第3文参照。一匹の女王アリと数百万の働きアリがいるので不適切。7「地下のハキリアリの都市は通常，数メートルに及ぶ」第6段落第1文参照。「数mにわたる巨大な地下のアリの都市」と述べられているので適切。

重要 3 **(会話文問題：語句補充，要旨把握，内容吟味)**

(全訳) ジョーンズ先生：みんな，「有袋類」って何か知ってる？

ビリー　　　　：①知ってます！

ジョーンズ先生：よし，ビリー。有袋類とは何か私たちに教えてごらん。

ビリー　　　　：有袋類は，火星から来たエイリアンのことです！　コミックブックで見たことがあります。

アン　　　　　：本気で言ってるの？それは違うと思うけど。
ヒトミ　　　　：もちろん本当よ！　なんで②ビリーが言うこと全てを疑問に思うの？
アン　　　　　：だって，彼がよく間違えるからよ。バナナが野菜だって言ったの覚えてる？
ヒトミ　　　　：バナナのことはビリーじゃなくて私が言ったの。バナナは野菜よ。私の先生がそう言ってた。地面の中でニンジンみたいに育つって。私の先生を嘘つきだって言ってるの？
ジョーンズ先生：いいか，落ち着け，ヒトミ。③実は，バナナは木になるんだ。野菜じゃない。果物だよ。そしてビリー，有袋類は火星から来たエイリアンではない。地球にいるとても興味深い④動物なんだ。
ビリー　　　　：嘘つき!!
ヒトミ　　　　：嘘つき!!
アン　　　　　：それって，主にオーストラリアにいるんじゃない？
ジョーンズ先生：そうだ，多くの有袋類はオーストラリアやニューギニアにいるが，南アメリカにもたくさんいるんだ。
サリー　　　　：北アメリカにもいるんですか，ジョーンズ先生？
ジョーンズ先生：そうだよ，オポッサムは北アメリカで非常に一般的な有袋類だ。子供の頃，ミシシッピに住んでいた時にたくさん見たよ。夜行性で，道路を渡ろうとして車によくひかれるんだ。
ヒロシ　　　　：コアラも有袋類ですか？
ジョーンズ先生：そうだよ。
サリー　　　　：うさぎは？
ジョーンズ先生：いや，うさぎは有袋類じゃない。カンガルーなどの有袋類と関連があると多くの人が思っているが，それは正しくない。
アン　　　　　：わからないな。じゃあ，有袋類って具体的には何？
ジョーンズ先生：有袋類とは，赤ちゃんが母親の体内で発達しない動物のことだよ。代わりに，とても小さい赤ちゃんの時に，母親の下半身にある小さな袋，嚢状部の中で生活するんだ。とても小さい赤ちゃんは，嚢状部の中で食べて成長を続け，発達が完了するまでそこにいる。それから嚢状部を出ることができる。しかし、多くの有袋類はかなり長い時間，母親の嚢状部の中で生活を続けるんだ。
ヒロシ　　　　：他に有袋類の例を教えてくれますか？
ジョーンズ先生：教えてあげられるけど，それでは簡単すぎる。有袋類当てゲームをしようか。いいか？
クラス　　　　：いいですよ，ジョーンズ先生！　ゲーム大好きです!!
ビリー　　　　：ゲーム嫌いだ!!
ヒトミ　　　　：私もだ!!　ゲームは子供向けだよ!!
ジョーンズ先生：いいか，最初の有袋類はこれだ：この小動物はオーストラリアに住んでいる。木に住んでいる。葉を食べる。1日に何時間も眠る。とても小さな目，たくさんの毛で覆われた耳，体は茶色か灰色の毛，黒い鼻，手には3本の指と2本の親指。これは何？
ビリー　　　　：サルだ!!　絶対サルだ!!
ヒトミ　　　　：違う!!　ゴリラだ!!　ゴリラ!!!
アン　　　　　：違うわ!!　それらは有袋類じゃないわ！

ジョーンズ先生：君たち2人はゲームが嫌いだって言ってたじゃない。
ビリー　　　　：ゲームをするのは好きだけど、勝ったことがない！　不公平だ!!
ヒトミ　　　　：そうだよ，ゲームが難しすぎる！だれも答えがわからないよ!!　不公平だ！不公平だ！
サリー　　　　：答えはコアラです!!
ジョーンズ先生：正解！　コアラだ！
ヒロシ　　　　：サリーに一点。
ジョーンズ先生：次はこれだ：これもオーストラリアに住んでいる。この動物はとても良い目を持っている。耳がよく動くからよく聞こえる。長くて強力な尾を持っていて，丘や森に住んでいる。葉を食べる。涼しい夜に活動的だ。とても大きく強い足を持っているが，腕は小さい。一つの場所から別の場所へ跳ぶ。これは何？
ビリー　　　　：牛だ!!　絶対牛だ!!
ヒトミ　　　　：違う！　アヒルだ！　アヒル!!!
アン　　　　　：また間違えたわ!!　それらは有袋類じゃないわ！
ヒロシ　　　　：カンガルーですよね？
ジョーンズ先生：正解！　カンガルーだ！
サリー　　　　：ヒロシに一点。
ヒトミ　　　　：頑張って，ビリー！　彼らを勝たせてはいけない！　もっと頑張りなさい！
ビリー　　　　：頭が痛い！　このゲームは難しすぎる！　頑張った分のポイントが欲しい!!
ジョーンズ先生：正解した時だけポイントがもらえるんだ。
ヒトミ　　　　：不公平だ!!　頑張った分のポイントが欲しい!!!
サリー　　　　：次！
ジョーンズ先生：いいか，これは難しいぞ！　木に住んでいる。それは小さい。体長は約20センチメートル。尾は体とほぼ同じ大きさ。重さは90から130グラム。腕と足の間に飛膜がある。この皮を木から木へ滑空する翼の一種として使う。甘いものが好きだが，昆虫も食べる。これは何？
ビリー　　　　：ワニだ!!　絶対ワニだ!!
ヒトミ　　　　：違う！　猫だ!!　猫!!!
アン　　　　　：いいえ，それはフクロモモンガです！
ジョーンズ先生：正解！　⑤<u>どうやって知ったの？</u>
アン　　　　　：私，自然についての本を(⑥-a)読んで(⑥-b)勉強するのが好きなの。
ヒトミ　　　　：不公平だ！　不公平!!　彼女は本を読む！　勉強する！　それはズルい!!!
ジョーンズ先生：いや，それを「賢い」と呼ぶんだ。もし君やビリーが一日中スマートフォンで遊んでいないで，本を読んだり何かを実際に勉強したら，アンほど賢くなれるかもしれないな！
ビリー　　　　：質問が難しすぎる！　頭が痛い！
ヒトミ　　　　：賢い人が嫌い!!　不公平だ!!　不公平だ!!

(19)　この後で，ジョーンズ先生がビリーに有袋類とは何か教えるように言っているので「知っています」という返答が適切である。

(20)　ビリーの発言に対して，アンは本当ではないと言い，ヒトミは本当だと言っているので空欄にはBillyが入る。

(21)　「誰がバナナを野菜だと言ったか」 ヒトミの2番目の発言にビリーではなく私が言ったとある。

(22) 「実際に」 In fact

(23) この後で動物の話をしていることから，animals が適切である。

(24) ジョーンズ先生が「うさぎは，カンガルーなどの有袋類と関連があると多くの人が思っているが，それは正しくない」と発言していることから判断する。

(25) この後で，アンがどのようにして知ったのかを答えていることから判断する。

(26) アンが自然についての本を読んで勉強するのが好きであるという文脈から，読むと勉強するが適切である。

(27) オポッサムは北アメリカで唯一の有袋類であり，カンガルーが木から木へ空中移動することはなく，フクロモモンガのことである。

基本 4 **(資料問題)**

メドウランドマンション

新入居募集!!

メドウランドマンションでの新生活を始めましょう。たった2週間前に建てられたばかりの新しいアパートです。私たちのシンプルなワンルームマンションは，学生や働く人にぴったりです。もしあなたが若くて，都心に近いワクワクする場所に住みたいのであれば，是非私たちのウェブサイトを訪れてください。急いでください！これらの安くて便利なマンションは非常に人気があります！

立地：

★メドウランド駅から徒歩10分！

★スーパーマーケット，病院，多くの素敵なレストランから徒歩5分！

★メドウランドスタジアムまで徒歩3分。

★メドウランド大学は道を挟んで向かいにあります！学生には最高です！

良い点：

★車が不要です！

★他のマンションよりも家賃が安いです。

★マンションから素晴らしい都市の景色が望めます。

★近くの店で必要なものはすぐに手に入ります。

★メドウランドスタジアムで多くのワクワクするコンサートやスポーツイベントがあります。

連絡先：

★Meadowland.apartments.com

オンラインでのみご連絡いただけます。申し訳ありませんが，お客様が訪れることのできるオフィスはありません。

(28) 「メドウランドマンションの良い点は何か」 本文には，マンションの近くに多くの便利な施設があり，車が不要で，必要なものは近くの店で簡単に手に入ると記載されている。

(29) 「どのような人がメドウランドマンションを好むか」 車が不要であること，スーパーマーケットやレストランが近くにあることが強調されており，徒歩でのアクセスの良さがメリットとして挙げられている。そのため，車の運転を好まない人に適している。

(30) 「どのようなタイプの人がメドウランドマンションに住むのが好きではないか」 メドウランドマンションはシンプルなワンルームマンションで，都心に近い賑やかな場所に位置している。そのため，静かで広い住まいを求める人には不向きである。

(31) 「もしメドウランドマンションに興味がある場合，どうすればいいか」 連絡先としてウェブサイトが唯一の方法であり，オフィスを訪れることはできないと明記されていて，興味がある場合はウェブサイトを訪れるべきである。

重要 5 (単語)

(32) 「progressing」は「進歩する」「改善する」の意味を持つ。ほぼ同じ意味になるのは「improving」である。

(33) 「affect」は「影響を与える」の意味を持つ。ほぼ同じ意味を持つのは「influence」である。

(34) 「many times」は「何度も」の意味を持つ。ほぼ同じ意味を持つのは「repeatedly」である。

6 (正誤問題：分詞，助動詞，比較)

(35) 「もっとも多く訪れられたレストラン」となるので，visited が適切である。

(36) don't have to「～する必要はない」

(37) 複数名詞や all の前には of を用いる。

重要 7 (語句整序問題：分詞，文型，関係代名詞，間接疑問文，接続詞)

(38) (I'm sitting next to) the boy wearing a red T-shirt made in Italy(.) wearing 以下は the boy を修飾する現在分詞であり，made 以下は a red T-shirt を修飾する過去分詞である。

(39) (A lot of people) may call Taro "smart boy" because he (always gets the highest score in his class.) <call + A + B>「AをBと呼ぶ」

(40) (Please) send us unused notebooks for the children who (can't go to school.) <send ＋人＋物>「人に物を送る」となる。また，関係代名詞 who は「人」が先行詞になるので the children の後に置く。

(41) (Yuko) doesn't know what she should do (next.) 間接疑問文は<know ＋疑問詞＋主語＋動詞>の語順になる。

(42) (My sister) told me her boyfriend would come to the party(.) <tell ＋人＋(that)～>「人に～を言う」

基本 8 (語句補充問題：熟語，分詞，比較，前置詞)

(43) 動詞の主語が「People」(複数形)であるため，動詞は「speak」を用いる。

(44) instead of～「～の代わりに」という意味で，自転車を車の代わりに使うことが環境に良いと述べている。as for～「～について」，so that は結果を導く接続詞，thanks to～「～のおかげで」

(45) 「リストに載せられた」という過去分詞の形容詞的用法になる。

(46) 後に than があるため，比較級 better が適切である。

(47) during～「～の間に」という前置詞で，「災害の間に」という意味で使われる。

★ワンポイントアドバイス★

読解問題や資料問題が4題と，非常に分量が多くなっているため，読解問題は短時間で処理できるようにしたい。そのために，過去問や問題集を用いて数多くの読解問題をこなすようにしたい。

<理科解答>

1 (1) ② (2) ⑤ (3) ④ (4) ② (5) ①
2 (1) a ④ b ① c ③ (2) ③ (3) ② (4) ①
3 (1) a ② b ⑧ (2) ④ (3) ③ (4) a ⑥ b ⑤
4 (1) ⑥ (2) ③ (3) ③ (4) ③ (5) a ②, ⑤ b ①, ⑦
5 (1) ③ (2) ④ (3) ①, ⑧ (4) ⑤ (5) ④
6 (1) ⑤ (2) ⑦ (3) ⑥ (4) ③ (5) ③
7 (1) 0105 (2) ④ (3) ④ (4) ④ (5) 020
8 (1) a ⑤ b ④ (2) ① (3) ⑤ (4) ③, ⑥

○推定配点○
1 各2点×5　2 (2)・(4) 各3点×2 他 各2点×4
3 各2点×6　4 (5) 各3点×2(各完答) 他 各2点×4
5 (3) 3点(完答) 他 各2点×4　6 (1)・(2) 各2点×2 他 各3点×3
7 各3点×5　8 (4) 3点(完答) 他 各2点×4　計100点

<理科解説>

1 (生物どうしのつながり—食物連鎖)

基本 (1) Aは光合成をおこなって有機物を作り出す植物であり，生産者と呼ばれる。Bは植物をエサとしたり，他の動物をエサにする動物で消費者と呼ばれる。Cは細菌類などの分解者である。

(2) 細胞は分裂により数を増やし，1つずつの細胞も大きく成長することでからだが大きくなる。

重要 (3) 体細胞分裂では，核の中の染色糸が集まって染色体になり，それらが中央付近に並ぶ。その後染色体が分かれて両極に向かって移動し，中央付近に境目ができて細胞分裂が完了する。

(4) 感覚器官が外部から受け取った刺激は感覚神経を通って脳や脊髄に伝わり，運動神経を通って運動器官に指令が伝達される。これらの神経を合わせて末梢神経という。

(5) 節足動物とは外骨格を持ち，体や足に多くの節を持つ無脊椎動物のなかまのこと。①は軟体動物についてであり，軟体動物には貝類やタコ，イカなどが含まれる。

2 (地学総合問題—化石・フェーン現象・天体の動き)

基本 (1) a ブナは栄養の豊かな土壌の下で成長する。育った環境は深い海の底ではない。 b 示相化石の条件は，限られた環境で生活する生物で，個体数が多いこと，生活環境がわかっていることなどである。同じなかまが現在生存していると，生活環境がわかりやすい。 c アンモナイトは中生代に栄えた。サンヨウチュウ，フズリナは古生代，ナウマンゾウは新生代に栄えた。ティラノサウルスなどの恐竜類は中生代に栄えた。

重要 (2) 海抜0mで25℃の空気は，初めの1000mは100mあたり1.0℃気温が低下し，1000m地点でウの気温は25－10＝15(℃)になる。このとき雨滴が生じはじめたので，水蒸気量が飽和水蒸気量12.8g/m^{3}に等しくなった。よってアでの湿度は(12.8÷23.1)×100＝55.4＝55(%)である。また，イでの湿度は100%である。これより山頂までの2000mは100mごとに0.5℃温度が低下するので，オの気温は15－10＝5(℃)になり，湿度は飽和水蒸気量と実際の水蒸気量が等しいので100%である。その後山を下る空気は標高差3000mの間に30℃上昇し，キでの気温は35℃になる。このときの水蒸気量は6.8g/m^{3}であり，飽和水蒸気量が39.6g/m^{3}なので，湿度カは(6.8÷39.6)×100＝17.1≒17(%)になる。

重要 (3) 太陽は1分間に360÷(24×60)＝0.25(°)東から西へ移動する。土浦市と明石市の間の経度5°の移動に5÷0.25＝20(分)かかる。土浦市で太陽が真南の方角に見えるのは，明石市より20分早い11時40分である。つまり棒の影が真北に伸びる時刻が11時40分である②が正しい図である。

(4) リゲルは1か月後の同じ時刻には真南から30°西の位置に見える。また，1時間で15°東から西へ移動するので，この日リゲルが南中する時刻は21時より2時間前の19時である。

3 (化学総合問題―気体の性質・水溶液・物質の反応)

(1) a アンモニアは非常によく水に溶ける。そのためスポイトからの少量の水にアンモニアが溶け，フラスコ内の圧力が低下するのでビーカーの水が吸い上げられる。 b フェノールフタレインは無色でアルカリ性で赤色になる。アンモニアが溶けた水溶液はアルカリ性になる

重要 (2) ①，②では二酸化炭素，③，④では酸素，⑤，⑥では水素が発生する。正しい組み合わせは④である。

重要 (3) 40℃で水100gに砂糖は最大で約240g溶けるが，50gの水に130gの砂糖を溶かすと溶けきれずに残る。よって図③のように，水溶液中に溶けた砂糖の分子が均一に分布し，ビーカーの底に溶け切れない砂糖が沈殿する。

重要 (4) a 炭酸水素ナトリウムを加熱すると二酸化炭素が発生する。同時に発生する水蒸気が冷やされて水になり，試験管の口の部分にたまる。二酸化炭素の確認は石灰水に通すと白く濁ることでわかり，水の確認は塩化コバルト紙が青色から赤色に変わることでわかる。 b 反応後に残る固体は炭酸ナトリウムであり，これは炭酸水素ナトリウムよりアルカリ性が強い物質である。

重要 4 (物理総合問題―回路と電流・鏡・電磁誘導・力のつり合い)

(1) Aを流れる電流の大きさは，全体の抵抗が20Ωなので10÷20＝0.5(A)である。Bを流れる電流の大きさは，電圧が10Vなので10÷10＝1(A)になる。Cでは2Aになるので，電流の大きい順に$I_C>I_B>I_A$となる。

(2) 図3の小球を鏡のある面を対称にして鏡より上側に取り，この点と各観測点を結ぶ線が鏡を通過するものは小球が鏡に映る。作図すると，B，C，Eの3カ所で小球が鏡に映る。

(3) コイルに磁力が作用すると，右ねじの進む方向が磁石のN極になるように電流が流れる。また，コイルに磁石が近づくとコイルに電流が流れ，磁石の磁力を弱める方向に磁力が生じる。図4では，N極が近づくとコイルの上側がN極になるように電流が発生し，棒磁石がコイルの中心部分に達するといったん電流が流れなくなる。その後，磁石が遠ざかるときコイルの上側がS極になるように逆向きに電流が流れ，棒磁石が離れると電流は流れなくなる。

(4) グラフの直線の傾きが，単位時間あたりの速度の増加量を表す。CD間がもっとも傾きが大きいので，速度の増加量も最も多い。

(5) a 物体に力を加えると，必ず逆向きの力が生じる。一方を作用，もう一方を反作用という。作用・反作用の力は同一直線上にあり，大きさは等しく逆向きの関係になる。図bでは(イ)は直方体Bが直方体Aを押す力であり，(ウ)は直方体Aが直方体Bを押す力である。また，(オ)は机が上に乗っている直方体を押す力であり，(カ)は上に乗っている直方体が机を押す力である。 b 直方体Aに働く力はつりあう。(ア)は直方体Aにかかる重力(地球がAを引く力)であり，(イ)はBがAを押す力である。これがつり合うので，Aは動かない。Bにかかる力もつり合う。(ウ)はBがAから押される力，(エ)はBの重力，この合計と(オ)の机からBが押される力がつり合う。

5 (天気の変化―雲のでき方)

基本 (1) 圧力を変化させて水滴をつくるので，フラスコ内に水を入れる必要がある。

(2) 水滴は凝結するときの核となる物質が必要なので，線香の煙はそのために加えている。

重要 (3) ピストンを引くとフラスコ内が減圧され，それに伴って温度が低下する。そのためフラスコ

内の水蒸気量が飽和水蒸気量に達し凝縮が起きる。ピストンを押すと圧力が増加し温度が上昇する。そのため，飽和水蒸気量が大きくなり，フラスコ内の水滴が消える。

(4) 空気の塊が上昇すると周りの気圧はそれより低くなり，上昇した空気の塊は膨張する。そのため，ピストンを引いた状態と同じになり，温度が下がり水滴ができる。反対に空気の塊が下降すると，周りの圧力の方が高いので，下降した空気の塊は圧縮され，ピストンを押したときと同じく温度が上昇し雲はできにくい。

(5) 雲粒が浮かんでいられるのは，上昇気流が雲粒を押し上げるからである。雲粒の重さが重くなると浮かんでいられなくなり，雨や雪になって降ってくる。地表の水は太陽のエネルギーで蒸発し，再び大気中に運ばれる。このようにして，地球上の水は循環を繰り返す。

6 (力のつり合い—ばね・斜面の力・仕事)

基本 (1) 図1より，500gのおもりでばねは10cm伸びるので，ばねの伸びが1cmになるのに必要な物体の質量は500÷10＝50(g)である。

基本 (2) 650gの物体をつるすとばねの伸びは10×650÷500＝13(cm)になり，ばねの長さは20＋13＝33(cm)になる。

重要 (3) 物体は斜め上向きに2本のばねで引き上げられる。2つの上向きの力の合力を求めるには，2つの力を2辺とする平行四辺形の対角線の長さを求めればよい。作図を行うと2つの力が120°の角度をなすので，上向きの力はそれぞれのばねに働く力と同じ大きさになる。1本のばねに働く力の大きさは，伸びが7cmなので7×50＝350(g)つまり3.5Nになる。よって下向きにはたらく物体の重力も3.5Nであり，物体の重さは3.5Nである。物体の質量は350gであり，重さは重力を表すことに注意する。

重要 (4) 300gの物体に斜面下方向に働く力は1.5Nである。そのときばねは150÷50＝3(cm)伸びるので，ばねの長さは23cmになる。

やや難 (5) ばねの伸びが8cmなので，動滑車に上向きにかかる力の大きさは，8×50＝400(g)つまり4Nである。動滑車の両側に合計8Nの力が上向きにかかるので，物体の質量が800gとわかる。物体にされた仕事は物体が30cm持ち上げられるので8×0.3＝2.4(J)(ジュール)であり，これが5秒間で行われたので，仕事率は2.4÷5＝0.48(W)(ワット)になる。

7 (酸とアルカリ・中和－中和反応)

基本 (1) 水酸化バリウムの質量は，$300\times\frac{0.35}{100}=1.05$(g)である。答え方に注意すること。指示に従って0105をマークすること。

重要 (2) 実験結果より，硫酸の質量が20gまでは加えた硫酸の質量と生じた沈殿の質量が比例するが，20g以降は一定量になる。このことから，水酸化バリウムと硫酸は硫酸を20g加えたときにちょうど中和し，それ以後は新たな沈殿は生じず加えた硫酸が未反応で残ることがわかる。よって20g以前の水溶液は水酸化バリウムの方が多いのでアルカリ性になりBTB液の色は青色になり，20gのときは中性で緑色になり，20g以後は硫酸が多いので酸性になり黄色になる。

(3) 生じた沈殿は硫酸バリウムであり，硫酸を20g加えたときにちょうど中和した。

(4) 沈殿は水溶液中でイオンに分かれないので電流は流れない。水酸化バリウムと硫酸はイオンに分かれるので電流を流す。そのため，中和が進むと徐々に水酸化バリウムが減少し，電流が流れにくくなり，中和点でほとんど電流が0になる。その後は未反応の硫酸が増えるので再び電流が流れ出す。グラフは④のようになる。

(5) 水酸化バリウムの量は変わらないので，これと反応する硫酸の質量も同じになる。3%の硫酸水溶液20g中に溶けている硫酸の質量とx%の硫酸水溶液30g中の硫酸の質量が等しいので，$30\times\frac{x}{100}=20\times\frac{3}{100}$　$x=2$(%)である。答え方に注意すること。020とマークすること。また

「3%の硫酸」とは硫酸の溶液(水溶液)を表し,「その中に溶けている硫酸」とは溶質の硫酸を意味することを区別しなければならない。

8 (植物の種類とその生活—植物の区分)

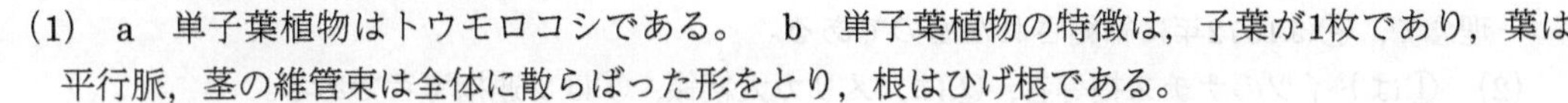

基本 (1) a 単子葉植物はトウモロコシである。 b 単子葉植物の特徴は,子葉が1枚であり,葉は平行脈,茎の維管束は全体に散らばった形をとり,根はひげ根である。

(2) 植物は種子をつくるかつくらないかで分類され,つくるものを種子植物,つくらないものにはシダ類やコケ類などがある。しかし,根,茎,葉の区別は種子植物とシダ類にある。太郎さんはその植物を裸子植物と思い込んだが,シダ類も根,茎,葉の区別がある。そこで,種子をつくるかどうかを尋ねる必要があった。

重要 (3) ア 種子植物で被子植物であり,単子葉類なのでユリである。 ウ 根,茎,葉の区別があり,種子をつくらないので胞子で増えるシダ類である。よってイヌワラビである。

(4) 双子葉植物は茎の維管束が環状である。維管束の内側は水の通り道である道管であり,外側が栄養分の通り道の師管である。苗木Aは道管は残し,師管を切り取った。Bはどちらも切り取った。Aでは道管が残っているので,水分の移動は可能である。よって苗木Aでは,水分補給はできるので数日しても枯れなかったが,苗木Bでは道管も削り取られているので,水分が移動できず枯れてしまう。さらに苗木Aでは葉でつくられた有機物が師管を通って根に運ばれないため,切り取った部分の上部の茎が肥大した。

★ワンポイントアドバイス★

基本問題が大半なので,基礎知識をしっかりと身につけるようにしたい。物理や化学の分野の計算問題は,類題の練習をして解き方を理解し覚えて使えるようにしておくこと。

<社会解答>

1 (1) ① (2) ④ (3) ① (4) ③ (5) ③ (6) ② (7) ②
(8) ① (9) ① (10) ②

2 (1) ①, ④ (2) ③ (3) ①, ② (4) ③ (5) ④ (6) ①
(7) ② (8) ③ (9) ② (10) ③

3 (1) ③ (2) ③ (3) ③ (4) ① (5) ③ (6) ② (7) ①
(8) ① (9) ④ (10) ①

4 (1) ③ (2) ④ (3) ⑤ (4) ④ (5) ① (6) ③

5 (1) ⑤ (2) ② (3) ③ (4) ②

6 (1) ④ (2) ② (3) ③ (4) ② (5) ③ (6) ① (7) ④
(8) ③ (9) ③ (10) ③

○推定配点○

各2点×50(2(1),(3)各完答) 計100点

＜社会解説＞

1 (小問集合)

基本 (1) ②は日本の戦争終結の条件について規定したもので，③は日本が第二次世界大戦中に掲げた理念で，④は1972年に締結されたものである。

重要 (2) ①はドイツのナチス指導者，②はアメリカ大統領，③はソ連指導者である。

(3) ②，③は1919年，④は1900年の出来事となる。

(4) ③は立法権・行政権・司法権の各権限を分散させる原理である。

(5) 選挙権については「18歳以上」に引き下げられたが，被選挙権は従来通りである。

(6) ①は教育や文化の振興を担当し，③は自然環境の保護，公害防止を担当し，④は農業・林業・水産業の振興を担当する省庁である。

基本 (7) ①は中緯度地方を年間を通して吹く西寄りの風で，③は熱帯低気圧により発生する風で，④は夏に吹く北東寄りの冷たい風である。

(8) インドネシアは東南アジア最大の人口をかかえる。

(9) 「産油国」「イスラム教」からイランを選択したい。

(10) アフリカで人口が1億人を超えている国は，ナイジェリア・エチオピア・エジプトである。

2 (地理・公民－「科学技術」を起点とした問題)

重要 (1) ② どの資料からも読み取れないので不適。 ③ 20代と30代が逆である。

重要 (2) ① 「情報プライバシー」ではなく「情報リテラシー」である。 ② 「違憲審査権」ではなく国政調査権である。 ④ 「憲法」ではなく「律令制度」である。

(3) ③はインドで，④はポルトガルが発祥である。

基本 (4) ③ 「ワシントン条約」ではなくベルサイユ条約である。

(5) ①は日本国憲法前文，②はサンフランシスコ平和条約，③は対華二十一か条要求の内容である。

(6) ① 「日本語能力は問われていない」が不適。

(7) ① 「すべて任せて」が不適。 ③ 「電車を使わず車を使う」が不適。 ④ 「SNSのみで」が不適。

基本 (8) ③ 「すべて解決した」が不適。

(9) 日本アルプスは飛驒山脈・木曽山脈・赤石山脈を指し，造山帯は造山運動を受けた地帯で，盆地は周囲に比べて盆状にくぼんだ土地である。

(10) ① 「最も安心だ」が不適。 ② 「知った後」が不適。 ④ 水や食料については記されていない。

3 (日本と世界の歴史・公民－「戦後政治史」)

基本 (1) ① 「世界第1位となった」が不適。 ② 「細川護熙内閣の誕生」が不適。 ④ 「その度に～」が不適。

重要 (2) ① 「重化学工業」と「軽工業」が逆である。 ② 「吉田茂内閣」ではなく「池田勇人内閣」である。 ④ 「東京国際空港～」が不適。

(3) 命令は，政令，内閣府令，省令などの総称で，臨時会は国会において必要に応じて臨時に開かれる会期のことをいう。

(4) ② 「内閣」ではなく「国会」である。 ③ 「その職権を失うことはない」が不適。 ④ 「有罪の～」が不適。

(5) ③ 「分裂することなく」が不適。

(6) ① 「一度もない」が不適。 ③ 「衆議院」ではなく「参議院」である。

④ 「一度もない」が不適。

(7) ②はアメリカ，③はドイツ，④はフランスである。

基本 (8) 職業選択の自由は経済活動の自由の一つとして保障されている。

(9) ④ 「演劇や～」が不適。

(10) 東京都は地方交付税交付金を受け取っていない。

4 **(地理－「サッカーワールドカップ」を起点とした問題)**

(1) リード文中の「植民地であったインド」が最大の手がかりとなる。

基本 (2) ④ 「断食」ではなくハラームである。

(3) アパラチア山脈は北アメリカ東部に位置し，アンデス山脈は南米大陸に位置し，ナイル川はアフリカを流れる河川である。

(4) 距離が正確なのは図2の正距方位図法である。

重要 (5) スキー場数が0であることからAが千葉県，海水浴場数が0であることからBが長野県，残ったCが新潟県という流れで特定していきたい。

(6) 「政令指定都市」「製造出荷額」を手がかりに特定する必要がある。

5 **(地理－地形図)**

基本 (1) 8(cm)×250000＝200000(cm) よって⑤の2kmが正解となる。

重要 (2) ① 「工業地帯」が不適。 ③ 「スポーツセンター」が不適。 ④ 「埋め立てられ～」が不適。

(3) 範囲Aに「文」の地図記号が読み取れる。

(4) Y 「被爆建造物の保存や継承」とは合致しない。

6 **(日本と世界の歴史－古代～現代)**

重要 (1) 土偶は縄文時代に使用され，藤原道長は平安時代の人物である。

基本 (2) ① 「A」ではなくDの時期となる。 ③ 「C」ではなくAの時期となる。 ④ 「D」ではなく1950年代前半の説明となる。

(3) ①は大正時代，②は平安時代，③は江戸時代，④は安土桃山時代の出来事となる。

(4) 保元の乱は平安時代の出来事であり，外様大名は関ヶ原の戦い以後に徳川家に従った大名である。徳川家光は江戸幕府3代将軍で，旗本は御目見え以上の将軍家直属の家臣である。

基本 (5) ③ 国家総動員法は1937年に制定された。

(6) ②は中東，③はインドで勃興した文明である。

(7) 古今和歌集は平安時代に編纂された。

(8) ①は鎌倉時代，②は安土桃山時代，④は明治時代の出来事である。

(9) Xは「学童疎開」ではなく「学徒出陣」の際の写真である。

(10) ③ 「天平文化」ではなく飛鳥文化である。

★ワンポイントアドバイス★

制限時間に対して問題量が多いので，過去問演習を通して時間配分のトレーニングをしっかりしておこう。

＜国語解答＞

一 問1 a オ b ア 問2 a ウ・オ b エ 問3 オ 問4 a ウ b エ
問5 ア 問6 イ
二 問7 エ 問8 エ 問9 ウ 問10 オ 問11 ア 問12 オ 問13 イ
三 問14 エ 問15 ウ 問16 ア 問17 イ 問18 オ 問19 ア 問20 エ
四 問21 イ 問22 ア 問23 ウ 問24 エ 問25 ウ

○推定配点○
一 各2点×9(問2a完答) 二 問9・問13 各4点×2 他 各5点×5
三 問19 4点 他 各5点×6 四 各3点×5 計100点

＜国語解説＞

一 **(文学史，品詞・用法，敬語，慣用句，脱語補充，接続語の問題，漢字の読み書き，漢文)**

問1 a ア 宮沢賢治の詩集。 イ 島崎藤村の詩集。 ウ 与謝野晶子の歌集。 エ 萩原朔太郎の詩集。 b 用言とは，動詞・形容詞・形容動詞を指す。2は動詞，3は形容動詞，4は形容詞である。1は副詞，5は名詞。

問2 a アは謙譲語，エは丁寧語。イは「申さ」が謙譲語で「れる」が尊敬語であるが，このような謙譲・尊敬が合体した形は現代語では不自然であり，そもそも正しい敬語としては認められない。 b 「耳につく」とは，「物音や声などが耳にとまって，いつまでも忘れられなくなる」または「同じことを何度も聞かされて，聞き飽きている」。「口をはさむ」とは，「他人が話しているところに割り込んで話す」。

問3 1 「知識も身につく」から，楽しいだけではないということを表す必要があるため，エが適当。 2 「読まなければならない」ということと「一ページも読み進められていない」ことは逆の関係なので，アが適当。 3 本に対する感想と天気の話は無関係なので，話題を変えるウが適当。 4 人気のカフェが新しくできたことと，開店当日に混雑が予想されることには因果関係があるため，イが適当。オの「あるいは」は二者のうちどちらかを選ぶ際に使う。

問4 a ウは「契機」が適当。「契機」は「きっかけ」という意味。 b エは「ご健勝」が適当。「健勝」とは「健康がすぐれて元気なこと」。「ご健勝をお祈り申し上げます」では「健康に気をつけて元気にお過ごしください」程度の意味で，改まった内容の手紙・メールで使われる定型表現である。

問5 アは「釈迦に説法」とは，「自分と比べてより詳しく深い知識を持っている人に，そうとは知らずに自信満々に教える愚かなさま」。イは「対岸の火事」が適当。「自分にはまったく影響がないこと」という意味。ウは「雨後のたけのこ」が適当。「似たような物事が次々と現れ出ること」という意味。エは「論をまたない」が適当。「論じるまでもなく明らかである」という意味。「またない」は漢字では「俟たない」。オは「青天の霹靂」が適当。「急に起きる変動・大事件」または「突然うけた衝撃」という意味。「霹靂」とは「急に雷が激しく鳴ること」。

問6 「己」を一番先に読まなければならないが，アは「無」，ウとエは「友」，オは「不」を一番先に読むことになってしまう。

二 **(書簡一文脈把握，脱文補充)**

問7 直接的な理由としては，傍線部1直後「介護する私や……浮き上がるからです」である。また，第三段落にも「委ねる」ということから出発して，「荒ぶるぼけ」の人を介護しやすいとする理由が述べられている。　ア「実は介護されたがっている」が誤り。本文中にそのような根拠はない。あくまでも「抗いが，当事者の意思として浮き上がる」「介護する者が身を委ねることができ」るというのが傍線部1の理由である。　イ「荒ぶりのない」以降誤り。傍線部2にもあるように「荒ぶりのない」人は介護が難しいのであり，「荒ぶる」人と「荒ぶりのない」人については，第四段落にも「一方で」とあるように，対比的な関係であり，荒ぶる人への対応が「荒ぶりのない人」に還元されるという根拠はない。　ウ「称賛すべき」以降誤り。確かに「荒ぶる人」は「抗い」を示すが，それが称賛すべきものだとか，批判精神だと断定する根拠は本文中にない。むしろ，「荒ぶる人」については第一段落のかっこの中で「歩み寄りたくても，寄れない」という説明がなされており，批判精神からではなく，ままならないことの反応として「荒ぶる」ということが表れているものと考えられる。　オ「対応マニュアルを作れる」が誤り。そうではなく，第三段落に「改めて……問い直せます」「タイミングを一緒に見つける努力ができます」とあるように，マニュアル化するのではなくむしろ個々人に柔軟に合わせていくことが可能になるのである。

問8　ア「相手を追いやった責任」が誤り。傍線部2とは，その直後にあるように「言葉も発しない全介助」の状態であることがわかるが，そのような状態に介護者が追いやったとする根拠は本文中にないし，常識的に考えても無理があるだろう。　イ「無邪気さ」が誤り。「言葉も発しない」状態，かつ第五段落にあるような「自意識的な要求の無さ」の状態にある人が，「無邪気さ」を表出できるとは考えにくい。　ウ　全体誤り。「言葉も発しない」状態であるのだから，「勘違い」をしていると判断できる根拠がそもそもないのである。　オ「会話のない状況に耐えきれず」が誤り。第四段落「介助者の思い通りになってしまいます」，第五段落「他人事のような無私的態度に途方に暮れます」から，単に会話がない状況だけでなく，生活全般において自発的な意思の表明がないということに，介護者は悩み介護の難しさを感じるのである。

問9　空欄の前の「途方に暮れます」，第七段落「『わからない人』にすり替えてしまう」という記述から，介護者がどうしたらいいのかわからなくなる，自信が持てなくなるといった状態がうかがえる。これに合致する記述はウ。イと迷った受験生もいるだろうが，「究極な感じ」では曖昧で，「途方に暮れます」という状態を的確に表したことにならず，よってわざわざ村瀬が引用する理由もない。

問10　傍線部3直前の「問い続ける……大切」から，答えの出ない問いを続けるということに村瀬は価値を見出していることがわかる。つまり，「不安定」とは介護における明確な答えが出ないという状況である。また「安定」とは，第九段落に「『答えを手放す』と楽になってくる」とあるように，わからないけれども，答えを無理に出そうとしないことで得られる「解放感」のことと考えられる。　ア「当事者とも共有する」が誤り。ここでは，介護の難しい「荒ぶりのない人」を介護する際のことが述べられているが，「荒ぶりのない人」は問8で確認したように「言葉も発しない」「無私的」な状態になるのであり，そのような当事者と状況を共有しても無意味である。　イ「あえてわからないふりをし続ける」が誤り。そうではなく，傍線部3直前にもあるように「問い続ける」ということが大事なのである。また，第九段落では「『答えを手放す』と楽になってくる」とあるように，本当はわかっているのではなく，本当にわからないが，無理に答えを求めようとしないということが「安定」への道である。　ウ「老いに悩む相手に共感でき」が誤り。そうではなく，問いとその答えを見出すことから「解放」されることが「安定」である。また，そもそも「荒ぶりのない人」は「無私的」な状態なのだから，「老いに悩」んでいるかどうかも客観的には判断できない。　エ「自らの行動を正当化できる」が誤り。そうではなく，問いとその答えを見出すことから「解放」されることが「安定」である。無理に答えを出さないのだから，自らの行動を正当化，つまり正しいものだと考えることとは全く異なる。

重要 問11　イ「他者の都合に合わせたくない」が誤り。「たとえ無理に口の中に含ませたとしても」「排泄は頼んで出るものじゃない」というのは，身体が求めていないことはできないという例であって，介護者の都合に合わせることはできない，という話ではない。だからこそ「他者がどんなに頑張っても，代わることのできない主体(営み)」と表現されている。都合に合わせるかどうかではなく，その人にはその人の生理というものが存在する――という話である。　ウ「相手が明確に持っている心構え」が誤り。選択肢イの解説通り，これは心構えではなく，それとは無関係な生理の話である。　エ「自分の心情を」以降誤り。選択肢ウの解説に同じ。　オ「強引なケアをしようとすると」が誤り。「たとえ無理に口の中に含ませたとしても」という記述で引っ掛かるかもしれないが，これは仮定の話であり，そうした場合の話をしているわけではない。仮に強引な手段に出たとしても，生理というのは操作できないものだ，というのが肝である。

問12　傍線部5とはどのような祈りかというと，同段落に「許しを請う祈り，協力を請う祈り」と説明されている。　ア「理想の介護対象者」が誤り。傍線部2で「荒ぶりのないぼけの人」は「介護が難しい」と明言していることと矛盾する。　イ「対応をお願いされた」が誤り。荒ぶるお年寄りが介護者に何かをお願いしたという記述は本文中になく，第十五段落では「荒ぶり始める」としか説明されていない。　ウ「理解されないことは承知しつつ」が誤り。そもそも「荒ぶらないぼけのお年寄り」は，第十七段落では「『私』を手放したかのように見える」のであり，理解する／しないという行動基準にいない。理解しないという抵抗・批判もないのが「荒ぶらないぼけのお年寄り」である。　エ「宗教的行為」が誤り。第十七段落「信仰とはほど遠く，宗教的とも言い難い」と矛盾する。

問13　イは，「伊藤亜紗に対する反論」が誤り。かっこを使用しているのは第二段落「歩み寄らない(当事者からすれば，歩み寄りたくても，寄れないのですが)」の部分であるが，これは伊藤への反論ではなく，介護者が「荒ぶるぼけのある人」を「歩み寄らない」と解釈することについて，「荒ぶるぼけのある」当事者からすれば歩み寄りたくても寄れないのだ，と補足的に別視点からの説明を加えているだけである。また全体を通して，伊藤は村瀬に問いかけをし，村瀬はそれに答えているという形であり，村瀬が伊藤に反論しているということはない。

三 **(小説—文脈把握，情景・心情，脱文補充，内容吟味)**

問14　ア「よそよそしく」以降誤り。本文中にそのような描写はない。　イ「住民の流入」が誤り。「都会から，らくに日帰りができるという距離のせいか」「避暑客たち」「海水浴の客たち」という記述から，移住してきたのではなくあくまで夏の間だけの観光客だということがわかる。　ウ「現地の住民も参加し」が誤り。本文中にそのような描写はない。　オ　全体誤り。町の経済状況について本文中では言及がなく，選択肢オは無根拠な決めつけになってしまう。

問15　傍線部2は，夏の間に慎一の町を訪れる海水浴客たちと対比的に述べられている。夏という一般的には休暇シーズンとされる季節の中で，慎一には休暇もなく，避暑地に行くような余裕もないということがうかがえる。その理由としては，傍線部2の次段落にあるように進学を母に許してもらうため，アルバイトをしていたからである。また，「自動車を水洗いする仕事が午前一時すぎまでかかった」という記述からも，慎一のアルバイト先が海水浴客の影響で繁忙期を迎えていることがわかる。この内容に合致するのはウ。イと迷うが，「繁忙期で忙しい……手助けをしながら」というつもりが慎一にあったかどうかが本文中からは判断できないため不適当。

問16　傍線部3の前段落では「自分の町の海，……遠慮しているような」とあり，それに対して傍線部3の「やはり」であることから，はじめは海水浴客のせいで海が別の人のものになったように感じ，親しみを持てずにいたが，実際は親しみの持てる場所であったということが読み取れる。この内容に合致するアが適当。ウと迷うが，「地元の人」全体が敬遠していたという根拠はないため不適当。あくまでも慎一は，ということしか本文中では述べられていない。

問17　選択肢を見ると，Cの「ぼくにいったんです」の後に父の台詞がくると考えられるので，C→Aという順番は確定である。また，Bの「そのとき」は，空欄Xの前にある「二十八貫もあるカジキを，三日がかりでつかまえた」ことを指すと考えられる。また，「生命からがら」という状況について，Dでより詳しく説明しているということが成り立つ。したがって，はじめはB→Dである。よって，B→D→C→Aの順が適当。

問18　ア 「生き甲斐を仕事に求め続けること」が誤り。問17も含め，父は生き甲斐を仕事に求めるという話はしていない。父がカジキをつかまえたときの話も，仕事ではなく「生きるってことは」という話に終始している。　イ 「理解しようとする」が誤り。父の発言である「決してわかりっこないんだ，人間は，だれでもそのことに耐えなくちゃいけないんだ」と矛盾する。

ウ 「軽蔑や差別」が誤り。父は他者からの軽蔑や差別の話はしていない。　エ　全体誤り。父は「大人になる」話はしていないし，生きるか死ぬかについても「他者の自殺を止めるべきではない」という話であり，その問題に向き合って大人になるという話ではない。

問19　アは，「不断の伴奏」を「客たちの笑い声」だとしている点が誤り。波線部aを含む文には「自動車の警笛が……鳴りつづける」と明記されており，波線部aとは自動車の警笛が鳴りやまないという状況を指している。

重要 問20　ア　全体誤り。女は「勇気を教えられたわ。それと，働くってことの意味とを」と発言しているが，これを恋心とみなすのは無理がある。女は海での会話から何か学びを得て，その感謝を慎一に伝えたのみである。　イ 「慎一が」以降誤り。女が都会で生きていくだろうことは想像できるが，だからといって幸せになれそうかどうかは根拠がない。本文終盤では「小さなその町に……視野を遠ざかるのだけを見ていた」と，女のことを特別視するのではなく，無数の人々の中の一つの生として捉えている。　ウ 「仕事に生きがいを見出させようと説得した」が誤り。慎一は父の仕事の話と，父の「自殺を止めてはならない」という教えの話をしたまでであり，女を説得したわけではない。説得するというのは，相手に対して「～すべき／～するな」などと教え諭すことである。　オ 「自分が精神的に」以降誤り。慎一は父の話をしただけであり，それが大人だとアピールするためのものだったという根拠は本文中にない。重い話をしたから精神的に大人だというのも無理がある。また，父の話は女の心に何かしら響いたからこそ，女は自殺を止めたものと考えられる。

四 （古文―語句の意味，文脈把握，情景・心情，和歌）

〈口語訳〉 地震が起こらない間にも，ただどうどうと鳴る(地鳴りの)音は，しばらくの間も絶えることがない。地の底か，山の中(から鳴っているの)かと思うところに，(誰かが)「これは将軍塚が鳴っているのだ。ただごとではない」など言い広めるので，身分の高い者も低い者も誰もがますます手を握り，つま先立ちにして，普段は可愛がっている妻や子どもが，今になって足手まといになる気持ちがして，逃げていくべきところを思い悩み，何でもないことに顔色を悪くし，震えわななく。その中に，知識の浅い者たち(がいて)，「今後は，さらに大変なことがあるだろう。『来たる四日には，大地震が起こり大地が引き割かれ，泥がわき出て，家々が残らず崩れ，人類は滅んでしまうだろう』という占いの結果が出た」とうわさしたので，町人たちはもちろんのこと，高貴な方まで，宮中の焼け跡に小屋を構えて，杉の青葉で四方を囲み，苫で上を覆い，お屋敷を出て移ってお住みになる。予想通りに揺れ，四日になると，夜が明ける頃から，身分の高い者も低い者も用心して，何かを待ち受けるようであったところに，午後二時頃に，北西からどうどうと(地鳴りが)鳴り出しながら，ひたすら揺れたところ，去る一日ほどではないが，予想と違わない大揺れであったので，身分の高い者も低い者も全員が「やっぱりそうだ」と言って気を失った。二条のお城の表門と裏門は，四方ともに地割れが起きて，やぐらが傾き，壁が崩れ，少しでも大きな家ほど損害が大きく，柱は石ずえが外れ，指物・鴨居は抜けてしまい，今にもぺしゃんこに崩れそうに思われた。「四日目，四日目に大揺れがあるのだ。その日が運命の日だぞ，運命の日だぞ」ということで，それからこれまでは，日ごとに二十回，三十回と，常に揺れたけれども，あとは慣れたのだろうか，(人は)驚くことも，以前ほどにはない。地震はないけれども，山はひたすらに鳴りひびいて，どうどうというのを聞いて，ある人が，このように思った。「皆が非常に驚いた大地震も，今は山に残った地鳴りを聞くばかりであるよ」

問21　古語の「色」には「顔色」の意味があり，「色をうしなふ」とは「顔色を悪くする」意である。それを知らなくとも，「思い悩み」と現代語訳が付されていることから，思い悩んだ結果として「色をうしなひ」とはどういうことかを考えてイを選びたい。

問22　「御殿」は現代語でもそうであるように，「お屋敷」という意味である。「うつり住ませ給ふ」から，お屋敷を出て移住したということが読み取れる。「せ給ふ」は尊敬の意。なぜそうする必要があるかというと，まず大地震が発生したという状況があり，かつ「四日にはまた大地震が起こって家々が崩れて人類が滅びる」という占いがあった，という噂も出たということをおさえる必要がある。再び大地震が起きてお屋敷が倒壊したら身に危険がおよぶと考えたのである。この内容に合致するのはアのみ。噂話に関しては，「知識の浅い者ども」がしたことだと本文中に表記があるので，その点も把握しておきたい。

問23　十二支の順番を考えて，「子の刻＝0時頃」「午の刻＝12時頃」という情報から，「子・丑・寅・卯・辰・巳・午」までの7つで12時間なので，子から丑までが2時間，丑から寅までが2時間……と考えていくと，未は午の後なのだから，午から未まで2時間と考えるとウの14時頃である。時刻の呼び方を覚えていればそれでよいが，覚えていない場合はヒントをもとに時計の図を書いて考えるとわかりやすい。

問24　「さればこそ」には「やっぱりそうだ」という現代語訳が付されている。ということは，その前の時点で言われていたことが現実になったということである。「やっぱりそうだ」と人々が思ったのは「かたのごとくの大ゆり」つまり，予想と違わない大揺れが起きたことが原因であり，この日は四日である。予想とは何かというと，問22のように占いで「来たる四日には，大ゆりして大地ひきさけ……」という結果が出たことを指す。この占いの内容に合致するのはエ。人類が滅ぶと思ったからこそ，恐れと絶望で人々は「気を失」ったのである。

重要　問25　ウは「地鳴りを聞くだけで震え上がる」が誤り。本文終盤の「後は馴れたるにや，……そのかみほどにはなし」と矛盾する。人々は地震に慣れて，以前ほど驚かなくなったのだから，「地鳴りを聞くだけで震え上がる」ほど地震に対して恐怖心を抱いているとは考えられない。

★ワンポイントアドバイス★

漢文は，返り点のルールや漢詩の形式など，基本的なところは知識としておさえておこう。論説文は，筆者が何をテーマとしてどのようなことを伝えたいのか，傍線部周辺だけからではなく本文全体からもつかみ取ろう。小説は，登場人物の言動や表情の描写から，どのような心理状態にあるのかの大枠を把握する意識を持とう。古文は，明記されていないことがらについても前後の文脈をもとに推測して補おう。

2023年度

★★★★★★★★★★★★★★★★★★★★★★★★

入 試 問 題

2023年度

土浦日本大学高等学校入試問題

【数　学】（50分）　＜満点：100点＞

【注意】（1）定規，コンパス，分度器，計算機は使用してはいけません。

（2）計算は，この問題冊子の余白を利用して行い，解答用紙を使ってはいけません。

（3）□の中の１つのカタカナには１つの数字が入ります。その数字をマークしなさい。

例題　三角形の内角の和は［アイウ］°である。

答えは180であるから，右のようにマークします。

ア	0 ● 2 3 4 5 6 7 8 9
イ	0 1 2 3 4 5 6 7 ● 9
ウ	● 1 2 3 4 5 6 7 8 9

また，選択肢から選ぶときは，該当する番号をマークしなさい。

（4）分数で答える場合は必ず約分し，比で答える場合は最も簡単な整数比で答えなさい。また，根号の中はできるだけ小さい自然数で答えなさい。

1　次の［　］をうめなさい。

（1）$\frac{2}{3}+\left(-\frac{3}{4}\right)^2\div(-1.5)^3=\frac{\boxed{ア}}{\boxed{イ}}$

（2）$\sqrt{75}-\frac{3}{\sqrt{3}}+\sqrt{27}=\boxed{ウ}\sqrt{\boxed{エ}}$

（3）方程式$4x^2-x=2$を解くと，$x=\frac{\boxed{オ}\pm\sqrt{\boxed{カキ}}}{\boxed{ク}}$である。

（4）次のデータは，生徒６人の小テストの得点である。

37，49，20，42，33，41

このデータの中央値は［ケコ］点である。

（5）次の⓪～③のうち，正しいものは［サ］と［シ］である。
（［サ］と［シ］については，順番は問わない）

⓪　$\sqrt{50}$は７より大きく８より小さい。

①　正四面体は正方形で囲まれた立体である。

②　半径がr，弧の長さがlの扇形の面積Sは，$S=\frac{1}{2}lr$である。

③　関数$y=ax^2$は，定数aの絶対値が大きいほど，グラフの開き方も大きい。

2　次の［　］をうめなさい。

（1）Aさんは，コンビニで購入した弁当を電子レンジで温めることにした。商品に記載されている加熱時間は，500ワットで３分30秒である。電子レンジの出力（ワット数）と加熱時間が反比例するとき，600ワットの出力で温めるのに必要な加熱時間は［ア］分［イウ］秒である。

(2) 袋の中に①，②，③と書かれた玉が１つずつ入っている。この袋から無作為に１つの玉を取り出し，数字を記録して袋の中に戻す操作を３回行う。記録された数字を左から順に並べて３桁の整数を作るとき，奇数となる確率は $\dfrac{\boxed{エ}}{\boxed{オ}}$ であり，４の倍数となる確率は $\dfrac{\boxed{カ}}{\boxed{キ}}$ である。

(3) 図のように，４点A，B，C，Dが円Oの周上にある。AB＝AC＝15，AD＝12，∠BAC＝∠CADであるとき，CD＝$\boxed{ク}\sqrt{\boxed{ケ}}$ である。

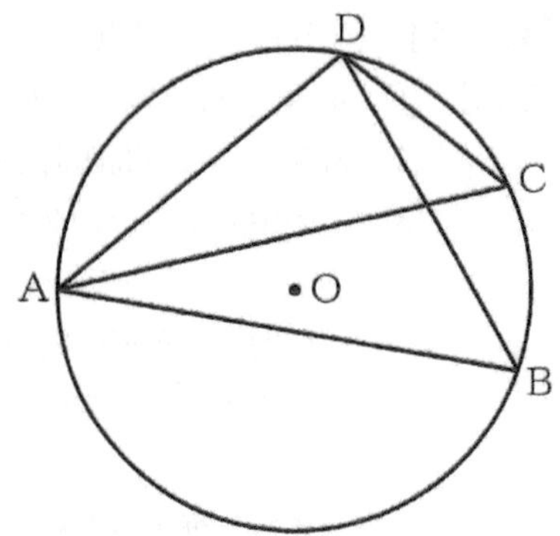

3 図のように東西に一直線に伸びる道路があり，AC間の距離は x km，BC間の距離は y kmである。ただし，$x > y$ である。佐藤君はA地点からC地点まで自転車で行き，C地点からB地点まで歩いて行く。田村君はB地点からC地点まで自転車で行き，C地点からA地点まで歩いて行く。２人が同時に出発したところ，出発から24分後にすれ違った。歩く速さは時速５km，自転車の速さは時速20km である。このとき，次の $\boxed{}$ をうめなさい。

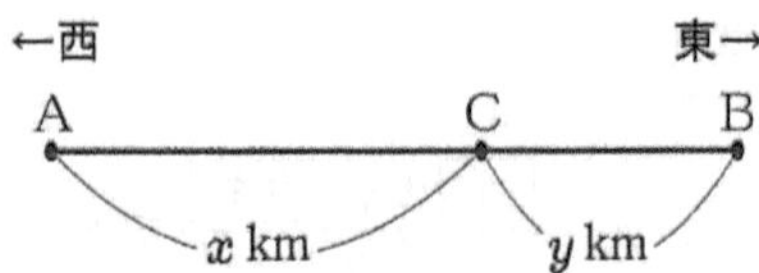

(1) ２人がすれ違ったのは，Aから東に $\boxed{ア}$ kmの地点である。

(2) 田村君の移動に着目すると，$\boxed{イ}\,x + y = \boxed{ウエ}$ である。

(3) 佐藤君は，田村君がA地点に到着するより９分早くB地点に到着した。
このとき，AB間の距離は $\boxed{オカ}.\boxed{キ}$ kmである。

4 次のページの図において，四角形ABCDは辺ABが y 軸に平行で，AB：AD＝３：２の長方形である。①は関数 $y = ax^2$ のグラフで，２点A，Cを通る。Aの座標は（２，１）である。また，２点A，Cを通る直線を②とする。次の $\boxed{}$ をうめなさい。

(1) $a = \dfrac{\boxed{ア}}{\boxed{イ}}$ である。

(2) ②の方程式は $y = -\dfrac{\boxed{ウ}}{\boxed{エ}}x + \boxed{オ}$ であり，点Cの座標は（$-\boxed{カ}$，$\boxed{キク}$）である。

(3) y 座標が正の数である点Pを y 軸上にとる。四角形ABCDと△ACPの面積が等しいとき，点Pの座標は（０，$\boxed{ケコ}$）である。

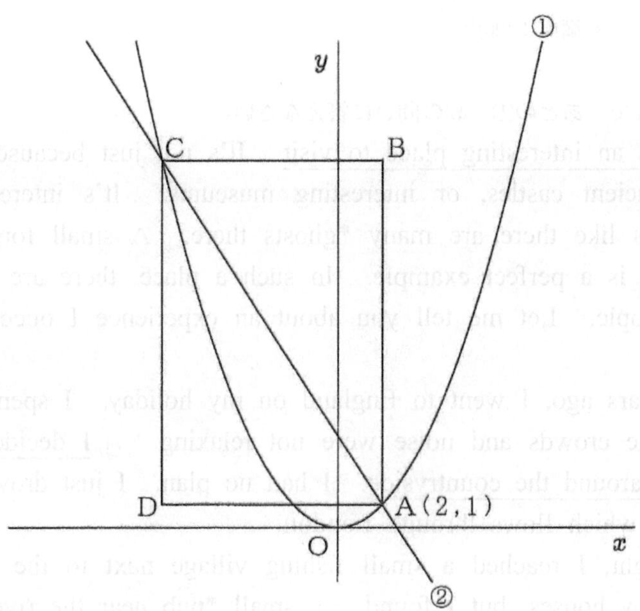

5 図は，1辺の長さが2の立方体ABCD－EFGHである。頂点Fから対角線AGに引いた垂線をFIとし，辺BCの中点をMとする。次の □ をうめなさい。

(1) AG＝ ア $\sqrt{\text{イ}}$ である。

(2) △AFIの面積は $\dfrac{\text{ウ}\sqrt{\text{エ}}}{\text{オ}}$ である。

(3) 三角すいM－AFIの体積は $\dfrac{\text{カ}}{\text{キ}}$ である。

【英　語】（50分）　<満点：100点>

1　次の英文を読んで，あとの(1)～(9)の問いに答えなさい。

① England is an interesting place to visit. It's not just because of its beautiful old houses, ancient castles, or interesting museums. It's interesting because it sometimes feels like there are many *ghosts there. A small forgotten village in the countryside is a perfect example. In such a place, there are sometimes more ghosts than people. Let me tell you about an experience I once had in a small English village.

About 20 years ago, I went to England on my holiday. I spent a few days in London, but the crowds and noise were not relaxing. ② I decided to rent a car and just drive around the countryside. I had no plan. I just drove east along the Thames River, which flows through London.

The first night, I reached a small fishing village next to the Thames. There were only a few houses, but I found ③ a small *pub near the river and asked for a room for the night. It was an interesting old place that had been there for hundreds of years. The door was made of thick, black wood, and the windows were small and round like those in a ship. There was a large *fireplace and lots of small tables that looked like they had been there forever. In fact, the walls of the pub had many names and dates *scratched into the dark wood. The oldest date I could see was 1688!

The owner gave me ④ a room on the second *floor. It was small with a huge old bed. The bed was surrounded by curtains to keep out the cold air from the river. It also had smaller beds that could be pulled from under the bed for children to use. The owner told me that the bed was thought to be over 300 years old. He also explained that in the old days, travelers often had to share their bed with *strangers. Thankfully, the owner explained, I would not have to share my bed with a stranger. But I might have to share it with a ghost or two! I laughed, but the owner's face was suddenly very serious.

Later, I went to sit by the fireplace. By this time, the pub was quite busy with many local people. Most of the customers seemed to be old men sitting in small groups talking and drinking quietly. Nobody seemed to notice me, so I sat alone in the corner by the fireplace and enjoyed my beer. Actually, I was quite happy to sit there and watch such an interesting group of local people.

Suddenly, something touched my leg. I looked down, and near my feet were two very large, very fat, black cats! First, they rubbed themselves against my legs, and then one after another they jumped onto my *lap and then onto the table. They sat happily while I rubbed their heads. After a few minutes, the largest cat looked at my empty plate and then he looked at me. I think he wanted to say, "[⑤]" I also looked at my empty plate and then at a big table by the window. There was a large plate of beef and many other nice foods. I picked up my plate and went to the big table.

⑥<u>I was (1) met there by the owner (2) told me to eat (3) as much as (4) I could.</u> I put four large pieces of meat and six small potatoes on my plate and went back to my table. The cats were waiting there quietly, and I could almost see the smiles on their faces when I sat down and put the meat-filled plate between us. The owner arrived soon after with another large beer. He laughed when he saw the cats and said he was glad that I had made friends with his two best customers, Drinker and Stinker. After he left, the cats and I enjoyed our dinner together while enjoying the heat from the old fireplace. Finally, I had found some peace and quiet.

Later that night, I was asleep in my bed. Suddenly, I heard a strange sound. It sounded like a door had slowly opened. Was it a ghost? A few seconds later, I felt someone slowly moving the curtains of my bed. I then remembered what the owner had said about sharing my bed. Maybe it really was a ghost! Suddenly, the bed shook. There was something heavy sitting on the bed near my feet. ⑦<u>I froze</u>! Someone was actually sitting on my bed!!! After a few seconds, it began to move slowly up the bed. It felt like a small child, and I remembered that children used to sleep under the bed. I could feel the ghost child moving slowly up the bed towards my face. It was getting nearer, but I was (⑧) scared to shout! Slowly, the ghost child climbed over the thick blankets and then sat on my chest. It was a heavy ghost! Just as I was getting ready to jump out of the bed, two warm, wet noses touched my face, and I heard the gentle *purring of my two dinner guests, Drinker and Stinker. They were also looking for a warm place to spend the night!

I spent a few days in the village, and each night I shared my dinner and my bed with the pub's two best customers, Drinker and Stinker (but no ghosts!).

*[注] ghost 幽霊　pub （酒類を提供する小さな）ホテル　fireplace 暖炉　scratch 傷を付ける
floor 階　stranger 見知らぬ人　lap ひざ　purr ゴロゴロのどを鳴らす

(1) 第1段落を読んで，下線部①の内容として<u>適切でないもの</u>を，次の1～4の中から1つ選びなさい。

1．美しい古い家々　　2．興味深い美術館や博物館

3．幽霊が見られそうな場所　　4．人里離れた気味の悪い城

(2) 下線部②の理由として最も適するものを，次の1～4の中から1つ選びなさい。

1．天候がすぐれなかったため。

2．ロンドンの人混みや騒音を避けるため。

3．ロンドンでゆっくりと休暇を過ごすため。

4．イングランドでは鉄道やバスでの移動が困難なため。

⑶　下線部③の特徴として**適切でないもの**を，次の１～４の中から**１つ**選びなさい。
１．壁には多くの名前や日付が刻まれている。
２．何百年も経っているようなとても古い建物である。
３．真新しい金属製のテーブルが部屋の中央に置いてある。
４．ドアは厚く黒い木材でできており，窓は船室の窓のように丸くて小さい。

⑷　第４段落を読んで，下線部④の特徴として**適切でないもの**を，次の１～４の中から**１つ**選びなさい。
１．大きなベッドが置いてある。　２．300年以上前に作られた部屋である。
３．小さなサイズの部屋である。　４．子供用の小さな引き出しベッドがある。

⑸　⑤ に入れるのに最も適するものを，次の１～４の中から**１つ**選びなさい。
１．Fill it up!　２．Guess who?
３．What's your name?　４．You are not welcome!

⑹　下線部⑥の文に who を入れるのに最も適する所を，文中の⑴～⑷の中から**１つ**選びなさい。

⑺　下線部⑦の意味に最も近いものを，次の１～４の中から**１つ**選びなさい。
１．I wasn't very cold!　２．I couldn't move!
３．I was so happy!　４．I couldn't see anything!

⑻　（⑧）に入れるのに最も適する語を，次の１～４の中から**１つ**選びなさい。
１．too　２．less　３．enough　４．some

⑼　本文の内容と一致するものを，次の１～７の中から**２つ**選びなさい。
（同じ解答欄に**２つ**マークしなさい）
１．There were two dogs in the pub.
２．The writer visited England for pleasure.
３．There are few ghosts in the countryside of England.
４．The only date scratched into the dark wood was 1688.
５．The writer was attacked in his bed by two scary ghosts.
６．The writer had to share his room with a strange person.
７．The writer shared his dinner and his bed with two cats in an old pub.

2　次の crow（カラス）に関する英文を読んで，あとの⑽～⒃の問いに答えなさい。

One thing I have noticed, as an American living in Japan, is the lack of birds. In the USA, I had many colorful birds singing in my garden every day. We gave them food, and soon it was difficult to count the many different types of birds that shared our garden with us. There were blue ones, red ones, yellow ones, green ones and brown ones. But, one color that we didn't see in our garden was black. There were no crows fighting over the garbage in my neighborhood! It's different, here in Japan. I see crows every morning picking through the garbage and spreading it all over the street. The crows always seem to find a way to get a snack from someone's garbage bag.

(①), one city in Sweden has found a way to teach the crows how to clean the streets, instead of making the streets dirty. How? Well, the city of Sodertalje had a problem with people leaving their *cigarette butts on the street. In fact, after studying the garbage found on the street, it was discovered that 62% was cigarette butts. And because the butts are small, it is hard for street-cleaning machines to collect them. Most are carried by rainwater to the ocean. This means that cigarette butts may be eaten by fish who think the butts are food. The *chemicals in the butts are *poisonous and poison the poor fish that eat them. If we eat those same fish, we can also be poisoned. Cigarette butts are bad for humans and for other animals.

The government of Sodertalje decided to find a better way to collect the cigarette butts. They asked local people for ideas. One man, Christian Gunther-Hanssen, thought he had a good idea. Christian liked crows, and he often studied their behavior in his neighborhood. Christian realized that crows think and act like seven-year-old humans. Just like (②), crows like to be given food. Give a crow some food and the crow will remember you. Give food to a crow every day at the same time and the crow will start to trust you. In return for food, crows will sometimes bring small things like trash as "presents" to their human friends. Christian noticed that the crows in his neighborhood often brought him cigarette butts. Could ③ <u>this strange crow behavior</u> solve the cigarette butt problem?

Christian decided to try an *experiment. He built a small box. On the right side was a place for the crows to drop their presents. On the left side was a little *drawer that would open and give food to the crows. If the crow dropped some trash into the (④) side, Christian would open the (⑤) side once and the crows would receive a little food. If the crow dropped a cigarette butt into the (⑥) side, Christian would open the (⑦) door twice and the crow could get twice as much food. The crows quickly learned that they would get (⑧) food in return for cigarette butts and (⑨) for regular trash. Soon, crows were coming from other neighborhoods to drop off cigarette butts in return for food. His idea worked!

Christian showed his crow box to the local government. They asked Christian to try his crow box in other parts of the city that had many crows and many cigarette butts. Soon Christian had crows in the city center collecting cigarette butts. The crows were shy at first, but soon learned that to get food, they needed to find cigarette butts. Perhaps the most interesting thing was that the crows taught each other how to get the free food.

Today, Christian has created crow boxes that do not need a human. Crows are helping to solve a problem created by careless *smokers. Maybe we could do the same in Japan? We have many careless smokers and many clever crows!

*[注] cigarette butt 吸いがら　chemicals 化学物質　poisonous 有毒な　experiment 実験
drawer 引き出し　smoker 喫煙者

(10) 第１段落を読んで，鳥に関する記述として<u>**適切でないもの**</u>を，次の１～４の中から**１つ**選びなさい。

１．アメリカでは，庭にいる鳥にえさを与えるとすぐに多くの鳥が来た。

２．アメリカでは，たくさんのカラスを庭で見かけた。

３．日本では，毎朝，ガラスがごみをあさっている。

４．日本では，カラスはいつもゴミ袋から食べ物を得ようとしているようだ。

(11) （①）に入れるのに最も適する語を，次の１～４の中から**１つ**選びなさい。

１．However　２．More　３．Because　４．Though

(12) （②）に入れるのに最も適する語を，次の１～４の中から**１つ**選びなさい。

１．what　２．neighbors　３．children　４．her

(13) 下線部③の具体的な内容として，最も適するものを，次の１～４の中から**１つ**選びなさい。

１．近所のカラスがゴミをあさったこと

２．近所のカラスが小さな箱を作ったこと

３．近所のカラスがよくタバコを買ってきたこと

４．近所のカラスがよくタバコの吸いがらを持ってきたこと

(14) （④）～（⑦）に入る語の組み合わせとして，最も適するものを，次の１～４の中から**１つ**選びなさい。

１．④ right　⑤ left　⑥ left　⑦ right

２．④ right　⑤ left　⑥ right　⑦ left

３．④ left　⑤ right　⑥ right　⑦ left

４．④ left　⑤ right　⑥ left　⑦ right

(15) （⑧）～（⑨）に入る語の組み合わせとして，最も適するものを，次の１～４の中から**１つ**選びなさい。

１．⑧ more　⑨ more

２．⑧ more　⑨ less

３．⑧ less　⑨ more

４．⑧ less　⑨ less

(16) 本文の内容と一致するものを，次の１～７の中から**３つ**選びなさい。
（同じ解答欄に**３つ**マークしなさい）

１．If a crow is given some food, it will forget you.

２．Crows taught other crows how to get free food.

３．Cigarette butts are not good for the natural environment.

４．Christian Gunther-Hanssen introduced his crow box in Japan.

５．It isn't difficult for street-cleaning machines to collect cigarette butts.

６．In Sodertalje, more than 60% of the garbage on the street was cigarette butts.

７．Christian Gunther-Hanssen didn't like crows, so he didn't want to study them.

3 次の英文を読んで，あとの⒄～㉕の問いに答えなさい。

(*A reading class at school*)

Suzy : Mr. Smith, why does this man have the letters "VIII" after his name? What does it mean?

Mr. Smith : Good question, Suzy. Those are not actually letters, they are *Roman numbers. "V" was the Roman symbol for five, and "III" was their symbol for (①). Together they make the number "8".

Suzy : So, Henry number eight?

Mr. Smith : Not really. The correct way to say it is, "Henry the Eighth".

Yoji : But what does that mean?

Mr. Smith : It means that there were (②) kings named Henry before him and he became the eighth. Henry VIII was a very important king in England about 500 years ago. His real name was Henry Tudor. He was born in 1491.

Suzy : Why should we study him? He sounds very boring to me.

Mr. Smith : Well, is a king that had six wives boring? He *divorced two, *executed two, one died, and one survived.

Suzy : What? Six wives??? And he killed two of them???? Tell us more, Mr. Smith!!!

Mr. Smith : Well, it's a long story, but it begins with Henry's older brother, (③). He was going to become King Arthur when his father eventually died. In those days, the king's oldest son would become king as soon as his father died.

Yoji : Wait, so Arthur's father was Henry VII, right? He was the seventh king named Henry?

Mr. Smith : Yes, that's right. Arthur was going to become the next king, but he had bad luck. It's a sad story.

Suzy : ［ ④ ］

Mr. Smith : Arthur was told to *marry a Spanish *princess. Her name was Katherine of Aragon. She was very beautiful and very clever. They got married in 1501 when he was 15 and Katherine was 16.

Yoji : So, he was lucky!

Mr. Smith : Not really. You see, he spent only a few months with Katherine before he got sick and died. He was only 15.

Suzy : Really? That's so sad. Arthur died young and (⑤) became king. So, what happened next?

Mr. Smith : Eight years after Arthur's death, his younger brother, Henry, became king when Henry VII died on April 21st, 1509.

Yoji : So, Arthur's younger brother became King Henry VIII of England in

1509?

Mr. Smith: Yes, that is correct. He was then told to marry Katherine of Aragon. They got married on June 11th, 1509. Henry was only 17.

Yoji : Did they have any children?

Mr. Smith: Yes, a girl named Mary. But Henry got angry with Katherine because she didn't have any boy children. He divorced her in 1533 after being married 24 years.

Suzy : Poor Katherine! What happened next?

Mr. Smith: That same year, Henry married his next wife, Anne Boleyn. She was young and beautiful.

Yoji : Did she give Henry a son?

Mr. Smith: No, only a girl, named Elizabeth. Henry executed Anne in 1536.

Suzy : Wow! She was killed just because [⑥]?

Mr. Smith: Yes, and a few days later, Henry married his third wife, Jane Seymour. She quickly produced a son, named Edward, in 1537. However, she died a few days later. But Henry had his son, and that was really what he wanted most of all.

Yoji : So, that leaves three more wives. What happened to them?

Mr. Smith: Well, in January, 1540, he married a German princess, Anne of Cleves. They had never met, but Henry had been told by his friends that she was beautiful. However, Henry didn't think she was beautiful and divorced her a few days later.

Suzy : OK, two more wives left.

Mr. Smith: The next one was young and foolish. Her name was Katherine Howard. She was 16 and had beautiful green eyes and red hair. Henry married her in July of 1540. But Henry was old and fat, and Katherine was very popular with many young men. Henry became very angry. He had Katherine executed in 1542. She had a very short life. She was only 17.

Suzy : So, one wife left....

Mr. Smith: Yes, her name was Catherine Parr. She married Henry in 1543. She was 31 years old. Henry was 52.

Yoji : Did he kill her too?

Mr. Smith: No, Henry's health was not good. He died in 1547.

Suzy : So, divorced, executed, died, divorced, executed, (⑦), right?

Mr. Smith: Yes, that's right.

Suzy : Thanks, Mr. Smith! Now, I want to read more history!

*[注] Roman ローマの　divorce ～と離婚する　execute ～を処刑する　marry ～と結婚する
princess 王女

(17) (①) に入れるのに最も適するものを，次の１～４の中から１つ選びなさい。

1．one　2．two　3．three　4．four

(18) (②) に入れるのに最も適するものを，次の１～４の中から１つ選びなさい。

1．four　2．five　3．six　4．seven

(19) (③) に入れるのに最も適する語（句）を次の１～４の中から１つ選びなさい。

1．Arthur　2．Henry　3．Henry VII　4．Henry VIII

(20) ④ に入れるのに最も適するものを，次の１～４の中から１つ選びなさい。

1．Who was she?
2．Why was he sad?
3．When was she queen?
4．What happened to him?

(21) 次の質問の答えとして，最も適するものを，次の１～４の中から１つ選びなさい。

Why is Arthur's story sad?

1．Arthur couldn't live a long time with his wife.
2．Arthur wanted to many a Spanish princess but couldn't.
3．Arthur's brother, Henry, killed him and then married his wife.
4．Arthur married a Spanish princess who soon got sick and died.

(22) (⑤) に入れるのに最も適する語を，次の１～４の中から１つ選びなさい。

1．did　2．never　3．no　4．not

(23) ⑥ に入れるのに最も適するものを，次の１～４の中から１つ選びなさい。

1．she didn't like Henry
2．she couldn't speak English
3．she had a lot of sons
4．she couldn't produce a son

(24) (⑦) に入れるのに最も適する語を，次の１～４の中から１つ選びなさい。

1．died　2．divorced　3．executed　4．survived

(25) 本文の内容として<u>適切でないもの</u>を次の１～８の中から３つ選びなさい。
（同じ解答欄に３つマークしなさい）

1．Arthur の兄は，1509年にイングランドの王位に就いた。
2．Katherine of Aragon は Arthur と結婚したが彼の死後，Henry VIII と結婚した。
3．Katherine of Aragon は Henry VIII と24年間の結婚生活の後，離婚した。
4．Anne Boleyn は Henry VIII の２番目の妻であり，娘と共に処刑された。
5．Jane Seymour は Henry VIII の３番目の妻であり，男子を生んだ。
6．Jane Seymour が急死したため，同年 Henry VIII は Anne of Cleves と結婚した。
7．ドイツの王女であった Anne of Cleves は，Henry VIII に一度も会うことなく結婚した。
8．Katherine Howard は５番目の妻として迎えられたが，Henry VIII の怒りを買い処刑された。

4 次の広告の内容について，次の(26)～(29)の問いに答えなさい。

Thanks Sale!!

It has been three years since we opened this cake shop!!!
We will hold a special sale to show our thanks in January, 2023.

Sale items and dates:

① January 1st – January 7th:
1 original milk pudding is usually $4. Thanks Sale price: **$2**

② January 8th – January 15th:
1 *donut is usually $2. Thanks Sale price: **$1**
We have a *dozen different kinds of donuts!
You need to call us at least an hour before arriving if you want to buy more than five dozen.

③ January 16th – January 23rd:
1 piece of cheesecake is usually $6. Thanks Sale price: **$5**
You need to call us at least one day before if you want to buy more than one whole cheesecake (8 pieces).
If you buy two whole cheesecakes, you will get a 10% *discount!

④ January 24th – January 31st:
1 cupcake is usually $3. Thanks Sale price: **$1**
We have five kinds: chocolate, strawberry, coconut, banana, and coffee.

☆ If you buy anything during this special sale, we will give you a special 20% discount ticket in January that you can use in February, 2023!!!

Cake Shop SAKURA
Address: 1-0-1 Nichidai Street, Tsuchiura, Ibaraki
(Sorry, we don't have any parking spaces.)
TEL: 000-111-222
Website: www.cakeshop-sakura.com.jp
Open every day from 10:00 – 18:00.

*[注] donut ドーナッツ dozen ダース（12コ） discount 割引

(26) This sale will be held
1. for 18 hours every day in January.
2. because it is the cake shop's third birthday.
3. because people want to say thanks to the shop.
4. to tell people about the shop's new original milk puddings.

(27) If you buy 16 pieces of cheesecake on Saturday, January 21st, you have to pay

1．82 dollars.　　2．72 dollars.　　3．80 dollars.　　4．96 dollars.

(28) Which is true about the special 20% discount ticket?

1．You can use it in January.
2．You will be given it in February.
3．You need to visit the website during the sale.
4．You can get it when you buy something during the sale.

(29) You can learn from this advertisement that

1．people can park their cars at the cake shop.
2．people can get a banana cupcake for only one dollar on January 23rd.
3．people can buy two whole cheesecakes on January 17th if they call an hour before.
4．it is cheaper to buy a dozen donuts than one whole cheesecake.

5 次の(30)～(32)の各文の下線を引いた語（句）とほぼ同じ意味になる語（句）を，次の１～４の中から１つずつ選びなさい。

(30) The president is not from a <u>well-off</u> family.

1．rich　　2．precious　　3．special　　4．popular

(31) Pakuten is a company with a worldwide <u>staff</u> of about 140,000.

1．offices　　2．garages　　3．stations　　4．employees

(32) Johnny is <u>interested in</u> Japanese history.

1．angry at　　2．worried about
3．disappointed in　　4．curious about

6 次の(33)～(35)の各文には，下線を引いた部分に誤りが１箇所あります。誤りのある箇所をそれぞれ①～④から１つずつ選びなさい。

(33) If you don't ①<u>train</u> your cat, he will ②<u>sharp</u> his nails ③<u>on</u> your ④<u>furniture</u>.

(34) If it ①<u>will</u> sunny ②<u>tomorrow</u>, we ③<u>will walk</u> ④<u>from</u> Tsuchiura Station to our school.

(35) ①<u>When</u> Amy ②<u>stayed</u> in a cheap hotel, she ③<u>had</u> a problem ④<u>on</u> her room.

7 (36)～(40)について，（　）内の語（句）を，意味が通るように並べかえなさい。解答は例（次のページ）にならって１番目～６番目の語（句）の順に番号で答えなさい。日本文がある場合には，その意味を表すよう完成させなさい。

例題　I（① you　② will　③ a　④ give　⑤ hand　⑥ tomorrow).

1番目	①●③④⑤⑥
2番目	①②③●⑤⑥
3番目	●②③④⑤⑥
4番目	①②●④⑤⑥
5番目	①②③④●⑥
6番目	①②③④⑤●

この例では，I will give you a hand tomorrow. とするために，上から順に②，④，①，③，⑤，⑥のところにマークしてあります。

(36) What（① is　② Japan gave　③ of　④ that　⑤ the name　⑥ the tree) to Washington D.C. in 1912?

(37) Kenta doesn't（① his　② what　③ do　④ will　⑤ know　⑥ baby) next.

(38) Mike has been（① since　② enjoying　③ basketball　④ came　⑤ he　⑥ playing) to Japan.

(39) あそこで彼と話している女性を知っていますか。
Do you（① the woman　② know　③ is　④ who　⑤ with　⑥ talking) him over there?

(40) 我々の理科の先生はアメリカに住んでいるが，青森出身だ。
Our science teacher（① he　② in　③ lived　④ but　⑤ the U.S.　⑥ has) grew up in Aomori.

8　(41)～(45)について，（　）に入れるのに最も適する語（句）を，次の１～４の中から１つ選びなさい。

(41) I often practice（　　）my favorite songs in the bathroom.
１．sing　２．singing　３．to singing　４．sung

(42) My teacher asked me（　　）a speech in front of the class.
１．give　２．giving　３．to give　４．given

(43) When will the classroom be（　　）by the students?
１．clean　２．cleaning　３．to clean　４．cleaned

(44) The comic book I bought yesterday was boring and made me（　　）.
１．sleepy　２．sleeping　３．to sleep　４．slept

(45)（　　）don't we hold a welcome party for our new students?
１．What　２．When　３．Where　４．Why

【理　科】（50分）　＜満点：100点＞

1 次の各問いに答えなさい。

(1) 花のつくりとはたらきについて述べた文として，最も適当なものを次の①～④から一つ選びなさい。

① 花は，外側からがく，花弁，めしべ，おしべの順になっている。

② 裸子植物には子房がないので，果実はできない。

③ 被子植物のめしべの子房は種子になる。

④ 裸子植物も被子植物も花粉は直接胚珠につく。

(2) 肝臓について述べた文として，**誤りを含むもの**を次の①～④から一つ選びなさい。

① ヒトの肝臓は最も大きな内臓器官で，おとなで1.0～1.5kg もの質量がある，とても大きい器官である。

② 脂肪の消化を助ける胆汁をつくる。

③ タンパク質の分解で生じた尿素をアンモニアに変える。

④ 小腸の柔毛から吸収された栄養は門脈に入り，肝臓に運ばれる。

(3) 炭素の循環について述べた文として，最も適当なものを次の①～④から一つ選びなさい。

① 生物の死がい・ふんなどには炭素は含まれていない。

② 植物は，二酸化炭素を吸収するが，放出しない。

③ 植物が光合成によって合成した有機物中に含まれる炭素は，食物連鎖を通じて消費者に取り込まれる。

④ 消費者が取り込んだ炭素のうち，その生物が呼吸に用いなかった分は土の中に残り，大気中に戻ることはない。

(4) 生物間には，形は異なるが発生上の起源が同じ器官が存在する。次の(a)・(b)の各問いに答えなさい。

(a) このような器官を何というか，最も適当なものを次の①～④から一つ選びなさい。

① 同類器官　② 相同器官　③ 対称器官　④ 類似器官

(b) (a)の器官の組み合わせとして，最も適当なものを次の①～④から一つ選びなさい。

① タコの外とう膜とザリガニの外骨格

② ヒトの腕とコウモリの翼

③ スズメの翼とチョウのはね

④ ヒトの腕とヒトの足

2 次の各問いに答えなさい。

(1) 次の(a)～(c)に示す火山噴出物をそれぞれ何というか。最も適当なものの組み合わせを，次のページの①～⑤から一つ選びなさい。

(a) 成分の大部分は水蒸気で，そのほかに二酸化炭素や二酸化硫黄なども含まれる。

(b) 粒の大きさが 2㎜ 以下で非常に軽いため，広範囲に広がる。

(c) 地下のマグマが火口から地表に流れ出し，冷えて固まったものでふつう小さい穴がたくさんあいている。

	(a)	(b)	(c)
①	火山れき	火山灰	溶岩
②	火山れき	火山ガス	火山弾
③	火山ガス	火山弾	軽石
④	火山ガス	火山灰	溶岩
⑤	火山ガス	火山灰	軽石

(2) 以下の文は，マグマが冷え固まってできる岩石について説明したものである。文中の空欄 ア ～ ウ に入る語句の組み合わせとして，最も適当なものを次の①～⑧から一つ選びなさい。

マグマからいろいろな種類の鉱物ができるとき，マグマの冷える速さによってできる結晶の大きさが違ってくる。

マグマが地表近く，または地表で ア 冷やされて固まったものを イ という。マグマが地表付近に噴出してくる前にできた結晶は比較的大きく成長する。しかし，地表近く，あるいは地表では ア 冷やされるため，ごく小さな結晶やガラス質（石基）にしかならない。石基にこのような結晶が散らばっているつくりを ウ という。

	ア	イ	ウ
①	ゆっくりと	火山岩	等粒状組織
②	ゆっくりと	火成岩	等粒状組織
③	ゆっくりと	火成岩	斑状組織
④	ゆっくりと	深成岩	斑状組織
⑤	急速に	深成岩	等粒状組織
⑥	急速に	火成岩	斑状組織
⑦	急速に	火山岩	等粒状組織
⑧	急速に	火山岩	斑状組織

(3) ある地点の気温は25℃であった。このときの湿度を測るために，次のような【実験】を行った。このときの湿度はおよそ何％か。最も適当なものを，次のページの①～④から一つ選びなさい。

【実験】 まず，図１のように熱を伝えやすい金属製のコップに水を入れて温度を測った。次に，この中に氷を入れた試験管を入れて水温を下げ，コップとセロハンテープの境界部分に注意して観察したところ，10℃でコップの表面がくもり始めた。次のページの表に気温と飽和水蒸気量の関係を示した。

図１

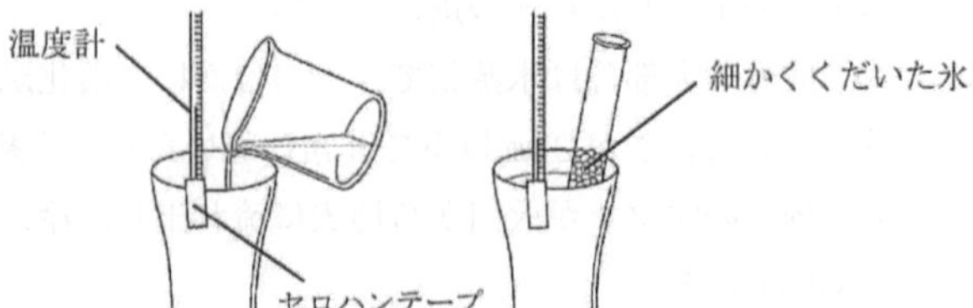

温度計

細かくくだいた氷

セロハンテープ

表

気温〔℃〕	0	5	10	15	20	25	30
飽和水蒸気量〔g/m³〕	4.8	6.8	9.4	12.8	17.3	23.1	30.4

① 39.3%　② 40.7%　③ 55.5%　④ 75.0%

(4) 日本のある地点で観測した，冬至の日の太陽の通り道を天球上に表しているものはどれか。最も適当なものを，図2，図3の①～⑥から一つ選びなさい。なお，いずれの図においても点Oが観察地点であり，矢印の向きは太陽の進む方向である。

図2

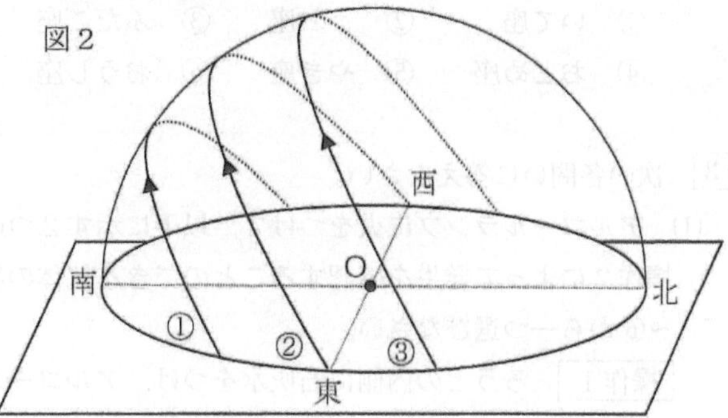

図3

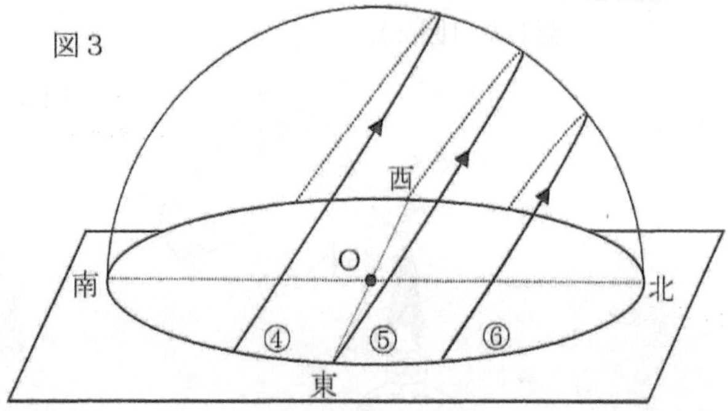

(5) 図4は，太陽の周りを公転する地球と代表的な星座を模式的に表したものである。地球の位置A，B，C，Dは，日本での春分，秋分，夏至，冬至の日のいずれかを示している。次のページの(a)・(b)の各問いに答えなさい。

図4

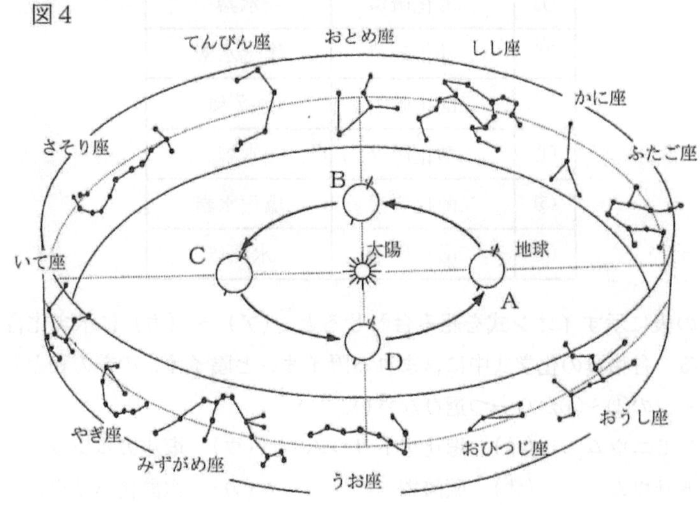

(a) 冬至の日の地球の位置として，最も適当なものは図のA～Dのどれか。最も適当なものを，次の①～④から一つ選びなさい。

① A　② B　③ C　④ D

(b) 秋分の日の真夜中に，南の空に輝いている星座はどれか。最も適当なものを，次の①～⑥から一つ選びなさい。

① いて座　② うお座　③ ふたご座
④ おとめ座　⑤ やぎ座　⑥ おうし座

3 次の各問いに答えなさい。

(1) アルコールランプに火をつけて，以下に示す2つの操作を行い，ようすを観察した。操作1と操作2によって発生を確認することのできる気体の組み合わせとして，最も適当なものを次の①～⑥から一つ選びなさい。

操作1　ろうとの内側に石灰水をつけ，アルコールランプの炎にかざし，石灰水が白くにごったのを確認した（図1）。

操作2　乾いたビーカーをアルコールランプの炎にかざし，ビーカーの内部がくもったのを確認した（図2）。

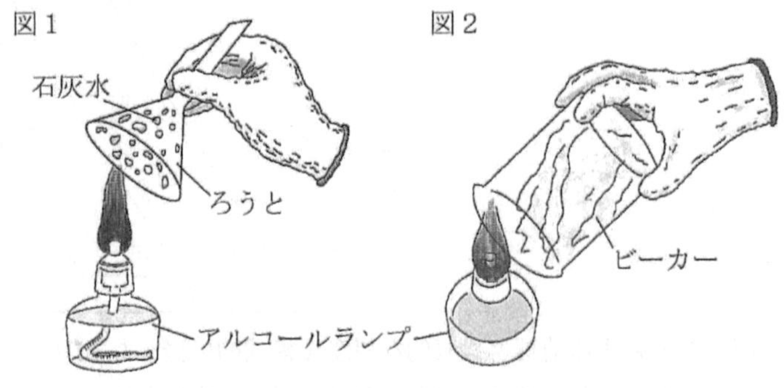

	操作1	操作2
①	二酸化硫黄	水素
②	二酸化硫黄	塩化水素
③	二酸化硫黄	水蒸気
④	二酸化炭素	水素
⑤	二酸化炭素	塩化水素
⑥	二酸化炭素	水蒸気

(2) 次のページの表に示すイオン式を組み合わせると，（ア）～（カ）に示す化合物の化学式を表すことができる。各物質の化学式中に含まれる陽イオンと陰イオンの数の和として，**誤りを含むもの**を次のページの①～⑥から一つ選びなさい。

（ア） 塩化アンモニウム　（イ） 塩化ナトリウム　（ウ） 塩化カルシウム
（エ） 炭酸ナトリウム　（オ） 硫酸銅　（カ） 水酸化バリウム

表

名称	イオン式	名称	イオン式	名称	イオン式
ナトリウムイオン	Na^+	アンモニウムイオン	NH_4^+	カルシウムイオン	Ca^{2+}
銅イオン	Cu^{2+}	バリウムイオン	Ba^{2+}	塩化物イオン	Cl^-
炭酸イオン	CO_3^{2-}	硫酸イオン	SO_4^{2-}	水酸化物イオン	OH^-

	物質	化学式中の陽イオンと陰イオンの数の和
①	(ア)	2
②	(イ)	2
③	(ウ)	3
④	(エ)	3
⑤	(オ)	3
⑥	(カ)	3

(3) 原子の構造について述べた文として，**誤りを含むもの**を次の①～⑤から一つ選びなさい。

① 原子は原子核と電子からなる。

② 陽子と電子の質量を比較すると，陽子の方がはるかに大きい。

③ 原子核全体は＋の電気を帯びている。

④ 原子は電子を放出することで陰イオンになり，電子を受け取ることで陽イオンに変化する。

⑤ 原子に含まれる陽子と電子の数が等しいため，原子は全体では電気を帯びていない。

(4) 図３のように乳鉢に鉄粉と硫黄を入れて，十分に混合した。X混合した粉末を試験管Ａと試験管Ｂに半分ずつ分けて入れた。試験管Ｂのみ，図４のように加熱し，加熱部の色が赤く変わり始めたところで加熱をやめた。加熱終了後，試験管Ｂの温度が下がったとき，試験管Ｂの中にY黒い物質が生じていた。次の(a)・(b)の各問いに答えなさい。

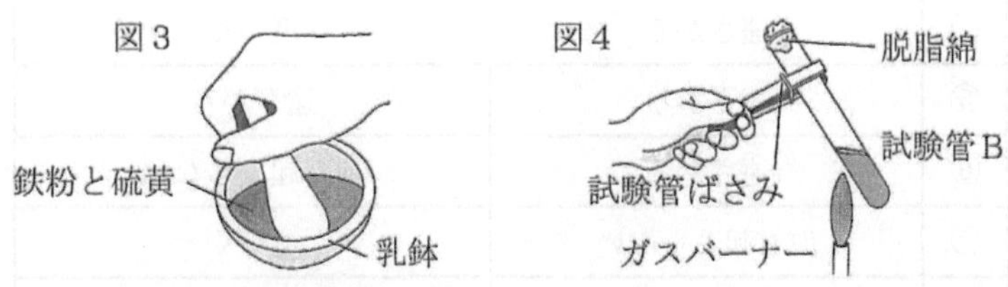

(a) 下線部Ｘのような物質は混合物に分類される。次の①～⑤のうち，**混合物ではないもの**として最も適当なものを一つ選びなさい。

① 塩酸　② 空気　③ 水酸化ナトリウム　④ 海水　⑤ アンモニア水

(b) 下線部Ｘと下線部Ｙに示す物質を少量ずつとり出して，うすい塩酸に入れたときに発生する気体の性質の組み合わせとして，最も適当なものを次のページの①～④から一つ選びなさい。

	下線部 X の物質を少量とり出してうすい塩酸に入れたときに発生する気体の性質	下線部 Y の物質を少量とり出してうすい塩酸に入れたときに発生する気体の性質
①	無臭	無臭
②	無臭	においがある
③	においがある	無臭
④	においがある	においがある

4 次の各問いに答えなさい。

(1) ストローを使って以下のような実験を行った。次の(a)・(b)の各問いに答えなさい。

(a) 図1のように，2本のストローA，Bをティッシュペーパーで十分にこすり，ストローAを取り出したのち，ストローAだけが回転できるような装置を作った（図2，図3）。図2，3のように，ストローBやこすったティッシュペーパーを近づけるとストローAはどうなるか。最も適当なものを次の①～⑨から一つ選びなさい。

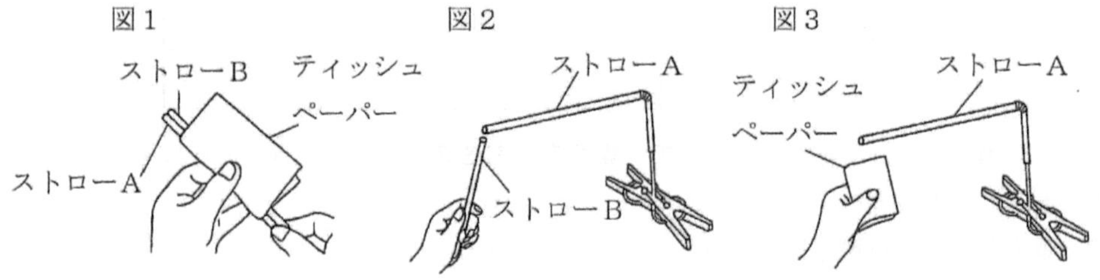

	ストローBを近づけたとき	こすったティッシュペーパーを近づけたとき
①	近づく	近づく
②	近づく	遠ざかる
③	近づく	何も起こらない
④	遠ざかる	近づく
⑤	遠ざかる	遠ざかる
⑥	遠ざかる	何も起こらない
⑦	何も起こらない	近づく
⑧	何も起こらない	遠ざかる
⑨	何も起こらない	何も起こらない

(b) 容器に水を入れ，ストローを水に斜めに入れる実験を行った。図４のように斜めから見ると，ストローはどのように見えるか。最も適当なものを次の①～④から一つ選びなさい。

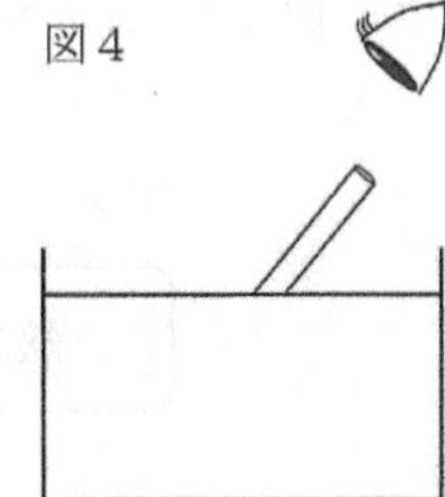

①
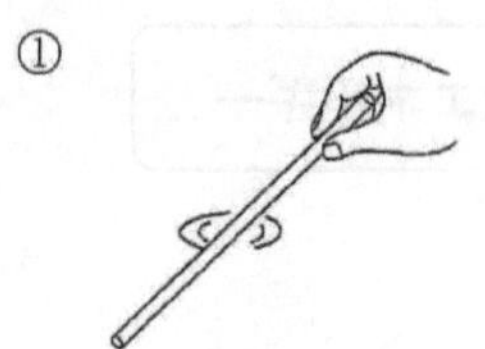
②
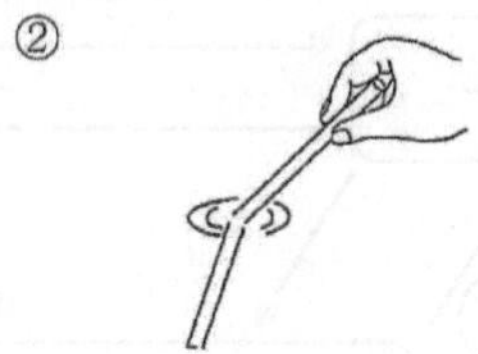
③
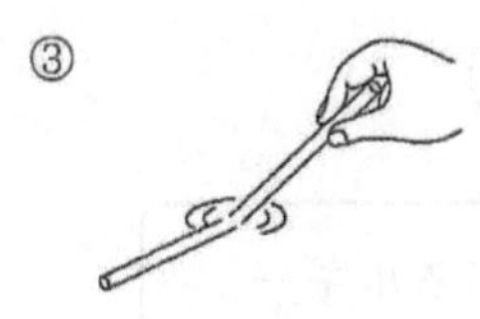
④
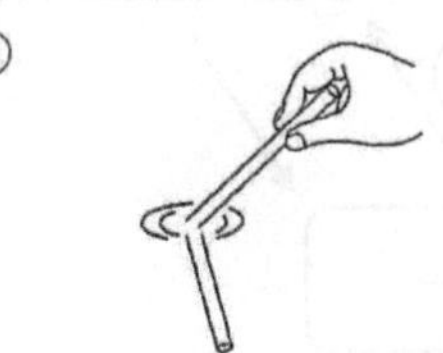

(2) 高速道路を自動車が90km/ｈの速さで走っている。このとき，自動車は［ア］［イ］m/ｓで走っているともいえる。［ア］・［イ］に入る最も適当な数値をマークしなさい。ただし，答えが１桁になる場合は右記の例にならってマークすること。

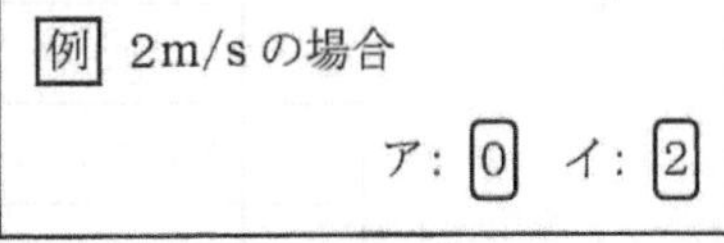

(3) 地球上にあるすべての物体には，つねに重力がはたらいている。物体にはたらく重力の向きとして，最も適当なものを次の①～④から一つ選びなさい。なお，地球の自転の影響は考えないものとする。

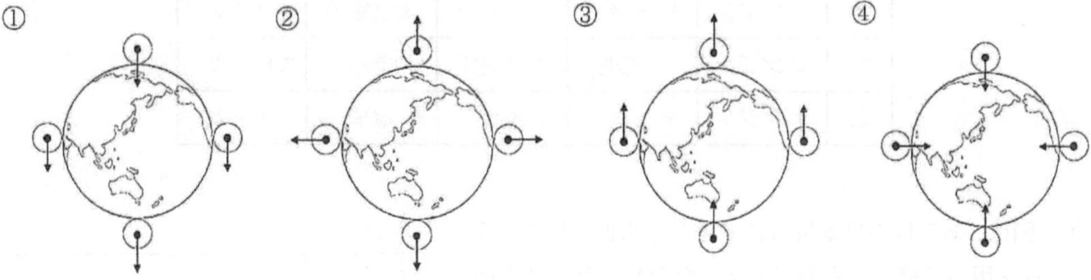

(4) 海の深さを調べるとき，音響測深機を用いる方法がある。これは船底から海底に向けて音波を出し，音が海底で反射して戻ってくるまでの時間を測定することで，海の深さを知ることができるという装置である。船から海底に向かって音を出したところ，４秒後に音が戻ってきたことから，この場所の海の深さは［ウ］［エ］kmということがわかる。［ウ］・［エ］に入る最も適当な数値をマークしなさい。ただし，答えが１桁になる場合は下記の例にならってマークすること。なお，海中での音速は1500m/ｓとし，船から海底までの間に音の障害物はないものとする。

例 2km の場合

ウ：0　エ：2

(5) 図5は，エネルギーの移り変わりを示している。Ⓐ～Ⓔに当てはまるものとして，最も適当なものを次の①～⑧から一つ選びなさい。

図5

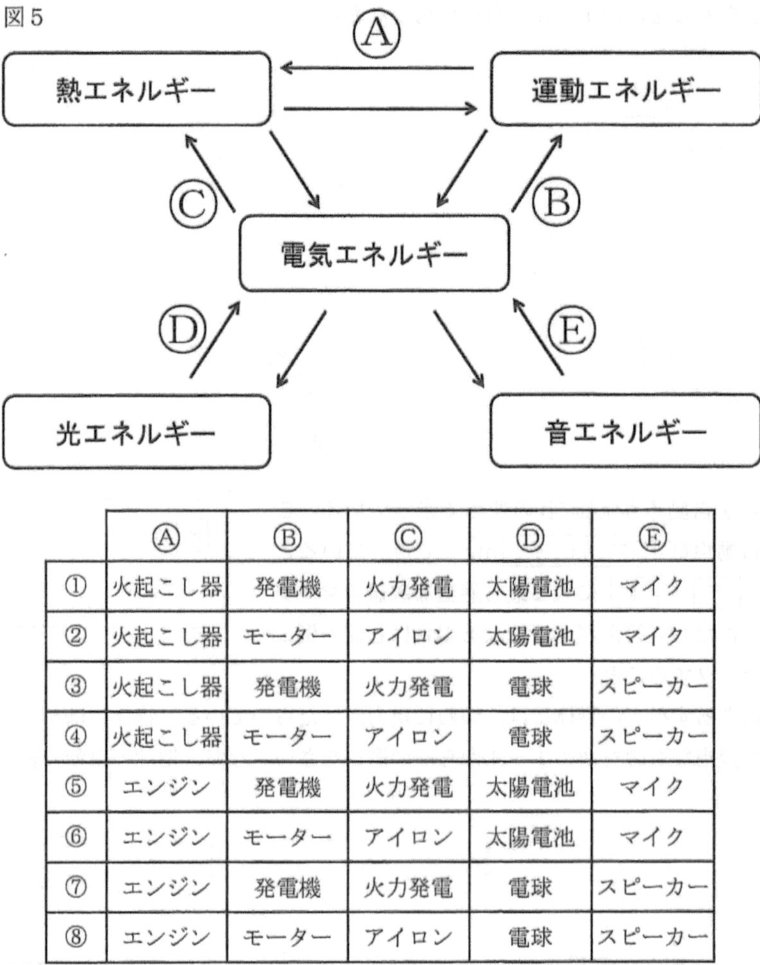

	Ⓐ	Ⓑ	Ⓒ	Ⓓ	Ⓔ
①	火起こし器	発電機	火力発電	太陽電池	マイク
②	火起こし器	モーター	アイロン	太陽電池	マイク
③	火起こし器	発電機	火力発電	電球	スピーカー
④	火起こし器	モーター	アイロン	電球	スピーカー
⑤	エンジン	発電機	火力発電	太陽電池	マイク
⑥	エンジン	モーター	アイロン	太陽電池	マイク
⑦	エンジン	発電機	火力発電	電球	スピーカー
⑧	エンジン	モーター	アイロン	電球	スピーカー

5 図は，ある日の日本付近にできた温帯低気圧を，等圧線を用いて描いたものである。ただし，**ア**は寒冷前線，**イ**は温暖前線を表しているが，前線記号は省略してある。これについて，次の各問いに答えなさい。

(1) A～Dの地点で最も気圧が高い地点はどの地点か。最も適当なものを，次の①～④から一つ選びなさい。

① A　② B　③ C　④ D

(2) D地点の気圧は何hPaか。鏝も適当なものを，次の①～④から一つ選びなさい。

① 996hPa　② 998hPa

③ 1002hPa　④ 1004hPa

図

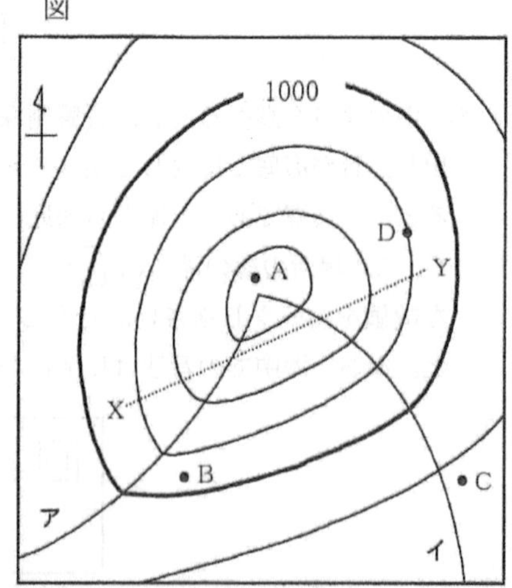

(3) 前線**ア**，**イ**の前線記号を正しく表しているものはどれか。最も適当なものを，次の①～④から一つ選びなさい。

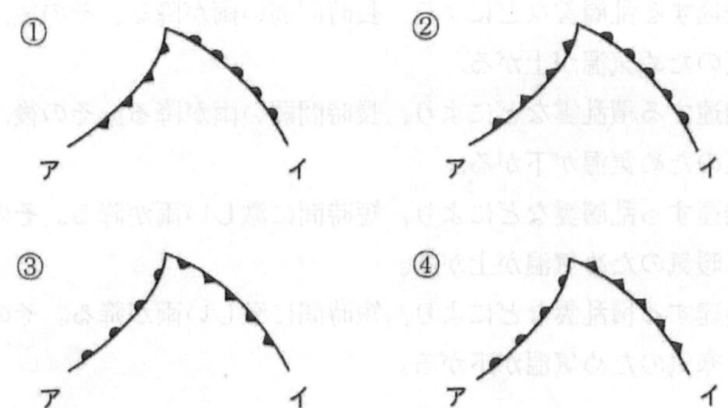

(4) (前のページ) 図のX－Y部分の垂直断面図として，空気のようすを正しく表している模式図はどれか。最も適当なものを，次の①～④から一つ選びなさい。

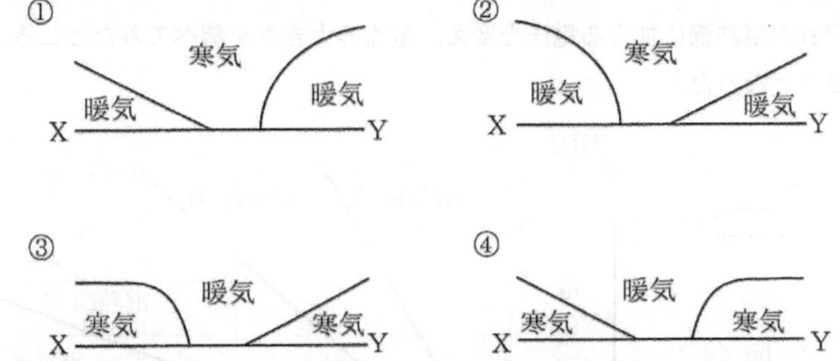

(5) この日，B地点で気象観測を行ったところ，天気はくもり，風向は南西，風力は3であった。B地点の天気，風向，風力を天気図に使う記号を用いて表すとどのようになるか。最も適当なものを，次の①～⑥から一つ選びなさい。

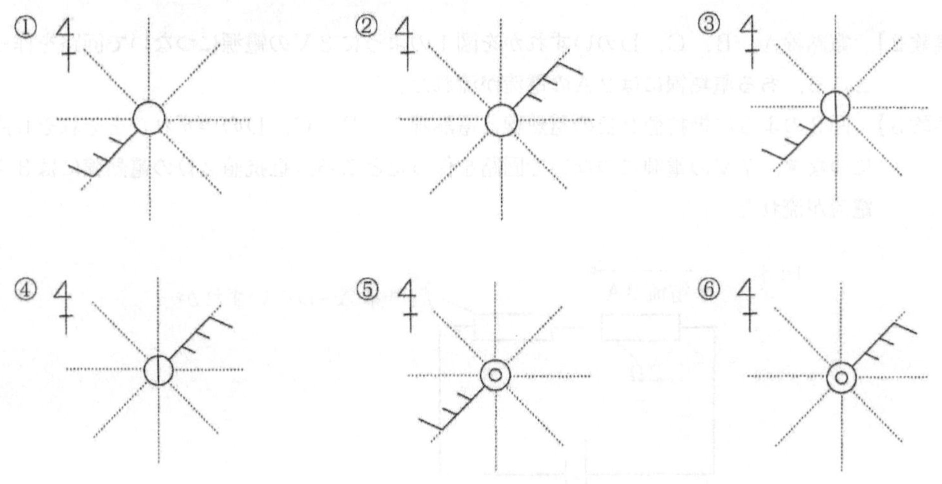

(6) B地点では，今後どのように天気が変化していくと考えられるか。最も適当なものを，次の①～④から一つ選びなさい。

① 温暖前線で発達する乱層雲などにより，長時間弱い雨が降る。その後，前線の通過とともに雨がやみ，暖気のため気温が上がる。

② 温暖前線で発達する積乱雲などにより，長時間弱い雨が降る。その後，前線の通過とともに雨がやみ，寒気のため気温が下がる。

③ 寒冷前線で発達する乱層雲などにより，短時間に激しい雨が降る。その後，前線の通過とともに雨がやみ，暖気のため気温が上がる。

④ 寒冷前線で発達する積乱雲などにより，短時間に激しい雨が降る。その後，前線の通過とともに雨がやみ，寒気のため気温が下がる。

6 電熱線を用いて【実験1】～【実験5】を行った。これらの実験について，次の各問いに答えなさい。

【実験1】 抵抗値が分からない電熱線A，B，C，Dを用意し，図1のような回路を作った。それぞれの電熱線に加える電圧を変え，電流の大きさを調べてみたところ，図2のようなグラフとなった。

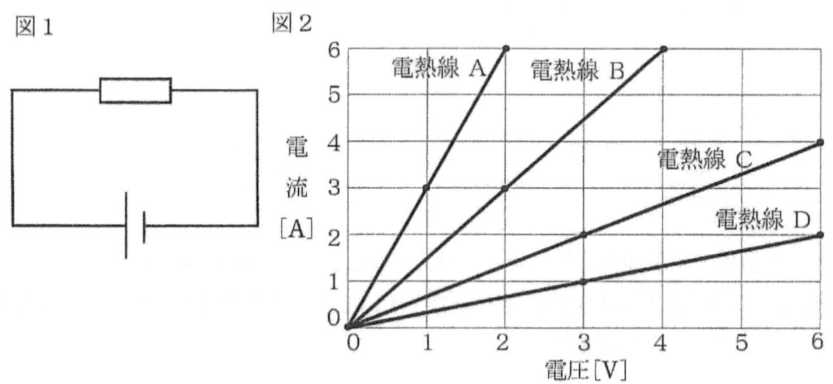

【実験2】 電熱線A，B，C，Dのいずれかを図1のように3Vの電源につないで回路を作ったところ，ある電熱線には2Aの電流が流れた。

【実験3】 図3のように抵抗値2Ωの電熱線と電熱線A，B，C，Dのいずれかをそれぞれ直列につなぎ，7Vの電源につないで回路を作ったところ，抵抗値2Ωの電熱線には3Aの電流が流れた。

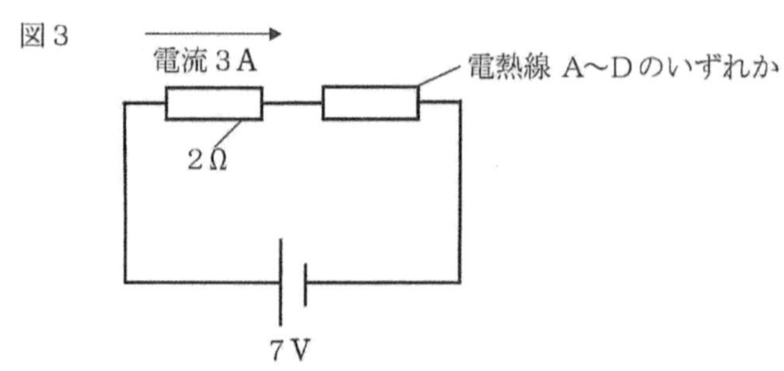

【実験4】 図4のように抵抗値2Ωの電熱線と電熱線A，B，C，Dのいずれかをそれぞれ並列につなぎ，4Vの電源につないで回路を作ったところ，電源に8Aの電流が流れた。

図4

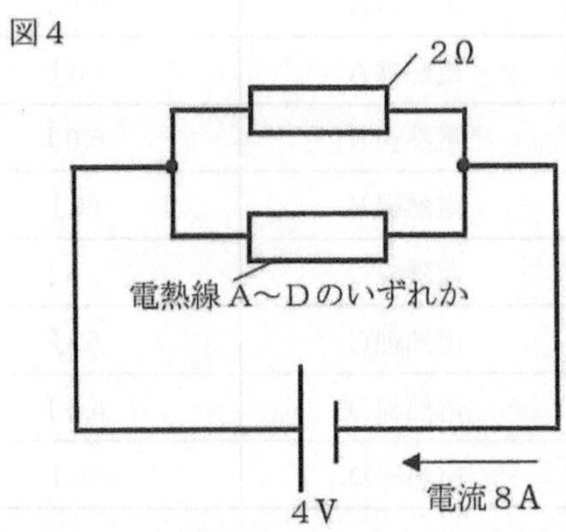

【実験5】 図5のように電熱線C，Dをそれぞれ並列につなぎ，それを抵抗値2Ωの電熱線と直列に接続し，9Vの電源につないで回路を作ったところ，電源に3Aの電流が流れた。

図5

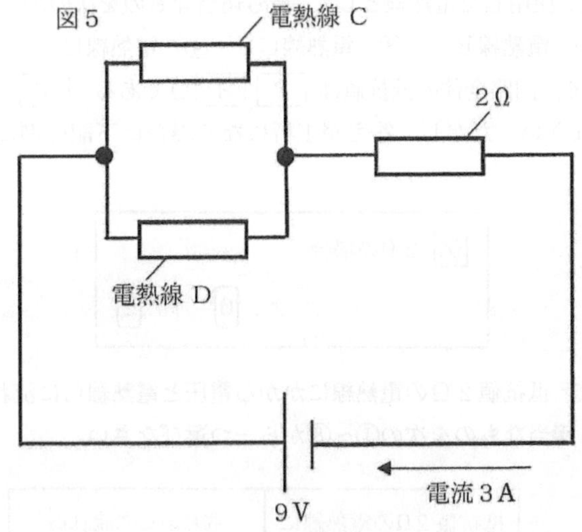

(1) 電熱線A，B，C，Dを抵抗値の大きい順に並べたものとして，最も適当なものを次の①～④から一つ選びなさい。

① 電熱線A ＞ 電熱線B ＞ 電熱線C ＞ 電熱線D
② 電熱線D ＞ 電熱線C ＞ 電熱線B ＞ 電熱線A
③ 電熱線A ＞ 電熱線C ＞ 電熱線B ＞ 電熱線D
④ 電熱線D ＞ 電熱線B ＞ 電熱線C ＞ 電熱線A

(2) 【実験2】において，10秒間電流を流し続けた。使用した電熱線とそのときに発生した熱量の組み合わせとして，最も適当なものを次のページの①～⑧から一つ選びなさい。

	使用した電熱線	熱量
①	電熱線A	6.0 J
②	電熱線A	60 J
③	電熱線B	6.0 J
④	電熱線B	60 J
⑤	電熱線C	6.0 J
⑥	電熱線C	60 J
⑦	電熱線D	6.0 J
⑧	電熱線D	60 J

(3) 【実験３】において，使用した電熱線として，最も適当なものを次の①～④から一つ選びなさい。

① 電熱線A　② 電熱線B　③ 電熱線C　④ 電熱線D

(4) 【実験４】において，使用した電熱線として，最も適当なものを次の①～④から一つ選びなさい。

① 電熱線A　② 電熱線B　③ 電熱線C　④ 電熱線D

(5) 【実験５】において，回路全体の抵抗値は ア イ Ωである。ア ・ イ に入る最も適当な数値をマークしなさい。ただし，答えが１桁になる場合は下記の例にならってマークすること。

例 ２Ωの場合

ア：0　イ：2

(6) 【実験５】において，抵抗値２Ωの電熱線にかかる電圧と電熱線Cに流れる電流の大きさの組み合わせとして，最も適当なものを次の①～⑧から一つ選びなさい。

	抵抗値２Ωの電熱線にかかる電圧の大きさ	電熱線Cに流れる電流の大きさ
①	2 V	1 A
②	2 V	2 A
③	4 V	4 A
④	4 V	6 A
⑤	6 V	1 A
⑥	6 V	2 A
⑦	8 V	4 A
⑧	8 V	6 A

7 以下の文章を読んで，次の各問いに答えなさい。

AさんとBさんは，アイスティーとホットティーでは砂糖の溶けやすさが異なることに疑問を持ち，物質の溶解度についての実験を行った。2種類の物質X，物質Yと，20℃，40℃，60℃，80℃ の水100gを用意し，まずは物質Xをそれぞれの水に加えて溶ける質量を記録した。物質Yについても同様の操作を行うことで，物質Xと物質Yの溶解度を決定し，図のようなグラフを作成した。

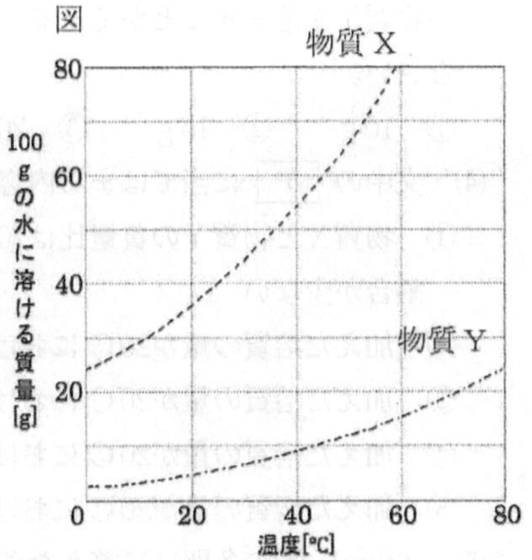

このデータをもとに，AさんとBさんは物質の溶けやすさについて話し合った。以下のやりとりはその内容である。なお，溶解度は100gの水に溶ける物質の質量であり，物質Xと物質Yを混合した状態で同じ水に溶かしても，各物質の溶解度は変化しないものとする。

Aさん「やはり温度によって，物質Xと物質Yの溶けやすさが違いますね。この特徴を利用して，混合物から物質Xや物質Yを1種類ずつ取り出す方法を授業で学びましたね。」

Bさん「そうですね。例えば，140gの物質Xと2gの物質Yを200gの水に入れて温度を上げ，全て溶かします。その後，ゆっくりと20℃まで冷却すれば，物質Xの結晶のみを取り出せるはずです。」

Aさん「物質Yが析出しないのは不思議ですね。」

Bさん「その理由について説明しましょう。20℃に冷却しても，［ア］ため，物質Yは全て溶けたままであると考えられるからです。」

Aさん「なるほど。次に50gの物質Xと20gの物質Yを100gの水に溶かして先ほどと同様の操作を行うと，どうなるでしょうか。」

Bさん「その場合，先ほどと異なり，物質Xと物質Yの結晶が混ざったものが得られるはずです。」

Aさん「そこで得られた結晶を，ろ過によって取り出して乾かした後，100gの水を入れて温度を上げ，全て溶かして再び20℃まで冷却すれば，［イ］のみの結晶が約［ウ］g得られることになります。」

(1) 下線部のように，一度溶かした物質を再び結晶として取り出す方法の名称として，最も適当なものを次の①～④から一つ選びなさい。

① 蒸留　② 蒸発　③ 再結晶　④ 還元

(2) 以下の表は，各温度における塩化ナトリウムの溶解度を示したものである。塩化ナトリウムの飽和水溶液と物質Xの飽和水溶液の質量パーセント濃度が同じになる温度はおよそ何℃であると考えられるか。最も適当なものを次の①～⑥から一つ選びなさい。

表

温度（℃）	0	20	40	60	80
溶解度（g）	35.7	35.8	36.3	37.1	38.0

① 15℃　② 20℃　③ 25℃　④ 30℃　⑤ 35℃　⑥ 40℃

(3) 40℃ の水100gに，物質Yを加えて作った飽和水溶液の温度を80℃まで上げると，さらに何gの物質Yを溶かすことができるか。その質量として，最も適当なものを次の①～⑥から一つ選びなさい。

① 10g　② 15g　③ 20g　④ 25g　⑤ 30g　⑥ 35g

(4) 文中の ア に当てはまる内容として，最も適当なものを次の①～⑤から一つ選びなさい。

① 物質Xと物質Yの質量比は70：1であり，物質Xに比べて物質Yの溶液全体の質量に占める割合が少ない
② 加えた溶質の量が20℃における物質Xの溶解度を上回っている
③ 加えた溶質の量が20℃における物質Yの溶解度を下回っている
④ 加えた溶質の量が20℃における物質Xの溶解度と一致する
⑤ 加えた溶質の量が20℃における物質Yの溶解度と一致する

(5) 次の(a)・(b)の各問いに答えなさい。

(a) 文中の イ に当てはまる語句として，最も適当なものを次の①，②から一つ選びなさい。

① 物質X　② 物質Y

(b) 文中の ウ に当てはまる数値として，最も適当なものを次の①～⑤から一つ選びなさい。

① 5.0　② 7.5　③ 10.0　④ 12.5　⑤ 15.0

8 以下の文を読んで，次の各問いに答えなさい。

遺伝の基本的な法則は，オーストリアの修道院の神父であった ア によって行われたエンドウ（図）を用いた実験を通して発見された。形質を伝えるものが遺伝子であり，その本体は イ にふくまれる ウ という物質である。

図

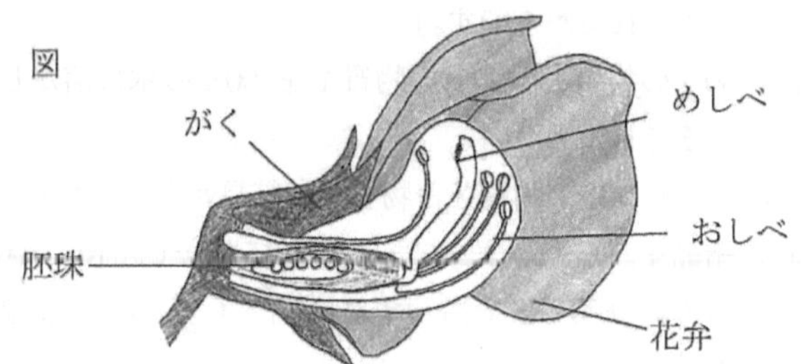

エンドウの種子の形が子や孫にどのように遺伝するかを調べるために，【実験１】・【実験２】を行った。

【実験１】 丸形の種子をつくる純系のエンドウとしわ形の種子をつくる純系のエンドウを交配すると，できた種子（子の代）はすべて丸形であった。

【実験２】 【実験１】でできた丸形の種子をまいて育てたエンドウのめしべに，同じ花の花粉をつけたところ，できた種子（孫の代）の丸形の種子としわ形の種子の数の比は3：1であった。

なお，丸形の種子をつくる遺伝子をA，しわ形の種子をつくる遺伝子をaとする。

(1) 文中の ア ～ ウ に当てはまる語句の組み合わせとして，最も適当なものを次のページの①～⑥から一つ選びなさい。

	ア	イ	ウ
①	フック	DNA	染色体
②	フック	染色体	DNA
③	フック	染色体	タンパク質
④	メンデル	DNA	染色体
⑤	メンデル	染色体	DNA
⑥	メンデル	染色体	タンパク質

(2) エンドウは，遺伝の研究材料として多くの利点をもっている。その利点について述べた文として，**誤りを含むもの**を次の①～④から一つ選びなさい。

① はっきりと見分けられるいくつかの対立した形質をもっている。

② 自然の状態では他の花の花粉を受粉し，雑種の種子ができやすい。

③ 交雑を繰り返しても，生育可能な種子を得ることができる。

④ 栽培することが容易で，一世代の期間が１年と短い。

(3) 【実験１】でできた丸形の種子（子の代）をまいて育てたエンドウの精細胞において，遺伝子Ａとａの割合はどのようになっているか。最も適当なものを次の①～④から一つ選びなさい。

① すべてＡである。

② すべてａである。

③ Ａとａの割合が１：１である。

④ Ａとａの割合が３：１である。

(4) エンドウの種子の形について，【実験２】でできた種子（孫の代）における遺伝子の組み合わせとその割合はどのようになっているか。最も適当なものを次の①～④から一つ選びなさい。

① すべてAaである。

② AAとaaの割合が１：１である。

③ AAとAaの割合が３：１である。

④ AAとAaとaaの割合が１：２：１である。

(5) 【実験２】でできた種子（孫の代）において，おしべに由来するＡとめしべに由来するａをあわせもつ種子は，丸形の種子の中で何％となるか。最も適当なものを次の①～④から一つ選びなさい。

① 25％　② 33％　③ 50％　④ 75％

【社　会】(50分)　＜満点：100点＞

1　あとの問いに答えなさい。(8)〜(10)については，それぞれの説明にあてはまる国名を，以下の①〜④のうちから一つずつ選びなさい。なお，(8)〜(10)は，図1（次のページの地図）中の番号に対応している。

(1) 中国が二十一か条の要求の取り消しをパリ講和会議で求めたが，拒否されたことに対して起きたこととして適切なものを，以下の①〜④のうちから一つ選びなさい。

①　義和団事件　②　三・一独立運動　③　五・四運動　④　南京事件

(2) バブル経済崩壊後の日本や世界の経済に関連する語句として適切なものを，以下の①〜④のうちから一つ選びなさい。

①　高度経済成長　②　世界金融危機　③　大戦景気　④　昭和恐慌

(3) 第四次中東戦争の影響で起きたこととして適切なものを，以下の①〜④のうちから一つ選びなさい。

①　キューバ危機　②　石油危機　③　朝鮮戦争　④　冷戦

(4) 権力者による支配を否定し，議会で制定された法には，政府も従わなければならないとする法思想として適切なものを，以下の①〜④のうちから一つ選びなさい。

①　帝国主義　②　人の支配　③　法の支配　④　法の下の平等

(5) 日本国憲法を改正する際に必要となる手続きとして適切なものを，以下の①〜④のうちから一つ選びなさい。

①　国民審査　②　国民投票　③　住民投票　④　直接選挙

(6) イスラム教徒が1日5回の礼拝の際に向かう聖地として適切なものを，以下の①〜④のうちから一つ選びなさい。

①　エルサレム　②　カイロ　③　バグダッド　④　メッカ

(7) 西アジアが世界の埋蔵量の約半分を占める，ペルシャ湾沿岸地域で産出する化石燃料として適切なものを，以下の①〜④のうちから一つ選びなさい。

①　ウラン　②　原油　③　石炭　④　ボーキサイト

(8) ヨーロッパ有数の穀倉地帯を有する旧ソ連構成国であり，2022年にロシアが軍事侵攻した。

①　ウクライナ　②　カザフスタン　③　フィンランド　④　ポーランド

(9) 世界有数の米の輸出国であるが，電気機械工業や自動車工業を中心に工業が発展したASEANの加盟国である。

①　カンボジア　②　タイ　③　マレーシア　④　フィリピン

(10) 国土は南北に細長く，銅鉱は世界の産出量の約3分の1を占めるほか，レアメタルの一つであるリチウムの世界的な産出国である。

①　エクアドル　②　コロンビア　③　チリ　④　ペルー

図１

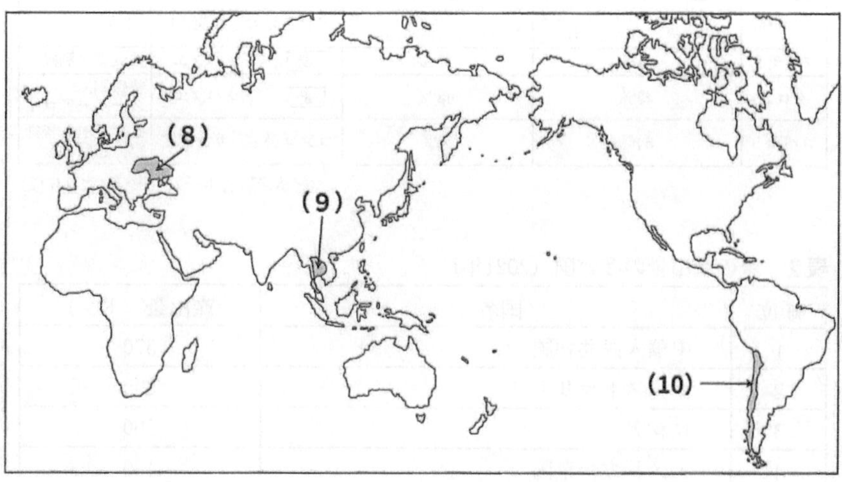

[2] 正義を実現するとはどういうことだろうか。ある人にとって正しいことも，別のある人にとっては正しくないかもしれない。しかし，明らかに間違っていると思うときは声をあげなくてはならない。世界には貧困や紛争が多く起こっている。社会の一員である我々は，これらの問題に正面から向き合い，解決に向けた努力を重ねる必要がある。こうした課題について述べた文章Ａ～Ｃを読んで，あとの問いに答えなさい。

Ａ　アフリカは発展の可能性をもちながらも，(a)植民地支配を受けた影響が色濃く残っています。アルジェリアでは，インドシナ戦争の影響を受け，(b)1954年にフランスからの独立を求めて戦争がはじまりました。1957年にはガーナがイギリスからの独立を達成しました。ガーナのエンクルマ大統領は，1960年10月の国際連合総会で次のように演説しました。

我々の時代の一つの基本的事実は，(c)アフリカの覚醒(かくせい)[注)]が現代世界にもたらす重大な影響である。アフリカのナショナリズムの潮流はあらゆるものを押し流し，この大陸に行われてきた長年の不正義や犯罪からの回復を植民地保有国に要求するものである。しかし，アフリカは復讐を求めない。悪意を抱く事はアフリカの本性に反している。200万人以上の人民は声を揃(そろ)え，非常な力をもって叫ぶ。彼らは何と言うのだろうか？(d)我々は抑圧者の死を求めないし，奴隷所有主の不運な末路も願わない。我々は正当で前向きな要求を主張する。その声は海に山に，丘に谷に，砂漠に，人類の住む広大な土地に響き渡り，アフリカの自由を求める。アフリカは自由を望んでいる。アフリカは自由でなければならない。これは単純な叫びだが，これを無視しがちな人たちに強い警告を与える信号でもある。（以下略）

注）目覚めること

(1)　下線部(a)「植民地支配」を受けたアフリカは，現在でもその影響が残っている。アフリカの多くの国では少ない種類の農作物や鉱物資源を輸出することで成り立っている。これを何というか。また，鉱物資源の産出国に関する次のページの表１・２中の産出国 [あ] を示す国は何か。それぞれの解答の組み合わせとして適切なものを，あとの①～⑧のうちから一つ選びなさい。

表1　アフリカの鉱物資源埋蔵量・生産の世界に占める割合等

鉱物資源	アフリカの鉱物資源埋蔵量の世界に占める割合	アフリカの鉱物資源生産の世界に占める割合	アフリカの主な産出国	主な産業用途
プラチナ	95%	77%	あ，ジンバブエ	排気ガス触媒
クロム	42%	48%	あ，ジンバブエ	特殊鋼，スーパーアロイ
コバルト	54%	60%	コンゴ民主，ザンビア	二次電池，特殊鋼，超硬合金

（経済産業省ホームページにより作成）

表2　金の産出量の多い国（2021年）

順位	国名	産出量（トン）
1	中華人民共和国	370
2	オーストラリア	330
3	ロシア	300
4	アメリカ合衆国	180
5	カナダ	170
6	ガーナ	130
7	メキシコ，あ，ウズベキスタン	100
10	インドネシア，ペルー	90

（外務省ホームページにより作成）

① プランテーション農業・南アフリカ　② プランテーション農業・エジプト
③ モノカルチャー経済・エジプト　④ モノカルチャー経済・リビア
⑤ プランテーション農業・ナイジェリア　⑥ モノカルチャー経済・ナイジェリア
⑦ プランテーション農業・リビア　⑧ モノカルチャー経済・南アフリカ

(2) 下線部(b)に関連して，1950年代の世界は，冷戦の緊張が一時的に緩和する一方で，アジア・アフリカ諸国の独立が相次ぎ，国際社会において，一定の勢力を占めるようになった。1950年代の出来事として適切なものを，以下の①～④のうちから一つ選びなさい。

① 日米安全保障条約の締結　② 日清修好条規の締結
③ ベルリンの壁の崩壊　④ 日中平和友好条約の締結

(3) 下線部(c)に関連して，アフリカ諸国は，共通の問題を協力して解決するために，ヨーロッパ連合を参考にして，2002年にアフリカ連合を結成した。この英文略称として適切なものを，以下の①～④のうちから一つ選びなさい。

① NATO　② NAFTA　③ APEC　④ AU

(4) 下線部(d)に関連して，日本国憲法第36条では「残虐な刑罰」を禁止する規定があり，被疑者及び被告人の権利が保障されている。これについて述べた文として適切なものを，以下の①～④のうちから一つ選びなさい。

① 被告人は，無罪判決が確定するまでは，有罪かもしれないという疑いがもたれる。
② 被疑者や被告人が弁護人を頼むには，高額な費用がかかるため利用されていない。
③ 被疑者や被告人には，答えたくない質問には答えを拒否する黙秘権がある。
④ 警察官は，裁判官が出す令状がなくても，いつでも逮捕や捜索をすることができる。

B　ナチスの侵略を受け，イギリス首相ウィンストン・チャーチルは議会で次のような演説を行いました。

我々の政策は何か，と諸君は問うでしょう。それに対して私はこう答える。我々のあらん限りの力と神が我々に与えるあらん限りの力とをふるって，海と陸と(e)空で戦うこと，暗い，嘆かわしい人類の犯罪の記録における，比類のない恐るべき圧制に対して戦うことであります。これが我々の政策であります。我々の目的は何か，と諸君は問うでしょう。その答えは，勝利の一語に尽きます。いかなる犠牲を払っても勝つこと，(f)あらゆる恐怖にもかかわらず勝つこと，また，いかに長い困難な道のりであっても勝つことであります。（以下略）

(5)　ナチスは，第一次世界大戦後のドイツで成立した政党である。大衆向けに宣伝活動を行い，広く支持を獲得した。大衆が政治に参加した事例として適切なものを，以下の①～④のうちから**すべて**選びなさい。

①　大正デモクラシー　②　非暴力・不服従運動　③　皇民化政策　④　二・二六事件

(6)　下線部(e)に関連して，第二次世界大戦は「空」での戦いが勝敗を大きく左右した。飛行機が関わった出来事の説明として**適切でないもの**を，以下の①～④のうちから一つ選びなさい。

①　アメリカ軍機が，原子爆弾を1945年に広島と長崎に投下した。

②　ドイツ軍は，戦争初期に西ヨーロッパ諸国を次々に攻撃し，イギリス本土に対しても激しい空襲を行った。

③　戦争後期の東京大空襲では，約10万人が死亡し，100万人以上が住居を失った。

④　1941年12月，日本軍はミッドウェー島を奇襲攻撃し，太平洋戦争が始まった。

(7)　下線部(f)に関連して，ナチスの台頭に対抗するため，チャーチルと同様に恐怖に打ち勝つことを主張した，同時代のアメリカ合衆国大統領として適切なものを，以下の①～④のうちから一つ選びなさい。

①　リンカン　②　スターリン　③　ローズベルト　④　ワシントン

C　アメリカ合衆国において，黒人の政治参加を訴えた公民権運動の指導者(g)キング牧師が，1963年にワシントン大行進と呼ばれるデモの際に行った有名な演説があります。

私たちは今日も明日もさまざまな困難に直面するでしょうが，それでもなお，私には夢があります。それは(h)アメリカの夢に深く根差している夢です。私には夢があります。それは，いつの日か，この国は立ち上がり，「(i)われらは，これらの真理を自明のものと信ずる。すなわち，すべての人間は平等に造られている」という，この国の信条を生き抜くようになるだろうという夢です。（中略）私には夢があります。それは，いつの日か自分の四人の小さな子どもたちが，皮膚の色によってではなく，人格の中身によって評価される国に住むようになるであろうという夢です。私には夢があるのです。（以下略）

(8)　下線部(g)「キング牧師」の出身地アラバマ州は，「ディープサウス」と呼ばれるアメリカ合衆国最南部の州である。ICT産業が発達したこれらの地域の名称として適切なものを，以下の①～④のうちから一つ選びなさい。

①　シリコンバレー　②　サンベルト　③　プレーリー　④　グレートプレーンズ

(9)　下線部(h)「アメリカの夢」を体現した人物の一人に，アンドリュー・カーネギーという富豪がいる。カーネギーは，ピッツバーグで製鉄業を興し，アメリカの経済的繁栄を支えた。地域（国家）と産業の関係を正しく表している文として**適切でないもの**を，以下の①～④のうちから一つ選びなさい。

① 台湾は，世界中の企業から依頼され，多くの半導体を生産している。

② インドは，英語と数学の教育水準が高く，ICT産業が発達している。

③ ロシアは，豊かな土壌が広がり，南西部を中心に穀物の生産が盛んである。

④ オーストラリアは，豊富な鉱物資源をもち，宇宙開発で世界をリードしている。

⑽ 下線部(i)の文章は，アメリカ合衆国の建国理念を表した独立宣言の一部である。これに関連して，平等な社会の実現に関する記述として**適切でないもの**を，以下の①～④のうちから一つ選びなさい。

① 身体的な性と意識する性との違いを感じる人が，生活の上で不利益を受けることをLGBTという。

② バリアフリー新法が制定され，障がいのある人を含むすべての人が自由に移動し，公共施設を利用できるようにバリアフリー化が進められている。

③ 2019年，アイヌ民族支援法（アイヌ施策推進法）の制定で，アイヌ民族が先住民族として法的に位置づけられた。

④ 江戸時代に，えた身分やひにん身分とされた人は，明治時代に入り，その差別が廃止されたにもかかわらず差別を受けた。これを同和問題という。

3 次の文章を読んで，あとの問いに答えなさい。

科学技術の発達は，人々の生活を豊かにしてきた一方で，新たな社会問題も生んできました。18世紀半ば，(a)イギリスで起こった産業革命はヨーロッパ中に広がり，(b)明治時代には，日本でも産業革命が起こりました。産業革命では，さまざまな技術革新がありましたが，とりわけエネルギーの中心が石炭に移ったことは，環境問題の引き金になりました。

(c)2020年以降の温室効果ガス削減のための国際的な枠組みとして結ばれた協定では，産業革命以前と比べて平均気温の上昇を抑えることを目標に，途上国を含むすべての国に対して，温室効果ガスの削減目標を国連に提出することが義務付けられています。

(d)1990年代には，ＩＴ革命が起き，(e)インターネットが急速に普及しました。また，グローバル化が一層進み，世界が小さくなる一方で，多くの問題が生まれました。その一つがプライバシーの問題です。ネットワーク上で多くの情報が管理されるようになったことで，(f)プライバシーの保護が求められるようになり，日本では個人情報保護法が制定されました。匿名性の問題もインターネットが抱える問題の一つです。近年，(g)SNS（ソーシャルネットワーキングサービス）上の誹謗中傷が問題となり，侮辱罪を厳罰化する法改正がされました。

今後起こりうる問題に，ＡＩ（人工知能）の発達による倫理的問題があります。例えば，自動車の自動運転はＡＩにより制御されています。仮に，走行する自動運転車の前に歩行者が飛び出してきてブレーキが間に合わない場合を考えてみましょう。そのまま歩行者に衝突してしまうか，それとも急ハンドルを切ることで乗っている人を犠牲にしてでも歩行者を守るかの二者択一を迫られたとき，ＡＩはどちらの選択をするでしょうか。

マサチューセッツ工科大学の研究チームは，自動運転車の判断について，人々が何を正しいと考えるかは，国の文化や宗教によって異なるという調査結果を報告しています。日本車は世界中で販売されていますが，日本における正しい選択が，世界の他の地域においても正しいとは限りません。(h)国内法の整備だけでなく，(i)国際的な枠組みや取り決めも求められています。

(1) 本文から読み取れることとして**適切でないもの**を，以下の①～④のうちから一つ選びなさい。

① 科学技術の発達が引き起こす問題のなかには，世界中の国々で協力して解決すべき問題もある。

② グローバル化が進んだことが，SNS上の誹謗中傷の問題が起きた一番の要因である。

③ 自動運転のＡＩが抱える倫理的問題は，文化や宗教によって考え方が異なる。

④ 法令の制定や協定の締結は，社会問題を解決するための施策の一つである。

(2) 下線部(a)「イギリス」では，上院と下院の二院制を採用しており，下院の議員は小選挙区制の選挙で選ばれる。小選挙区制の特徴について述べた文として**適切でないもの**を，以下の①～④のうちから一つ選びなさい。

① 小政党に不利となり，少数意見が反映されにくい。

② 大政党が多数を占めることが増え，政局が安定する。

③ 同一政党の候補者同士で争うことが多くなる。

④ 落選した候補者の得票（死票）が多くなる。

(3) 下線部(b)「明治時代」に制定された大日本帝国憲法の条文の空欄 あ ～ う にあてはまる語句の組み合わせとして適切なものを，以下の①～⑥のうちから一つ選びなさい。

第37条　凡（すべ）テ法律ハ あ ノ協賛ヲ経ルヲ要ス

第55条　い ハ天皇ヲ輔弼（ほひつ）シ其ノ責ニ任ス

第57条　う ハ天皇ノ名ニ於テ法律ニ依リ裁判所之ヲ行フ

① あ －国務各大臣　い －司法権　う －帝国議会

② あ －国務各大臣　い －帝国議会　う －司法権

③ あ －司法権　い －国務各大臣　う －帝国議会

④ あ －司法権　い －帝国議会　う －国務各大臣

⑤ あ －帝国議会　い －司法権　う －国務各大臣

⑥ あ －帝国議会　い －国務各大臣　う －司法権

(4) 下線部(c)の協定が結ばれた都市として適切なものを，以下の①～④のうちから一つ選びなさい。

① 京都　② ジャカルタ　③ パリ　④ ヤルタ

(5) 下線部(d)「1990年代」に起きた出来事として**適切でないもの**を，以下の①～④のうちから一つ選びなさい。

① 国連の平和維持活動（PKO）に初めて自衛隊が派遣された。

② 自民党を与党，社会党を野党第一党とする55年体制が終わった。

③ 日中共同声明によって，日本と中華人民共和国の国交が正常化した。

④ ヨーロッパ共同体が発展して，ヨーロッパ連合が発足した。

(6) 下線部(e)に関連して，次のページの会話文は，インターネットを利用して選挙の投票を行うインターネット投票について，二人の高校生が議論しているものである。空欄 え ～ き には，あとのＡ～Ｄのいずれかが入る。空欄 お ・ き にあてはまる記述の組み合わせとして適切なものを，あとの①～⑥のうちから一つ選びなさい。

天野：インターネット投票はすぐに導入すべきだよ。［ え ］と思うんだ。

鈴木：一理あるね。でも，［ お ］と思うよ。

天野：そうか。君の言うように技術面も考えないといけないんだね。それでも，［ か ］と思うんだ。

鈴木：確かにそうだね。でも，［ き ］と思うよ。

Ａ－インターネット投票のメリットは大きいよ。記入ミスがなくなるから無効票がなくなるし，開票の手間も省ける

Ｂ－セキュリティーの面が心配だな。投票データが改ざんされたら，民主主義が崩れてしまう

Ｃ－投票の際，インターネット上で本人確認をすることになるから，誰がどの候補者に投票したかがわかってしまう可能性があるのではないかな。そうなれば，秘密投票の原則が守られない

Ｄ－病人や高齢者など投票所に行くことが難しい人でも簡単に投票できるようになるよ。結果として，投票率が上がる

① ＡとＢ　② ＡとＣ　③ ＡとＤ　④ ＢとＣ　⑤ ＢとＤ　⑥ ＣとＤ

⑺　下線部(f)について「プライバシーの侵害」になりうる事例として**適切でないもの**を，以下の①～④のうちから一つ選びなさい。

① 企業が顧客の氏名などの個人情報を流出させる。

② 本人確認のために，銀行が顧客に身分証の確認を求める。

③ マスコミが傷害事件の加害者宅を訪れ，加害者家族の生活状況を明らかにする。

④ 友人と一緒に写った写真をSNSに無断でアップロードする。

⑻　下線部(g)に関連して，図１～３から読み取れることとして適切なものを，あとの①～④のうちから一つ選びなさい。（図２・図３は次のページにあります。）

図１　情報通信機器の保有状況（世帯）

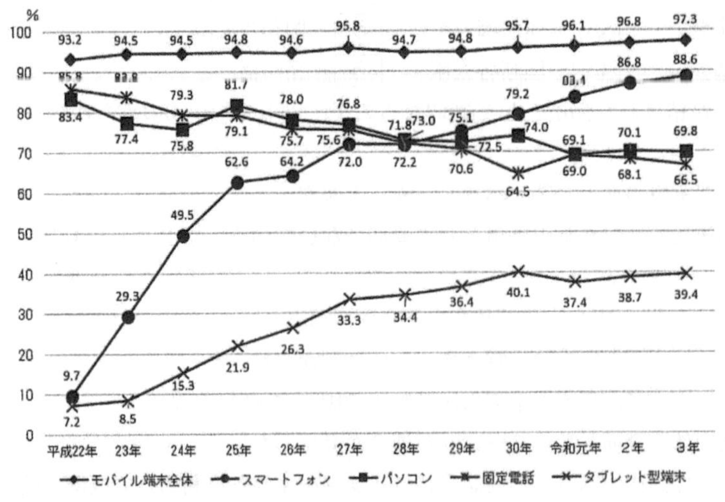

注）「モバイル端末全体」とは，携帯電話及びスマートフォンのことである。平成21年から平成24年までは携帯情報端末（ＰＤＡ），令和２年まではＰＨＳを含む。

図2　インターネット利用者に占めるＳＮＳの利用者の割合（個人）

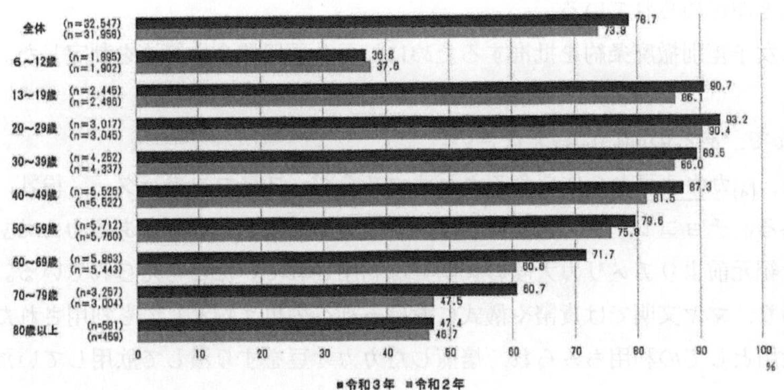

図3　ＳＮＳ利用目的（複数回答）

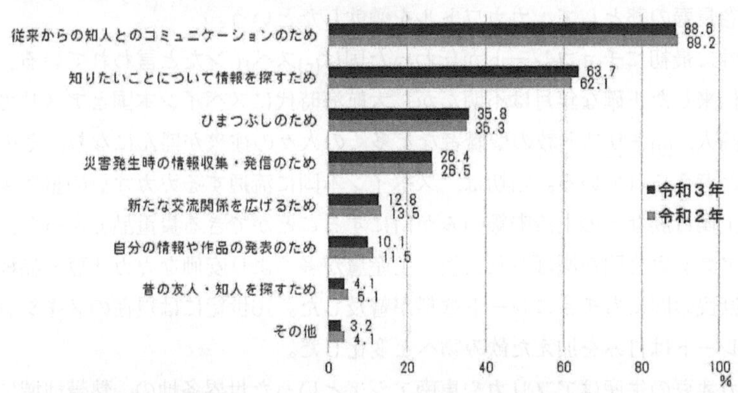

（**図１～３**のいずれも「令和３年通信利用動向調査」により作成）

① タブレット型端末よりもスマートフォンのほうが，普及のペースが速いことがわかる。

② 令和２年から令和３年にかけて，「従来からの知人とのコミュニケーションのため」にSNSを利用している人の割合が最も増加している。

③ 令和２年から令和３年にかけて，SNSの利用者の割合が最も増加したのは60代である。

④ 令和３年に固定電話を保有している世帯数の割合は，平成24年と比べて約24％増加している。

(9) 下線部(h)「国内法」について述べた文として適切なものを，以下の①～④のうちから一つ選びなさい。

① 政府は特例として，憲法に反する法をつくることができる。

② 地方公共団体は独自の規則である条例を定めることができる。

③ 法律には必ず罰則が設けられており，犯せば刑罰を科せられる。

④ 唯一の立法機関である国会で制定された法律のみが拘束力をもつ。

(10) 下線部(i)に関連して，日本が批准している条約に関する文として**適切でないもの**を，以下の①～④のうちから一つ選びなさい。

① 国際人権規約は，法的拘束力をもたない世界人権宣言に基づいて条約化されたものである。

② 子どもの権利条約では，成人に認められるすべての権利は18歳未満の子どもにも認められることを定めている。

③ 岸信介内閣が締結した日米安全保障条約では，日本の領域に対する武力攻撃には日米が共同で対処することが定められている。

④ 日本では，女子差別撤廃条約を批准するために，男女雇用機会均等法を制定した。

4 次の文章を読んで，あとの問いに答えなさい。

チョコレートは，(a)カカオ豆から作られるカカオマスをベースにココアバター，粉乳，砂糖などを加えた菓子である。チョコレートの歴史は古く，チョコレートの主原料であるカカオ豆は(b)アメリカ大陸原産で，紀元前よりアメリカ大陸の文明では利用されていたと考えられている。当時のカカオ豆は貴重であり，マヤ文明では貨幣や儀式における神への供え物としても利用された。

また，すでに食用としての利用もみられ，焙煎したカカオ豆をすり潰して飲用していた。これが飲むチョコレート「カカワトル」の起源である。しかし，カカワトルは現在広くみられる甘いチョコレートではなく，トウモロコシの粉やスパイスを加えて泡立てた飲み物だった。アステカの皇帝モンテスマは，不老長寿の薬として，カカワトルを愛飲したという。

アメリカ大陸以外に最初にチョコレートが伝わった国は(c)スペインだと言われている。スペインにチョコレートが伝来した正確な年月は不明だが，大航海時代にスペイン本国とアメリカ大陸との間において官僚，商人，(d)キリスト教の聖職者など多くの人々の往来が盛んになり，その過程でスペインに伝わったと考えられている。当初は，スペイン本国に流通するカカオ豆の量は少なく，スペインにおいても王侯貴族などの上流階級のみが口にすることができる貴重品であった。スペイン人コルテスによりアステカ文明が滅ぼされた後，生産量が多くより安価なカカオ豆の品種が広まったことも加えて，庶民の間にもチョコレート飲料が普及した。16世紀には現在のメキシコにも砂糖が伝わり，チョコレートは甘みを加えた飲み物へと変化した。

16世紀以降，カカオ豆の生産はアフリカや東南アジアといった世界各地の(e)熱帯地域に広まり，チョコレートはスペインからヨーロッパ各地に広まった。19世紀には，ヨーロッパにおいてチョコレート製造に関する技術革新が進んだ。1828年，オランダ人クンラート・バンホーテンにより，油分の多いカカオから油分を絞る技術が発明され，ココアが誕生した。1847年，イギリス人ジョセフ・フライは固形チョコレートを発明した。1875年には，スイス人のダユエル・ピーターはネスレ社と共同してミルクチョコレートを開発した。これらの技術革新により，チョコレートは飲み物から口当たりが良い食べ物へと変化した。

日本において初めてチョコレートが伝わったとわかる記録は，江戸時代の長崎で，オランダ人商人から日本人女性への贈り物としての記録である。その後，大正時代にはカカオ豆からの一括生産が始まり，チョコレートは庶民の間にも広まった。(f)現在の日本では，バレンタインデー・受験の験担ぎにも広く浸透した菓子となった。

(1) 下線部(a)に関連して，**表1**はカカオ豆の生産量の上位5か国を示したものである。上位2か国であるコートジボワール・ガーナの位置を示すものとして適切なものを，次のページの①～④のうちから一つ選びなさい。

表1 （単位：千トン）

順位	国	生産量
1位	コートジボワール	2,180
2位	ガーナ	812
3位	インドネシア	784
4位	ナイジェリア	350
5位	エクアドル	284

注）2019年のデータ。
（『世界国勢図会　2021／22』により作成）

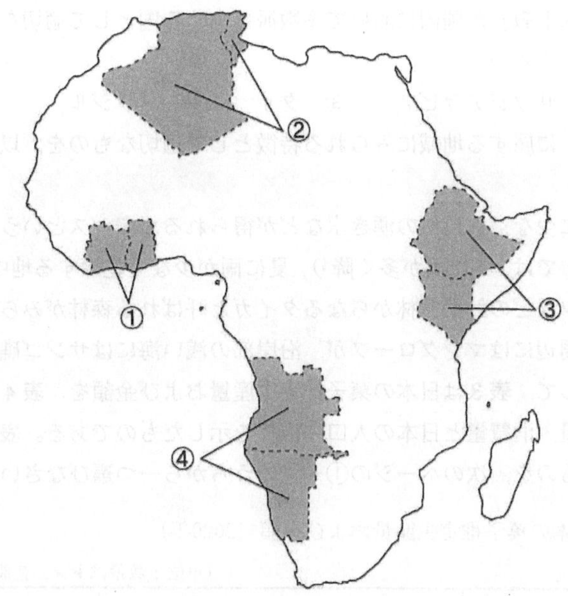

(2) 下線部(b)に関連して，表２は日本におけるアメリカ大陸由来の農作物の生産量の上位５都道府県を示したものである。A～Cは茨城県，鹿児島県，北海道のいずれかである。表２中のA～Cに入る都道府県の組み合わせとして適切なものを，以下の①～⑥のうちから一つ選びなさい。

表２ (単位：千トン)

かんしょ (サツマイモ)		トマト		ばれいしょ (ジャガイモ)	
A	214,700	熊本県	135,300	C	1,732,000
B	182,000	C	66,200	A	85,400
千葉県	90,200	愛知県	43,300	長崎県	84,600
宮崎県	69,100	B	41,700	B	42,100
徳島県	27,100	栃木県	31,500	千葉県	28,100

注１）かんしょの生産量は主産県の調査。
注２）いずれも2020年産のデータ。

(『日本国勢図会　2020／21』により作成)

	①	②	③	④	⑤	⑥
茨城県	A	A	B	B	C	C
鹿児島県	B	C	A	C	A	B
北海道	C	B	C	A	B	A

(3) 下線部(c)「スペイン」について述べた文として適切なものを，以下の①～④のうちから一つ選びなさい。

① スペインは，ポルトガルと同じく，バルカン半島に位置する。
② スペインは，ロシアと同じく，現在EUに加盟している。
③ スペイン語は，ドイツ語と同じく，ラテン系の言語である。
④ スペインは，日本列島とほぼ同じ緯度に位置する。

(4) 下線部(d)「キリスト教」が国内において多数派を占める国として適切なものを，以下の①～④のうちから一つ選びなさい。

① インド　② サウジアラビア　③ タイ　④ ブラジル

(5) 下線部(e)「熱帯」に属する地域にみられる特徴として適切なものを，以下の①～④のうちから一つ選びなさい。

① 降水量が極端に少なく，自然の湧き水などが得られるオアシスという場所がみられる。

② 地中海沿岸などでは，冬に雨が多く降り，夏に雨が少なく乾燥する地中海性気候がみられる。

③ モミやカラマツなどの針葉樹林からなるタイガと呼ばれる森林がみられる。

④ 河口や入江の周辺にはマングローブが，沿岸部の浅い海にはサンゴ礁がみられる。

(6) 下線部(f)に関連して，**表3**は日本の菓子推定生産量および金額を，**表4**はチョコレート製品の国内生産・輸出入量・消費量と日本の人口の推移を示したものである。**表3・4**から読み取れることとして適切なものを，次のページの①～④のうちから一つ選びなさい。

表3　日本の菓子推定生産量および金額（2020年）

（単位：数量はトン，金額は億円）

品目	生産数量	生産金額	小売金額
飴菓子	143,000	1,760	2,360
チョコレート	243,870	3,870	5,470
チューインガム	19,000	510	755
せんべい	40,646	371	544
ビスケット	253,300	2,660	3,805
米菓	219,437	2,796	3,729
和生菓子	253,000	3,280	3,960
洋生菓子	175,832	2,970	3,740
スナック菓子	283,753	3,169	4,557
油菓子	56,066	343	506
その他	207,300	1,984	2,816
合計	1,895,204	23,713	32,242

表4　チョコレート製品の国内生産・輸出入量・消費量と日本の人口の推移

（単位：数量はトン，人口は千人）

年度	国内生産	輸入	輸出	国内消費	日本の人口
1990	180,000	15,311	662	194,649	123,612
1995	187,000	16,228	592	202,636	125,569
2000	217,000	17,960	1,678	233,282	126,919
2005	222,020	19,887	3,813	238,094	127,787
2010	204,990	20,803	3,604	222,189	128,056
2015	231,350	26,336	5,536	252,150	127,110
2020	243,870	25,813	5,741	263,942	125,710

（**表3・4**のいずれも日本チョコレート・ココア協会ホームページにより作成）

① **表3**をみると，チョコレートは生産数量・生産金額・小売金額のすべての項目において，全品目の中で最も多い。

② **表3**をみると，スナック菓子の生産数量が生産数量合計に占める割合は約15％である。

③ **表4**をみると，日本におけるチョコレート製品の輸出量は，1990年度以降一貫して増加し続けている。

④ **表4**をみると，１人当たりのチョコレート製品の年間消費量は1990年度と2020年度を比較すると，約２倍に増加している。

5 聖奈さんは夏休みの課題として，地域調査を行うことにした。次の図１・２（次のページ）を読み取り，あとの問いに答えなさい。

図１

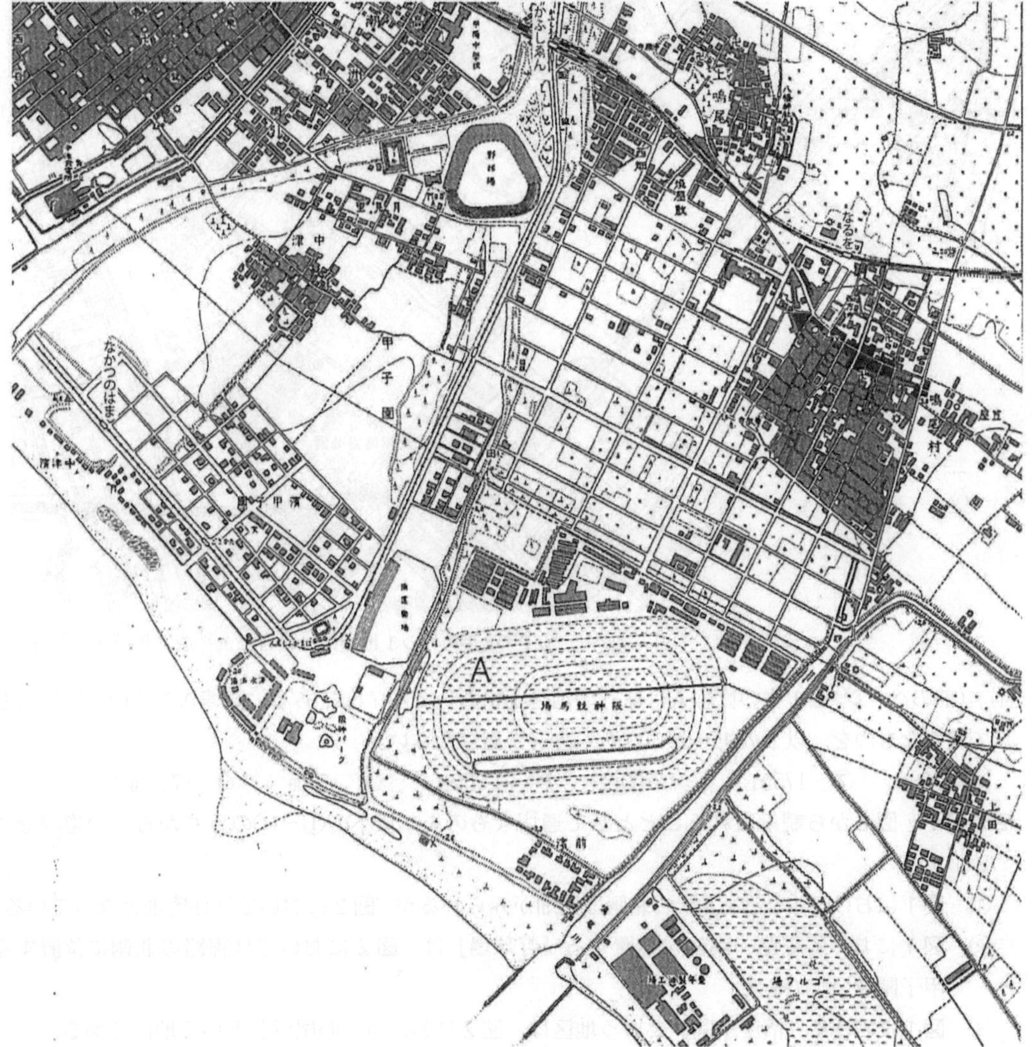

注）問題の都合により一部加筆。

（１万分の１地形図「西宮」，昭和7年修正測図，原図を60％に縮小）

図２

（２万5,000分の１地形図「西宮」，平成30年調製，原寸）

⑴　（前のページ）図１中の直線Ａは原寸の地図上において約７㎝である。直線Ａの実際の距離として適切なものを，以下の①～⑥のうちから一つ選びなさい。

①　70m　　②　175m　　③　700m　　④　1,750m　　⑤　7㎞　　⑥　17.5㎞

⑵　図１・図２から読み取れることとして適切なものを，以下の①～④のうちから一つ選びなさい。

①　図１における「なるを」駅の北側は桑畑がみられるが，図２においては住宅地となっている。

②　図１において線路の南側に位置する「野球場」は，図２においては線路の北側に位置する「甲子園球場」である。

③　図１における「濱甲子園」という地区は，図２における「鳴尾浜」という地区である。

④　図１において「かふしゑん」駅から「なかつのはま」駅に伸びていた路面電車は，図２においてはみられない。

(3) 図1（41ページ）における「阪神競馬場」が，図2（42ページ）において相当する場所として適切なものを，以下の①～④のうちから一つ選びなさい。

① 今津浜公園　② 鳴尾浜臨海公園　③ 武庫川駅　④ 武庫川女子大

(4) 聖奈さんは図1・図2を比較して，住宅地が拡大したことに気づいた。兵庫県西宮市の住宅地の拡大や人口増加をテーマとして調査する手法と内容についての文X・Yの正誤の組み合わせとして適切なものを，①～④のうちから一つ選びなさい。

X－甲子園駅前において聞き取り調査をして，兵庫県西宮市の人口の推移を調べる。

Y－図1・図2の間の時期の地形図をみて，住宅地の拡大過程を明らかにする。

① X－正 Y－正　② X－正 Y－誤　③ X－誤 Y－正　④ X－誤 Y－誤

6 次の文章は，高校生の優紀さんと先生の会話である。この会話を読んで，あとの問いに答えなさい。

優　紀：先日，(a)長野県にある善光寺というお寺で七年に一度の御開帳が行われているというニュースを見ました。この御開帳とはどういったものですか？

先　生：善光寺の御開帳では，七年に一度，秘仏[注]である御本尊の身代わりとして(b)鎌倉時代に造られた「前立本尊」を本堂で拝むことができます。また本堂前には「回向柱（えこうばしら）」が置かれ，この「回向柱」に触れることは「前立本尊」に触れることと同じとされ，非常にありがたいこととされています。(c)本来であれば，御開帳は昨年行われるはずでしたが，コロナ対策として1年延期になり，さらに今年は密を避けるため御開帳期間が1か月延長されていました。

優　紀：なるほど。いつか行ってみたいです。善光寺の「回向柱」以外に，善光寺周辺のおすすめのスポットはありますか？

先　生：長野県立美術館や善光寺の(d)門前町に行ってみてはいかがですか。長野県立美術館では，(e)日本画家の東山魁夷（ひがしやまかいい）の作品は一見の価値があります。また善光寺の門前町では，(f)様々なお土産が売っていたり，(g)長野県の郷土料理の「おやき」を食べたりすることができます。

優　紀：とても楽しそうです！長野県でほかに行った方が良い場所はありますか？

先　生：(h)諏訪（すわ）大社はいかがですか。諏訪大社は日本書紀にも出てくる，非常に古い歴史をもつ神社です。

優　紀：とても興味深いです。日本書紀は [あ] と勉強しました。その時代には，すでに名前が知られていた神社ということですね。ぜひ見てみたいです。

先　生：長野県は善光寺や諏訪大社以外にも，日本の歴史を感じることができる場所がたくさんあります。色々調べてみてくださいね。

注）信仰上の理由で非公開とされた仏像

(1) 空欄 [あ] にあてはまる記述として，適切なものを以下の①～④のうちから一つ選びなさい。

① 神話や伝承，記録などをもとに8世紀に作成された歴史書

② 宮廷貴族の生活を題材として，11世紀ごろに作成された仮名文学

③ 後鳥羽上皇の命令で編纂された13世紀の和歌集

④ 日本の古典を通して，古来の精神について18世紀にまとめられた『古事記』の注釈書

(2) 下線部(a)に関連して，善光寺の歴史に関する文をあげた。古いものから時代順に並べ替えたときに**3番目にくるもの**を，以下の①～④のうちから一つ選びなさい。

① 5代将軍の徳川綱吉は，善光寺の再建のため，松代(まつしろ)藩に建立の監督，幕府棟梁の甲良(こうら)氏に建立の指揮を命じた。

② 川中島の戦いの際，武田信玄は善光寺の本尊や宝物を甲斐国に避難させた。

③ 長野オリンピックの際には，世界平和の願いを込めて善光寺の鐘が鳴らされた。

④ 浄土真宗を開いた親鸞は越後国から関東へ向かう途中に善光寺に滞在し，松の木を奉納した。

(3) 下線部(b)「鎌倉時代」の出来事について述べた文として適切なものを，以下の①～④のうちから一つ選びなさい。

① 全国の大名を支配するために武家諸法度という法律を定めた。

② 承久の乱後，朝廷監視のため六波羅探題が設置された。

③ 藤原氏が摂政・関白に就任して政治の実権を握る摂関政治が行われた。

④ 明の求めに応じ，倭寇を禁じるとともに，朝貢形式の勘合貿易が始まった。

(4) 下線部(c)に関連して，善光寺御開帳の近代以降の歴史を調べると，実施されなかった年や，「出開帳」（大都市へ出向いて行われる開帳）があったことがわかった。この内容を**表1**にした。これらの情報について述べた文として適切なものを，以下の①～④のうちから一つ選びなさい。

表1

年	出来事
1847	善光寺地震により中止された。
1865	江戸時代最後の開帳が実施された。
1877	この年以降の開帳の日付は太陽暦に合わせられた。
1936	この年の開帳の1か月前には，二・二六事件が起きた。
1942	開帳が実施されなかった。
1955	丑年と未年の開催が慣例となる。
2003	山梨県の甲斐善光寺，長野県の元善光寺，愛知県の善光寺東海別院をあわせた四善光寺が同時期の開帳となった。
2009	2003年の四善光寺に加え，岐阜県の岐阜善光寺，関善光寺を加えた史上初の六善光寺同時開帳となった。
2013	「復幸支縁」と銘打って，東京都の両国にて出開帳が行われた。

（善光寺ホームページなどにより作成）

① 明治政府が四民平等を進めるために，古代から民衆の間で使用されていた太陽暦を採用したため，御開帳の時期も太陽暦に合わせられた。

② 1936年の開帳前に起きた二・二六事件では，海軍の青年将校らにより，犬養毅首相が暗殺された。

③ 太平洋戦争の戦時中であったため，1942年に御開帳が実施されなかった。

④ 2013年の出開帳は2年前に発生した阪神・淡路大震災の復興支援を目的に，両国で行われた。

(5) 下線部(d)に関連して，門前町とは，元々は寺社の門前で開かれた定期市が発達して町となったと考えられている。これに関して，中世の定期市の様子を描いた絵として適切なものを，以下の①～④のうちから一つ選びなさい。

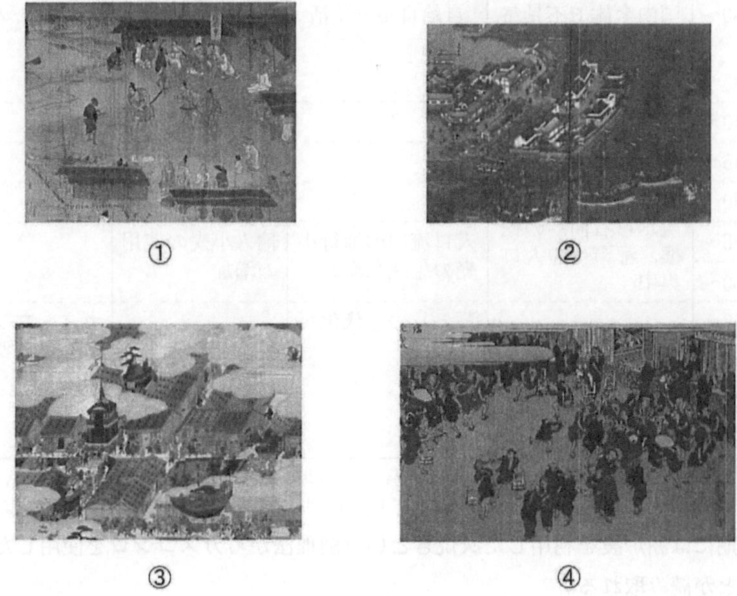

① ② ③ ④

(6) 下線部(e)「日本画家の東山魁夷」は唐招提寺の障壁画を作成している。唐招提寺とは唐から招かれた僧侶によって造られた寺院である。この僧侶として適切なものを，以下の①～④のうちから一つ選びなさい。

① 最澄　② 運慶　③ 鑑真　④ 空海

(7) 下線部(f)に関連して，善光寺門前町のお土産の一つとして七味唐辛子がある。この唐辛子について文章でまとめた。空欄 い ・ う にあてはまる語句の組み合わせとして適切なものを，以下の①～④のうちから一つ選びなさい。

唐辛子はアメリカ大陸が原産地とされ，中南米では古くから食用とされていた。これをヨーロッパ人として初めてアメリカ大陸に連なる島に上陸した い が発見し，ヨーロッパに持ち帰ったとされている。その後，唐辛子はヨーロッパからアジアにもたらされたと考えられている。日本への伝来に関しては諸説あり，ポルトガル人宣教師によってもたらされた説や，豊臣秀吉による う の役に加わった者によって日本へもたらされた説などがある。

① い －ザビエル　う －文永・弘安
② い －ザビエル　う －文禄・慶長
③ い －コロンブス　う －文永・弘安
④ い －コロンブス　う －文禄・慶長

(8) 下線部(g)に関連して，おやきとは，小麦粉とそば粉を水または湯で溶いて練り，薄くのばした皮に小豆あんや野菜などを包み焼いたものである。1930年代から1970年代に至るまでに，おやきの製造方法や材料に変化が見られた。この変化について，次のページの**表2**にまとめた。**表2**から読み取れる内容**X**・**Y**の正誤の組み合わせとして適切なものを，あとの①～④のうちから一つ選びなさい。

表2

年	出来事			
	国の動き	小川村の動き	小麦・皮	調理法
1930〜	国内全体で不景気	自給自足の生活	自家製の地粉	囲炉裏での灰焼き
1935〜	日中戦争開戦			
1940〜	太平洋戦争開戦			
1945〜	終戦，食料増産			
1950〜	農村人口減少，石炭から石油への転換，都市への人口集中			
1955〜		人口流出の進行小麦の生産量激減	輸入小麦の使用の増加	
1960〜				
1965〜		暮らしの近代化が進む		ガス・フライパンを使用して焼く
1970〜			麦類の生産がほぼゼロになる	

（「農山村における郷土料理の伝承・変遷過程および地域住民の意識の変容に関する考察
—長野県小川村の郷土料理「おやき」を事例として—」により作成）

X－昭和初期には囲炉裏（いろり）を利用した灰焼きという調理法からガスコンロを使用した調理法へ変化したことが読み取れる。

Y－1950年代以降の小川村では，都市への人口流出や輸入小麦の利用などがみられ，村内の小麦の生産が減少し始めたことが読み取れる。

① X－正　Y－正　② X－正　Y－誤　③ X－誤　Y－正　④ X－誤　Y－誤

(9) 下線部(h)に関連して，A・Bは諏訪大社と関係深い人物である。彼らについて述べた文として適切なものを，以下の①～④のうちから一つ選びなさい。

A－坂上田村麻呂　　B－持統天皇

① Aは，武士として初めて太政大臣に就任した。

② Aは，征夷大将軍に就任し，蝦夷の指導者アテルイを降伏させた。

③ Bは，蘇我蝦夷・入鹿を倒し，政治改革を行った。

④ Bは，隋の進んだ制度や文化を取り入れるため，小野妹子を隋へ派遣した。

(10) 優紀さんは先生の言葉を受けて長野県にある国宝（図1）について調べ，メモにまとめた。次のページの空欄 え ・ お にあてはまる語句の組み合わせとして適切なものを，あとの①～④のうちから一つ選びなさい。

図1　旧開智学校

メモ

・令和元年９月30日に近代学校建築として初めての国宝指定をされた。

・明治初期の［ え ］にわいていた時代，洋風建築が求められるようになり，日本の伝統的な技術をもとに洋風建築が建てられるようになった。

・明治政府が明治５（1872）年に公布した［ お ］に基づいた小学校として，明治６（1873）年５月６日に開校した。

・常設展では，建築資料と教育資料がある。明治・大正・昭和の教科書や，当時の生徒作品などを観ることができる。

① ［え］－文化の大衆化　［お］－学制
② ［え］－文化の大衆化　［お］－国民学校令
③ ［え］－文明開化　［お］－学制
④ ［え］－文明開化　［お］－国民学校令

※遍照僧正…僧正遍照のこと。平安時代前期の歌人で出家をした僧でもある。六歌仙の一人。

問26 傍線部1「挙げて数ふべからず」の解釈として最も適当なものを**一つ**選びなさい。

ア 数え切れないほど多い
イ むやみに数えてはならない
ウ 数えることが重要である
エ 数えずにはいられない
オ 数えないように注意すべきだ

問27 本文中の空欄X・Y・Zには、それぞれ、「されば（だから）」、「しかるを（それなのに）」、「なんぞ（どうして）」のいずれかが入る。正しい組み合わせを**一つ**選びなさい。

ア X しかるを Y されば Z なんぞ
イ X されば Y しかるを Z なんぞ
ウ X されば Y なんぞ Z しかるを
エ X なんぞ Y しかるを Z されば
オ X しかるを Y なんぞ Z されば

問28 傍線部2「何の事かあらん」の解釈として最も適当なものを**一つ**選びなさい。

ア どんな意味があるだろうか。
イ 何の意味もない。
ウ 何か問題があるだろうか。
エ なんともひどい問題である。
オ どうすることも出来ない。

問29 傍線部3「雲泥の如く」とあるが、何と何に「雲泥」の差があるのか。最も適当なものを**一つ**選びなさい。

ア 僧が作る歌と俗人が作る歌
イ 僧の好色と俗人の好色
ウ 僧の好色と俗人の好色に対する世間の反応
エ 僧の好色と俗人の好色に対する作者の評価
オ 僧の歌と俗人の歌に描かれる恋愛

問30 本文の内容を説明したものとして、最も適当なものを**一つ**選びなさい。

ア 僧が恋の歌を詠むことは、仏道に背く行いとされているため、俗人としての名で詠むべきである。
イ 和歌は心に思うことを素直に詠み出したものであり、僧の恋の歌でも秀作ならば評価すべきである。
ウ 和歌を論じる際には、その作成者がどのような人物であるのかにも注目して議論すべきである。
エ 和歌は心に思うものを詠み出したものなので、僧のような綺麗（きれい）な心の人物は良い歌を作ることができる。
オ 和歌にも善悪というものがあり、自分の心を偽って作られた和歌に優れたものは存在しない。

ア　水分量の多い土を持ち、配水も容易な台地に湧くこと。
イ　井戸や貯水池を備えられる広さの所に、水源があること。
ウ　江戸市内に効率よく配水できる立地に湧いていること。
エ　水に泥臭さ、鉄臭さ、生臭さがなく、清涼感があること。
オ　水源となる地に、後世に伝わるような伝承が残っていること。

問25　波線部a～eの表現や表記に関する説明として最も適当なものを**一つ**選びなさい。

ア　a「……」は、藤五郎がこれまで違和感なく良質な水を飲めていたことへの幸せをかみしめていることを表現している。
イ　b「赤坂」「神田明神」は、実存する場所を明記することで、読者に、藤五郎の苦闘の過程を明確にイメージさせている。
ウ　c「うんぬん」は、藤五郎が、水の供給について熱心に計画を立て、それが本文には明記されないほど沢山あることを示唆している。
エ　d「もともと古代律令制の官名である」は、語り手が言葉の由来を丁寧に述べることで、江戸時代の役職の重要性をそれとなく伝えている。
オ　e「百姓あがりが」には、これまで隠れていた藤五郎の本性が表れており、家康への悪感情が増したことが読み取れる。

四　次の文章を読んで、後の問いに答えなさい。

問ふ。古今世を捨てたる（出家をした）※墨染の人として、恋の歌詠めること（恋の歌を詠むことは）、1挙げて数ふべからず。又憚ることもせざるは何事ぞや。※色欲は殊に（特に）深き仏の戒め、あるまじきこと（あってはならないこと）の第一なり。［X］僧の恋歌詠めるも甚だ賞す。※遍照僧正の類ひ、ことに歌道に名高し。かかる不道心の僧をいかで（このような修行をないがしろにする僧をどうして）賞美するや（賞美するのか）。憎むべきことにあらずや（憎むべきことではないのか）。

答へて曰く。これ何事ぞや。先にも委しくいへるごとく、歌は思ふことを程よくいひ出づる物なり。心に思ふことは、善悪に関はらず、詠み出づるものなり。［Y］心に思ふ色欲を詠み出でたる、2何の事かあらん。その歌よろしく出で来たらば、これ又なんぞ美賞せざらんや（どうして賞美しないことがあろうか）。優れたる歌ならば、僧俗選ぶべきにあらず。その行跡の善し悪し、心の邪正美悪は、その道その道にて褒貶議論すべきことなり（褒めたりけなしたり議論したりすべきことである）。歌の道にて、とかく論ずべきにあらず。この道にては、ただその歌の善悪をこそいふべきことなれ。僧なれば恋の歌詠むまじき理なりなど、［Z］由なき議論（意味のない議論）をなすべき。その上すべて出家とさへいへば（出家した僧とさえ）、みな心まで仏菩薩のごとき物ぞと心得たるか。僧の少し好色がましきことあれば（恋愛を好むようなことがあれば）、人甚だこれを悪むこと、俗人と3雲泥の如く、大悪のやうに思へり。

（本居宣長『排蘆小船』）

※墨染の人…出家をした僧のこと。
※色欲…恋愛感情のこと。

だ。

イ　神田付近の水を飲んで、駿府の水よりもおいしいと実感としてわかったからだ。

ウ　国替えの命に背いたら、各々の現在の地位が危ぶまれると実感としてわかったからだ。

エ　江戸での生活に慣れ、故郷よりも娯楽が多いと実感としてわかったからだ。

オ　家臣団のために急いで神田周辺の土地を整備するなど、自分たちは配慮されていると実感としてわかったからだ。

問21　傍線部２「まさしく、外敵」とあるが、藤五郎がそう思ったのはなぜか。最も適当なものを**一つ**選びなさい。

ア　家康が、これまでの藤五郎の仕事ぶりよりも、特に能力のない六次郎の方を高く評価した上に、家臣の一人として認めたから。

イ　人口に対して、水の供給量が足りないという問題が生まれたために、江戸が衰退していく可能性があり、そのことが藤五郎を悩ませているから。

ウ　家康が六次郎に仕事を依頼したことで、配水方法が変わってしまい、これまでの藤五郎の努力が無駄になってしまう可能性があるから。

エ　藤五郎がようやく探し当てた水に、外部の土地からの水が流れ込むことで、その水質が悪化する可能性があるから。

オ　家康が水の供給の仕事を、特に秀でた能力のない六次郎にも頼んだことで、主水としての自尊心が傷つけられたから。

問22　空欄 Y は次のＡ～Ｄの四つの文から成り立っている。その順番として最も適当なものを**一つ**選びなさい。

Ａ　江戸の発展はのぞめない。

Ｂ　水を飲まねば乳が出ないのだ。

Ｃ　実際、上水網の末端に位置する町方（まちかた）の井戸ではいくら待っても水がたまらず、母親が赤んぼうをつれて故郷へかえる例があらわれはじめている。

Ｄ　こういうことがつづいては男はひとりで暮らさざるを得ず、人口増加は頭打ちになる。

ア　Ｃ→Ｄ→Ｂ→Ａ　　イ　Ｃ→Ｂ→Ｄ→Ａ　　ウ　Ｂ→Ｄ→Ｃ→Ａ

エ　Ｂ→Ｃ→Ａ→Ｄ　　オ　Ｂ→Ａ→Ｃ→Ｄ

問23　本文における家康の人柄についての説明として適当で**ないもの**を**一つ**選びなさい。

ア　家臣に難しい仕事を頼む一方で、成果が出たときには賞賛するなど、人の扱いに長（た）けた人物。

イ　水を引くためにその地の人々を味方につけようとするなど、前もって入念な準備をする人物。

ウ　身分だけでなく人脈の豊富さも評価するなど、従来の考え方にとらわれない柔軟な思考ができる人物。

エ　身分の低い人々のために、生活水の心配をするなど、広く民のことを思いやる政治ができる人物。

オ　仕事の内実だけでなく、名前の呼び方にまで指示を出すなど、細かいところまで目が行き届く人物。

問24　本文から読み取れる藤五郎の理想とする飲み水の説明として適当で**ないもの**を**すべて**選びなさい。

——百歩ゆずって老齢のわしを外すことはやむを得ぬにしろ、かわりの御役に、殿様は、なぜこのようなうつけ者を。[※]

工事の推進能力を評価した、わけではむろんないだろう。六次郎[※]はただの名主だった。土木工学も、地質学も、橋梁[※]力学もまったくなかった。家康が高く評価したのは、おそらく水源ちかくの牟礼の村で、

——顔である。

というその一事だったのだろう。

なぜなら、池の水を取るためには、地もとの同意が不可欠である。さらには上水完成後の水質管理においても、そこで身投げが出ないよう、生活排水でよごさないよう、地域ぐるみで監視することが必要となる。そこまで長い目で見れば、村の名主に役を命じて、いわば家康の側へつけることで、

——村そのものを、抱きこんでしまう。

そういう意図のもと、家康は、六次郎をえらんだ。藤五郎はそのように考えて自分自身を納得させようとしたのだったが、しかしやはり、

——e百姓あがりが

悪感情はどうしても消えぬ。藤五郎は内心、

——こいつとは、いずれ決着をつける。

そう三河武士らしい執念ぶかさで決意するのだった。

ともあれ。

新水道は、もはやすぐそこに迫っている。

（門井慶喜『家康、江戸を建てる』より一部改変）

※谷中…江戸の地名。

※弘法清水の伝説…ここでは「弘法大師が密教の力で谷中の泉を開拓した」という言い伝え。藤五郎は近隣の漁師からその伝説を聞き、確かめに来ている。

※開渠…地上に造られた給水・排水を目的とする水路。

※普請…土木・建築の工事。

※余人…ほかの人。

※五体満足でない…藤五郎は、戦でけがを負ったため、歩行が不自由である。

※うつけ者…うっかりしている人。

※六次郎…家康から、水を引くための仕事を任された牟礼の農民であり、名主。名主は地元の名士のこと。

※橋梁…川や道路にかけ渡す橋。かけ橋。

問19 傍線部1「その上『主水』の名をたまわった」とあるが、これ以降の藤五郎についての説明として最も適当なものを**一つ**選びなさい。

ア　家康から、自分だけの特別な名前を与えられたことを光栄に思うと同時に、自尊心が高まり、尊大な態度をとるようになった。

イ　家康から正式に家臣として認められたことで、周囲からの藤五郎に対する評価も変わったため、より仕事がやりやすくなった。

ウ　家康から水道工事の第一人者として認められたことを誇りに思うと同時に、このことが生きていくための力となった。

エ　世界でたった一つの名前を与えられたことに喜びをかみしめると同時に、家康から見放されずに済んだことに安堵した。

オ　家康からその仕事ぶりと能力を直々に評価されたことで、今まで以上に出世に貪欲になり、水道工事の仕事に励むようになった。

問20 空欄 X に入る文として最も適当なものを**一つ**選びなさい。

ア　手をくわえれば便利な土地になることが実感としてわかったから

ただちに――実際は少し前から――江戸のあちこちで土地造成がおこなわれたが、とりわけ早かったのが神田地域だった。徳川家臣団がまとまって住む武家地に指定されたからだ。藤五郎はそれに合わせて水道工事をおこない、わずか数か月で完成させた。のちに赤坂のほうも完成させた。

家臣団は、はじめ落胆していた。

「まさかこの身が、このような荒れ地にながされるとは」

「殿様も、今回ばかりは国替えの命にそむくべきではなかったか」

「あな、駿府なつかし」

しかし神田近辺に住みつくにあたり、町人ともども、

「江戸も存外よろしいものじゃ」

少しずつ将来にのぞみを抱きはじめた。 X

その実感をささえたのが、藤五郎の上水であることはあきらかだった。よその土地では水は遠くへ汲みに行くか、あるいは水売りに高い金を出して買わねばならぬものだったけれども、江戸では逆に、

――水のほうで、飲まれに来てくれる。

十五年後の現在も。

藤五郎の上水は、人々ののどをうるおしている。

厳密には神田明神は郭外(外濠の外)にあるが、郭内と地つづきの台地上にあるため、人々も郭内という意識をもっている。藤五郎の上水は成熟の域に達した。水源の水の湧出量もほぼ安定していたのだった。

そこへ最近、外敵が来た。

外濠の向こうどころか西へ五里もはなれている武蔵野の原野から浄水をはるばる引っぱりこんで市内へ配ろうという大計画。現在は江戸市内で完結している水道網をいっきに押しながそうとする、

――[2]まさしく、外敵。

いや、藤五郎は、計画そのものには賛成なのだ。江戸はもはや十五年前の江戸ではない。海は埋められ、川(自然河川)はまとめられ、可住面積はほとんど別の地のように増えた。

屋敷や寺が建ちならび、市が立ち、人口はあっというまに五万をこえた。こういう激変があってしまっては、

――水が、足りぬ。

そのことは自明だった。

Y

それならば、水量豊富な武蔵野の源泉から、

――水を、足す。

そのことを計画し実行するのは為政者として当然だろう。問題はその計画を、

――なぜ殿様は、この主水にお命じくださらなかったか。

このことだった。

藤五郎には自負心がある。家康じきじきに上水※普請を命じられ、くれぐれも※余人にはお命じあるなと念を押して、

「大いによし」

とみとめられた誇りがある。こういう誇りが藤五郎のような※五体満足でない男にとってどれほど大きなものであるか、どれほど生きる糧になっているか。なのに、なのに、

むろん藤五郎は馬か輿の上なのだから、実際に足を棒にするのは馬か足軽なのだけれども、藤五郎自身、ゆられるだけで体力を消耗した。

――低地よりも、台地。

それが探索の基本方針だったからだ。台地のほうが潮がささず、土がかかえこむ水量が多い。配水もやりやすいだろう。そうして江戸の地はもともと台地が多いのが特徴なのだから、根気よく見てまわれば、かならず、

――よい水にあたる。

三か月の苦闘の結果、藤五郎の舌に堪え得たのは、

b赤坂の溜池

神田明神山岸の細流

のふたつだった。前者は江戸城の南西方、赤坂台地からしみ出した地下水が北へながれ落ちて池をなしたもの。後者の神田明神は、江戸城の北東、こんにちでいう駿河台の上に建っている原住民鎮守の神なのだが、この駿河台、およびその西どなりの本郷台地のあいだに小さな谷水の川があるのが、

――これは、よい。

藤五郎を満足させた。泥くささもなく、鉄くささもなく、清涼の気みなぎる味わいだった。山岸は「崖」の意。やはり斜面からの浸出水があつまって川をなしたのだったろう。

この両者は、立地もまた最高だった。

前者の水を城の南西地域にめぐらし、後者の水を北東地域にめぐらせば、地域的なかさなりがなく、江戸市中を効率的に網羅することができる。

「この二味じゃ。これしかない」

藤五郎はさっそく神田に住みつき、書面で家康へ策を献じた。配水方式はさしあたり※開渠でじゅうぶんでしょう。ところどころに貯水池や井戸をもうけて水が汲めるようにしておけば、人々の生活は便利になる。工期もみじかくてすむでしょう。cうんぬん。

むろんこの献策書には、水そのものも添えたのである。家康はそれを飲んだのだろう、よろこびようはたいへんなもので、

――藤五郎に、褒美を。

そう何べんも言ったという。藤五郎はこの結果、山越という名の馬をもらい、宮島という名の茶釜をもらい、1その上「主水」の名をたまわった。

主水とは、dもともと古代律令制の官名である。

宮内省に属し、飲み水や氷のことを担当する役所が「もい取りのつかさ」と呼ばれたのだ。「もい」は古語で飲み水の意。その役所の長官は、もい取りのかみと呼ばれ、主水正の字をあてられた。この「もい取り」が変化してモンドとなり、藤五郎のころには一般的な読みになっていたのだ。

家康はこういう由来を知った上で、さらに、

「藤五郎の主水は、モンドにあらず。モントと読め」

と命じた。真澄の水を得た者の名がにごりを含むのはおもしろくない、今後も澄んだ水を供給せよ。そういう意味をこめたのだった。藤五郎は天下唯一の名を得た。

天正十八年八月朔日。

家康、公式に入国。

6つの候補の中でも「令和」という元号は、特にリズミカルなものである。

イ　元号における長短（2＋1）と短長（1＋2）の数の差は、〔強弱強弱〕のリズムを好む日本語の特徴から考えると気にするほどのことではない。

ウ　日本語のリズムが〔強弱強〕を好むことは、既存の〔強強〕のリズムの語の発音を結果的に変化させてしまったことからも見て取れる。

エ　日本文化の独自性を育み、新たな日本語を創出するために、今後の元号は漢字の読み方について音読み以外も認めるべきだ。

オ　「大化」や「明治」と異なり「昭和」が例外的なアクセントなのは、「令和」と同様頭高アクセントも許容するからである。

問18　この文章は、国立国語研究所に寄せられた国民からの日本語に関する疑問や質問に専門家が答えたものである。どのような疑問・質問であったと考えられるか。次の文の空欄に入る最も適当なものを**一つ**選びなさい。

【疑問・質問】

新しい元号が「令和」になりましたが、［　　　］。

ア　日本の元号に言葉の規則性はありますか

イ　日本の元号はなぜ漢字2文字なのですか

ウ　どうすれば日本の元号に親しみが持てますか

エ　日本の元号のリズムは誰が決めていますか

オ　日本の元号は日本文化固有のものですか

三　次の文章を読んで、後の問いに答えなさい。

天正十八年の夏、家康は秀吉から国替えの命を受け、駿府（現在の静岡県）から江戸へ移ることとなった。そこで、家康は家臣の藤五郎に、飲み水を探すよう命令した。藤五郎は、その命令を受けた十五年前を振り返っている。

藤五郎は、いそいそと※谷中へ向かった。

台地のふもとの森へふみこんだ。なるほど赤土の斜面のぬれぬれとむき出しになっているその下に朽ちかけの祠があり、手前に池がひろがっている。水はよく澄んでいた。

「どれ」

足軽に命じ、椀に汲ませた。その椀にひとくち唇をつけた瞬間、

「げっ」

噴き出した。

――のどを通るしろものではない。

泥くさく、鉄くさく、生ぐさかった。この水でめしを炊いたらどうなるか、菓子を練ったらどうなるか。藤五郎の舌はちぢんで奥へひっこんでしまった。考えてみれば、※弘法清水の伝説など全国に掃いて捨てるほどある。

逆にいえば、

「a……これですら、江戸では名水なのじゃな」

藤五郎は、あの漁民どもがあわれになった。これをうまいと言うなら、ふだんはどんな悪水を口にしているのか。

「こうなればもう、足を棒にしてさがすほかない。土地の者に聞いても役に立たぬ」

の長短構造であったということ。

エ　元号は基本的に漢字二字で構成され、音読みで読まれなければならないということ。

オ　元号が好むリズムは、日本語全般に見られる傾向と完全に一致するということ。

問12　空欄[A]・[B]・[C]に入る語の組み合わせとして最も適当なものを**一つ**選びなさい。

ア　A　しかし　B　つまり　C　次に

イ　A　また　B　このように　C　ちなみに

ウ　A　とにかく　B　まさに　C　加えて

エ　A　つまり　B　ところで　C　最後に

オ　A　さて　B　奇妙なことに　C　改めて

問13　空欄[a]・[b]に入る語の組み合わせとして最も適当なものを**一つ**選びなさい。

ア　a［強弱］　b［強弱強］

イ　a［強強弱］　b［強弱］

ウ　a［弱弱強］　b［強弱強弱］

エ　a［弱強］　b［強強弱］

オ　a［強弱強強］　b［強弱強］

問14　傍線部2「これまでの元号の歴史と構造にも、また日本語のリズムにもとてもうまく合致している」についての説明として最も適当なものを**一つ**選びなさい。

ア　過去の元号と同様2拍と1拍の組み合わせからできており、［強弱強弱］と［強弱強］に偏っているという日本語の傾向に当てはまっている。

イ　文久以前になかった傾向だが、日本語の特徴である［強弱強弱］と［強弱強］のリズムが元号として順番に選ばれる状況が続いている。

ウ　［強強弱］を避けて、［強弱強］や［強弱強弱］といった長短リズムを作り出すという日本語のあり方にまさに一致している元号になっている。

エ　「明治」のような頭高アクセント、「昭和」のような平板のアクセントのどちらでも誤りではなく、これまでの元号の伝統をふまえている。

オ　漢字2字、2拍＋1拍であり、日本語が好む［強弱強弱］と［強弱強］が交互に選ばれるという元号の最近の傾向に合致している。

問15　傍線部3「短短短（強強強）のリズム」の例として適当でないものを**一つ**選びなさい。

ア　つくし　イ　ひばり　ウ　さくら

エ　まぐろ　オ　おうむ

問16　傍線部4「頭高アクセント」、5「平板アクセント」の組み合わせとして最も適当なものを**一つ**選びなさい。

ア　4…理念　5…剣道　イ　4…時計　5…鉛筆

ウ　4…全部　5…形態　エ　4…雑誌　5…介抱

オ　4…日光　5…関東

問17　本文の内容に合致するものとして、最も適当なものを**一つ**選びなさい。

ア　日本人好みの日本語のリズムに合わせる形で最終選考に残された

が出てきます。

C　新元号のアクセントについて述べます。

テレビを見ていると、「令和」を「明治」と同じ頭高（高低低）のアクセントで発音している人と、「昭和」のような平板（低高高）のアクセントで発音している人に、二分できるようです。政府やマスコミ関係者は前者が多く、一般市民は後者が多いような印象を受けます。

言語学的にはどちらが正しいということはありませんが、一般に2字漢語はその構造によって、アクセントが決まるという傾向が見られます。

元号に限らず、2＋1の構造を持つ3拍漢語の約8割は、4頭高アクセントで発音され（たとえば政府、文化、詩歌など）、一方2＋2の漢語の多くは、5平板アクセントで発音されています（たとえば構造、伝統、傾向など）。

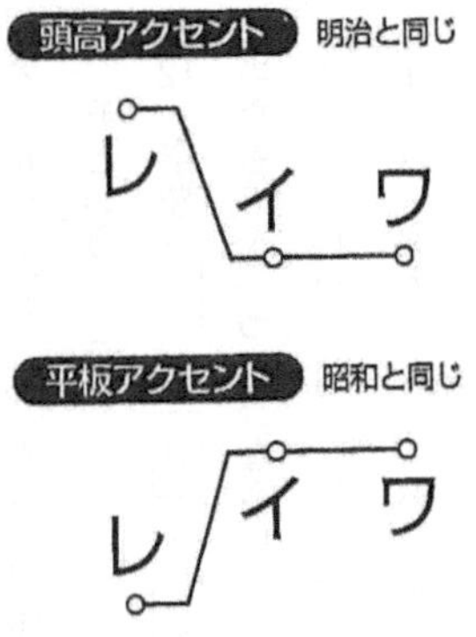

頭高アクセント　明治と同じ
レイワ
平板アクセント　昭和と同じ
レイワ
図2●令和のアクセント

この傾向は過去の元号の発音にも現れており、「大化、元治、明治」など2＋1のものは頭高がほとんどで、一方「応仁、大正、平成」など2＋2のものは平板が多いのです。その例外となるのが「昭和」であり、これは「大化」や「明治」と同じ2＋1の構造でありながら平板で発音されています（図2）。

なぜ「昭和」が例外的なアクセントを持つのでしょうか。この問いに答えるのはむずかしいのですが、一つの可能性として考えられるのが「和」です。

普通名詞を見ても「平和、温和、緩和、漢和」のように、「○和」の語は平板アクセントが多く、また過去の元号でも「明和、永和、弘和」のように「○和」のものは、頭高と並んで平板も許容するようです。

一般に標準語のアクセントは最後の要素によって決まるという原則がありますので、「和」が平板アクセントを作り出すと考えてもおかしくありません。「令和」が「昭和」と同じアクセントで発音されても不自然ではないのです。

また、標準語の名詞は馴染み度が高くなるにつれて、平板化する傾向があることを考えると、「令和」という元号も、人々の中に定着するにつれて、徐々に頭高アクセントから平板アクセントへ推移していく可能性が高いと思われます。

（国立国語研究所編『日本語の大疑問　眠れなくなるほど面白いことばの世界』
回答者窪薗晴夫の項　より一部改変）

※漢籍…主に漢文で書かれた書物のこと。
※国書…漢籍などに対して、日本で記された書物のこと。

問11　傍線部1「予想通りの元号」とあるが、どういうことか。その説明として最も適当なものを**一つ**選びなさい。

ア　新元号はこれまでのように漢籍からではなく、国書から選ばれるということ。

イ　2＋2と2＋1が多く〔強弱強弱〕か〔強弱強〕のリズムという元号の傾向をふまえているということ。

ウ　これまでの最近の傾向から考えて、新元号のリズムが〔強弱強弱〕

全体として2＋2と2＋1を好み、とりわけ〔強弱強弱〕と〔強弱強〕の2つのリズムを好むというのが、日本の元号の大きな特徴として浮かび上がります。

今回最終選考に残った6つの候補を見ても、令和、万和、広至、久化の4つが〔強弱強〕の長短リズム、英弘と万保の2つが〔強弱強弱〕の長長リズムであり、〔強強弱〕（つまり1＋2の短長リズム）や〔強強〕（1＋1の短短リズム）のものは皆無でした。

元号のもう一つの特徴は、過去160年間、上記の2種類の元号の現れ方に規則性が見出されるという事実です。文久（1861～64年）から元治、慶応、明治、大正、昭和、平成と続く中で、長長（文久、慶応、大正、平成）と長短（元治、明治、昭和）の元号が、交互に選ばれています。

この流れで行くと、平成に続く元号は、明治や昭和と同じ長短（強弱強）という構造を持つことが予想されました。「令和」はまさにこの予想通りの元号です。

[B]〔強弱強弱〕の長長構造と〔強弱強〕の長短構造を好むのは、元号だけではなく、日本語の一般的な特徴です。

たとえば、赤ちゃん言葉はマンマ、オンブ、ダッコ、クック、バーバ、ジージのような長短（強弱強）の語と、ポンポンやブーブー、ハイハイ、ナイナイのような長長（強弱強弱）の語に二分されます。〔強弱強〕は出てきても、[a]は出てこないのが赤ちゃん言葉の際立った特徴です。たとえば赤ちゃん言葉にバーバはありますが、ババーはありません。

また発音の変化を見ても、詩歌（しいか）や富貴（ふうき）、三つ（みっつ）、四つ（よっつ）などは母音を伸ばしたり促音（っ）を入れたりして、短短（強強）の構造から長短（強弱強）の構造を作り出しています。

漫画『ドラゴンボール』で、魔人ブウの生まれ変わりがウブではなくウーブと呼ばれるのも同じ現象です。野球の声援でも、阿部のような2拍の名前は、「かっとばせえ あべー」ではなく「あーべ」と前の母音を長くして長短（強弱強）の構造が作り出されます。

一方、女王の発音がジョオーからジョーオーへ変化しつつあるのは短長（強強弱）から長長（強弱強弱）への変化です。〔強弱強弱〕のリズムも日本語では好まれており、たとえばピコ太郎の「PPAP（ペンパイナッポーアッポーペン）」は、見事なまでに[b]の連続です。

このように、日本語にはいたるところに〔強強弱〕を避けて、〔強弱強〕や〔強弱強弱〕を作り出す力が働いています。

このように見てみると、長短（強弱強）という構造を持つ「令和」は、2これまでの元号の歴史と構造にも、また日本語のリズムにもとてもうまく合致していることがわかります。マスコミでは漢籍ではなく国書に由来するという点が、ことのほか強調されていましたが、言語学的に見ると新元号はこれまでの伝統を忠実に守っており、日本語が好むリズム構造と一致しているのです。

日本固有の文化を尊重するというのであれば、同じ漢字2文字でも、思い切って中国語の発音に基づいた音読みだけでなく、日本語独自の読み方（訓読み、和語読み）を模索するのも一つの道かもしれません。たとえば「大和」という漢字をヤマトと和語読みすると、これまでの音読みの元号とは一味違った新鮮な響き——3短短短（強強強）のリズム——

ウ　もっとゆっくり食べてください。
エ　さらさらと小川が流れる。
オ　老人は静かな口調で話し始めた。

問10　次の中で、熟語の構造が他と異なるものを**一つ**選びなさい。
ア　循環　　イ　錯誤　　ウ　丘陵　　エ　経過　　オ　激励

二　次の文章を読んで、後の問いに答えなさい。

　2019年4月1日に新しい元号「令和」（Reiwa）が発表されました。「令和」ははじめて漢籍※ではなく国書※（今回は『万葉集』）から選ばれたということで、新聞等では「元号1300年の転換」などと話題になっていましたが、言葉のリズム（韻律）という点から見ると、これまでの伝統からはずれるものではありません。むしろ言語学的には1予想通りの元号であり、これまでの元号と同じようにリズミカルな構造を有しています。

　元号のリズムを理解するためには、漢語の構造を理解する必要があります。元号は基本的に漢字2文字で、訓読みではなく音読みです。たとえば「明治」「昭和」は「あきはる」「あきかず」ではなく「メイジ」「ショウワ」となります。

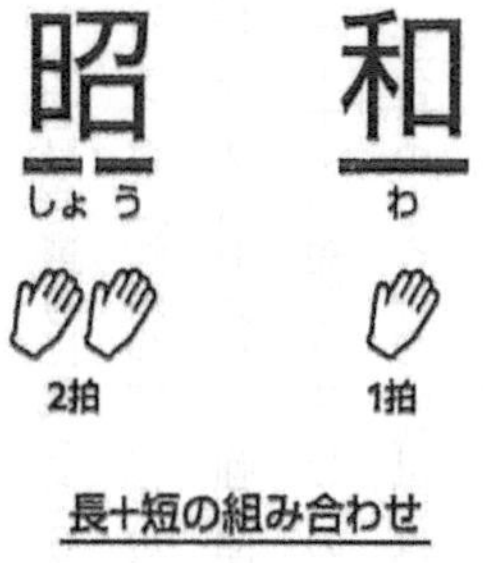

和　わ　1拍
昭　しょう　2拍
長+短の組み合わせ

図1●漢語の構造と元号のリズム（拍）

　音読みの漢字には昭和の「昭」のように2拍の長さのものと、「和」のように1拍のものしかありません（図1）。2字漢語となると、2拍+2拍、2拍+1拍、1拍+2拍、1拍+1拍の4種類しか組み合わせがないのですが、過去の日本の元号は、この点において大きな偏りを示しています。

　250近い元号を調べてみると、その約7割が2+2（長長）の構造のもので、それに続くのが2+1（長短）の2割強です。これに対し、1+2（短長）の元号（たとえば和銅や治承）は全体の7%しかなく、1+1（短短）に至っては皆無です。

　さらに詳しく調べてみると、2+2の元号の大半が、慶応、大正、平成のように【強弱強弱】（〇○〇○）のリズムを持つものです（弱の部分は長音〈ー〉や撥音〈ん〉、促音〈っ〉、二重母音後半〈ぃ〉のような語頭に立ちえない音、すなわち言語学で特殊拍と呼ばれる弱い音です）。また2+1の元号のほとんどが、明治や昭和のように【強弱強】（〇○〇）という構造を持つものです。

　［A］、過去の元号は2+2と2+1の2種類で全体の9割強を占め、その大半が【強弱強弱】か【強弱強】というリズムを持っています。

　このように過去の元号は初めから構造的な偏りを示しています。2+2が多いのは、音読み漢字の多くが1文字2拍であることによるもので、特に不思議な偏りではありません。つまり「和」のような1拍の漢字より「昭」のような2拍の漢字の方がはるかに多いのです。たとえば「国立国語研究所」という音読みの名前では、「国、立、国、研、究」の5つが2拍で、「語、所」の2つが1拍です。

　注目すべきは長短（2+1）と短長（1+2）の差です。明治や昭和のような長短の元号があれば、治明や和昭のように短長の元号も同数あっておかしくないのですが、実際には両者の間に3倍強の開きがあります。

【国語】（五〇分）〈満点：一〇〇点〉

一 次の各問いに答えなさい。

問1 次の傍線部のカタカナ部分を漢字に直した場合、「　」と同じ漢字を含むものをア～オから**一つ**選びなさい。

「ジョウキを逸する。」

ア 絶好のキカイを逃す。
イ 投げた球のキドウを測定する。
ウ 人生のキロに立つ。
エ コウキシンにかられる。
オ キカイ体操を習い始める。

問2 次の中で、漢字の読みとして正しくないものを**一つ**選びなさい。

ア 直訴（じきそ）　イ 幾重（いくえ）　ウ 境内（けいだい）
エ 為替（かわせ）　オ 官吏（かんし）

問3 次の慣用句の□に入る語が他と異なるものを**一つ**選びなさい。

ア □写真を描く　イ □菜に塩　ウ □筆を入れる
エ □天の霹靂　オ □二才

問4 次の四字熟語の□に正しく数字を当てはめ、その数を小さいものから順に並べ替えたとき、三番目に大きい数字が入るものを**一つ**選びなさい。

ア □面楚歌　イ □里霧中　ウ 四□時中
エ 二束□文　オ 四苦□苦

問5 次の中で、夏の季語が含まれている俳句を**一つ**選びなさい。

ア 目には青葉山ほととぎす初鰹
イ 草の戸も住み替はる世ぞ雛の家
ウ 化けそうな傘かす寺の時雨かな
エ 菜の花や月は東に日は西に
オ 白露もこぼさぬ萩のうねりかな

問6 故事成語「白眉」の意味として最も適当なものを**一つ**選びなさい。

ア 多くの中でも特に優れたもの。
イ めったに見られないほど珍しいもの。
ウ 質が悪くて頼りにならないもの。
エ 一つだけ他と違って異質なもの。
オ 真偽不明で信用できないもの。

問7 次の中で、敬語の使い方として最も適当なものを**一つ**選びなさい。

ア 私は先日、かぜを召して病院に行きました。
イ 会長は控え室にいらっしゃられます。
ウ 部長はお菓子をおいしそうにいただきました。
エ 明日の朝、社長の家までお迎えに参ります。
オ 私は先生にお考えを申し上げました。

問8 日本銀行券に肖像として描かれた人物とその作品の組み合わせとして適当なものを次の中から**一つ**選びなさい。

ア 福沢諭吉『浮雲』　イ 夏目漱石『伊豆の踊子』
ウ 樋口一葉『たけくらべ』　エ 紫式部『枕草子』
オ 新渡戸稲造『雨月物語』

問9 次の傍線部の中から連体詞を**一つ**選びなさい。

ア 父は小さなことにこだわる人だ。
イ 当社は外国人も多く在籍している。

大切なことはメモしておこう!

T・G

2023年度

解 答 と 解 説

《2023年度の配点は解答欄に掲載してあります。》

<数学解答>

1 (1) ア 1 イ 2 (2) ウ 7 エ 3 (3) オ 1 カ 3 キ 3 ク 8 (4) ケ 3 コ 9 (5) サ 0 シ 2

2 (1) ア 2 イ 5 ウ 5 (2) エ 2 オ 3 カ 2 キ 9 (3) ク 3 ケ 5

3 (1) ア 8 (2) イ 4 ウ 4 エ 0 (3) オ 1 カ 5 キ 4

4 (1) ア 1 イ 4 (2) ウ 3 エ 2 オ 4 カ 8 キ 1 ク 6 (3) ケ 3 コ 4

5 (1) ア 2 イ 3 (2) ウ 4 エ 2 オ 3 (3) カ 8 キ 9

○推定配点○

1 各6点×5 他 各5点×14(2(2)エ・オ，カ・キ，4(2)ウ～オ，カ～ク各完答)

計100点

<数学解説>

1 (数・平方根の計算，二次方程式の解，中央値，正誤判定)

(1) $(-1.5)^3=\left(-\frac{3}{2}\right)^3=-\frac{27}{8}$ $\frac{2}{3}+\left(-\frac{3}{4}\right)^2\div(-1.5)^3=\frac{2}{3}+\left\{\frac{9}{16}\div\left(-\frac{27}{8}\right)\right\}=\frac{2}{3}+\left\{\frac{9}{16}\times\left(-\frac{8}{27}\right)\right\}$ $=\frac{2}{3}+\left(-\frac{1}{6}\right)=\frac{1}{2}$

(2) $\sqrt{75}-\frac{3}{\sqrt{3}}+\sqrt{27}=5\sqrt{3}-\sqrt{3}+3\sqrt{3}=7\sqrt{3}$

(3) $4x^2-x-2=0$ 二次方程式の解の公式から，$x=\frac{-(-1)\pm\sqrt{(-1)^2-4\times4\times(-2)}}{2\times4}=\frac{1\pm\sqrt{33}}{8}$

(4) データを小さい方から順に並べると，20，33，37，41，42，49である。中央値は3番目と4番目のデータの平均であり $\frac{1}{2}(37+41)=39$

(5) ⓪ $\sqrt{7^2}<\sqrt{50}<\sqrt{8^2}$ すなわち$7<\sqrt{50}<8$(正しい) ① 正四面体は4つの合同な正三角形で囲まれた立体である。 ② 半径r，中心角aの扇形の面積Sは，$S=\pi r^2\times\frac{a}{360}$ 弧の長さlは，$l=2\pi r\times\frac{a}{360}$であるから，$S=\frac{1}{2}\times\left(2\pi r\times\frac{a}{360}\right)\times r=\frac{1}{2}lr$(正しい) ③ 関数$y=ax^2$は，定数$a$の値の絶対値が大きいほど，グラフの開き方は小さい。

2 (方程式の文章題，確率，円の性質)

(1) 600ワットでの加熱時間をt秒とすると，ワット数と加熱時間が反比例することから $500\times210=600\times t$ $t=175$ よって，2分55秒

(2) 3回の操作による玉の取り出し方の総数は3×3×3=27(通り)ある。奇数となるのは一の位の数が1，3の2通りあり，そのそれぞれに対して十および百の位の数が1，2，3のそれぞれ3通りずつあるから，2×3×3=18(通り)ある。よって，求める確率は，$\frac{18}{27}=\frac{2}{3}$ 4の倍数となる3桁

の整数は，112，132，212，232，312，332の6通りある。よって，求める確率は，$\frac{6}{27}=\frac{2}{9}$

重要 (3) ACとBDの交点をEとする。△ABEと△ACDにおいて，AB＝AC…①　∠BAE＝∠CAD…②　$\overset{\frown}{AD}$に対する円周角より，∠ABE＝∠ACD…③　①②③より，1組の辺とその両端の角がそれぞれ等しいので，△ABE≡△ACD　よって，AE＝AD＝12であるから，EC＝AC－AE＝15－12＝3　また，△CADと△CDEにおいて，共通な角より，∠ACD＝∠DCE…④　$\overset{\frown}{BC}$に対する円周角より，∠CAD＝∠CDE…⑤　④⑤より，2組の角がそれぞれ等しいので，△CAD∽△CDE　ゆえに，CA：CD＝CD：CEが成り立つ。15：CD＝CD：3　$CD^2=45$　CD＞0より，$CD=3\sqrt{5}$

3 **(方程式の文章題)**

(1) 佐藤君はA地点からC地点まで自転車で行き，田村君はB地点からC地点まで自転車で行く。2人は同時に出発し，A地点からC地点までの距離は，B地点からC地点までの距離より長いことから，2人はA地点からC地点までのどこかですれ違うと考えられる。つまり，佐藤君は時速20kmで24分間進むから，$20\times\frac{24}{60}=8$

(2) 田村君は出発してから24分間で，自転車で$y$km進みその後，歩いて$(x-8)$km進むから，時間について立式すると，$\frac{y}{20}+\frac{x-8}{5}=\frac{24}{60}$　$y+4(x-8)=8$　$4x+y=40$…(ア)

(3) 2人がAB間を進むのにかかった時間の差が9分だから，$\left(\frac{y}{20}+\frac{x}{5}\right)-\left(\frac{x}{20}+\frac{y}{5}\right)=\frac{9}{60}$　$3x-3y=3$　$x-y=1$…(イ)　(ア)，(イ)を連立して，$x=\frac{41}{5}$　$y=\frac{36}{5}$　AB間の距離は，$x+y=\frac{41}{5}+\frac{36}{5}=\frac{77}{5}=15.4$(km)

4 **(図形と関数・グラフの融合問題)**

(1) $y=ax^2$に点Aの座標を代入して，$1=a\times2^2$　$a=\frac{1}{4}$

(2) 直線②の傾きは$-\frac{3}{2}$であるから，直線②の式を$y=-\frac{3}{2}x+b$として，点Aの座標を代入すると，$1=-\frac{3}{2}\times2+b$　$b=4$　よって，$y=-\frac{3}{2}x+4$　点Cは①と②の交点であるから，2式を連立して，$\frac{1}{4}x^2=-\frac{3}{2}x+4$　$\frac{1}{4}x^2+\frac{3}{2}x-4=0$　$x^2+6x-16=0$　$(x+8)(x-2)=0$　点Cのx座標は-8　よって，C$(-8,\ 16)$

重要 (3) まず，△ACB＝△ACEとなる点Eを，y軸上の$y>4$の部分にとることを考える。点Bの座標は(2，16)　点Bを通り，傾き$-\frac{3}{2}$である直線を③とすると，直線③の式は，$y=-\frac{3}{2}x+19$　よって，点Eの座標は(0，19)　直線②とy軸との交点をFとすると，EF＝19－4＝15　四角形ABCD＝2△ACBより，PF＝2EF＝2×15＝30となる。したがって，Pの座標はP(0，34)

5 **(立体図形の計量)**

(1) $AG=\sqrt{AE^2+EF^2+FG^2}=\sqrt{2^2+2^2+2^2}=2\sqrt{3}$

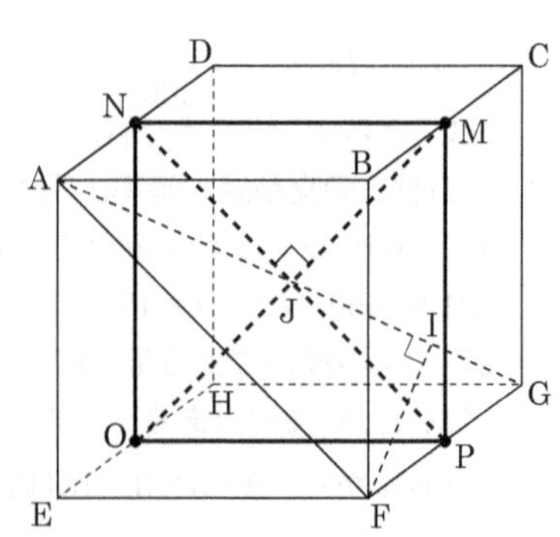

重要 (2) △AFGの面積を2通りで表す。$\frac{1}{2}\times AG\times FI=\frac{1}{2}\times AF\times FG$　$\frac{1}{2}\times2\sqrt{3}\times FI=\frac{1}{2}\times2\sqrt{2}\times2$　よって，$FI=\frac{2\sqrt{2}}{\sqrt{3}}$　△AFIで三平方の定理より，$AI=\sqrt{AF^2-FI^2}=\sqrt{(2\sqrt{2})^2-\left(\frac{2\sqrt{2}}{\sqrt{3}}\right)^2}=\frac{4}{\sqrt{3}}$　したがって，$\triangle AFI=\frac{1}{2}\times FI\times AI=\frac{1}{2}\times\frac{2\sqrt{2}}{\sqrt{3}}\times\frac{4}{\sqrt{3}}=\frac{4\sqrt{2}}{3}$

重要 (3) 右図のように，辺AD，EH，FGの中点をそれぞれN，O，

Pとして，平面MNOPを考える。Mから面AFI(平面AFGD)に引いた垂線MJは，平面MNOPにおいてMから対角線NPに引いた垂線である。平面MNOPは正方形だから，$MJ=2\sqrt{2}\div 2=\sqrt{2}$ したがって，求める体積は，$\frac{1}{3}\times\triangle AFI\times MJ=\frac{1}{3}\times\frac{4\sqrt{2}}{3}\times\sqrt{2}=\frac{8}{9}$

★ワンポイントアドバイス★

基本～標準レベルの問題が出題されている。典型的な問題が多いので，過去問を繰り返し解き直して高得点を目指そう。

＜英語解答＞

1 (1) 4 (2) 2 (3) 3 (4) 2 (5) 1 (6) 2 (7) 2 (8) 1
(9) 2，7

2 (10) 2 (11) 1 (12) 3 (13) 4 (14) 2 (15) 2 (16) 2，3，6

3 (17) 3 (18) 4 (19) 1 (20) 4 (21) 1 (22) 2 (23) 4
(24) 4 (25) 1，4，6

4 (26) 2 (27) 2 (28) 4 (29) 4

5 (30) 1 (31) 4 (32) 4

6 (33) 2 (34) 1 (35) 4

7 (36) ①・⑤・③・⑥・④・② (37) ⑤・②・①・⑥・④・③
(38) ②・⑥・③・①・⑤・④ (39) ②・①・④・③・⑥・⑤
(40) ⑥・③・②・⑤・④・①

8 (41) 2 (42) 3 (43) 4 (44) 1 (45) 4

○推定配点○

各2点×50 計100点

＜英語解説＞

重要 1 (長文読解・物語文：語句補充，指示語，要旨把握，内容吟味)

(全訳) ①イギリスは訪れるのに興味深い場所だ。それは，美しい古い家，古城，または興味深い美術館のためだけではない。そこには幽霊がたくさんいるように感じることもあるので面白い。田舎の小さな忘れられた村は完璧な例だ。そのような場所では，人よりも幽霊が多い場合がある。かつてイギリスの小さな村での経験についてお話ししよう。

約20年前，私は休暇でイギリスに行った。ロンドンで数日間過ごしたが，群衆と騒音はくつろがせるものではなかった。②私はレンタカーを借りて田舎をドライブすることにした。予定はなかった。ロンドンを流れるテムズ川に沿って東に運転した。

最初の夜、私はテムズ川の隣の小さな漁村に到着した。数軒の家しかなかったが，川の近くに③小さなホテルを見つけて，その晩の部屋を頼んだ。それは何百年もの間そこにある興味深い古い場所だった。ドアは太い黒い木でできていて，窓は船のように小さくて丸いものだった。大きな暖炉と小さなテーブルがたくさんあり，まるでずっとそこにあったようだ。実際，壁には，木に引っかかれた多くの名前と日付があった。私が見ることができた最も古い日付は1688年だ！

主人は私に2階の④部屋に案内した。巨大な古いベッドがある小さい部屋だった。ベッドは川からの冷たい空気を防ぐためにカーテンで囲まれていた。子供が使用できるようにベッドの下から引っ張ることができる小さなベッドもあった。 主人は，ベッドは300年以上前のものと思われると教えてくれた。彼はまた，昔，旅行者は見知らぬ人とベッドを共有しなければならなかったと説明した。ありがたいことに，主人は，見知らぬ人とベッドを共有する必要はないと説明してくれた。しかし，私はそれを1人か2人の幽霊と共有しなければならないかもしれません！私は笑ったが，主人の顔は急にとても真剣になった。

その後，私は暖炉のそばに座った。この時までに，ホテルは多くの地元の人々でかなり忙しかった。客のほとんどは，小グループで座って静かに話したり飲んだりしているお年寄りのようだった。誰も私に気づいていないようだったので，私は暖炉のそばの隅に一人で座ってビールを楽しんだ。実際，私はそこに座って，そのような興味深い地元の人々のグループを見ることができてとても幸せだった。

突然，何かが私の足に触れた。見下ろすと，足元に2匹の非常に大きくて太った黒い猫がいたのだ！最初に，彼らは私の足に自分自身をこすりつけ，次々と私の膝の上に飛び乗って，次にテーブルに飛び乗った。私が頭をなでながら，彼らは幸せそうに座っていた。数分後，一番大きな猫が私の空の皿を見て，私を見た。彼は「⑤いっぱいにして！」と言いたかったと思う。私は空の皿を見てから，窓際の大きなテーブルを見た。牛肉の大皿や，他にもたくさんの素敵な食べ物があった。私は自分の皿を手に取り，大きなテーブルに行った。

⑥できるだけたくさん食べなさいという主人とそこで会った。私は大きな肉4枚と小さなジャガイモ6個を皿に置き，テーブルに戻った。猫たちは静かに待っていて，私が座って肉でいっぱいの皿を私たちの間に置いたとき，私は彼らの顔に笑顔を見ることができた。主人は別の大きなビールを持ってすぐに来た。彼は猫を見て笑い，私が自分の2人の最高の顧客，ドリンカーとスティンカーと友達になれてうれしいと言った。彼が去った後，猫と私は古い暖炉の熱を楽しみながら一緒に夕食を楽しんだ。ようやく，私はいくらかの平和と静けさを見つけた。

その夜遅く，私はベッドで眠っていました。突然，奇妙な音が聞こえた。ドアがゆっくりと開いたような音がした。幽霊だったのか？数秒後，誰かが私のベッドのカーテンをゆっくりと動かしているのを感じた。それから私は主人が私のベッドを共有することについて言ったことを思い出した。多分それは本当に幽霊だった！突然，ベッドが揺れた。足元のベッドに何か重いものが座っていた。⑦私は凍りついた！誰かが実際に私のベッドに座っていた!!! 数秒後，それはゆっくりとベッドを上り始めた。小さな子供のように感じられ，子供たちがベッドの下で寝ていたことを思い出した。幽霊の子供がゆっくりとベッドを上って私の顔に向かって動くのを感じた。近づいてきたが，⑧怖くて叫べなかった！ゆっくりと，幽霊の子供は厚い毛布を乗り越えて，私の胸に座った。それは重い幽霊だった！ベッドから飛び降りる準備をしていると，2つの暖かく濡れた鼻が私の顔に触れ，2人の夕食の客，ドリンカーとスティンカーが穏やかに喉を鳴らすのが聞こえた。彼らはまた，夜を過ごすための暖かい場所を探していた！

私は村で数日間過ごし，毎晩夕食とベッドをホテルの最高の顧客であるドリンカーとスティンカーと共有した(ただし，幽霊ではない！)

(1)　第1段落第2，3文参照「美しい古い家」「古城」「興味深い美術館」「幽霊がたくさんいるように感じる場所」が挙げられている。

(2)　ロンドンでの群衆と騒音はくつろがせるものではなかったため，田舎をドライブすることにしたのである。

(3) たくさんある小さなテーブルは，まるでずっとそこにあったようだったので，真新しいものではない。

(4) ベッドが300年以上前につくられたものであり，部屋が300年以上前につくられたものではない。

(5) 彼の発言によって，空の皿に食べ物をのせて戻ってきたので，食べ物を入れるように頼む内容であると判断できる。

(6) the owner を修飾する主格の関係代名詞である。

(7) 幽霊が足元にいるように感じ，凍りついたのである。したがって，恐怖で動けなかったのだとわかる。

(8) <too ~ to …>「あまりに～すぎて…できない」

(9) 1「ホテルには2匹の犬がいた」第6段落第2文参照。ホテルには2匹の猫がいたので不適切。2「筆者は遊びでイギリスを訪れた」第2段落第1文参照。20年前に休暇でイギリスを訪れたので適切。3「イギリスの田舎には幽霊はほとんどいない」第1段落第3文参照。幽霊がたくさんいるように感じることもあるので不適切。4「暗い木に引っかかれた唯一の日付は1688年だった」第3段落最終文参照。最も古い日付が1688年であるので，唯一の日付ではないため不適切。5「筆者はベッドで2人の怖い幽霊に襲われた」第8段落第18文参照。ベッドで筆者のところにやってきたのはドリンカーとスティンカーであったので不適切。6「筆者は見知らぬ人と自分の部屋を共有しなければならなかった」第4段落第7文参照。筆者が訪れたときは，見知らぬ人と部屋を共有する必要はないため不適切。7「筆者は，古いホテルで2匹の猫と夕食とベッドを共有した」第9段落参照。筆者はドリンカーとスティンカーの2匹の猫と夕食とベッドを共有したので適切。

2 (長文読解・説明文：語句補充，指示語，内容吟味，要旨把握)

(全訳) 日本に住むアメリカ人として気づいたことの1つは，鳥がいないことだ。アメリカでは，毎日たくさんの色とりどりの鳥が庭で歌っていた。私たちは彼らに食べ物を与え，すぐに私たちの庭を私たちと共有する多くの異なる種類の鳥を数えることは困難だった。青いもの，赤いもの，黄色のもの，緑のもの，茶色のものがあった。しかし，庭では見られなかった色は黒だった。近所のゴミをめぐってカラスが争うことはなかった！日本では違う。毎朝カラスがゴミを拾い通り中に広げているのを目にする。カラスはいつも誰かのゴミ袋からおやつを手に入れる方法を見つけているようだ。

①しかし，スウェーデンのある都市は，通りを汚すのではなく，通りをきれいにする方法をカラスに教える方法を見つけた。どのようにしてか。セーデルテリエ市は，たばこの吸い殻を路上に置いたままにする人々に問題があった。実際，路上で見つかったゴミを調べた後，62%がたばこの吸い殻であることが発見された。また，吸い殻は小さいため，街頭清掃機が吸い殻を集めるのは困難だ。ほとんどは雨水によって海に運ばれる。これは，たばこの吸い殻が食べ物だと思っている魚に食べられる可能性があることを意味する。吸い殻の中の化学物質は有毒で，それらを食べるかわいそうな魚を毒する。同じ魚を食べると，中毒になることもある。たばこの吸い殻は人間や他の動物にとって悪い。

セーデルテリエ政府は，たばこの吸い殻を集めるための良い方法を見つけることに決めた。彼らは地元の人々にアイデアを求めた。一人の男，クリスチャン・ギュンター・ハンセンは，良い考えを持っていると思った。クリスチャンはカラスが好きで，近所でのカラスの行動をよく研究していた。クリスチャンは，カラスが7歳の人間のように考え，行動することに気づいた。②子供のように，カラスは食べ物を与えられるのが好きだ。カラスに食べ物を与えると，あなたを覚えている。毎日同じ時間にカラスに食べ物を与えると，カラスはあなたを信頼し始める。カラスは食べ物と引き換えに，ゴミのような小さなものを人間の友達への「プレゼント」として持ってくることがある。クリスチャンは，近所のカラスがしばしばタバコの吸い殻を持ってくることに気づいた。③この奇妙なカラスの行動は，タバコの吸い殻の問題を解決できるか？

クリスチャンは実験をした。彼は小さな箱を作った。右側にはカラスがプレゼントを落とす場所があった。左側には，開いてカラスに食べ物を与える小さな引き出しがあった。カラスが④右側にゴミを落とすと，クリスチャンは⑤左側を一度開け，カラスは少し食べ物を受け取った。カラスがタバコの吸い殻を⑥右側に落とした場合，クリスチャンは⑦左側を2回開き，カラスは2倍の食べ物を手に入れることができる。カラスはすぐに，たばこの吸い殻と引き換えに⑧より多くの食べ物を手に入れ，通常のゴミと引き換えに⑨より少ない食べ物を手に入れることを知った。すぐに，カラスが食べ物と引き換えにタバコの吸い殻を落とすために他の近所からやって来た。彼のアイデアはうまくいった！

クリスチャンはカラスボックスを自治体に見せた。彼らはクリスチャンに，多くのカラスと多くのタバコの吸い殻がある町の他の場所で彼のカラスボックスを試すように頼んだ。すぐにクリスチャンは市内中心部のカラスにタバコの吸い殻を集めさせた。カラスは最初用心深かったが，すぐに食べ物を手に入れるにはタバコの吸い殻を見つける必要があることを学んだ。おそらく最も興味深いのは，カラスがタダで食べ物を手に入れる方法をお互いに教え合ったことだった。

今日，クリスチャンは人間を必要としないカラスボックスを作成した。カラスは不注意な喫煙者によって引き起こされた問題を解決するのを助けている。日本でも同じことができるかもしれない。私たちには多くの不注意な喫煙者と多くの賢いカラスがいる！

(11)　カラスがごみを散らかす日本と，カラスによって通りをきれいにするスウェーデンの都市を比較している。

(12)　カラスは7歳の人間のように考え，行動するという点から判断できる。

(13)　前の文の「カラスがタバコの吸い殻をもってくる」ということを指している。

(14)　カラスがごみを入れるのは「右」側で，食べ物をもらえるのは「左」側である。

(15)　通常のごみのときは引き出しが1回開き，タバコの吸い殻を入れると2回開くので，タバコの吸い殻を入れると，より多くの食べ物を手に入れられたのである。

(16)　1「カラスは食べ物が与えられると，カラスはあなたを忘れる」第3段落第7文参照。カラスに食べ物を与えると覚えているので不適切。　2「カラスは他のカラスにタダの食べ物を手に入れる方法を教えた」第5段落最終文参照。カラスはお互いにタダの食べ物を手に入れる方法を教えあったので適切。　3「たばこの吸い殻は自然環境に良くない」第2段落最終文参照。たばこの吸い殻は人にも動物にもよくないので適切。　4「クリスチャン・ギュンター・ハンセンは，日本でカラスボックスを紹介した」第6段落第3文参照。同じことが日本でもできるかもしれないとあるので，まだ日本では行われていないため不適切。　5「街頭清掃機がたばこの吸い殻を集めるのは難しくない」第2段落第5文参照。吸い殻は小さいため集めるのが難しいとあるので不適切。　6「セーデルテリエでは，路上のゴミの60％以上がたばこの吸い殻だった」第2段落第4文参照。62％がたばこの吸い殻であったので適切。　7「クリスチャン・ギュンター・ハンセンはカラスが好きではなかったので，カラスを研究したくなかった」第3段落第4文参照。クリスチャン・ギュンター・ハンセンはカラスが好きで，カラスの行動を研究していたので不適切。

3 (会話文問題：空所補充，要旨把握，内容吟味)

(学校での読書教室)

スージー　：スミス先生，なぜこの男性は彼の名前の後に「Ⅷ」の文字があるのですか？それはどういう意味ですか。

スミス先生：良い質問ですね，スージー。それらは実際には文字ではなく，ローマ数字です。「V」は5のローマの記号で，「Ⅲ」は①3の記号でした。あわせて数字「8」を作ります。

スージー　：それでは，ヘンリーナンバーエイトですか？

スミス先生：いいえ。正しい言い方は「ヘンリー8世」です。

ヨウジ　　：でも，それはどういう意味ですか？

スミス先生：それは彼の前にヘンリーという名前の②7人の王がいて，彼が8番目になったことを意味します。ヘンリー8世は約500年前のイギリスで非常に重要な王でした。彼の本名はヘンリーチューダーでした。彼は1491年に生まれました。

スージー　：なぜ彼を研究する必要がありますか？彼は私にはとても退屈に聞こえます。

スミス先生：6人の妻がいた王は退屈かな？彼は2人と離婚し，2人を処刑し，1人が死亡し，1人が生き残ったんだよ。

スージー　：え？6人の妻？？？そしてそのうちの2人を殺しました？？？？スミス先生，もっと教えてください!!!

スミス先生：まあ，長い話ですが，それはヘンリーの兄，③アーサーから始まります。彼の父が最終的に死んだとき，彼はアーサー王になるつもりでした。当時，王の長男は父親が亡くなるとすぐに王になりました。

ヨウジ　　：ちょっと待ってください，アーサーの父親はヘンリー七世だったんですよね？彼はヘンリーという名前の7番目の王でしたか？

スミス先生：はい。アーサーは次の王になるつもりでしたが，彼は運が悪かったです。悲しい話です。

スージー　：④彼に何が起きたのですか？

スミス先生：アーサーはスペインの王女と結婚するように言われました。彼女の名前はアラゴンのキャサリンでした。彼女はとても美しく，とても賢い人でした。彼らは彼が15歳でキャサリンが16歳のときの1501年に結婚しました。

ヨウジ　　：幸運だったんですね！

スミス先生：いいえ，そうではありません。彼は病気になって死ぬ前にキャサリンとほんの数ヶ月過ごしました。彼はわずか15歳でした。

スージー　：本当ですか？それはとても悲しいことです。アーサーは若くして亡くなり，王になることは⑤ありませんでした。それで，次に何が起こりましたか？

スミス先生：アーサーの死から8年後，ヘンリー7世が1509年4月21日に亡くなったとき，弟のヘンリーが王になりました。

ヨウジ　　：では，アーサーの弟は1509年にイギリスのヘンリー8世になったのですか？

スミス先生：はい。その後，彼はアラゴンのキャサリンと結婚するように言われました。彼らは1509年6月11日に結婚しました。ヘンリーはわずか17歳でした。

ヨウジ　　：子供はいたんですか？

スミス先生：はい，メアリーという名前の女の子です。しかし，ヘンリーはキャサリンに腹を立てました。彼女には男の子の子供がいなかったからです。彼は24年の結婚生活の後，1533年に彼女と離婚しました。

スージー　：かわいそうなキャサリン！次に何が起こりましたか？

スミス先生：その同じ年，ヘンリーは次の妻であるアン・ブーリンと結婚しました。彼女は若くて美しかったです。

ヨウジ　：ヘンリーに息子をもうけたんですか？
スミス先生：いいえ、エリザベスという名前の女の子だけです。ヘンリーは1536年にアンを処刑しました。
スージー　：わー！彼女は⑥息子を産むことができなかったという理由だけで殺されたのですか？
スミス先生：はい，そして数日後，ヘンリーは3番目の妻であるジェーンシーモアと結婚しました。彼女はすぐに1537年にエドワードという名前の息子を生み出しました。しかし，彼女は数日後に亡くなりました。しかし，ヘンリーには息子がいて，それは彼が何よりも望んでいたことでした。
ヨウジ　：それで，あと3人の妻が残るんですね。彼女らに何が起こったのですか？
スミス先生：さて，1540年1月に，彼はドイツの王女，アン・オブ・クレーヴズと結婚しました。彼らは会ったことがありませんでしたが，ヘンリーは友人から彼女が美しいと言われていました。しかし，ヘンリーは彼女が美しいとは思わず，数日後に離婚しました。
スージー　：わかりました。あと2人の妻が残っています。
スミス先生：次の妻は若くて愚かでした。彼女の名前はキャサリンハワードでした。彼女は16歳で、美しい緑色の目と赤い髪をしていました。ヘンリーは1540年7月に彼女と結婚しました。しかし，ヘンリーは年をとって太っていました、そしてキャサリンは多くの若い男性に非常に人気がありました。ヘンリーはとても腹を立てました。彼は1542年にキャサリンを処刑しました。彼女は短い人生を過ごしました。彼女はわずか17歳でした。
スージー　：それで，残された妻は1人....。
スミス先生：はい，彼女の名前はキャサリン・パーでした。彼女は1543年にヘンリーと結婚しました。彼女は31歳でした。ヘンリーは52歳でした。
ヨウジ　：彼は彼女も殺したの？
スミス先生：いいえ，ヘンリーの健康は良くありませんでした。1547年に亡くなりました。
スージー　：それで，離婚して，処刑して，亡くなって，離婚して，処刑して，⑦生き残ったんですね？
スミス先生：はい，そうです。
スージー　：ありがとうございます，スミス先生！今，私はもっと歴史を読みたいです！

(17)　5と合わせて8になるのは「3」である。

(18)　ヘンリー8世の前には，ヘンリーの名の王が「7人」いたことになる。

(19)「父が死んだとき，アーサー王になるつもりだった」とあるので，兄の名は「アーサー」であるとわかる。

(20)　この後で，アーサーが結婚するように命じられた内容が書かれているので，What happened to him?「彼に何が起こったのか」が適切。

(21)「なぜアーサーの話は悲しいのか」　アーサーは，結婚後数か月しか過ごせず，若くして亡くなったからである。

(22)　アーサーは若くして亡くなったので，王にはならなかった。

(23)　女の子しか生まなかったので，処刑されたのである。

(24)　2人と離婚し，2人を処刑し，1人が死亡し，1人が生き残ったとあるので，最後の妻だけが生き残ったと判断できる。

(25)　1　1509年は，ヘンリー8世が王位に就いた年である。　4　アン・ブーリンは娘とともには処刑されていない。　6　ジェーンシーモアは1537年に亡くなり，ヘンリー8世が次に結婚したのは1540年である。

基本 4 (資料問題)

(26) このセールは開店3周年の感謝を示すためのセールである。

(27) 1月21日はチョコレートケーキ1ピース$6→$5であるので，16ピースは$5×16=$80 となる。16ピース購入すると10%割り引かれるため，$72 となる。

(28) この特別セール中に何か購入すれば，2月に使える20%割引券がもらえる。

(29) 1ダースのドーナツは$2×12=$24，8ピースのチョコレートケーキは$6×8=$48 であるので，1ダースのドーナツの方が安い。

5 (単語)

(30) well - off「裕福な」=rich

(31) staff「従業員」=employee

(32) interested in「～に興味がある」=curious about

や難 6 (正誤問題：動詞，接続詞，前置詞)

(33) willのあとは形容詞のsharpは不適切。②sharpen「とぐ」が正解。

(34) 条件を表す接続詞では未来の内容でも現在形を用いる。①is が正解。

(35) have a problem with ~「～に問題がある」 ④withが正解。

重要 7 (語句整序問題：関係代名詞，間接疑問文，現在完了)

(36) (What) is the name of the tree that Japan gave (to Washington D.C. in 1912 ?) that 以下は前の名詞を修飾する目的格の関係代名詞である。

(37) (Kenta doesn't) know what his baby will do (next.) 間接疑問文の語順は<疑問詞+主語+(助)動詞～>となる。

(38) (Mike has been) enjoying playing basketball since he came (to Japan.) <has been ~ing>で現在完了進行形の文になる。enjoy ~ing「～して楽しむ」

(39) (Do you) know the woman who is talking with (him over there?) who 以下は前の名詞を修飾する主格の関係代名詞である。

(40) (Our science teacher) has lived in the U.S. but he (grew up in Aomori.) 現在完了の文は<have / has + 過去分詞>となる。

基本 8 (語句補充問題：動名詞，不定詞，受動態，文型，助動詞)

(41) practice ~ing 「～することを練習する」

(42) <ask +人+ to ~>「人に～するように頼む」

(43) 助動詞を用いた受動態は<助動詞+ be +過去分詞>となる。この場合は，疑問文なので主語の前に助動詞をおく。

(44) <make A +形容詞／名詞>「Aを～にする」sleepyは「眠い」という意味の形容詞。

(45) Why don't we ~ ? 「～しませんか」

★ワンポイントアドバイス★

設問自体は解きやすい問題であるが，長文読解の量が非常に多い問題である。過去問や問題集を用いて，同程度の分量がある読解問題に慣れておきたい。

<理科解答>

[1] (1) ② (2) ③ (3) ③ (4) a ② b ②
[2] (1) ④ (2) ⑧ (3) ② (4) ① (5) a ① b ②
[3] (1) ⑥ (2) ⑤ (3) ④ (4) a ③ b ②
[4] (1) a ④ b ③ (2) ア ② イ ⑤ (3) ④ (4) ウ ⓪ エ ③
(5) ②
[5] (1) ③ (2) ① (3) ① (4) ③ (5) ⑤ (6) ④
[6] (1) ② (2) ⑥ (3) ① (4) ② (5) ア ⓪ イ ③ (6) ⑥
[7] (1) ③ (2) ② (3) ② (4) ③ (5) a ② b ③
[8] (1) ⑤ (2) ② (3) ③ (4) ④ (5) ②

○推定配点○

[1] 各2点×5 [2] 各2点×6 [3] 各2点×5 [4] 各2点×6((2)・(4)各完答)
[5] 各2点×6 [6] 各3点×6((5)完答) [7] (5) 各2点×2 他 各3点×4
[8] 各2点×5 計100点

<理科解説>

重要 [1] **(植物の体のしくみ・生物どうしのつながり・ヒトの体のしくみ)**

(1) 裸子植物は，子房がないので果実はできない。

(2) 肝臓はタンパク質の分解で生じたアンモニアを尿素に変えるので，③は間違いである。

基本 (3) 植物は空気中から二酸化炭素を取り入れ光合成により，炭素を含む有機物を合成する。合成した有機物は動物に食べられ，呼吸により二酸化炭素を大気中にはきだす。よって，③が正解である。

(4) a 形は異なるが，発生上の起源が同じ器官を相同器官という。 b 相同器官の組み合わせとして正しいのは②である。

重要 [2] **(地層と岩石・天気の変化・地球と太陽系)**

(1) (a)は火山ガス，(b)は火山灰，(c)は溶岩である。

(2) マグマが地表で急速に冷やされてできた岩石を火山岩といい，斑状組織を形成する。

基本 (3) 10℃でコップの表面がくもり始めたので，25℃の空気$1m^3$中に水蒸気が9.4g含まれていることがわかる。よって，湿度は，$\frac{9.4(g)}{23.1(g)}\times100=40.69\cdots$より，40.7%である。

(4) 冬至の日は最も南寄りから日の出日の入りをし，太陽は南中するので，①である。

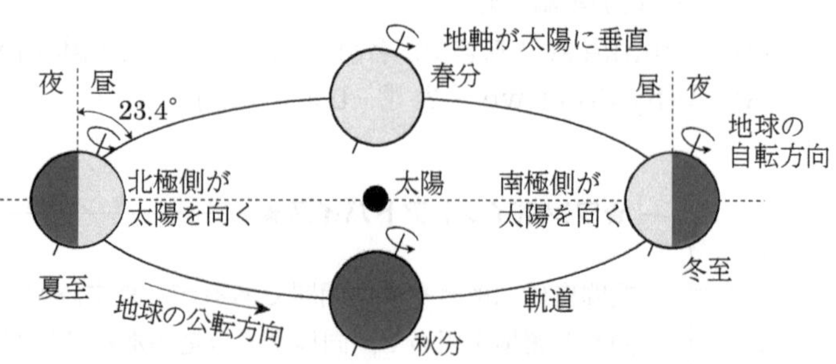

基本 (5) (a) 右図のように冬至の位置は，Aとなる。 (b) 秋分の日はDである。地球がDの位置にあるとき，太陽と正反対の位置にあるうお座が真夜中に南の空に見える星座となる。

重要 [3] **(物質とその変化・イオン式・原子と分子)**

(1) 操作1 石灰水が白くにごったので，発生した気体は二酸化炭素である。 操作2 ビーカーの内部がくもったのは，アルコールランプが燃焼する際，水蒸気を発生させるからである。

基本 (2) 硫酸銅の化学式中の陽イオンと陰イオンの数の和は4なので，⑤が間違いである。

(3) 原子は電子を放出することで陽イオンになり，電子を受け取ることで陰イオンに変化するので，④は間違いである。

(4) (a) 水酸化ナトリウムは混合物ではない。 (b) うすい塩酸に鉄は反応し水素を発生する。水素は無臭の気体である。Yの物質は硫化鉄である。硫化鉄に塩酸を加えると，硫化水素が発生する。硫化水素はにおいのある気体である。

重要 4 **(静電気・光と音の性質)**

(1) (a) ストローをティッシュでこすると，ストローはマイナスの電気を帯びる。そのため，ストローAにストローBを近づけると，ストローAは遠ざかる。ティッシュはプラスの電気を帯びるので，ストローAに近づけると，ストローAは近づく。 (b) 右図のように，水に入れたストローは光の屈折によって，③のように見える。

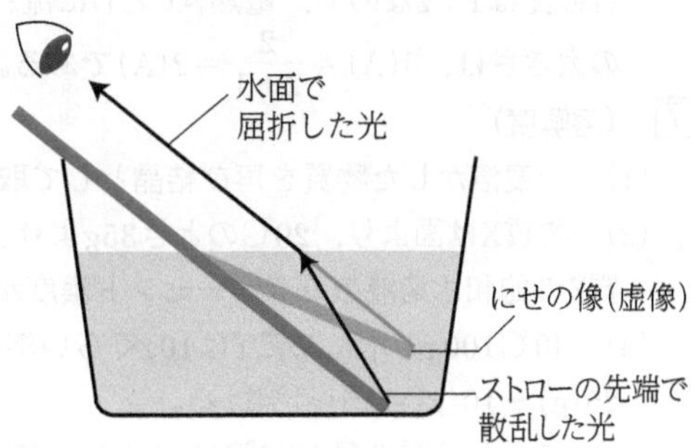

(2) $\frac{90\times1000(\mathrm{m})}{60\times60(\mathrm{s})}=25(\mathrm{m/s})$

(3) 重力は地球の中心に向かって働いている。

基本 (4) 音は海底までの往復で4秒かかっているので，片道にかかる時間は2秒である。よって，この場所の海の深さは1500(m/s)×2(s)＝3000(m)＝3(km)である。

(5) A 運動エネルギーを熱のエネルギーに変換している器具は，火起こし器である。 B 電気エネルギーを運動エネルギーに変換している器具は，モーターである。 C 電気エネルギーを熱エネルギーに変換している器具は，アイロンである。 D 光エネルギーを電気エネルギーに変換しているのは，太陽電池である。 E 音エネルギーを電気エネルギーに変換しているのは，マイクである。

重要 5 **(天気の変化)**

(1) 低気圧の中心から離れたCが最も気圧が高い。

(2) 等圧線は4hPaごとに引くので，D地点の気圧は1000(hPa)－4(hPa)＝996(hPa)である。

(3) 温帯低気圧の寒冷前線と温暖前線の向きは①である。

(4) X方面では，右方向に寒気が暖気を押している。その際，寒気は暖気よりも重いので，暖気の下を潜るような形で右に進む。Y方面では右方向に暖気が寒気を押しているが，暖気は寒気よりも軽いため，寒気の上を通っていく。よって，③が最も適当な図である。

(5) くもりの天気記号は◎である。南西の風なので，風向は南西の向きに線を引く。よって，⑤が最も適当である。

(6) B地点では寒冷前線が通過する際に発生した積乱雲によって，短期間に激しい雨が降る。寒冷前線が通過すると，寒気がやってくるので気温は低下する。

6 **(電流と電圧・電力と熱)**

重要 (1) 同じ電圧をかけたとき，流れる電流が小さいものほど抵抗が大きい。

基本 (2) 3Vの電圧で2Aの電流が流れるのは，図2から電熱線Cである。電熱線Cに10秒間電流を流したときに発生する熱量は，3(V)×2(Ω)×10(s)＝60(J)である。

基本 (3) 抵抗値2Ωに3Aの電流が流れているので，この電熱線には，2(Ω)×3(A)＝6(V)の電圧がはたらいている。回路は直列つなぎなので，右側の電熱線には1Vの電圧がはたらき，3Aの電流が流れていることがわかる。よって，図2より右側の電熱線は，電熱線Aだとわかる。

基本 (4) 抵抗値2Ωの電熱線に流れる電流は，$4(\mathrm{V})=2(\Omega)\times x(\mathrm{A})$より，2Aだとわかる。よって，回路の下にある電熱線には4(V)の電圧がはたらき，6Aの電流が流れているので，図2より，電熱線Bだとわかる。

やや難 (5) 電熱線Cの抵抗は，$3(\mathrm{V})=x(\Omega)\times 2(\mathrm{A})$より，1.5Ωである。電熱線Dの抵抗は，$3(\mathrm{V})=x(\Omega)\times 1(\mathrm{A})$より，3Ωである。電熱線CとDは並列につながっているので合成抵抗は，$\frac{1}{1.5(\Omega)}+\frac{1}{3(\Omega)}=1(\Omega)$である。よって，回路全体の合成抵抗は$1(\Omega)+2(\Omega)=3(\Omega)$である。

基本 (6) 抵抗値2Ωの電熱線にかかる電圧の大きさは，$2(\Omega)\times 3(\mathrm{A})=6(\mathrm{V})$である。電熱線CとDの抵抗の比は1：2なので，電熱線CとDに流れる電流の大きさは2：1となり，電熱線Cに流れる電流の大きさは，$3(\mathrm{A})\times\frac{2}{2+1}=2(\mathrm{A})$である。

7 **(溶解度)**

重要 (1) 一度溶かした物質を再び結晶として取り出す方法を再結晶という。

基本 (2) 物質Xは図より，20℃のとき35gより少し多く溶けるので，塩化ナトリウムの飽和水溶液と物質Xの飽和水溶液の質量パーセント濃度がほぼ同じになる。

基本 (3) 40℃100gの水に物質Yは10gくらい溶け，80℃では25gくらい溶けているので，物質Yはあと$25(\mathrm{g})-10(\mathrm{g})=15(\mathrm{g})$溶ける。

基本 (4) 加えた溶質の量が20℃における物質Yの溶解度を下回っているため，20℃にしても物質Yの結晶は現れない。

やや難 (5) (a)・(b) 20℃の水100gに物質Xは35gまで，物質Yは5gまでしか溶けないので，物質Xは15g，物質Yも15gの結晶ができる。その後ろ過して，100gの水に物質Xを15g，物質Yを15g溶かし，20℃にすると，物質Xは35gまで溶けるので，15gは全て溶けた状態となる。しかし，物質Yは5gまでしか溶けないので，物質Yが$15(\mathrm{g})-5(\mathrm{g})=10(\mathrm{g})$得られる。

重要 8 **(生殖と遺伝)**

(1) 遺伝の法則はメンデルが発見した。遺伝子の本体は染色体に含まれるDNAという物質である。

(2) エンドウは自家受粉をするので，②は誤りである。

(3) 実験1でできた子の代の種子の遺伝子型はAaなので，その精細胞において，遺伝子Aとaの割合は1：1となる。

(4) 実験2でできた孫の代の遺伝子型は右表のようになるので，AA：Aa：aa＝1：2：1となる。

	A	a
A	AA	Aa
a	Aa	aa

基本 (5) 丸型種子は全部で3となり，そのうちおしべに由来するAとめしべに由来するaをあわせ持つ種子(Aa)は1あるので，$\frac{1}{3}\times 100=33.3\cdots$より，33％である。

★ワンポイントアドバイス★

問題文の条件情報を素早く正確に読む訓練をしよう。

＜社会解答＞

1	(1) ③	(2) ②	(3) ②	(4) ③	(5) ②	(6) ④	(7) ②
	(8) ①	(9) ②	(10) ③				
2	(1) ⑧	(2) ①	(3) ④	(4) ③	(5) ①・②	(6) ④	(7) ③
	(8) ②	(9) ④	(10) ①				
3	(1) ②	(2) ③	(3) ⑥	(4) ③	(5) ③	(6) ④	(7) ②
	(8) ①	(9) ②	(10) ②				
4	(1) ①	(2) ③	(3) ④	(4) ④	(5) ④	(6) ②	
5	(1) ③	(2) ④	(3) ④	(4) ③			
6	(1) ①	(2) ①	(3) ②	(4) ③	(5) ①	(6) ③	(7) ④
	(8) ③	(9) ②	(10) ③				

○推定配点○

各2点×50　　計100点

＜社会解説＞

1 （各分野の小問集合）

(1) 五・四運動は1919年に中国で起こったが，同年に朝鮮では三・一独立運動が起こった。

(2) 世界金融危機は，アメリカ合衆国でのリーマンショックに端を発する。

(3) 第四次中東戦争の影響で第1次石油危機が起こり，イラン革命の影響で第2次石油危機が起こった。

(4) 「法の支配」という考えは，ヨーロッパでの市民革命のなかで普及していった。前近代の絶対王政を打倒する動きはイギリス・フランス等で見られたが，その背景には啓蒙思想の広がりがあったといえる。

(5) 日本国憲法を改正するためには，国会での発議を経て，国民投票で過半数の賛成を得る必要がある。

(6) メッカはサウジアラビア西部に位置する。

(7) 日本の原油輸入先の大部分がサウジアラビアやアラブ首長国連邦といった中東諸国である。

(8) ロシアによるウクライナ侵攻は2022年2月に開始されたが，2023年3月現在に至るまで終息に至っていない。

(9) タイは，1980年代後半からの外国の投資の増加により，急速な経済発展を遂げた。

(10) チリは，アンデス山脈の西側に南北4000km以上にわたって細長く延びる国である。

2 （総合問題－「戦乱・アフリカ」を起点とした問題）

(1) モノカルチャー経済はアフリカ諸国を含む多くの発展途上国にみられるが，ガーナのココア，ナイジェリアの石油などが典型的な事例である。

(2) ②は1871年，③は1989年，④は1978年の出来事である。

(3) ①は北大西洋条約機構，②は北米自由貿易協定，③はアジア太平洋経済協力会議の略称である。

(4) 黙秘権は，自白偏重の裁判においては冤罪事件を引き起こしやすいという反省から認められるようになった権利である。

(5) 皇民化政策は日本が植民地支配していた地域でとった同化政策である。

(6) ミッドウェー海戦が起こったのは1942年である。

(7) ローズベルトはアメリカ合衆国の第32代大統領で，在任期間は「1933年～45年」となる。

(8) サンベルトは，ハイテク産業・レジャー産業等の先端的産業の発展がめざましく，文化施設・大学などの学術機関も充実している地域である。

(9) ④ 「宇宙開発で世界をリードしている」という部分が誤っている。

(10) ① 「LGBT」は「身体的な性と意識する性との違いを感じる人」のことをさす。

3 (公民－科学技術の発展によって生じる諸問題)

(1) ② このような因果関係は本文の中では書かれていない。

(2) ③ 中選挙区・大選挙区の説明である。

(3) 日本国憲法と大日本帝国憲法を比較して整理しておく必要がある。

(4) パリ協定は京都議定書を引き継ぐ形で採択された。

(5) ③は1972年の出来事である。

(6) 会話文の流れから，空欄**お**と空欄**き**にはインターネット投票のデメリットが入る。A～Dの中で，デメリットについて言及しているのはBとCである。

(7) ② 「本人確認のための身分証の確認」はプライバシーの侵害ではない。

(8) ② 図3から「従来からの知人とのコミュニケーションのため」にSNSを利用している人の割合は減少している。 ③ 図2からSNSの利用者の割合が最も増加したのは70代である。 ④ 図1から固定電話を保有している世帯数の割合は約16%減少している。

(9) 憲法は最高法規であり，一般法よりも格上である。

(10) 「成人に認められる権利」すべてが認められているわけではない。

4 (地理－「チョコレート」を起点とした問題)

(1) コートジボワールとガーナはギニア湾沿いの国である。

(2) 「サツマイモの1位が鹿児島県，ジャガイモの1位が北海道」である点に注目すれば判定しやすいといえる。

(3) ① 「バルカン半島」ではなく「イベリア半島」である。 ② ロシアはEU加盟国ではない。 ③ ドイツ語は「ゲルマン系」である。

(4) インドはヒンドゥー教，サウジアラビアはイスラム教，タイは仏教が多数派を占めている。

(5) ①は乾燥帯，②は温帯，③は冷帯の説明である。

(6) ① チョコレートの生産数量は最多ではない。 ③ 輸出量は2005年から2010年は減少している。 ④ 1人当たりの年間消費量の増加量は約30%である。

5 (地理－地形図の読み取り)

(1) 7×10000÷100＝700(m)となる。

(2) ① なるを駅の北側には水田が広がっている。 ② 図2において「甲子園球場」は線路の南側に位置している。 ③ 図1における「濱甲子園」は図2における「鳴尾浜」よりも北西に位置している。

(3) 図2の今津浜公園・鳴尾浜臨海公園・武庫川駅は図1の阪神競馬場よりもそれぞれ西側・南側・北東側に位置する。

(4) 「人口の推移」を調べるには，人口関連の統計データを見ることが適している。

6 (日本の歴史－「長野県」を起点とした問題)

(1) 日本書紀は720年に編纂された歴史書である。

(2) ④→②→①→③の順である。

(3) ①は江戸時代，③は平安時代，④は室町時代の出来事である。

(4) ① 古代から民衆の間で使用されていたのは太陰暦である。 ② 犬養毅首相が暗殺されたのは五・一五事件である。 ④ 「阪神・淡路大震災」ではなく「東日本大震災」である。

(5) ①は備前国福岡の市を描いた「一遍上人絵伝」である。

(6) ①は天台宗の祖，②は鎌倉時代に活躍した仏師，④は真言宗の祖である。

(7) 文永・弘安の役は鎌倉時代の二度の元寇を総称したものである。

(8) ガスコンロを使用した調理法へ変化したのは，「昭和初期」ではない。

(9) ①は平清盛，③は中大兄皇子(天智天皇)，④は聖徳太子の説明となる。

(10) 国民学校は，1941年から1947年までの小学校の呼称である。

★ワンポイントアドバイス★

設問数が比較的多く，統計資料の読み取り問題も出題されているので，時間配分には注意するようにしよう。

＜国語解答＞

一 問1 イ　問2 オ　問3 ウ　問4 イ　問5 ア　問6 ア　問7 エ
　問8 ウ　問9 ア　問10 オ

二 問11 イ　問12 エ　問13 イ　問14 オ　問15 オ　問16 ウ　問17 ウ
　問18 ア

三 問19 ウ　問20 ア　問21 オ　問22 イ　問23 エ　問24 イ，オ
　問25 ウ

四 問26 ア　問27 ア　問28 ウ　問29 ウ　問30 イ

○推定配点○

一 各2点×10　二 各4点×8　三 各4点×7(問24完答)　四 各4点×5　計100点

＜国語解説＞

一 (漢字の読み書き，慣用句，熟語，俳句，語句の意味，敬語，文学史，品詞・用法)

問1 問の「常軌」とは，「通常のやり方」。 ア「機会」とは，「ちょうどよい折」。 イ「軌道」とは，「天体・物体・物事などの道筋」。 ウ「岐路」とは，「分かれ道」。 エ「好奇心」とは，「珍しいことや未知のことなどに興味をもつ心」。 オ「機械」とは，「動力を受けて，目的に応じた一定の運動・仕事をするもの」。

問2 「かんり」が正しい読み。「官吏」とは「国家公務員の通称」であるが，現代日本ではあまり使わない言い方。「官吏」と言った際はどちらかというと大日本帝国憲法下での国家公務員や，中国の役人といったイメージの方が強いだろう。

問3 ア「青写真を描く」は，「未来の計画を立てること」。 イ「青菜に塩」は，「元気をなくして，すっかりしょげている様子」。 ウ「赤筆を入れる」とは，「文章を添削すること」。 エ「青天の霹靂」は，「予想しない出来事が突然起こる様子」。 オ「青二才」は，「若くて，経験の足りない男をののしっていう語」。

問4　ア 「四面楚歌」とは,「まわりが敵や反対者ばかりで, 味方のないこと」。　イ 「五里霧中」とは,「迷って方針や見込みなどの立たないこと」。　ウ 「四六時中」とは,「二四時間中。あるいは, いつも」。　エ 「二束三文」とは,「数が多くても値段が非常にやすいこと, もの」。
オ 「四苦八苦」とは,「苦労に苦労を重ねること」。

問5　それぞれ, イの「雛」は春, ウの「時雨」は冬, エの「菜の花」は春, オの「白露」と「萩」は秋の季語。

問6 『三国志』に由来。馬氏という家には五人の優秀な兄弟がいて, 中でも眉毛に白い毛の混じっていた長男が最も秀れていたことから。

基本 問7　ア 「召す」は尊敬語であり, 自分自身に使うことはできない。ここは単に「引いて」が適当。　イ 「いらっしゃられ」は「いらっしゃる」と「～される」の二重の敬語になっており, 現代語では誤用。　ウ 「いただく」は謙譲語であるが,「部長」はおそらく目上の人物と考えられるため, ここは尊敬語「召し上がる」が適当。　オ 「お考え」は「考え」に尊敬の意を持たせる表現であり, 自分自身に使うことはできない。ここは単に「考え」が適当。

問8　ア『浮雲』は二葉亭四迷, イ『伊豆の踊子』は川端康成, エ『枕草子』は清少納言, オ『雨月物語』は上田秋成の作。

やや難 問9 「連体詞」とは名詞を修飾するものであるが, イ, ウ, エ, はいずれも「在籍して」,「食べて」,「流れる」を修飾している連用詞。オは「静かだ」と変形できるため形容動詞。

問10　ア, イ, ウ, エはいずれも似た意味の漢字の組み合わせ。オは「激しく励ます」と, 上の字が下の字を修飾している。

二 (論説文—文脈把握, 脱文・脱語補充, 接続語の問題, 内容吟味)

問11　傍線部1直後に「これまでの元号と同じようにリズミカルな構造を有しています」とあることから,「予想通り」なのはリズムに関することであるとわかる。この時点で, リズムに言及のないア・エは不適当。アに関しては, そもそもこれまで漢籍から選ばれていたならば, 予想通りとしては新元号も漢籍から選ばれるはずなので,「予想通り」とは言えない。ウは「これまでの最近の」と矛盾した言葉遣いが選択肢に含まれている点からも不適当と言えるが, そもそも新元号「令和」のリズムは「強弱強」であるため不適当。第六段落に強弱強の例として明治や昭和が挙げられているが,「令和」もこれにあてはまる。オは「完全に一致」が誤り。日本語全般に見られる漢語の傾向は第三段落で述べられているが, その最終文「日本の元号は, ～偏りを示しています」と矛盾する。

問12　A　第四～第六段落において具体的な数字を挙げながら説明していたことを, 第七段落では端的にまとめて述べているため, 端的に言い換える「つまり」が適当。　B　それまで元号の話が続いていたが, 日本語の一般的な特徴の話へと変わっているので, 話題の切り替えを示す「ところで」が適当。　C　第一～第十三段落では元号のリズムの話題, 第十四～第二十一段落では日本語一般におけるリズムの話題, と続き, 第二十二～最終段落は「令和」のアクセントの話題, と別々の話題が次々に提示されているので, ここは「最後に」が適当。「次に」とすると,「令和」のアクセントの話題の後にも他の話題が提示されないと不自然である。「加えて」とすると, 日本語一般におけるアクセントの話題の補足として「令和」のアクセントの話題が出ることになるが, 両者は全く別の話である。

問13　a 「たとえば」で挙げられている, 赤ちゃん言葉にない「ババー」は強強弱の構造である。第十五段落「バーバ」は「強弱強」と説明されていることから,「バ」は強,「ー」は弱である。
b　PPAPについては,「〔強弱強弱〕のリズムも日本語では好まれて」いることについて,「たとえば」と例として挙げられている。したがって, ここは「強弱の連続」が適当。

重要 問14　傍線部2を含む一文は「このように見てみると」なので，第十九段落までの内容を根拠にしていることになる。したがって，アクセントという第二十二段落以降の内容をふまえてしまっているエは不適当。および，傍線部2の内容である「これまでの元号の歴史」に言及していないウも不適当。　ア「過去の元号と同様」が誤り。第五段落にも挙げられている通り，「平成」「大正」は2拍＋2拍の組み合わせである。　イ「文久以前になかった傾向」が誤り。第十二段落では文久から平成について述べられているが，「文久以前になかった」とまで断定する根拠は本文中にない。

問15　第五段落によれば，弱の部分には長音が含まれるが，「おうむ」は「おーむ」と発音するため弱である長音が含まれることになる。

問16　第二十五段落付近の図を参照。「頭高アクセント」とは，一音目に最も高い音がくるアクセントのことである。すると「理念」「全部」「日光」は頭高アクセントである。続いて「平板アクセント」とは，一音目に最も低い音がくるアクセントのことである。すると「鉛筆」「携帯」は平板アクセントである。

問17　ア「特にリズミカル」が誤り。第一段落に「予想通り」とあるように，「令和」が特別なものではない。　イ「気にするほどのことではない」が誤り。第九段落で差について「注目すべきは」としていることと矛盾する。　エ「新たな日本語を創出するために」が誤り。訓読みを取り入れることについては第二十一段落で述べられているが，それは単に「一味違った新鮮な響き」を生むものであって，「新たな日本語を創出する」ことについては述べられていない。
オ「頭高アクセントも」が誤り。第二十八段落によれば「頭高と並んで平板も許容するようです」ということなので，本来「平板アクセントも」とすべきである。

問18　文章全体で展開された話題をふりかえると，第一～第十三段落では元号のリズムの話題，第十四～第二十一段落では日本語一般におけるリズムの話題，第二十二～最終段落は「令和」のアクセントの話題，となっている。特に第一～第十三段落ではリズムという観点から「令和」は予想通りの元号である，という結論でしめくくられている。また第二十二～最終段落では「傾向」という点にも触れているため，「何か決まり事があるのか」という問いに対して答えるためにこの文章があると考えられる。そもそもリズムやアクセントが規則性を持つものであるということに気がつけば難しくない設問であった。

三　(小説－文脈把握，脱文・脱語補充，情景・心情，内容吟味)

重要 問19　ア「尊大な態度」が誤り。藤五郎についてはその内心のみしか描写されておらず，具体的に何かの態度をとったということは描かれていない。言動や表情など他者の目に見える範囲のことでないと「態度」とは言えない。　イ「仕事がやりやすくなった」が誤り。「外敵」が来るまでの描写は江戸が住みやすい場所になったということであり，藤五郎自身の仕事がやりやすくなったという根拠はない。エ「見放されずに済んだ」が誤り。家康が藤五郎を見放しそうであった根拠もなく，藤五郎が「見放されずに済んだ」と安堵しているような描写もない。　オ「出世に貪欲」が誤り。藤五郎は六次郎に敵意を抱いているが，それは出世を邪魔したからではなく，かつて上水を成功させたという誇りからくるものである。要は，藤五郎は自身を上水のプロと自負していたまでであり，出世に貪欲であった根拠はない。

問20　家臣団ははじめ江戸を荒れ地と考えていたが。藤五郎の上水によって「江戸も存外よろしいものじゃ」という実感を抱いたということである。藤五郎の上水によって可能になったことは「よその土地では～飲まれに来てくれる」とあることから，水の入手が容易になったということであり，つまり生活の利便性に直結することから，アが適当。イと迷うが，イでは利便性ではなく「おいしい」ということに注目してしまっているため不適当。

問21　傍線部2直後に，藤五郎は計画そのものには賛成であると明記されている。「外敵」は後に登場する「問題」と言い換え可能であるが，「問題はその計画を，～うつけ者を」と，かつて上水を成功させた者の誇りとして，「うつけ者」が上水計画を任されたということが気に障った，と考えられる。よって「外敵」の正体は六次郎であり，藤五郎はその誇りから六次郎を敵視しているということになるので，オが適当。

問22　「――水が，足りぬ。～それならば，――水を，足す」という原因と結論の間を埋める設問。結局，水を足さないとどうなるかという最大の問題点は「江戸の発展はのぞめない」ことだと考えられるので，四番目にくるのはAである。続いて，Cの「こういうこと」は文脈上「母親が赤んぼうをつれて故郷へかえる」ことだと考えられるが，その理由はBである。加えて，Cは「水が，足りぬ」ということの具体的なエピソードとなっていることから，C→B→D→Aの順が適当。

問23　エの「身分が低い人々のために」が誤り。家康が行ったこととしては江戸の発展のために水を足すということであるが，それは身分の低い人々のためと限ったことではなく，江戸全体のことなので当然身分の低くない人々のことも含まれる。

問24　イ　「広さ」が誤り。「低地よりも，台地」とあるが，それで広さがわかるわけではない。もっとも，神田明神のほうは「小さな谷水の川」が水源であり，広くもないと考えられる。
オ　「伝承」が誤り。藤五郎が選んだ神田明神の方は鎮守の神と説明されているが，ここを選んだ理由は「小さな谷水の川」が「斜面からの浸出水があつまって川をなしたのだったろう」ということであり，神は水の良さには無関係である。

問25　ア　「幸せをかみしめていた」が誤り。「あわれになった」からもわかる通り，名水と言われていた水でさえ藤五郎にとっては悪水であり，ということは，漁民は普段よりひどい悪水を口にしていることが容易に想像され，絶句していると考えられる。　イ　「苦闘の過程を明確にイメージ」が誤り。確かに実際の地名は使われているが，それで「過程」まで明確にイメージできるとは言いがたい。三か月でもこれしかまともな水がなかったということがわかるのみである。「過程」とは，何かに到達するまでの途中経過のことである。　エ　「江戸時代の役職の重要性」が誤り。「主水」は「名をたまわった」とある通り藤五郎につけられた「名」であり，役職ではない。　オ　「家康への悪感情」が誤り。「ただの名主」という言葉からもわかる通り「百姓上がり」なのは六次郎である。

四　**(古文―口語訳，脱文・脱語補充，文脈把握，内容吟味)**

〈口語訳〉　(ある人が)問う。「昔も今も，出家をした僧として，恋の歌を詠むことは枚挙にいとまがない。また，(禁欲が定められている僧の身分なのに恋の歌を詠むことを)はばからないのはなぜか。恋愛感情は特に深い(＝厳しい)仏教の戒めであり，あってはならないことの第一である。それなのに，僧が恋の歌を詠んでいるのもたいへん賛美されている。遍照僧正などは，特に歌道に名高い。このような修行をないがしろにする僧をどうして賛美するのか。憎むべきことではないのか。」(私が)答えて言った。「これはどういうことだ。昔のことにも詳しく言っているように，歌は思うことを良いように言い出すものである。心に思うことは，善悪にかかわらず，詠み出すものである。だから，心に思う恋愛感情について詠み出すというのは，何か問題があるだろうか(いや，何の問題もない)。その歌が良くできたならば，またこれをどうして賛美しないことがあろうか(いや，賛美するのである)。優れた歌ならば，僧だの俗人だのと選り好みするべきではない。その行ってきたことの善し悪し，心の邪正美悪(正しいか正しくないか，美しいか醜いか)というのは，その(善し悪し，邪正美悪の)道において褒めたりけなしたり議論したりすべきことである。歌の道において，とやかく議論すべきことではない。この(歌の)道においては，ただその歌の善悪を言うべきなのである。僧であれば恋の歌を詠んではならない道理だなどと，どうして意味のない議論をすることがあろうか(いや，そのような議論はすべきでない)。そのうえ，すべて出家した僧とさえ言えば，みな心まで仏菩薩のようなものとでも思っているのか。僧が少し恋愛を好むようなことがあれば，人がひどくこれを憎むことは，俗人と雲泥の差があり，(僧が恋愛を憎むのは，俗人に比べて)大悪のように(世間の人々は)思っている。

問26 「べからず」が「～できない」という不可能の意味，あるいは「～してはならない」という禁止の意味を持つことをまずおさえておく。そのうえで，ここでは僧が恋の歌を詠むことを「数ふ」つまり数えることについて「べからず」としているので，不可能の意味で解釈できる。直訳すると「挙げて数えることはできない」であり，そこから「数えきれないほど多い」と解釈できるとよい。「挙げて」から「枚挙にいとまがない」という慣用句を想像できると理想的。

問27 X 直前では恋愛感情は仏教においてあってはならないことだということを挙げ，直後では僧が恋の歌を詠んでいるのを賛美している，とあることから，逆接の「しかるを」が適当。

Y 直前では心に思うことは善悪にかかわらず詠む，としており，直後では恋愛感情を詠んでも問題ないとしていることから，空欄の直前が直後の内容の理由となっているため，「されば」が適当。 Z 直前の「ただ歌の善悪をこそいふべきことなれ」から，歌の良し悪しは歌のみにて決まるもので，他のことは関係ないというのが筆者の主張である。したがって，空欄直後は「どうして～議論をすべきだろうか。いや，すべきでない」という反語の意味と考えられるため，「なんぞ」が適当。本文中で反語が多用されていることにも注目したい。反語とは，疑問文の体裁をとりながらも「いや，そうではない」という否定の意を強調するための表現方法である。

や難 問28 「か」が係助詞で疑問・反語を表すこと，「ん」が推量の意味を持つ助動詞であることは知っておきたい。加えて傍線部2直後の「その歌よろしく～選ぶべきにあらず」より，歌がよくできていれば出家していようがいまいが関係ないという主張であるから，傍線部2についても僧が恋愛感情を詠むことは問題がない，としていると考えるのが妥当である。

重要 問29 「僧の少し好色がましきことあれば，人これを悪むこと」より，「人」が憎むのは僧が恋愛を好むようなことである。それが俗人と雲泥の差をつけて，「大悪」つまり大変悪いことのように思っている，ということである。イと迷うが，僧と俗人の当人同士が大悪と思っているのではなく，「人」つまり世間一般がそう思っているということなので，ウが適当。

問30 アは「俗人としての名で」が誤り。本文中に和歌を詠む際の名乗りに関して言及している箇所はない。ウは「作成者が～議論すべき」，エは「綺麗な心の人物は」が誤り。筆者が「その行跡の善し悪し，～いふべきことなれ」としている通り，歌については歌の良し悪しだけを考えるべきであって，詠み人の人物像は考えるべきでないと述べている。オは「偽って」が誤り。自分の心を偽って和歌を詠むということについて本文には言及がないうえ，筆者が「心の邪正美悪は，～論ずべきにあらず」としている通り，心については歌の良し悪しとは無関係である。

★ワンポイントアドバイス★

論説文においては，同じ内容について複数の角度から出題されることがある。出題者が文章のどこに注目させたいのか考えて，文脈を細かく読み取ろう。小説は，心理描写が少なくても勝手な読み取りをせず，本文の根拠を大事にしよう。古文は，助動詞や助詞の知識もつけて口語訳の練習をしておこう。

大切なことはメモしておこうネ！

T.G

2022年度

★★★★★★★★★★★★★★★★★★★★★★★

入　試　問　題

2022年度

土浦日本大学高等学校入試問題

【数　学】（50分）〈満点：100点〉

【注意】 (1)　定規，コンパス，分度器，計算機は使用してはいけません。

(2)　計算は，この問題冊子の余白を利用して行い，解答用紙を使ってはいけません。

(3)　□の中の1つのカタカナには1つの数字が入ります。

その数字をマークしなさい。

例題　三角形の内角の和は［アイウ］°である。

答えは180であるから，右のようにマークします。

ア	0	●	2	3	4	5	6	7	8	9
イ	0	1	2	3	4	5	6	7	●	9
ウ	●	1	2	3	4	5	6	7	8	9

また，選択肢から選ぶときは，該当する番号をマークしなさい。

(4)　分数で答える場合は必ず約分し，比で答える場合は最も簡単な整数比で答えなさい。

また，根号の中はできるだけ小さい自然数で答えなさい。

1

次の［　］をうめなさい。

（1）　$-12+4\div\left(-\frac{2}{5}\right)^2=$［アイ］

（2）　$(\sqrt{6}-\sqrt{2})(\sqrt{15}+\sqrt{5})=$［ウ］$\sqrt{［エオ］}$

（3）　$(x+1)^2-5(x+1)-6=(x+$［カ］$)(x-$［キ］$)$

（4）　方程式$(x-2)(x+1)=3$を解くと，$x=\frac{［ク］\pm\sqrt{［ケコ］}}{［サ］}$である。

（5）　次の⓪～③のうち，正しいものは［シ］と［ス］である。

（［シ］と［ス］については，順番は問わない）

⓪　負の数は，絶対値が大きいほど小さい。

①　空間内の2直線が交わらないとき，その2直線は平行である。

②　直線$y=2x+3$と，y軸に関して対称な直線の式は$y=-2x+3$である。

③　2枚のコインを同時に投げるとき，1枚は表で1枚は裏となる確率は$\frac{1}{3}$である。

2

次の□をうめなさい。

（1） 図において，Oは原点，Aの座標は（2，1）である。x軸上の点B，y軸上の点Cを，四角形OBACが長方形となるようにとる。また，y軸上の点D（0，−1）と辺AC上の点Eを結ぶ直線①を引き，①と辺OBの交点をFとする。

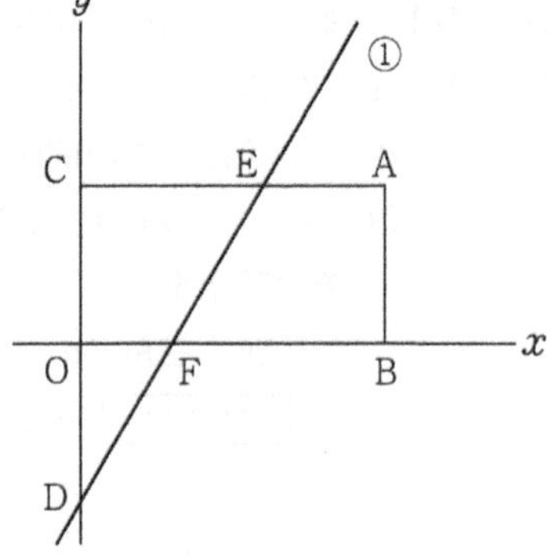

（i） △ODFと四角形OFECの面積の比は［ア］：［イ］である。

（ii） △EFBがEF＝EBの二等辺三角形となるとき，①の傾きは$\dfrac{［ウ］}{［エ］}$である。

（2） 大小2つのさいころを投げて，大きいさいころの出た目をa，小さいさいころの出た目をbとする。このとき，$2a+b$が3の倍数となる確率は$\dfrac{［オ］}{［カ］}$であり，$\sqrt{3(2a+b)}$が自然数となる確率は$\dfrac{［キ］}{［ク］}$である。

（3） 図のように円Oの周上に4点A，B，C，Dがあり，線分ACは円Oの直径である。また，点Eは線分ACと線分BDの交点である。
$\angle AEB=125^\circ$，$\overset{\frown}{BC}:\overset{\frown}{CD}=1:2$のとき，$\angle CDB=$［ケコ］°である。

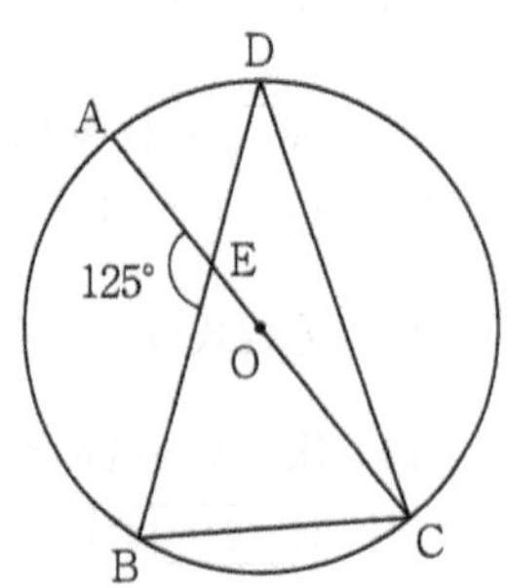

3

定価a円の商品Aと定価b円の商品Bがある。いま持っている金額で，Aならちょうど30個，Bならちょうど20個買うことができる。このとき，次の□をうめなさい。

（1） $a:b=$［ア］：［イ］である。

（2） いま持っている金額全部でAとBのどちらも同じ個数買うと，［ウエ］個ずつ買える。

（3） Aを7個とBを6個買うと残金が3360円になるとき，いま持っている金額は［オカキク］円である。

4 　図において，①は$y=x^2$のグラフである。点Aの座標を（2, 0）とし，四角形ABCDは辺ABがx軸上にある正方形である。直線BDと①の交点のうち，Dでない点をEとし，直線EAとy軸の交点をFとする。このとき，次の□をうめなさい。ただし，Oは原点とする。

（1） 点Bの座標は，（［ア］，0）である。

（2） 点Fの座標は，$\left(0, \dfrac{［イウ］}{［エ］}\right)$である。

（3） △OEFと△FEDの面積比は，［オ］：［カキ］である。

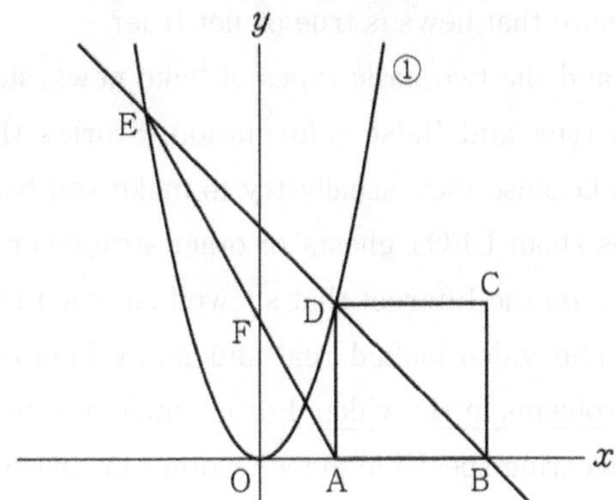

5 　図のような三角柱の形をした，ふたのない容器ABC－DEFがある。容器の底である△DEFについて，DE＝DF＝3 cm，EF＝4 cmであり，点Dから辺EFに下ろした垂線と辺EFの交点をHとする。容器は水平な台の上に置いてあり，容器の厚さは考えないものとする。このとき，次の□をうめなさい。

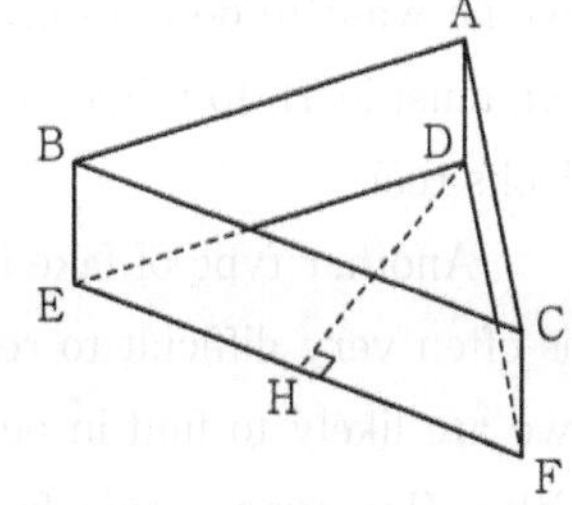

（1） △DEFの面積は［ア］$\sqrt{［イ］}$ cm^2である。

（2） この容器に水をいっぱいに満たしたあと，図1のように，辺EFの位置を動かさないまま，静かに容器を傾けて水をこぼしていく。このとき，点Dがもとあった位置をPとする。∠DHP＝30°となるように容器を傾けて水をこぼしたところ，水面が△BCDと一致した。図2は3点D，H，Pを通る断面の様子である。

図1

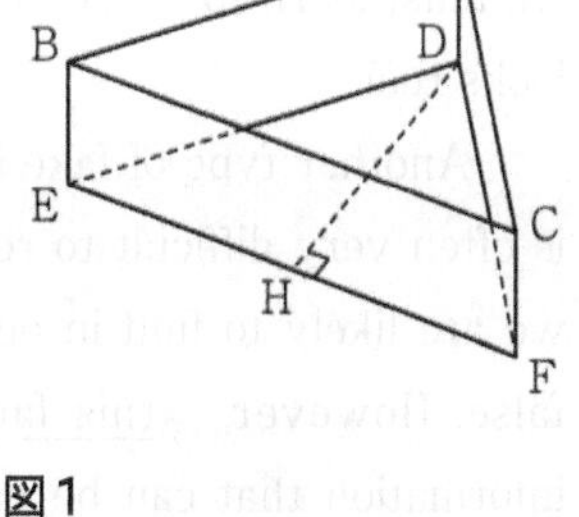

（i） 容器ABC－DEFの高さADは$\dfrac{\sqrt{［ウエ］}}{［オ］}$ cmである。

（ii） 図1の状態において，容器ABC－DEFに入っている水の体積は$\dfrac{［カキ］\sqrt{［ク］}}{［ケ］}$ cm^3である。

図2

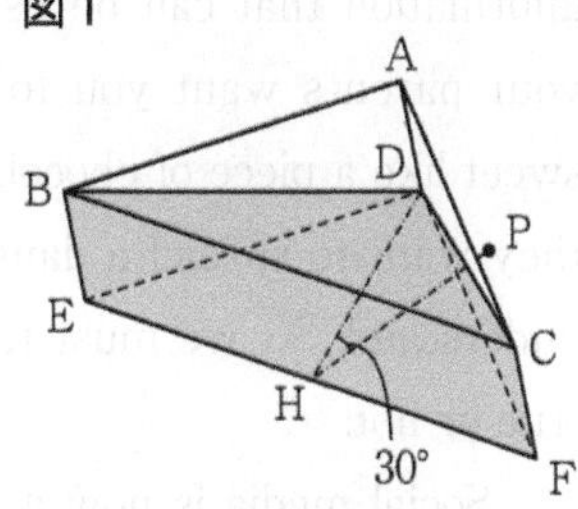

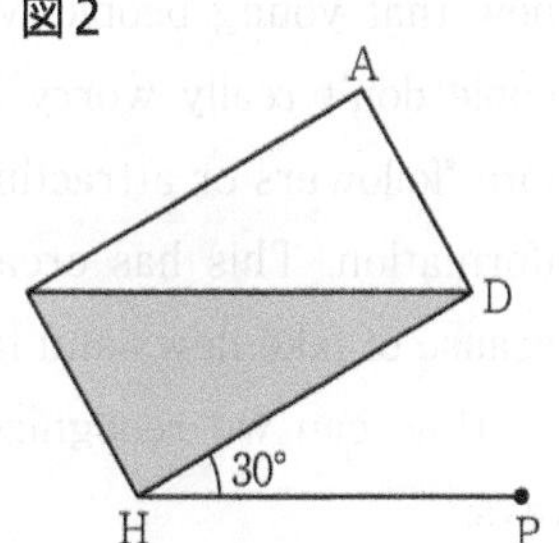

【英　語】（50分）〈満点：100点〉

1　次の英文を読んで，あとの(1)～(9)の問いに答えなさい。

These days we read about important events on *social media almost as soon as they happen. There is always someone using their cellphone to spread this information within a few seconds of the actual event. We have no time to understand events before there is something new for us to think about. We are also never sure that the news we hear is true. We live in a very difficult world. So, what can we do to make sure that news is true or not true?

First, we should understand the two basic types of *fake news: stories that are 100% not true and stories that have both true and *false information. Stories that are 100% not true are sometimes the easiest to find because they usually try to make you believe something that is hard to believe, for example, stories about UFOs, ghosts, or other strange or unusual things. A few years ago, there was a popular video on the Internet that showed an *alien from another *planet that had been found here on Earth. The video looked real and many believed it. However, ①scientists pointed out some very big problems in the video. For example, the people in the video, who were studying the alien, were not wearing special high-tech clothes or masks to protect themselves from an alien *virus or to protect the alien from a human virus. Clearly, the first thing real scientists would want to do is to protect Earth from alien viruses. This showed that the video was fake. So, we must learn to think carefully about everything and not believe everything we see even when it looks real.

Another type of fake information is something that has both true and false information. ②This is often very difficult to recognize. However, this type of fake news is the most popular form that we are likely to find in our everyday lives. A news story, for example, may be 95% true and 5% false. However, ③this false 5% is dangerous. This is because the 5% often has very *tricky information that can be used to trick you into believing something false. Think of it this way. If your parents want you to take some medicine that tastes bad, they may put it into something sweet like a piece of chocolate to hide the taste of the medicine. Bad guys do the same thing. When they want to spread a dangerous lie, they often hide it in some facts that are exciting and easy to understand. So, we must think carefully about each piece of information and question if it is 100% true or not.

Social media is now a very popular place to find news, especially for young people. Bad guys know that young people will often share something that looks exciting with their friends. Young people don't really worry if the story they share is true. ④They are more interested in getting more *followers or attracting attention online. This makes it very easy for bad guys to spread bad information. This has created a lot of big problems, and many people have done crazy things because of fake news and false information.

How can we recognize fake news and false information in the media? There are 3 simple ways:

1. Always look at the sources of information. Is it a ⑤good news source with a long history

(BBC, CNN, Reuters, AFP) or something else? Is the person writing this information an expert on this subject? Did he/she go to a real university? Use the Internet to see who they are and if they are experts.

2. Are other news sources reporting this information? ⑥<u>If some information comes from social media and only social media, then you should be careful.</u> If good news sources (BBC, CNN, Reuters, AFP) do not report the story within 24 hours, it may not be real or it may not be completely true.

3. Is this information a fact or an opinion? Social media often reports opinions, not scientific information. Remember: an opinion is not a fact. A fact is information that is produced by scientists. ⑦<u>Photos and videos are not always facts.</u> They usually only show part of the story and can be easily faked using simple technology.

Today, false information from social media is like fast food. It looks good and tastes good, but too much of it will harm your health.

*[注]social media ソーシャルメディア　fake 偽の　false 正しくない　alien 異星人
planet 惑星　virus ウィルス　tricky ごまかしの多い　follower 支持者

(1) 第1段落を読んで，情報に関する記述として<u>当てはまらないもの</u>を，次の1～4の中から1つ選びなさい。

1．何かが起こればすぐに情報が入る。
2．得ることができる情報量が人によって違う。
3．得られる情報が正しいかどうかわからない。
4．情報の信ぴょう性について十分に吟味する時間がない。

(2) 下線部①の具体的な内容として，最も適するものを，次の1～4の中から1つ選びなさい。

1．ビデオの中の研究者が防護服を着ている。
2．ビデオの中の研究者が防護服を着ていない。
3．ビデオの中のエイリアンが防護服を着ている。
4．ビデオの中のエイリアンが防護服を着ていない。

(3) 下線部②の指し示す内容として，最も適するものを，次の1～4の中から1つ選びなさい。

1．100パーセント真実の情報　2．100パーセント誤った情報
3．情報源のはっきりしない情報　4．真実と虚偽が混在した情報

(4) 下線部③の理由として，<u>適当でないもの</u>を，次の1～4の中から1つ選びなさい。

1．信頼度5パーセントのニュースは危険だから。
2．5パーセントの虚偽の情報が誤った考えを誘発するから。
3．危険な誤情報というのは，魅力的な事実の中に含まれているから。
4．95パーセントの情報が正しいため，安易に信じてしまうから。

(5) 下線部④の指し示す内容を，次の1～4の中から1つ選びなさい。

1．bad guys　2．news sources
3．social media　4．young people

(6) 下線部⑤の単語の意味として，<u>適当でないもの</u>を，次の1～4の中から1つ選びなさい。

1．信ぴょう性が高い　2．精度の高い　3．迅速な　4．適切な

（7） 下線部⑥の理由として，**適当でないもの**を，次の1～4の中から**1つ**選びなさい。
1．信頼できる情報源からの情報が必要だから。
2．１つのメディアからの情報だけでは信ぴょう性が低いから。
3．ソーシャルメディアの情報よりも信ぴょう性が高いものはないから。
4．24時間以内に信頼できるメディアからの情報があるかどうかを知る必要があるから。

（8） 下線部⑦の理由として，最も適するものを，次の1～4の中から**1つ**選びなさい。
1．写真やビデオは常に事実でないから。
2．写真やビデオは誰でも撮影できるから。
3．写真やビデオは貴重な証拠として扱うことができるから。
4．写真やビデオは技術を駆使して簡単に加工することができるから。

（9） 本文の内容に**合わないもの**を，次の1～7の中から**2つ**選びなさい。
（同じ解答欄に**2つ**マークしなさい）
1．誤った情報には，２つのタイプがある。
2．携帯電話を用いて情報拡散をする人が絶えない。
3．今日の誤った報道とは，ファストフードのようなものである。
4．UFOや幽霊などに関する情報は，すぐに真実か否かを見分けるのは難しい。
5．事実とは，意見とは異なり，科学的情報のことである。
6．真偽を確認する時間を十分にとるため，信頼できるメディアは事件発生から24時間以内に報道することを避ける。
7．支持者を増やしたいという思いから興味深い話をネットに上げる行為は結果として誤情報の拡散に加担してしまうことがある。

2 次の英文を読んで，あとの(10)～(17)の問いに答えなさい。

Teachers are always busy. They have almost no free time to have hobbies. Most teachers get to school around 7 a.m. and leave school around 8 or 9 p.m. Some even sleep at school! I feel sorry for them. However, I always leave school around 5 p.m. This gives me time to enjoy my hobbies and to forget about school for a while.

Now, I would like to introduce some interesting hobbies that you have probably never heard of. Let's begin with something that anyone can do. It's called mudlarking.

Mudlarkers are people who walk in the areas next to rivers. They are looking for old things that were thrown into the river a long time ago. You see, back in the old days, people often used rivers as a place to throw their *garbage. Most of this garbage floated away to the sea, but some of it spread to the sides of the river. Mudlarkers like to walk along rivers that have beaches or muddy areas because they often find some very interesting things that were thrown away thousands of years ago. (　①　), the Thames River in England passes through the center of London. The Romans built London 2,000 years ago, and people have lived there ever since that time. That means, there is 2,000 years' worth of garbage buried in the mud and sand next to the Thames River. And every day, because the Thames is connected to the sea, the level of the river rises and falls. This means we can easily find things that have never been seen since they were thrown in the river hundreds or even thousands of years ago.

Now, I know what you are saying, "That is garbage! Who wants to look at garbage?" ②Well, think about it. Yes, it was garbage 2,000 years ago, but today, it may be a valuable *treasure! I have walked along the Thames River when the water was low and have found hundreds of old things. I have found broken pieces of Roman dishes, Roman glass, and Roman coins. I have not only found lots of coins but also old tools, very old children's toys, and even human *bones! It is amazing what you can find in just a few minutes in a very small area. If you want to experience mudlarking but don't live near a river, then I suggest you search "mudlarking" on YouTube. There are many interesting videos of people finding amazing things.

The next interesting hobby I want to introduce is ③*magnet fishing. This hobby is not catching fish but instead, catching some amazing things. All you need is a very strong magnet and some *rope. Simply *tie the rope onto the magnet and drop the magnet into a river or lake from a low bridge. The magnet will stick to any metal in the water. When you feel something heavy pulling on the rope, simply pull it up and see what you have found. Easy!

Again, I know what you are saying, "It's just more garbage!" Well, yes and no. Yes, you cannot pick and choose what you pick up. But the same thing is true about fishing. Sometimes you get a big fish, sometimes you get a little fish, sometimes you get nothing at all. That is what makes it exciting! You never know what you are going to catch! 9 out of 10 times, it's just garbage. But, maybe, on the 10th time it's going to be (④)!

There are lots of videos about magnet fishing on YouTube. I find it really relaxing and exciting to watch people in Europe doing this in the rivers and lakes there. There are two men that do this in Holland. There are many old rivers and many small bridges there. They often find garbage like bicycles and pieces of cars, but sometimes they find old coins, guns, rings and other expensive things. Some men in Russia even found a *WWII airplane in a lake. The *pilot was still sitting in the plane!

The good point about these hobbies is that [⑤] in Japan. There are many rivers and lakes. All you need is some luck!

*[注]garbage ゴミ　treasure 宝物　bone 骨　magnet 磁石
rope ロープ　tie ～を縛る　WWII 第2次世界大戦　pilot パイロット

(10) (①)に入れるのに最も適する語(句)を，次の１～４の中から１つ選びなさい。

１．However　２．For example　３．Finally　４．As a result

(11) 筆者が下線部②のように言った理由として，最も適するものを，次の１～４の中から１つ選びなさい。

１．見つけたものが単にゴミだから。
２．誰もゴミなど探したくないから。
３．水深が深くて，価値のあるものを探せそうにないから。
４．大昔はゴミであっても，現在はとても価値のあるものかもしれないから。

(12) 筆者がmudlarkingによって見つけたものの中で，本文の内容に**当てはまらないもの**を，次の1～4の中から**1つ**選びなさい。

1．紙幣

2．ローマ時代のコイン

3．人間の骨

4．とても古い子供のおもちゃ

(13) Mudlarkingを体験したくてもロンドンに行けない場合，筆者が薦めているものとして，最も適するものを，次の1～4の中から**1つ**選びなさい。

1．古い歴史を持つローマについて調べること。

2．YouTubeで"mudlarking"と検索すること。

3．The Thames Riverにつながっている海岸を歩くこと。

4．多くの古い運河や小さな橋があるオランダに行くこと。

(14) 下線部③について，最も適するものを，次の1～4の中から**1つ**選びなさい。

1．時々磁石を引きあげる必要がある。

2．磁石の力を利用して魚をおびき寄せる漁法である。

3．湖や川の水面に磁石を浮かべるだけの簡単な漁法である。

4．必要なものは，強力な磁石と何本かのロープのみである。

(15) (④)に入れるのに最も適した語を，次の1～4の中から**1つ**選びなさい。

1．serious　　2．treasure　　3．anything　　4．cheap

(16) [⑤]に入れるのに最も適した語句を，次の1～4の中から**1つ**選びなさい。

1．you can't find the sites　　2．you can do the same thing

3．you have many kinds of fish　　4．you have to spend some money

(17) 次の(A)～(C)の問いに対する答えとして，最も適するものを，次の1～4の中から**1つずつ**選びなさい。

(A) Which of the following statements is true about mudlarking?

1．Anyone can do mudlarking because it is so simple.

2．Special skills and many tools are needed to do mudlarking.

3．You need to be over twenty years old to do mudlarking.

4．Mudlarking in London is impossible because there is no river there.

(B) Which of the following statements is NOT true about the Thames River?

1．The river flows right through London.

2．The level of the river changes every day.

3．You cannot find any garbage in the river because it's too clean.

4．People have thrown away garbage into the river for about 2,000 years.

(C) What did some men in Russia find in a lake?

1．They found magnets.

2．They found a lot of fish.

3．They found an old airplane.

4．They found bikes and cars.

3 次の英文を読んで，あとの(18)～(24)の問いに答えなさい。

Mr. Smith : Good morning students. Today we are going to talk about a famous writer from the USA. His name is Ray Bradbury. Have any of you read his stories?

John : Did he write stories about the sea?

Mr. Smith : No, he didn't write stories about the sea.

Suzy : Didn't he write stories about school life?

Mr. Smith : No, I don't remember any stories about school life. Any other guesses?

Peter : I think he wrote stories about the future and time travel. [①]

Mr. Smith : Yes, that's right. He wrote many stories about space travel, time travel, technology, and life on other worlds.

Suzy : He doesn't sound like a serious writer. Why should we study him? Science fiction is for kids, isn't it?

Mr. Smith : No, some people may think so, but they are (②). Science fiction can teach us many things especially about the future.

Suzy : Like what?

Mr. Smith : Well, Bradbury began writing in the 1930s when he was a teenager. This was many years before computers and the Internet. Few people could imagine a future with these amazing things. However, Bradbury began writing about these technologies 50 years before they became popular.

John : Are you saying that he was able to *predict the future?

Mr. Smith : Yes and no. Not all of his *predictions have come true. But he was right about many things.

Suzy : [③]

Mr. Smith : Well, in the 1950s he wrote about computers, *earbuds, smart phones and smart watches, websites like Facebook and Instagram, *self-driving cars, robots, and electronic books. These are just a few examples, but there are many others.

Peter : Was he right about everything or did he get some things wrong?

Mr. Smith : He wasn't right about time travel. He believed that we would be able to travel back in time by 2020, but that didn't happen. However, it may be possible in the future.

John : Why did he write these kinds of stories? How was he able to predict the future?

Mr. Smith : It is difficult to say. When he was a kid, his aunt read stories to him. Bradbury said that this made him want to read more. In the 1920s and 1930s, science fiction became popular. There were many science fiction writers who wrote exciting stories. Bradbury read many of these stories and was influenced by them. He began thinking about the future from a very early age.

Suzy : But many science fiction writers have been right about the future. What makes Bradbury so special? Why should we study him and not the other writers?

Mr. Smith : Bradbury is special because he wrote a lot about how useful technology could become a danger to humans.

Suzy　　　: How could useful technology become dangerous to us? Isn't useful technology a good thing?

John　　　: [④] Technology is not always 100% good.

Suzy　　　: What do you mean?

John　　　: Think about how much time we spend on the Internet or playing with our smartphones. We don't play outside or talk to each other as much as we used to. I watch the people on the train I use every day. Nobody is talking. They are either sleeping or looking at their smartphones. Almost everyone is wearing earbuds or headphones. Sometimes they forget to (⑤) the train at their station because they are too busy looking at their smartphones.

Suzy　　　: That's not good, but it isn't dangerous. I like to use my smartphone to play games while I am on the train. It makes the time go by faster.

Mr. Smith : I understand, Suzy, but this is one of the things that worried Bradbury.

Suzy　　　: What do you mean?

Mr. Smith : Well, Bradbury believed that technology would soon control our lives and cause us to stop thinking. Online games don't encourage thinking. He was also very afraid that people would stop reading books because of technology. Bradbury grew up in the 1930s when some governments burned books that made people think about serious problems. Bradbury believed that governments would not need to burn books if no one was interested in reading them. Technologies like online games, online movies, and Internet websites can *replace books. Then, people don't think much about serious problems. [⑥]

John　　　: I think Bradbury was right. We spend too much time playing games on our cell phones and not enough time thinking.

*[注]predict　～を予測する　　prediction　予測　　earbud　イヤホン

self-driving　自動運転の　　replace　～に取って代わる

(18) [①] に入れるのに最も適するものを，次の１～４の中から**１つ**選びなさい。

1．He was an actor, wasn't he?

2．He was a song writer, wasn't he?

3．He was a funny singer, wasn't he?

4．He was a science fiction writer, wasn't he?

(19) (②) に入れるのに最も適切な語(句)を，次の１～４の中から**１つ**選びなさい。

1．wrong　　2．right　　3．not interesting　　4．safe

(20) [③] に入れるのに最も適するものを，次の１～４の中から**１つ**選びなさい。

1．What was wrong about him?

2．Do you really think about it?

3．Why did he start writing songs?

4．Could you give us some examples?

(21) [④] に入れるのに最も適するものを，次の１～４の中から１つ選びなさい。

1．I don't think we should know the good points of technology.

2．I think we should only look at the good points of technology.

3．I think no one in the world can live without using good technology.

4．I think some technologies that we use every day have their bad points.

(22) (⑤)に入れるのに最も適切な語句を，次の１～４の中から１つ選びなさい。

1．get off　　2．pick up　　3．take care of　　4．turn off

(23) [⑥] に入れるのに最も適するものを，次の１～４の中から１つ選びなさい。

1．This is not what Bradbury needed.

2．This is not what Bradbury predicted.

3．This is exactly what Bradbury needed.

4．This is exactly what Bradbury predicted.

(24) 次の(A)～(D)の問いに対する答えとして最も適するものを，次の１～４の中から１つずつ選びなさい。

(A) What did Bradbury write about?

1．He wrote stories about the sea.

2．He wrote stories about school life.

3．He wrote stories about children at his school.

4．He wrote stories about the future and time travel.

(B) Why is Bradbury special?

1．He didn't influence many writers.

2．He wrote many books when he was a little kid.

3．He was able to travel to the past and to the future.

4．He wrote about the possible dangers of useful technology.

(C) Why did Bradbury worry about the future?

1．He was afraid that he would lose his job in the future.

2．He was afraid that some governments would burn useless books.

3．He was afraid that everyone would have smartphones in the future.

4．He was afraid that technology would take over our lives and make us stop thinking.

(D) Which sentence is NOT talked about in the story?

1．Bradbury was influenced by many other science fiction writers.

2．Bradbury never used a smartphone or played online games.

3．Bradbury started writing science fiction stories about 90 years ago.

4．Bradbury was able to predict the future of technology but he wasn't 100% correct.

4

次の(25)～(27)の各文の下線を引いた語とほぼ同じ意味になる語を，次の１～４の中から１つずつ選びなさい。

(25) I didn't go out because dinner was <u>served</u> to me in my hotel room.

1．asked　　2．changed　　3．given　　4．known

(26) When I rode on a bike for the first time, I was really scared.
　1. afraid　　2. disappointed　　3. excited　　4. turned

(27) We want to give a warm welcome to our special guest.
　1. frank　　2. friendly　　3. hot　　4. serious

5 次の(28)～(30)について，文法的に**誤りがある**のはどれか，下線部①～④の中からそれぞれ**1つずつ**選び，番号で答えなさい。

(28) ①What ②make you happy ③when you ④feel very sad?

(29) It ①rained ②heavily last night. It was ③very noisy that I ④couldn't sleep well.

(30) I can't ①believe I was ②chose ③as the best player ④in this game.

6 広告の内容について，次の(31)～(34)の問いに答えなさい。

TN Photo Contest 2022

Tsuchiura Nihon University High School will hold a photo contest for its students. We are looking forward to seeing your best photo.

Theme

Why I Like Ibaraki

Rules

- The photo may be either color or black and white.
- It must be original.
- You can enter only 1 photo.

How to Enter

- Please send your photo to the email address below by December 25th.
  Email : **photo-contest2022@nichidai.jp**
  Only the first 30 students can take part, so you should send us your photo as soon as possible.
- The photo size must be less than 10 MB.
- Your email subject has to be "TN Photo Contest 2022".
- Please put your name in the photo title.

How to Judge

- Your photos will be judged by people who visit the website for this contest.
  The address is : **www.tnphotocontest.tn.jp**
- Photos will be judged online from January 3rd to 17th.

Prize

	Prize Money :	The Number of People :
1st Prize	50,000 yen	1
2nd Prize	40,000 yen	1
3rd Prize	30,000 yen	1
Special Prize	10,000 yen	2
Ibaraki Prize	10,000 yen	5

- If you have any questions, please send an email to : TNPC2022@nichidai.jp

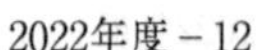

(31) If you want to judge photos, you need to (　　).

1. send an email to the TN Photo Contest
2. visit the website for the TN Photo Contest
3. come to Tsuchiura Nihon University High School
4. be a Tsuchiura Nihon University High School student

(32) We can learn from this advertisement that (　　).

1. the time for judging is 15 days
2. photos don't have to be original
3. there is no problem if the photo is over 10 MB
4. people must put their names as the email subject when they send a photo

(33) If you are the manager of this contest, you have to prepare (　　) for prize money.

1. 140,000 yen　2. 150,000 yen　3. 190,000 yen　4. 200,000 yen

(34) This advertisement says that you can (　　).

1. ask a question by email
2. send 2 photos
3. get 50,000 yen if you win the Ibaraki Prize
4. send your photo to the website for the TN Photo Contest 2022

7

次の(35)～(39)について，(　　)内の語(句)を，意味が通るように並べ替えなさい。解答は例にならって1番目～6番目の語(句)の順に番号で答えなさい。日本文がある場合には，その意味を表すよう完成させなさい。ただし文頭にくる語も小文字で書いてある。

例題　I (① you ② will ③ a ④ give ⑤ hand ⑥ tomorrow) .

1番目	①●③④⑤⑥
2番目	①②③●⑤⑥
3番目	●②③④⑤⑥
4番目	①②●④⑤⑥
5番目	①②③④●⑥
6番目	①②③④⑤●

この例では，I will give you a hand tomorrow.とするために，上から順に②，④，①，③，⑤，⑥のところにマークしてあります。

(35) Do you (①know ②of ③in ④singing ⑤the bird ⑥the name) the tree?

(36) Would you tell (①can ②go ③her ④how ⑤she ⑥to) your house from the bus stop?

(37) (①been ②have ③how ④many ⑤times ⑥you) to Osaka?

(38) あなたが先週，私に貸してくれたマンガはとても面白かった。

The comic (①last ②lent ③me ④book ⑤which ⑥you) week was very funny.

(39) あなたの新しい家は，どれくらい大きいのですか。

(①big ②house ③how ④is ⑤new ⑥your)?

8　次の(40)～(44)について，(　　　)に入れるのに最も適する語(句)を次の1～4の中から**1つずつ選びなさい。**

(40)　(　　　) don't you go to the aquarium next Sunday?

1．Where　2．What　3．Why　4．How

(41)　It is easy for me to understand this letter (　　　) in English.

1．to write　2．writing　3．wrote　4．written

(42)　She finished (　　　) her homework at 8 o'clock last night.

1．doing　2．done　3．to do　4．do

(43)　An American student doesn't understand (　　　) Japanese students have to wear the uniform at school.

1．every　2．why　3．who　4．for

(44)　Paul (　　　) a speech in front of a lot of people for the first time.

1．gave　2．said　3．spoke　4．went

【理　科】（50分）〈満点：100点〉

1　次の各問いに答えなさい。

（1）図1は，ホウセンカの茎の断面を示した模式図である。図中で水の通り道になる部分を示したものと，その名称の組み合わせとして，最も適切なものを次の①～④から一つ選びなさい。

図1

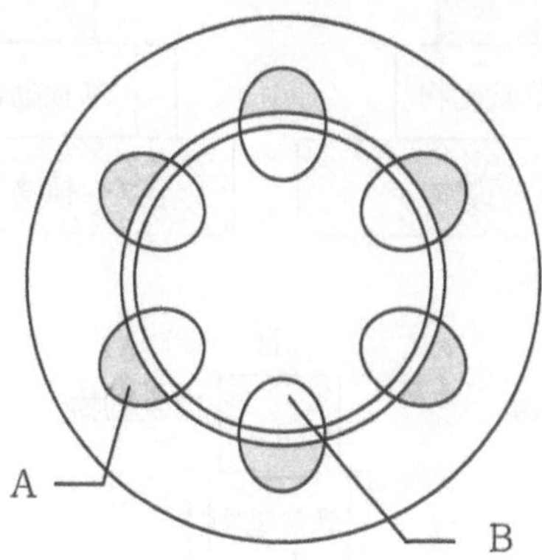

	水の通り道になる部分	名称
①	A	師管
②	A	道管
③	B	師管
④	B	道管

（2）細胞分裂について述べた文として，**誤りを含むもの**を次の①～④から一つ選びなさい。

① 細胞が分裂するときには，ひも状の染色体が見られる。
② 細胞が分裂する前に，染色体の複製が行われる。
③ 植物の根の先端に近い部分では，細胞分裂が活発に行われている。
④ 精細胞は体細胞分裂によってつくられる。

（3）鏡筒が上下する顕微鏡の使い方について説明した以下の文の空欄に入る語句の組み合わせとして，最も適切なものを次の①～④から一つ選びなさい。

> プレパラートをステージの上にのせ，できるだけ［ア］に近づける。
> 調節ねじを回して鏡筒を［イ］に動かし，ピントが合ったところで止める。

	ア	イ
①	接眼レンズ	上
②	接眼レンズ	下
③	対物レンズ	上
④	対物レンズ	下

（4） 図2は，ある生態系において，生物間の数量のつり合いが保たれた関係を表した模式図である。仮に草食動物が一時的に図3のように増加した場合，どのような増減の過程を経ながら元の状態に戻ると考えられるか。最も適切なものを次の①～④から一つ選びなさい。なお，各図中の点線は図2における生物間の数量を示す。

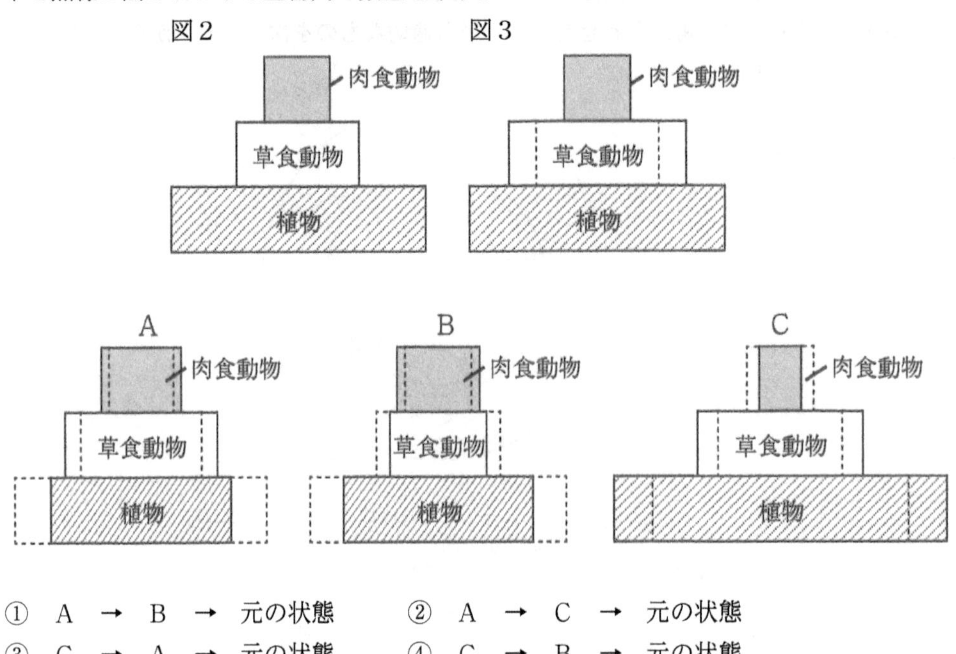

① A → B → 元の状態　　② A → C → 元の状態
③ C → A → 元の状態　　④ C → B → 元の状態

（5） 動脈と静脈の特徴をまとめた以下の表1の空欄に入る語句の組み合わせとして，最も適切なものを次の①～④から一つ選びなさい。

表1

	壁の厚さ	弁の有無
動脈	ア	イ
静脈	ウ	エ

	ア	イ	ウ	エ
①	厚い	有	うすい	無
②	うすい	有	厚い	無
③	厚い	無	うすい	有
④	うすい	無	厚い	有

2

次の各問いに答えなさい。

（1） 岩石の特徴について，次の（a）・（b）の各問いに答えなさい。

（a） 主に生物の死がいが固まってできた岩石として，適切なものを次の①～④から**二つ**選びなさい。

① カンラン石　② チャート　③ 石灰岩　④ 斑れい岩

（b）（a）の答えのうち，かたい方の岩石について説明している文として，最も適切なものを次の①～④から一つ選びなさい。

① 主成分は炭酸カルシウムであり，うすい塩酸をかけても泡が出ない。
② 主成分は炭酸カルシウムであり，うすい塩酸をかけると泡が出る。
③ 主成分は二酸化ケイ素であり，うすい塩酸をかけても泡が出ない。
④ 主成分は二酸化ケイ素であり，うすい塩酸をかけると泡が出る。

（2） 短時間に局地的な激しい雨をもたらす雲として，最も適切なものを次の①～④から一つ選びなさい。

① 積乱雲　② 乱層雲　③ 巻積雲　④ 層積雲

（3） へいそく前線について述べた文として，最も適切なものを次の①～④から一つ選びなさい。

① この前線は時期によって梅雨前線と呼ばれる。その前線記号は
である。
② この前線は時期によって梅雨前線と呼ばれる。その前線記号は
である。
③ この前線の影響で地上は全体的に寒気に覆われることが多い。その前線記号は
である。
④ この前線の影響で地上は全体的に寒気に覆われることが多い。その前線記号は
である。

（4） 茨城県のある地域において，北極星の方向にカメラを向けて固定し，シャッターを開放して写真を撮影した。図1は，その写真を模式的に表したものである。星の動きについて述べた文として，最も適切なものを次の①～④から一つ選びなさい。

図1

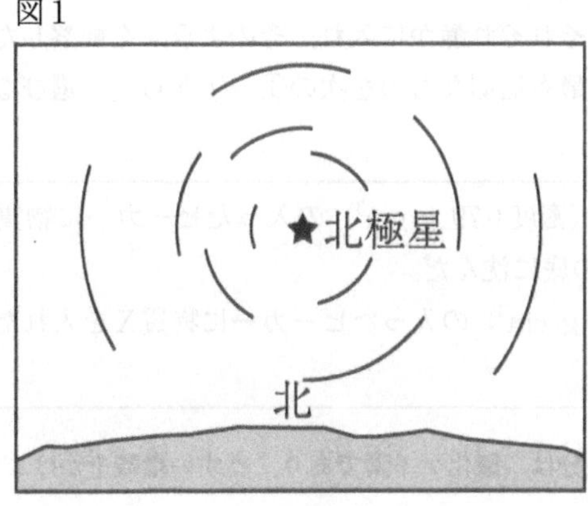

① 北極星の周りの星は，１時間に30°だけ回転するように見える。

② 北極星の周りの星は，１時間に15°だけ回転するように見える。

③ 北極星の周りの星は，基本的に北極星を中心に時計回りに回って見えるが，一部例外的に反時計回りに回って見えるものがある。

④ 北極星の周りの星は，基本的に北極星を中心に反時計回りに回って見えるが，一部例外的に時計回りに回って見えるものがある。

3

次の各問いに答えなさい。

（1） 形や大きさが異なる６つの純粋な物質Ａ～Ｆがある。これらの物質の質量［g］と体積［cm^3］を測定した結果を図１に示した。物質Ａ～Ｆについて，次の（a）・（b）の各問いに答えなさい。

図１

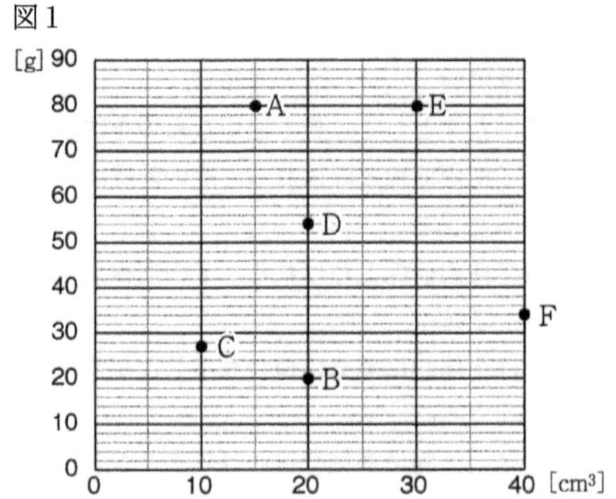

（a） 物質Ａ～Ｆのうち，同じ密度［g/cm^3］であるものの組み合わせとして，最も適切なものを次の①～④から一つ選びなさい。

① ＡとＥ　　③ ＢとＣ　　③ ＢとＤ　　④ ＣとＤ

（b） 図１に示された物質Ａ～Ｆのいずれかである物質Ｘを，エタノールの入ったビーカーと水の入ったビーカーにそれぞれ静かに入れ，そのようすを観察した。下記の【観察結果】をもとに，物質Ｘとして最も適切なものを次の①～④から一つ選びなさい。

【観察結果】

（i） エタノール（密度0.79 g/cm^3）の入ったビーカーに物質Ｘを入れたところ，物質Ｘはビーカーの底に沈んだ。

（ii） 水（密度1.0 g/cm^3）の入ったビーカーに物質Ｘを入れたところ，物質Ｘは水面に浮いた。

① Ａ　　② Ｃ　　③ Ｅ　　④ Ｆ

（2） 図2のようにマグネシウム粉末0.90 gをステンレス皿にうすく広げた後，ガスバーナーで加熱して完全に反応させた。反応後，ステンレス皿をよく冷まし，加熱後に生じた物質の質量を測定したところ，1.5 gであった。マグネシウム粉末の質量を変えながらこの操作を繰り返し行った結果を表1に示す。ただし，ステンレス皿は，加熱してもマグネシウムや酸素と反応しないものとする。次の（a）～（c）の各問いに答えなさい。

図2

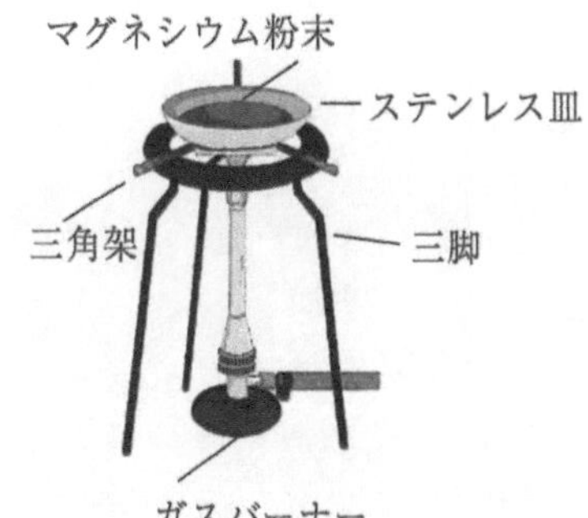

表1

マグネシウム粉末の質量(g)	0.90	1.2	1.5	・・・	2.7
反応後の質量(g)	1.5	2.0	2.5	・・・	ア

（a） マグネシウム粉末0.90 gを反応させるために必要な酸素の質量として，最も適切なものを次の①～④から一つ選びなさい。

① 0.45 g　② 0.60 g　③ 2.6 g　④ 3.5 g

（b） 表1の ア に当てはまる数値として，最も適切なものを次の①～④から一つ選びなさい。

① 4.5　② 5.5　③ 6.5　④ 10.5

（c） マグネシウムを加熱して完全に反応させた後に残った物質のモデル図として，最も適切なものを次の①～④より一つ選びなさい。

① (Mg)　② (Mg)(O)

③ (Mg)(O)(Mg)　④ (O)(Mg)(O)

4

次の各問いに答えなさい。

（1） 次の図1は空気中から水中に光が進むとき，図2は水中から空気中に光が進むときのようすを表したものである。図1および図2の光の道すじの組み合わせとして，最も適切なものを次の①～⑨から一つ選びなさい。

図1

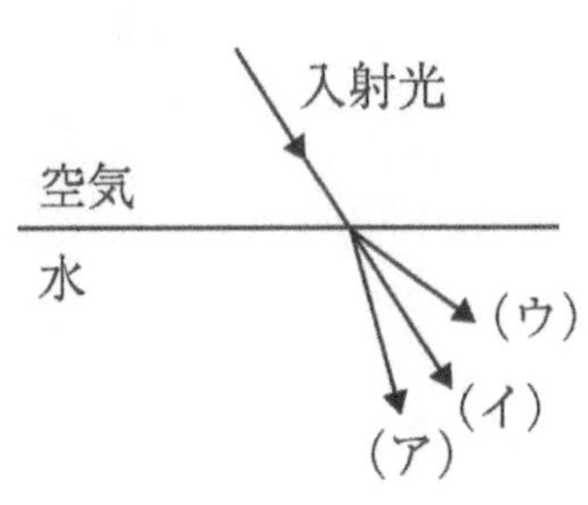

図2

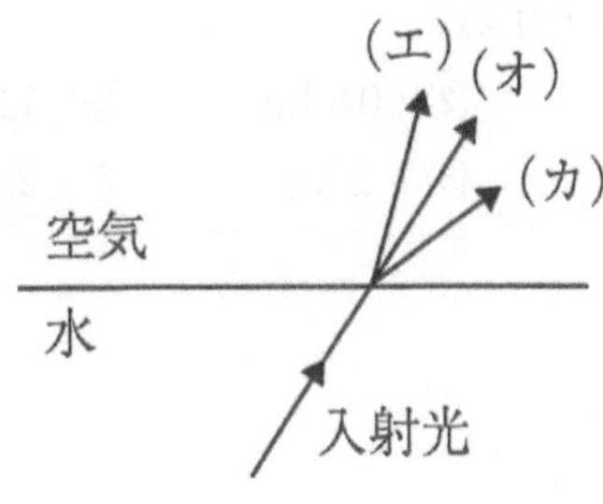

	図1	図2
①	(ア)	(エ)
②	(ア)	(オ)
③	(ア)	(カ)
④	(イ)	(エ)
⑤	(イ)	(オ)
⑥	(イ)	(カ)
⑦	(ウ)	(エ)
⑧	(ウ)	(オ)
⑨	(ウ)	(カ)

(2) 図3は，質量2kgの直方体を示したものである。この直方体について（a）・（b）の各問いに答えなさい。なお，以下の問いでは大気圧の影響は考えないものとする。

（a） 面A，面B，面Cの面をそれぞれ下にして水平面に置いたとき，直方体が水平面におよぼす圧力について，その大きさを大きい順に並べたものとして，最も適切なものを次の①～⑥から一つ選びなさい。

図3

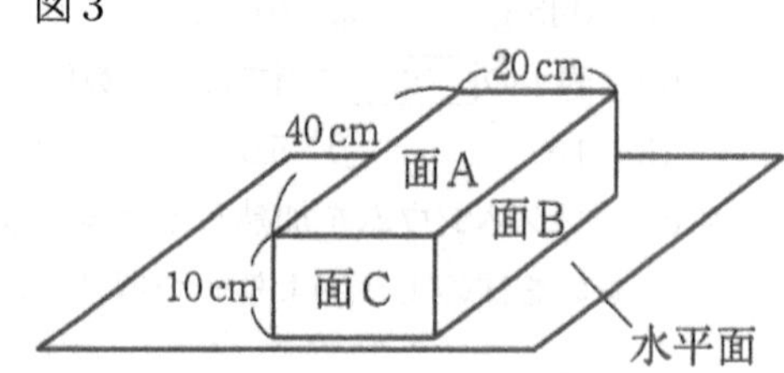

① 面A＞面B＞面C　　② 面A＞面C＞面B
③ 面B＞面A＞面C　　④ 面B＞面C＞面A
⑤ 面C＞面A＞面B　　⑥ 面C＞面B＞面A

（b） 図4のように，図3における直方体の面A上におもりを置いたとき，直方体によって水平面に加わる圧力は400 Paであった。このとき，おもりの質量として最も適切なものを次の①～⑥の中から一つ選びなさい。ただし，質量100 gの物体にはたらく重力の大きさを1Nとする。

図4

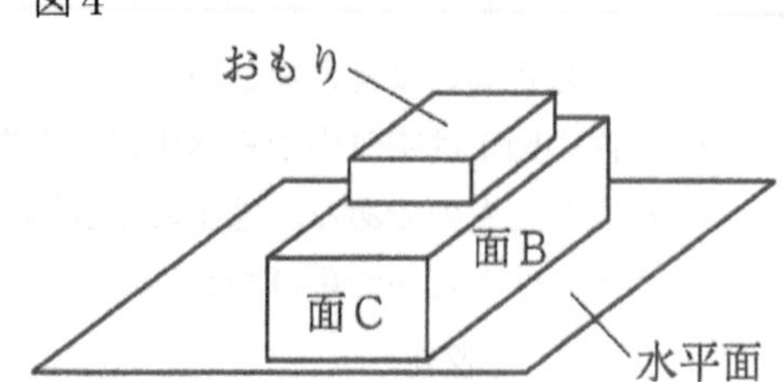

① 0.4 kg　　② 0.8 kg　　③ 1.2 kg
④ 1.6 kg　　⑤ 2 kg　　⑥ 2.4 kg

（3） 図5は棒磁石をコイルの上で1回転［（ア）→（イ）→（ウ）→（エ）］させるようすを示している。（ア）では，検流計の針は－側にふれる。（ウ），（エ）では検流計の針は－側，＋側のどちらにふれるか。針がふれる向きの組み合わせとして最も適切なものを次の①～④から一つ選びなさい。

図5

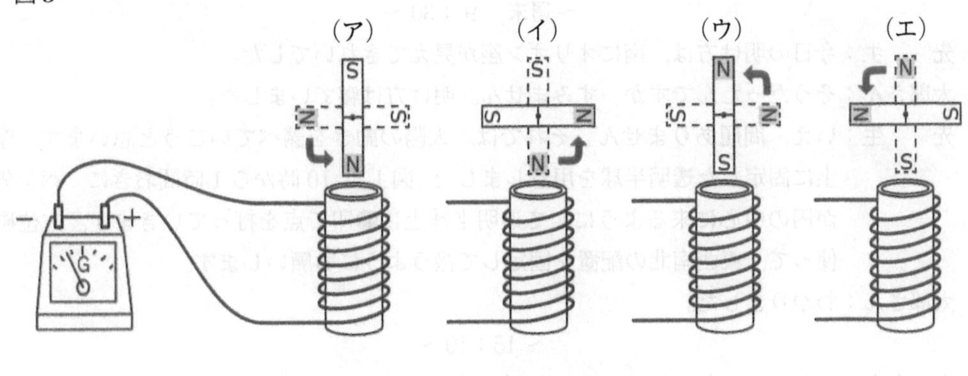

	（ウ）	（エ）
①	－側	－側
②	－側	＋側
③	＋側	－側
④	＋側	＋側

（4） 小球に伸び縮みしない糸をつけて振り子をつくった。次の（a）・（b）の各問いに答えよ。ただし，運動中は糸のたるみや，糸とくぎの間の摩擦や空気抵抗を考えないものとする。

（a） 図6は，運動中の振り子のようすを表したものである。図中のA～Dの位置における小球がもつ力学的エネルギーをそれぞれE_A～E_Dとおく。E_A～E_Dの大小関係について，最も適切なものを次の①～④から一つ選びなさい。ただし，AとDの高さは等しいものとする。

図6

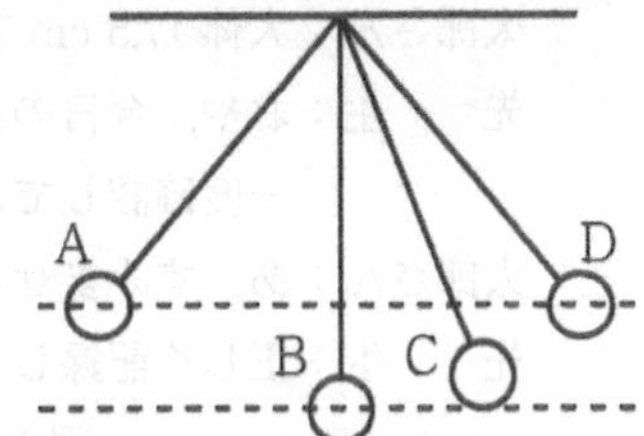

① $E_A = E_D > E_C > E_B$　② $E_B > E_C > E_A = E_D$

③ $E_A = E_B = E_D > E_C$　④ $E_A = E_B = E_C = E_D$

（b） 図7のように，くぎを取りつけて実験をしたところ，Aを離れた振り子がBにきたとき，糸がくぎに引っかかった。その後，小球は図中のどの位置まで上がるか。最も適切なものを次の①～④から一つ選びなさい。ただし，Aとウの高さは等しいものとする。

図7

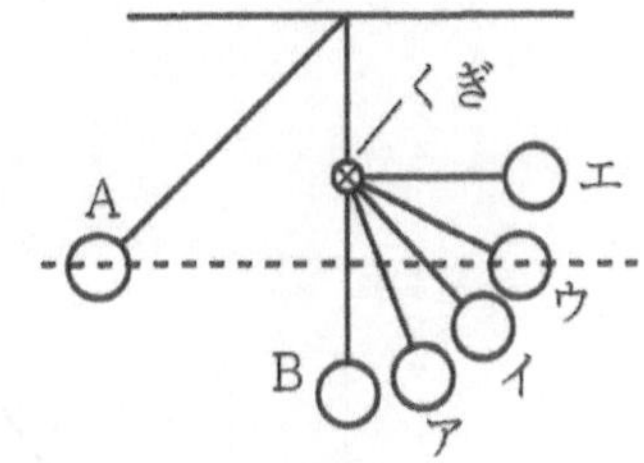

① ア　② イ　③ ウ　④ エ

5　以下は，茨城県のとある中学校での先生と太郎さんの会話である。会話文を読み，次の各問いに答えなさい。

太郎さん：先生，太陽の動き方について詳しく知りたいのですが。

先　　生：では，今度の週末に調べてみましょう。9時半に校庭に集合です。

太郎さん：わかりました。

～週末　9：30～

先　　生：今日の明け方は，南にオリオン座が見えてきれいでした。

太郎さん：そうだったんですか。すみません。明け方は寝ていました。

先　　生：いえ，問題ありません。それでは，太陽の動きを調べていこうと思います。厚紙の上に固定した透明半球を用意しました（図1）。10時から1時間おきに，ペン先の影が円の中心に来るようにして透明半球上に●印で点を打っていきます。方位磁針を使って，東西南北の配置を固定して扱うようにお願いします。

太郎さん：わかりました。

～15：10～

太郎さん：親から電話がありまして，16時までに帰らなければいけなくなりました。

先　　生：仕方ありません。しかし，十分に記録は取れたと思います。まとめましょう。打った点を結ぶと，太陽の動きがわかります。結んでみて下さい。

太郎さん：結びました（図2）。

先　　生：10時と11時の点を結んだ曲線の長さは何cmですか。

太郎さん：大体3.3 cmです。

先　　生：太陽の通り道で，最も高く太陽が上がった場所に×印をつけて下さい。それをQ点と呼ぶこととします。

太郎さん：つけました。Q点は11時から大体2cm離れているところです。

先　　生：ありがとう。結んだ線を伸ばして，10時の点と東側の厚紙との交点を結んだ曲線の長さは何cmになっていますか。

太郎さん：大体17.5 cmです。

先　　生：おや，今日の日の出は5時20分頃のはずですから，そんなはずはないですね。もう一度確認してみてください。

太郎さん：あ，すみません。a <u>測り間違えていました</u>。

先　　生：正しく記録しておいてくださいね。後日，結果を元に詳しい考察をしましょう。

図1

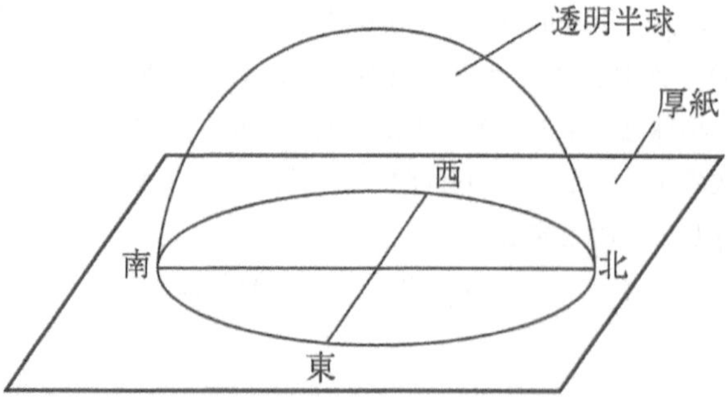

図2

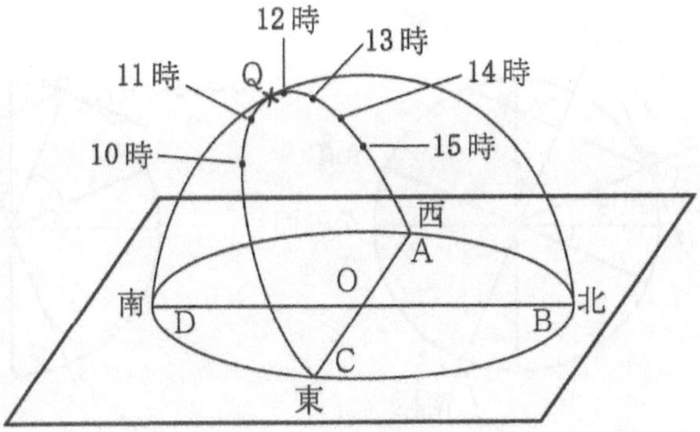

12時
13時
11時
Q
14時
10時
15時
西
A
O
南
D
B
北
C
東

（1） 図3を参考にして，この観測を行なった日付として最も適切なものを次の①～④から一つ選びなさい。

図3

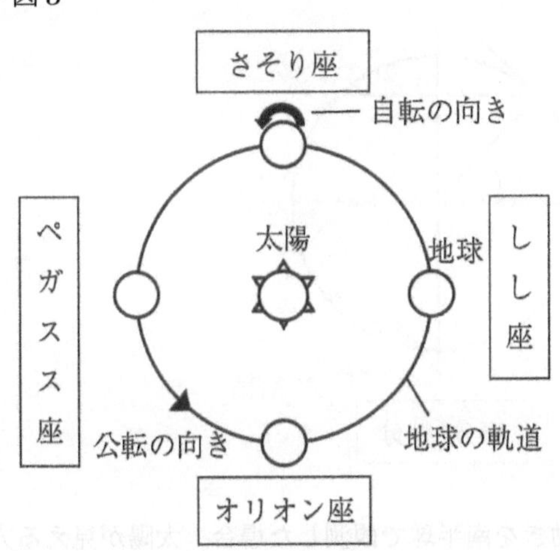

① 3月20日　② 6月20日　③ 9月20日　④ 12月20日

（2） 太陽が最も高く上がったQ点における高度を南中高度と呼ぶ。図2において，南中高度を表す角度として，最も適切なものを次の①～④から一つ選びなさい。

① ∠QOB　② ∠QOD　③ ∠QDO　④ ∠QBO

（3） 文中の下線部aについて，透明半球に沿って10時の点と東側の厚紙との交点を結んだ曲線の長さとして，最も適切と考えられるものを次の①～④から1つ選びなさい。

① 約15.5 cm　② 約16.5 cm　③ 約18.5 cm　④ 約19.5 cm

（4） 図4は，春分・夏至・秋分・冬至のときの公転面に対する地軸の傾きと南中高度の違いを表したものである。今回の観測地点の緯度が36°であるとき，この日の南中高度として，最も適切なものを次の①～④から一つ選びなさい。

① 30.6°　② 36°　③ 54°　④ 77.4°

図４

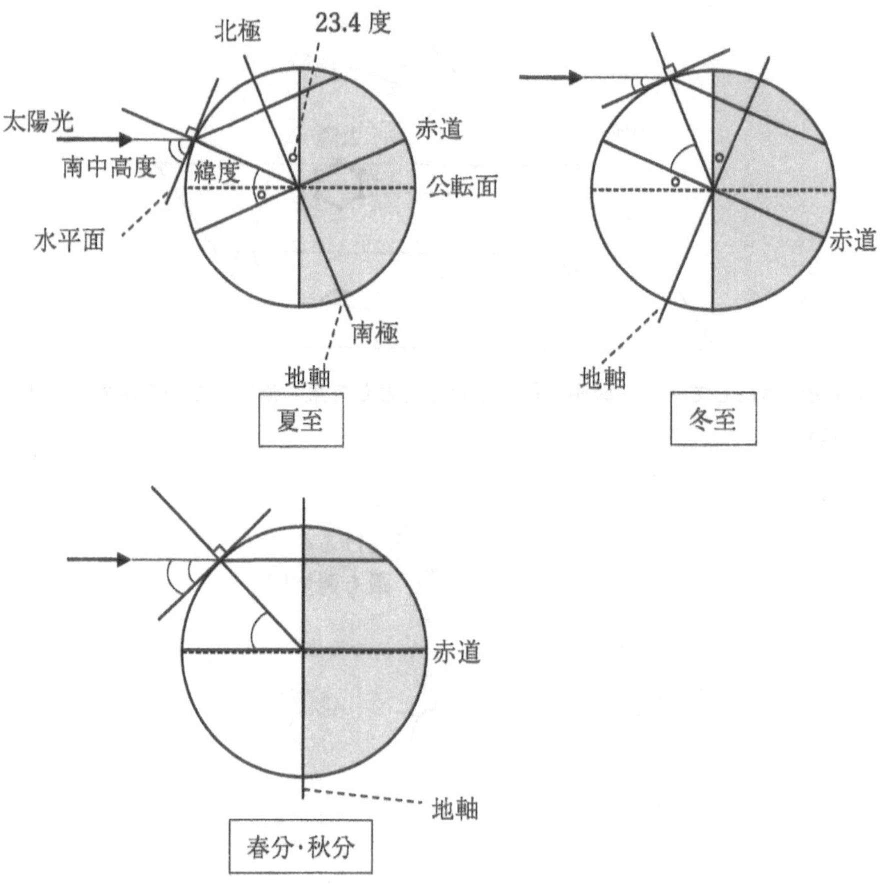

（5） 今回調べた太陽の動きを南半球で観測した場合，太陽が見える方角の変化として，最も適切なものを次の①～④から一つ選びなさい。

① 西 → 南 → 東　　② 西 → 北 → 東
③ 東 → 南 → 西　　④ 東 → 北 → 西

6

電圧と電流の関係を調べるために，５Ω，10Ωの抵抗を使って，【実験１】･【実験２】を行った。この実験について，次の各問いに答えなさい。

【実験１】

図１のような回路をつくり，電源の電圧を変化させて，Ａ点に流れる電流を測定した。

図１

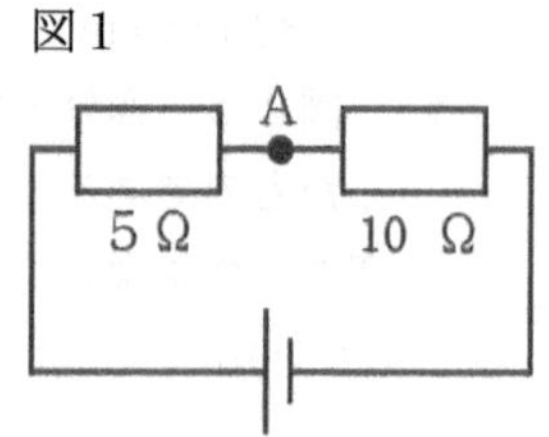

【実験２】

図２のような回路をつくり，電源の電圧を変化させて，Ｂ点とＣ点に流れる電流をそれぞれ測定した。

図２

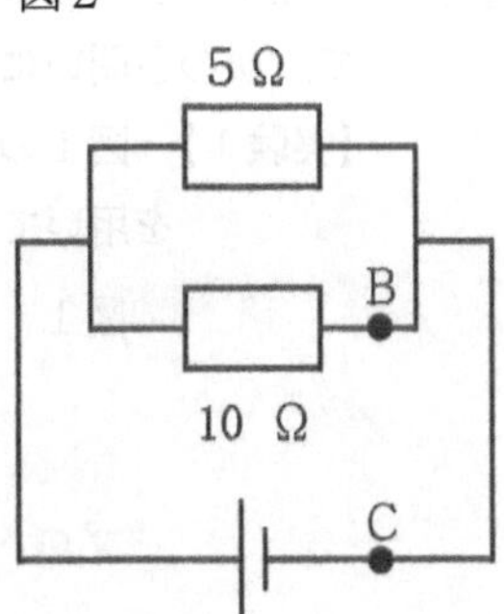

（１）【実験１】について，電源の電圧が 12 V のとき，次の（ａ）・（ｂ）の各問いに答えよ。

（ａ） Ａ点に流れる電流の大きさとして，最も適切なものを次の①～⑥から一つ選びなさい。

① 0.4 A　② 0.8 A　③ 1.2 A
④ 1.6 A　⑤ 2 A　⑥ 2.4 A

（ｂ） 10 Ωの抵抗に加わる電圧の大きさとして，最も適切なものを次の①～⑥から一つ選びなさい。

① 2 V　② 4 V　③ 6 V
④ 8 V　⑤ 10 V　⑥ 12 V

（２）【実験２】について，電源の電圧の大きさと，Ｂ点およびＣ点に流れる電流の大きさの関係を表したグラフとして，最も適切なものをそれぞれ次の①～⑤から一つ選びなさい。

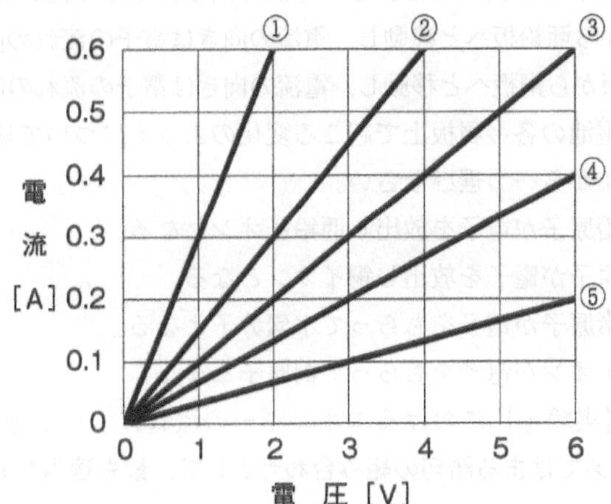

（３） 図１，図２で電源の電圧を同じにしたとき，Ａ～Ｃの各点に流れる電流を大きい順に並べたものとして，最も適切なものを次の①～⑥から一つ選びなさい。

① Ａ＞Ｂ＞Ｃ　② Ａ＞Ｃ＞Ｂ　③ Ｂ＞Ａ＞Ｃ
④ Ｂ＞Ｃ＞Ａ　⑤ Ｃ＞Ａ＞Ｂ　⑥ Ｃ＞Ｂ＞Ａ

（４） 図２において，10 Ωの抵抗の消費電力は，５Ωの抵抗の消費電力の何倍になるか。最も適切なものを次の①～⑥から一つ選びなさい。

① 0.3 倍　② 0.5 倍　③ 1 倍
④ 1.5 倍　⑤ 2 倍　⑥ 3.3 倍

7　図１のような装置を用いて，電池に関する【実験１】・【実験２】を行った。この実験について，次の各問いに答えなさい。

【実験１】 図１のようにうすい塩酸を入れたビーカーに，銅板，亜鉛板を入れ，それぞれ導線を用いて光電池用のプロペラ付きモーターに接続したところプロペラが回転した。

図１

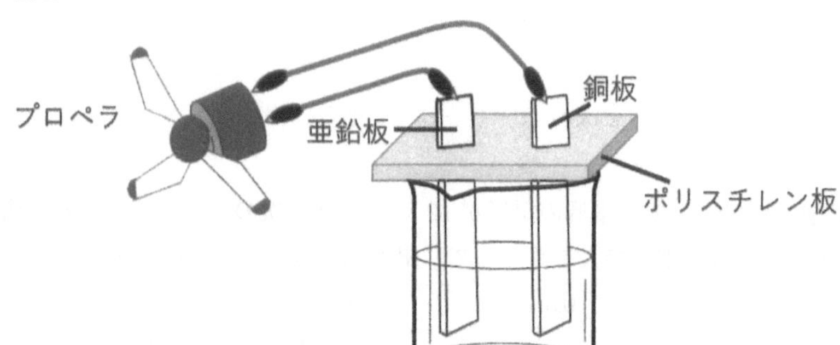

【実験２】 金属板は変えずに，うすい塩酸を食塩水，砂糖水，エタノール水溶液，うすい硫酸に変えたときに，プロペラが回転するかどうかを調べた。

（1） 導線内の電子と電流の流れについて述べた文として，最も適切なものを次の①～④から一つ選びなさい。

① 電子は，銅板から亜鉛板へと移動し，電流の向きは電子の流れの向きと逆になっている。
② 電子は，亜鉛板から銅板へと移動し，電流の向きは電子の流れの向きと逆になっている。
③ 電子は，銅板から亜鉛板へと移動し，電流の向きは電子の流れの向きと同じになっている。
④ 電子は，亜鉛板から銅板へと移動し，電流の向きは電子の流れの向きと同じになっている。

（2） 図１に示された電池の各金属板上で起こる変化のようすについて述べた文として，最も適切なものを次の①～④から一つ選びなさい。

① －極では，亜鉛原子が電子を放出し亜鉛イオンとなる。
② －極では，銅原子が電子を放出し銅イオンとなる。
③ ＋極では，水素原子が電子をもらって水素分子となる。
④ ＋極では，銅イオンが電子をもらって銅原子となる。

（3） 下記の文章は，【実験１】におけるエネルギーの流れについて述べたものである。文中の ア ～ ウ にあてはまる語句の組み合わせとして，最も適当なものを次の①～④から一つ選びなさい。

> 電池は，物質が持っている ア エネルギーを化学変化によって イ エネルギーとして取り出す。【実験１】では，その イ エネルギーがプロペラの ウ エネルギーに変わっている。

	ア	イ	ウ
①	運動	電気	化学
②	電気	化学	運動
③	電気	運動	化学
④	化学	電気	運動

（4）【実験2】において，プロペラが回らない水溶液は何種類あるか。最も適切な数値をマークしなさい。

8　太郎さんと花子さんは，理科で学んだ生物の分類について興味を持ち，夏休みの自由研究のテーマとして，それぞれレポートにまとめた。以下に，二人のレポートの一部と先生のコメントを示す。これを読み，次の各問いに答えなさい。

【太郎さんのレポート（抜粋）】

まとめ

下の図1は，セキツイ動物の分類を簡単にまとめたものです。

図1

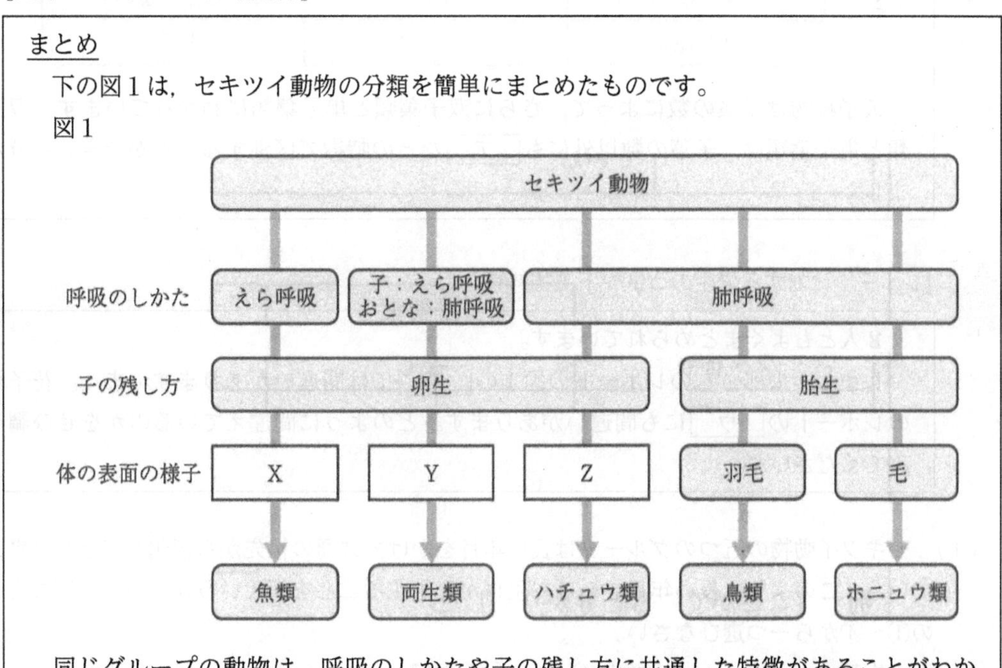

同じグループの動物は，呼吸のしかたや子の残し方に共通した特徴があることがわかりました。また，セキツイを持たない無セキツイ動物の中ではａ節足動物の種類が多く，100万種類以上いることがわかりました。

【花子さんのレポート（抜粋）】

私は植物が大好きです。地球上に多くの植物が存在していることに興味を持ったので，種子植物と，種子をつくらない植物についてそれぞれ表にまとめてみました。

表１　種子植物の特徴

被子植物	アサガオやサクラなどの仲間で，胚珠が子房につつまれている。
裸子植物	イチョウやマツなどの仲間で，胚珠がむき出しになっている。

表２　種子をつくらない植物の分類

	維管束	根・茎・葉
シダ植物	なし	区別がない
コケ植物	あり	区別がある

被子植物は子葉の数によって，さらに双子葉類と単子葉類にわかれています。双子葉類と単子葉類は，子葉の数以外にも［ア］などの特徴で区別することができると分かりました。

【レポートに対する先生のコメント（抜粋）】

２人ともよくまとめられています。

しかし，太郎さんのレポートの図１の［イ］には間違いがあります。また，花子さんのレポートの［ウ］にも間違いがあります。どのように間違えているのかをぜひ調べてみてくださいね。

（１）　セキツイ動物の五つのグループは長い年月をかけて共通の祖先から変化してきたと考えられている。このように長い年月をかけて生物が変化することを何というか。最も適切なものを次の①～④から一つ選びなさい。

①　複製　　②　進化　　③　遺伝　　④　発生

（２）　下線部ａについて，節足動物の例として最も適切なものを次の①～④から一つ選びなさい。

①　ヤリイカ　　②　アサリ　　③　アメリカザリガニ　　④　バフンウニ

（3）【太郎さんのレポート（抜粋）】中の，空欄 X ～ Z に入る語句の組み合わせとして，最も適切なものを次の①～④から一つ選びなさい。

	X	Y	Z
①	うろこ	うろこ	しめった皮ふ
②	うろこ	しめった皮ふ	うろこ
③	しめった皮ふ	うろこ	うろこ
④	うろこ	しめった皮ふ	羽毛

（4）【花子さんのレポート（抜粋）】中の ア に入る語句として，最も適切なものを次の①～④から一つ選びなさい。

① 花弁の付き方や葉脈　　② 花弁の付き方や根の形状
③ 根の形状や維管束の有無　　④ 根の形状や葉脈

（5）【レポートに対する先生のコメント（抜粋）】中の空欄に入る適切な語句の組み合わせとして，最も適切なものを次の①～④から一つ選びなさい。

	イ	ウ
①	子の残し方	表1
②	子の残し方	表2
③	呼吸の仕方	表1
④	呼吸の仕方	表2

【社　会】（50分）〈満点：100点〉

1　あとの問いに答えなさい。（8）～（10）については，それぞれの説明にあてはまる国名を，以下の①～④のうちから一つずつ選びなさい。なお，（8）～（10）は，図（地図）中の番号に対応している。

（1）女性差別からの解放を目指した平塚らいてうが結成した組織として適切なものを，以下の①～④のうちから一つ選びなさい。

①　青鞜社　②　全国水平社

③　日本社会主義同盟　④　日本労働総同盟

（2）世界恐慌に対応するため，アメリカ合衆国ではニューディール政策がとられた。このときの大統領として適切なものを，以下の①～④のうちから一つ選びなさい。

①　ウィルソン　②　リンカン　③　ローズベルト　④　ワシントン

（3）非核三原則の提唱や沖縄返還を実現し，ノーベル平和賞を受賞した人物として適切なものを，以下の①～④のうちから一つ選びなさい。

①　犬養毅　②　田中角栄　③　佐藤栄作　④　吉田茂

（4）自由権に分類される権利として適切なものを，以下の①～④のうちから一つ選びなさい。

①　環境権　②　財産権　③　請願権　④　労働基本権

（5）天皇の国事行為として**適切でないもの**を，以下の①～④のうちから一つ選びなさい。

①　栄典の授与　②　最高裁判所長官の指名

③　衆議院の解散　④　内閣総理大臣の任命

（6）自国の利益を守るために，1960年に主に西アジアの産油国を中心に結成された国際機構の略称として適切なものを，以下の①～④のうちから一つ選びなさい。

①　ＡＰＥＣ　②　ＡＳＥＡＮ　③　ＥＵ　④　ＯＰＥＣ

（7）熱帯・亜熱帯の気候がみられる地域の入り江や河口などで，満潮時に海水に覆われながらも生育する常緑広葉樹として適切なものを，以下の①～④のうちから一つ選びなさい。

①　オアシス　②　サバナ　③　タイガ　④　マングローブ

（8）ギニア湾に面し，かつてはヨーロッパ諸国と奴隷や金の交易を行っていた国であり，現在はカカオ豆の産地や金の産出国としても知られる。

①　アルジェリア　②　ガーナ　③　ケニア　④　セネガル

（9）この国は，北米自由貿易協定（ＮＡＦＴＡ）の加盟国だった。16世紀にこの地域で産出した銀は，世界経済に大きな影響を与え，現在も銀や原油の産出国である。

①　カナダ　②　キューバ　③　コロンビア　④　メキシコ

（10）イスラム教を信仰する少数民族の民族問題を抱えた国であり，近年は民主化が進んだが，2021年2月，軍部によるクーデターが起きた。

①　カンボジア　②　タイ　③　バングラデシュ　④　ミャンマー

図

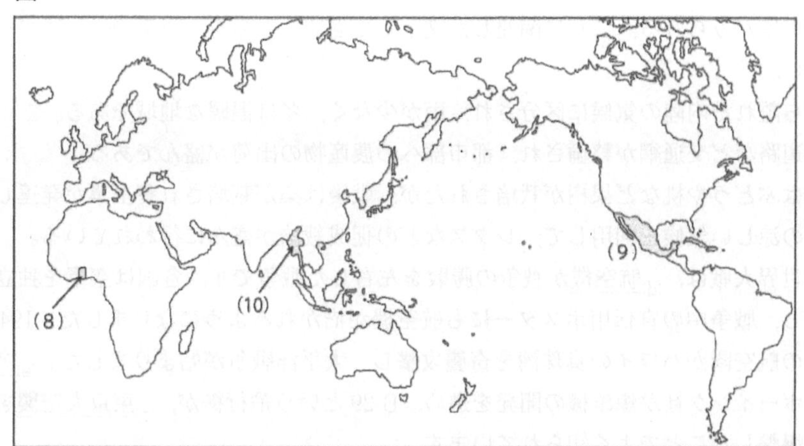

2 20世紀は「航空機の時代」である。第一次世界大戦で登場した航空機は，第二次世界大戦で，勝敗を決する重要な兵器となった。次の文章Ⅰ～Ⅳを読んで，あとの問いに答えなさい。

Ⅰ　土浦駅西口から阿見町へ続く国道125号線に桜川橋があります。これは1923年に架けられた茨城県初の(a)コンクリート製の橋です。この国道は通称「海軍道路」と呼ばれ，(b)霞ヶ浦海軍航空隊の軍用道路として整備されました。1939年には同隊に飛行予科練習部（予科練）が置かれ，翌年には予科練教育を専門に行う土浦海軍航空隊として独立しました。

長野県の野辺山では，土浦に加えて新たに予科練教育を行うことになった三重海軍航空隊が，この地で飛行訓練を重ねました。野辺山は，西側に(c)八ヶ岳連峰が連なり，東側は関東山地が続きます。後者を水源として，千曲川が北に向かって流れています。

（1）　下線部(a)に関連して，鉄やレンガ・コンクリートなどでつくられた近代建築は，機能や景観などの面から高く評価されている。これに関連する文として適切なものを，以下の①～④のうちからすべて選びなさい。

① 原爆ドームは，もとは広島県産業奨励館として使われていた建物で，戦争の記憶を継承する遺産である。

② 明治時代に，製糸業が盛んであった富山県に富岡製糸場が設立され，日本の近代化に貢献した。

③ 本州四国連絡橋は，神戸と鳴門を結ぶ瀬戸大橋を含め，全部で５つの橋が建設された。

④ 飛騨山脈の山々に源流をもつ黒部川に築かれた黒部ダムは，水力発電用の巨大ダムとして，長期に及ぶ大工事の末に完成した。

（2）　下線部(b)に関連して，1929年8月19日，当時世界最大の飛行船ドイツのツェッペリン伯号が世界一周の途中，霞ヶ浦海軍飛行場に着陸した。1920年代のドイツや日本について述べた文として適切なものを，以下の①～④のうちから一つ選びなさい。

① ワイマール憲法を否定するナチスが政権を獲得した。

② ドイツに軍備の制限や巨額の賠償金の支払いを命じたベルサイユ条約が調印された。

③ 大正時代には文化の大衆化が進み，モボやモガという言葉が流行した。

④ 国際的な孤立が進んだ日本は，ドイツと防共協定を結んだ。

(3) 下線部(c)「八ヶ岳連峰」は長野県と山梨県の境に位置し，標高 3,000 m 近い山々が連なり，豊かな自然環境がみられる。これに関連した文として適切なものを，以下の①～④のうちから一つ選びなさい。

① 海から離れた内陸の気候に区分され，雨が少なく，冬は温暖な地域である。

② 高速道路など交通網が整備され，都市部への農産物の出荷が盛んである。

③ 戦前はぶどうや桃など果樹が栽培されたが，戦後は桑が栽培され養蚕業が発達した。

④ 高原の涼しい気候を利用して，レタスなどの促成栽培が盛んに行われている。

Ⅱ 第二次世界大戦は，(d)航空機が戦争の勝敗を左右した戦争です。各国は空軍を独立した部隊にして強化し，戦争中の宣伝用ポスターにも航空機が描かれるようになりました。1941 年 12 月，日本海軍の航空隊がハワイの真珠湾を奇襲攻撃し，太平洋戦争が始まりました。(e)アメリカ合衆国では，ボーイング社が爆撃機の開発を進め，B 29 という飛行機が，(f)東京大空襲をはじめ，日本各地を爆撃したことでよく知られています。

(4) 下線部(d)に関連して，戦後，海外旅行が自由化されて航空輸送の需要が高まり，千葉県成田市に国際空港が建設されることになった。政府は，個人が所有する土地を強制的に買い上げようとしたため，大きな反対運動が起きた。この運動と**資料１～３**との関係について述べた文として適切なものを，以下の①～④のうちから**すべて**選びなさい。

資料１ 日本国憲法第 13 条

すべて国民は，個人として尊重される。生命，自由及び幸福追求に対する国民の権利については，公共の福祉に反しない限り，立法その他の国政の上で，最大の尊重を必要とする。

資料２ 日本国憲法第 29 条３項

私有財産は，正当な補償の下に，これを公共のために用ひることができる。

資料３ 土地収用法の主要手続 制度の概要

土地収用法は，公共事業の用地取得に当たって地権者の同意が得られない場合等に，当該土地を取得するための法的手段を規定。

① **資料２**を根拠に，個人の土地を取り上げることになるので，空港が必要だと考えたとしても，話し合いを重ね，現地の住民の意見によく耳を傾けることが大切だ。

② 自らの土地を取り上げられるのは**資料１**の権利を侵害するのだから，暴力に訴えてでも政府に反対を訴えていくべきだ。

③ **資料２**の考えから，政府と地域住民の関係だけでなく，空港を利用する人たちも自らの問題として考えなければならない。

④ 公共の福祉という観点から，個人の権利を制限する可能性がある場合は，**資料３**で示したように，法律で要件を定める必要がある。

(5) 下線部(e)に関連して，次の**表**は戦争を経験したアメリカ大統領の経歴をまとめたものである。**表**から読み取れることとして適切なものを，次ページの①～④のうちから一つ選びなさい。

表

出来事	レーガン 大統領 （共和党）	ケネディ 大統領 （民主党）	ブッシュ（父） 大統領 （共和党）	ブッシュ（子） 大統領 （共和党）
誕生	1911年生まれ	1917年生まれ	1924年生まれ	1946年生まれ
学歴	ユーリカ大学卒業	ハーバード大学卒業	イェール大学卒業	イェール大学卒業
第二次世界大戦	ハリウッド俳優	海軍士官	海軍航空兵	
朝鮮戦争		上院議員		
キューバ危機		大統領		
ベトナム戦争	カリフォルニア州知事		下院議員	テキサス州州兵
中距離核戦力全廃条約	大統領			
マルタ会談			大統領	
湾岸戦争			大統領	テキサス州知事
イラク戦争				大統領

① レーガン大統領のときに，マルタ会談が開かれ，冷戦の終結を宣言した。

② ケネディ大統領は，キューバ危機（ソ連との核戦争の危機）に直面した。

③ ブッシュ（父）大統領は，中距離核戦力全廃条約を結び，核軍縮を進めた。

④ ブッシュ（子）大統領は，大量破壊兵器を保有しているとしてベトナム戦争を開始した。

（6） 下線部(f)「東京大空襲」は，資料館がつくられ，その歴史を後世に伝えている。こうした戦争の記憶を継承することは，体験者が減少するにつれて重要な課題になっている。これに関連した文として**適切でないもの**を，以下の①～④のうちから一つ選びなさい。

① アウシュビッツ強制収容所は，ユダヤ人などを虐殺した歴史を今に伝えている。

② 戦争体験者の証言を直接聞く機会は減りつつあり，デジタル化された資料や，戦争を知らない世代が語り継ぐ活動が行われている。

③ 中国残留日本人孤児は，戦後の混乱の中で日本人の子供たちが中国人の養父母に育てられたものである。

④ ひめゆり平和祈念資料館では，原爆投下の体験者が語り継ぐ活動を行ってきたが，高齢化により難しくなっている。

Ⅲ 2009年，ニューヨーク中心部を流れる(g)ハドソン川に民間航空機が不時着する事故がおきました。鳥が衝突したことでエンジンが停止したものの，機長の冷静な判断により無事に着水し，奇跡的に死者・負傷者はゼロでした。ただ，川に不時着するという機長の判断について，法律上の責任があったかどうかも問題になりました。その一方で，2014年には，クアラルンプールから北京に向かっていた(h)マレーシア航空機が突然消息を絶ち，インド洋に墜落したと推測されていますが，いまだ発見されていないという事故も起こっています。

（7） 下線部(g)「ハドソン川」と，カナダとの国境にある五大湖との間は運河で結ばれ，ニューヨークの発展に重要な役割を果たした。水上交通の歴史に関する説明として適切なものを，以下の①～④のうちから一つ選びなさい。

① スエズ運河は全長160 kmに及び，アフリカ南端をまわる航路に比べて大幅に距離が短縮され，フランスによるインド支配の要として重視された。

② 琵琶湖疏水は，明治時代に完成した水路で，琵琶湖と北陸地方を結び，飲料水や工業用水を供給している。

③　ニューオーリンズはミシシッピ川河口の港町で，かつてはアフリカの黒人奴隷が集められ，アメリカ南部の綿花畑などの労働力として取引されていた。

④　鎌倉時代に，平清盛が現在の神戸港である大輪田泊を整え，瀬戸内海を経由した西廻り航路が発達した。

（8）　下線部(h)「マレーシア」は先住民のマレー人が多数を占める一方で，華人とよばれる中国系住民やインド系住民などの移民も多くいます。次の図を見て，各項目の組み合わせとして適切なものを，以下の①～④のうちから一つ選びなさい。

図　マレーシアの宗教構成

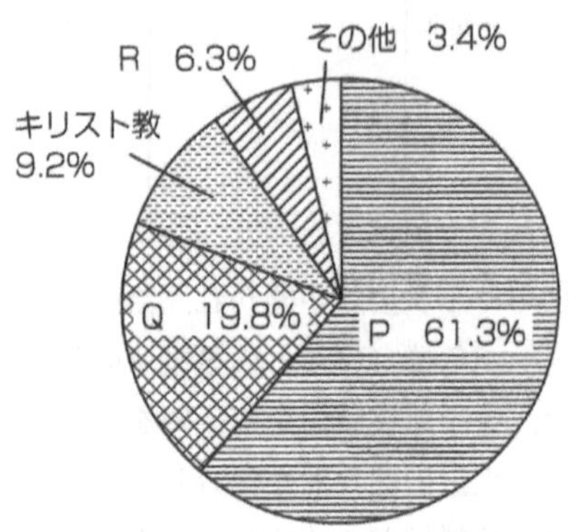

（外務省ホームページにより作成）

①　P－ヒンドゥー教徒　　Q－イスラム教徒　　R－仏教徒
②　P－イスラム教徒　　Q－仏教徒　　R－ヒンドゥー教徒
③　P－ヒンドゥー教徒　　Q－仏教徒　　R－イスラム教徒
④　P－イスラム教徒　　Q－ヒンドゥー教徒　　R－仏教徒

Ⅳ　現在の世界は，多くの航路で結ばれています。航空機が，他国の領空を通過することもありますが，紛争や災害などで，その安全が危ぶまれることもあります。(i)日本は近隣諸国と平和な関係を築いてきた一方で，さまざまな問題を抱えているのも事実です。多くの国によって成り立つ国際社会には(j)国際法というルールが定められています。国と国が互いの主権を尊重し，信頼関係を築くことで，平和や経済発展の実現につながります。

（9）　下線部(i)に関連して，日本と近隣諸国の歴史について述べた文として**適切でないもの**を，以下の①～④のうちから一つ選びなさい。

①　ソ連はサンフランシスコ講和会議に出席したものの，平和条約には調印しなかった。北方領土問題は，日ソ共同宣言でも解決せず，現在に至っている。

②　第二次世界大戦後，蒋介石率いる共産党と，毛沢東率いる国民党との間で内戦が起き，中国と台湾に分断されたまま，現在に至っている。

③　1972年に田中角栄内閣が日中共同声明によって国交を正常化し，1978年には福田赳夫内閣が日中平和友好条約を結んだ。

④　1965年に，韓国と日韓基本条約を結び，韓国政府を朝鮮半島の唯一の政府として承認した。

（10）　下線部(j)に関連して，国内法においては，法律の解釈を最終的に判断するのは最高裁判所である。過去には憲法に基づいて法律が適切かどうかを判断した結果，憲法違反とされたものもある。これに関連する文として**適切でないもの**を，以下の①～④のうちから一つ選びなさい。

①　親などを殺す罪について，それ以外の人を殺す罪よりも重い刑罰を科すことを定めた刑法

200条は，法の下の平等を定めた憲法第14条に違反する。

② 女性だけ，離婚や死別後6か月以内の再婚を禁止する民法の規定は，家族生活における両性の平等を定めた憲法第24条に違反する。

③ 法律上の結婚関係にない男女の子の相続分を，結婚関係にある男女の子の2分の1とする民法の規定は，法の下の平等を定めた憲法第14条に違反する。

④ 父が日本人で，母が外国人の子が，父母が法律上の結婚関係にないため，日本国籍を取得できないとする国籍法の規定は，憲法違反ではない。

3 次の略年表は，日本大学の学祖（創始者）である山田顕義に関するものである。これを見て，あとの問いに答えなさい。

西暦	山田顕義の事跡	国内の動き
1844	長州・萩（現(a)山口県）に生まれる。	
1868	鳥羽伏見の戦いで，長州藩兵を指揮する。	明治政府成立。
1871	岩倉使節団に，兵部省理事官として派遣される。	
1873	帰国後，(b)教育の整備と(c)法律の制定の重要性を指摘する。	
1875		司法省法学校設立。
1881		(d)フランス系法学を特徴とする明治法律学校（明治大学の前身）を創立。
1883	司法卿に就任し，(e)裁判官の資格制度を整備。無資格の関係者推薦による採用を廃止。	
1885	初代司法大臣に就任。	(f)内閣制度発足。伊藤博文が初代内閣総理大臣に就任。 (g)イギリス系法学を特徴とする英吉利法律学校（中央大学の前身）を創立。
1889	日本の歴史・(h)文化に立脚した日本法学を特徴とする日本法律学校（日本大学の前身）を創立。	(i)ドイツの憲法を模範に起草された大日本帝国憲法を発布。

（日本大学ホームページにより作成）

（1） 下線部(a)に関連して，次の**表1・2**から読み取れることとして適切なものを，以下の①～④のうちから一つ選びなさい。

表1 府県の歳入とその内訳（平成30年度）

	歳入（十億円）	地方税（%）	地方交付税（%）	国庫支出金（%）	地方債（%）	その他（%）
茨城県	1,063	39.7	17.6	12.1	11.2	19.4
千葉県	1,722	47.6	10.5	9.0	10.2	22.8
大阪府	2,580	49.5	9.1	7.9	10.2	23.3
山口県	617	29.5	27.4	12.5	12.6	18.0
高知県	445	18.0	38.9	14.8	16.4	11.9

表2 府県の人口（平成30年度）

	人口（千人）
茨城県	2,936
千葉県	6,311
大阪府	8,848
山口県	1,383
高知県	717

（**表1・2**ともに総務省「地方財政統計年報」により作成）

① 大阪府への地方交付税交付金の額が，5府県の中で最も大きい。
② 人口が多い府県ほど，自主財源の割合は小さくなっている。
③ 千葉県の地方債による歳入の額は，茨城県の地方債による歳入の額より小さい。
④ 山口県の地方税による歳入の額は，600億円を下回っている。

（2） 下線部(b)「教育」に関連する文として適切なものを，以下の①～④のうちから一つ選びなさい。
① 憲法で保障される教育を受ける権利は，学校教育を通して市民としての生き方を学ぶ権利であることから，参政権の一つと解釈されている。
② 小学校教育および中学校教育を義務教育と呼び，保護する子女に普通教育を受けさせることを義務付けている。
③ 日本国憲法公布の翌年には教育勅語が出され，現在も国民道徳の支柱となっている。
④ 1972年に学制が公布され，小学校から大学までの学校制度が確立した。

（3） 下線部(c)「法律」案を審議する際に利害関係者や学識経験者などから意見を聞く国会の制度として適切なものを，以下の①～④のうちから一つ選びなさい。
① 委員会　② 憲法審査会　③ 公聴会　④ 本会議

（4） 下線部(d)「フランス」の思想や宣言について述べた文として適切なものを，以下の①～④のうちから一つ選びなさい。
① フランス人権宣言では，世界で初めて社会権が保障された。
② モンテスキューが唱えた三権分立の概念は，フランス人権宣言に影響を与えた。
③ ルソーは，著書『法の精神』で抵抗権を唱えた。
④ ロックは，著書『社会契約論』の中で，人民主権を唱えた。

（5） 下線部(e)の取り組みは，公正な裁判を行うために欠かせないものであった。現在，公正な裁判を行うための原則の一つに，司法権の独立がある。司法権の独立と最も関連の深い文を，以下の①～④のうちから一つ選びなさい。

① 下級裁判所の裁判官は，心身の故障や弾劾裁判を除いて辞めさせられることはなく，身分が保障されている。

② 家庭内の争いや少年事件については，最初に家庭裁判所で審理される。

③ 裁判員裁判では，裁判員は有罪無罪の判断だけでなく，量刑まで決定する。

④ 三審制によって，同一の内容について3回まで裁判を受けることができる。

（6） 下線部(f)「内閣」について述べた文として**適切でないもの**を，以下の①～④のうちから一つ選びなさい。

① 行政権は，内閣に属する。

② 内閣総理大臣は，国会議員の中から国会で指名される。

③ 内閣は，裁判官を罷免するために弾劾裁判所を設置することができる。

④ 内閣は，法律案を国会に提出することができる。

（7） 下線部(f)「内閣」に対する不信任決議案は，戦後50件以上提出されたが，可決されたのは，2021年5月現在で4件に留まる。次の**表3**と**図**を参考にして，内閣不信任決議について述べた文として**適切でないもの**を，以下の①～④のうちから一つ選びなさい。

表3　内閣不信任決議案が可決された例

時期	内閣総理大臣	内容
1948年12月	吉田茂	「不信任案を可決し，解散する」という与野党のシナリオに従って可決。可決後に解散。
1953年3月	吉田茂	衆議院予算委員会で吉田首相が与野党議員に「バカヤロー」と口走ったのがきっかけ。可決後に解散。
1980年5月	大平正芳	自民党内の対立が残る中，自民党反主流派が衆議院本会議を欠席したことで可決。可決後に解散。
1993年6月	宮沢喜一	自民党竹下派内の権力闘争が頂点に達し，羽田・小沢派の賛成票などで可決。可決後に解散。

（日本経済新聞（2011年6月1日）により作成）

図　衆議院会派別所属議員数（2021年8月11日現在）

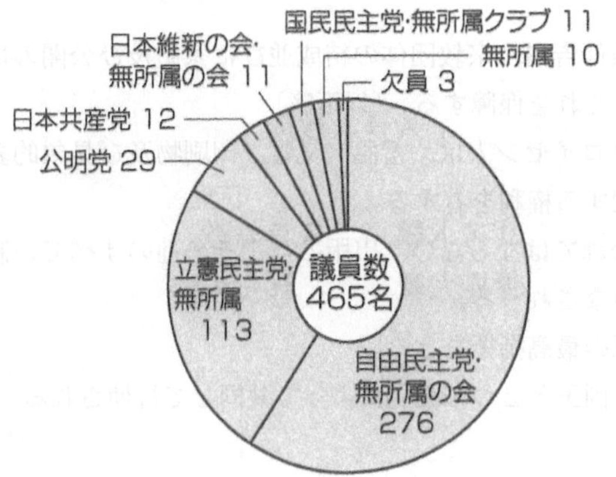

（衆議院ホームページにより作成）

① 大平内閣に対する内閣不信任決議案は，与党内の反対派が本会議に出席しなかったことで，全体の票数における与党の票数の割合が小さくなり，賛成票が上回ったといえる。

② 内閣不信任決議案が可決された過去4回の事例から，可決された場合には必ず内閣は総辞職しなければならないとわかる。

③ 宮沢内閣に対する内閣不信任決議案は，与党内の一部が賛成票を投じたことで，賛成票が上回ったといえる。

④ 2021年6月に提出された内閣不信任決議案が否決されたのは，与党の議席が衆議院の過半数を占めているためであると考えられる。

(8) 下線部(g)に関連して，次のA～Cは，イギリスで実現している政治制度である。これらのうち，日本の政治制度と共通しているものとして適切なものを，以下の①～⑦のうちから一つ選びなさい。

A 議院内閣制を採用している。

B 二大政党制が実現している。

C 選挙権年齢は18歳である。

① A　② B　③ C　④ AとB

⑤ AとC　⑥ BとC　⑦ AとBとC

(9) 下線部(h)「文化」の重要な要素の一つである宗教について述べた文として適切なものを，以下の①～④のうちから一つ選びなさい。

① 日本では，身体の自由の一つとして信教の自由が保障されており，信仰する宗教を自分で決めることができる。

② 日本人の多くは，特定の宗教を信仰していないため，生活の中で宗教を信仰している人への配慮をする必要はない。

③ イスラム教の教えでは食べることを禁じられている物があり，日本のスーパーマーケットの中には，イスラム教徒でも食べられるハラルフードを販売しているところがある。

④ 世界三大宗教であるキリスト教，イスラム教，ユダヤ教はすべて平和を望む宗教であり，第二次世界大戦後，これらの宗教が対立した戦争は起きていない。

(10) 下線部(i)に関連して，次のプロイセン憲法と大日本帝国憲法の条文を読んでわかることとして**適切でないもの**を，以下の①～④のうちから一つ選びなさい。

プロイセン憲法

第12条　宗教上の信仰告白，宗教団体の結成並びに家屋及び公開の場で共同して宗教活動をする自由は，これを保障する。〔以下略〕

第27条① すべてのプロイセン人は，言語，文書，印刷物及び具象的表現により，自己の意見を自由に表明する権利を有する。

② 検閲は行われてはならない。出版の自由その他のすべての制限は，法律制定の方法によってのみなされうる。

第46条　国王は，軍の最高指揮をとる。

第62条① 立法権は，国王と2つの議院によって共同して行使される。

(『ドイツ憲法集第8版』により作成)

大日本帝国憲法
第5条　天皇ハ帝国議会ノ協賛ヲ以テ立法権ヲ行フ
第11条　天皇ハ陸海軍ヲ統帥ス
第28条　日本臣民ハ安寧秩序ヲ妨ケス及臣民タルノ義務ニ背カサル限ニ於テ信教ノ自由ヲ有ス
第29条　日本臣民ハ法律ノ範囲内ニ於テ言論著作印行集会及結社ノ自由ヲ有ス
第31条　本章ニ掲ケタル条規ハ戦時又ハ国家事変ノ場合ニ於テ天皇大権ノ施行ヲ妨クルコトナシ

① ドイツの国王と日本の天皇はともに，統帥権を有していたことがわかる。
② ドイツの国王と日本の天皇はともに，立法権を有していたことがわかる。
③ 両国とも，侵すことのできない永久の権利として信教の自由を認めていたことがわかる。
④ 両国とも，法律によって言論の自由を制限することができたとわかる。

4

次の文章を読んで，あとの問いに答えなさい。

(a)中国における餃子の歴史は古く，春秋時代の紀元前6世紀頃，山東省で誕生したと考えられている。日本において餃子が一般庶民に広く食されるようになったのは，第二次世界大戦後のことである。戦後に満洲からの引揚者によって，中国の餃子が紹介されたことにより，広まったとされている。中国東北部における餃子は茹でて調理した水餃子が一般的だが，日本における餃子は焼き餃子が一般的である。日本の餃子は，(b)小麦粉を原料とする薄目の皮を使い，(c)豚挽(ひき)肉，(d)キャベツ，ニンニク，ニラを餡(あん)として包んだものが多い。日本や中国にみられる餃子に似た料理は，朝鮮半島，中央アジア，ヨーロッパ，ロシアなどにもみられる。

日本には，餃子を名物とする「餃子のまち」と呼ばれる地域がいくつか存在する。代表的な都市は，宇都宮市である。宇都宮市のホームページによれば，市内に駐屯していた第14師団が中国に出兵したことで餃子を知り，帰郷後広まったことが「餃子のまち」となったきっかけとされている。宇都宮市とともに餃子の消費量のトップを争うまちが浜松市である。浜松市の餃子の歴史は古く，大正～昭和戦前期において市内の中国料理店で焼き餃子が提供されていたと言われている。

近年，宇都宮市，浜松市に並んで「餃子のまち」として注目を集めているのが宮崎市である。宮崎市は，総務省が発表する「家計調査統計」において，2021年上半期の1世帯当たりの餃子購入額で2年連続首位となった。宮崎市は元々，餃子の購入額は上位で，元々買った餃子を家で食べる習慣があった。これに加えて，コロナ禍の影響で餃子購入額が増加したと考えられている。この他に(e)北九州市八幡地区も，「餃子のまち」として知られている。

（1） 文章中に登場した市がある都道府県を示す図として適切なものを，以下の①～④のうちから一つ選びなさい。

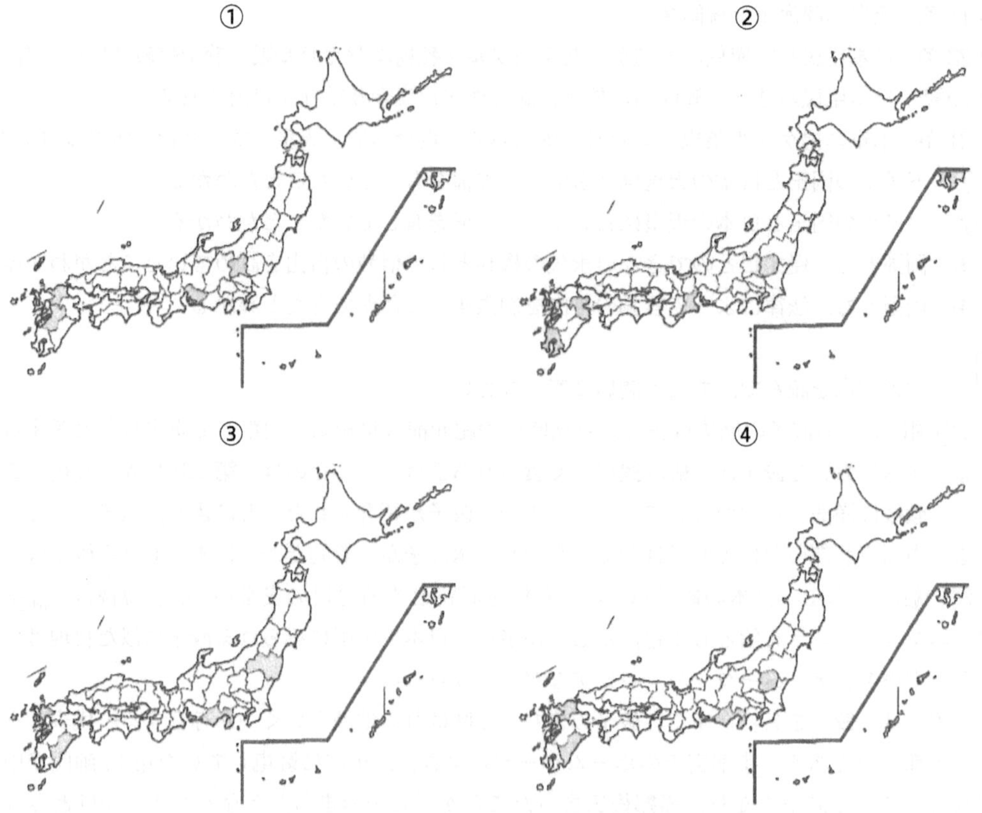

（2） 下線部(a)に関連して，中国について述べた文として適切なものを，以下の①～④のうちから一つ選びなさい。

① 中国は世界で最も人口密度が高い国である。

② 中国の人口の約 90%が漢民族で，約 10%が少数民族である。

③ 現在，急速な人口増加を抑えるために一人っ子政策が行われている。

④ 中国の北部では主に稲作，南部では主に畑作が行われている。

（3） 下線部(b)に関連して，次の**表1～4**は日本における麦類生産や輸出入に関するものである。これらから読み取れることとして適切なものを，次ページの①～④のうちから一つ選びなさい。

表1 麦類の収穫量

（単位：千トン）

	小麦	大麦	はだか麦	計
1980年	583	332	53	968
1990年	952	323	23	1,297
2000年	688	192	22	903
2010年	571	149	12	732
2019年	1,037	202	20	1,260

表2　日本における小麦収穫量の上位5道県（2019年）

（単位：トン）

北海道	677,000
福岡県	68,900
佐賀県	46,200
愛知県	31,600
三重県	23,000
全国	1,037,000

表3　小麦供給の内訳（2018年度の概算値）

（単位：千トン）

飼料用	種子用	加工用	粗食料
803	20	269	5,255

表4　日本における小麦の需給

（単位：千トン）

	1980年度	1990年度	2000年度	2010年度	2017年度
生産	583	952	688	571	907
輸入	5,564	5,307	5,688	5,473	5,939
輸出	5	0	0	0	0
供給量	6,054	6,270	6,311	6,583	6,577

注1）0は単位に満たないことを示す。
注2）小麦粉の輸出入は麦に換算している。
注3）供給量は在庫の増減を考慮している。

（表1～表4のいずれも『日本国勢図会　2020／21』により作成）

① 1980年～2019年において，日本の小麦収穫量と麦類すべての収穫量は増加し続けている。
② 道県別の小麦収穫量では北海道が最も多く，全国の収穫量の60%以上を占める。
③ 日本の小麦の用途は，そのほとんどが飼料として用いられている。
④ 1980年度～2017年度のいずれの年度においても，日本の小麦供給量のうち，国内生産で賄(まかな)っている量は10%に満たない。

（4）下線部(c)に関連して，**表5**は日本における家畜の飼育頭数上位5道県とその飼育頭数を示したものであり，**表5**中の**A**～**C**は鹿児島県，栃木県，北海道のいずれかである。**表5**中の**A**～**C**に入る道県の組み合わせとして適切なものを，次ページの①～⑥のうちから一つ選びなさい。

表5　日本における家畜の飼育頭数の上位5道県（2019年）

（単位：万頭，万羽）

乳用牛		肉用牛		豚		肉用若鶏	
A	80.1	A	51.3	C	126.9	宮崎県	2,824
B	5.2	C	33.8	宮崎県	83.6	C	2,797
熊本県	4.4	宮崎県	25.0	A	69.2	岩手県	2,165
岩手県	4.2	熊本県	12.5	群馬県	63.0	青森県	694
群馬県	3.4	岩手県	8.9	千葉県	60.4	A	492

（『日本国勢図会　2020／21』により作成）

	①	②	③	④	⑤	⑥
鹿児島県	A	A	B	B	C	C
栃木県	B	C	A	C	A	B
北海道	C	B	C	A	B	A

（5） 下線部(d)に関連して，**表6**はキャベツの生産量の上位５県とその生産量を示したものである。**表6**を踏まえて，日本におけるキャベツの生産量上位に入る県について述べた文X・Yの正誤の組み合わせとして適切なものを，以下の①～④のうちから一つ選びなさい。

表6　キャベツの生産量の上位５県（2018年）

（単位：トン）

群馬県	276,100
愛知県	245,600
千葉県	124,900
茨城県	109,500
鹿児島県	75,800
全国	1,467,000

（『日本国勢図会　2020／21』により作成）

X　群馬県や千葉県では，山間部の冷涼な気候を生かした生産が多いと考えられる。

Y　愛知県や茨城県では，名古屋や東京といった大消費地への出荷を想定した生産が多いと考えられる。

①　X－正　Y－正　②　X－正　Y－誤

③　X－誤　Y－正　④　X－誤　Y－誤

（6） 下線部(e)に関連して，北九州市とその周辺の工業について述べた文章の下線部の内容が適切なものを，以下の①～④のうちから一つ選びなさい。

九州北部では，①鉄鉱石が豊富に産出したため，②日露戦争後の1901年，八幡村（現在の北九州市）に官営の八幡製鉄所が操業を開始した。これ以降，現在の北九州市では鉄鋼業が発展し，鉄鋼業を中心とした工業地域が形成された。高度経済成長期の1960年代には，鉄鋼生産が増加した一方で，大気汚染や水質汚濁といった公害が発生した。

現在も北九州市を中心とする北九州工業地域は，日本の工業地帯・工業地域の中で③最も製造品出荷額等が多い工業地域である。北九州市周辺では，従来の鉄鋼業から転換し，④自動車や電子部品の工場が進出した。

5　ひかりさんは夏休みの課題として，地域調査を行うことにした。次の図１・２を読み取り，あとの問いに答えなさい。

図１

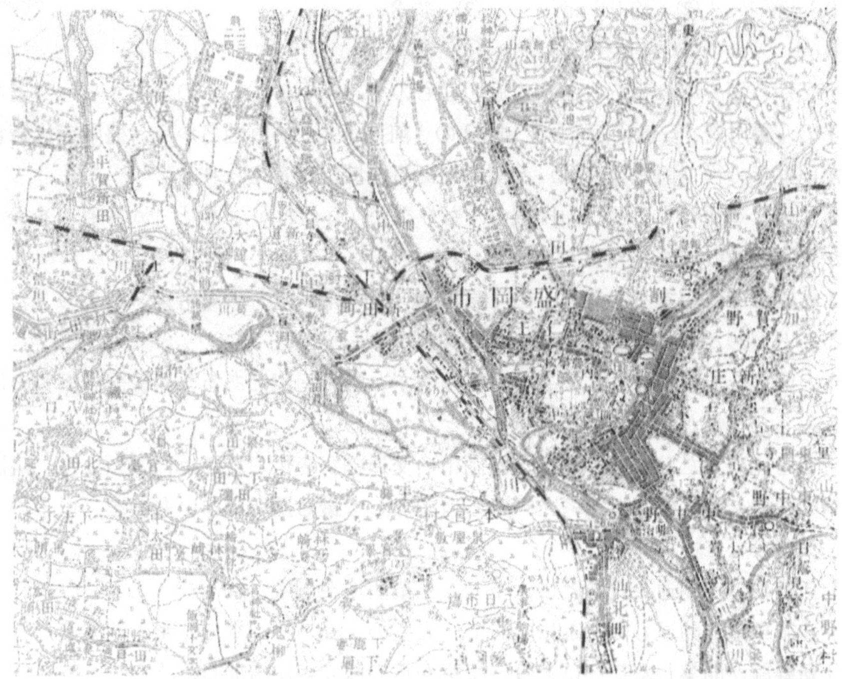

（５万分の１地形図「盛岡」，昭和４年鉄道補入）

図２

（５万分の１地形図「盛岡」，平成15年要部修正）

（1）「もりおか」駅から「県庁」までの実際の直線距離は約 1.5 km である。**図2**において「もりおか」駅から「県庁」駅までの直線距離を地図上で示したときの直線の長さとして適切なものを，以下の①～⑥のうちから一つ選びなさい。

①　約 0.3 cm　　②　約 0.6 cm　　③　約 3 cm
④　約 6 cm　　⑤　約 13 cm　　⑥　約 16 cm

（2）**図1・2**から読み取れることとして適切なものを，以下の①～④のうちから一つ選びなさい。

①　**図1**の「厨川柵（安倍氏館）趾」，**図2**の「前九年」という地名から，盛岡市は鎌倉時代に起きた前九年の役（前九年合戦）と関係がある地域だと考えられる。

②　**図1**と**図2**を比較すると，山田線の「もりをか（もりおか）」駅と「かみもりをか（かみもりおか）」駅の間に新しい駅ができている。

③　**図1**と**図2**を比較すると，**図1**の「高等農林學（学）校」の場所が，**図2**の「岩手大」にあたることがわかる。

④　**図1**と**図2**を比較すると，**図2**の「もりおか」駅の南東にある「原敬記念館」の周辺は，**図1**をみると桑畑が広がる農村だったことがわかる。

（3）**図1・2**を比較したひかりさんは，盛岡市の交通網が変化したことに気づいた。盛岡市における交通網の変化により生じたと考えられる仮説として最も**適切でないもの**を，以下の①～④のうちから一つ選びなさい。

①　東北自動車道が開通したことによって，工業団地が形成された。

②　東北自動車道が開通したことによって，大型のショッピングモールが開業した。

③　東北新幹線が開業したことにより，東京からの観光客が増加した。

④　東北新幹線が開業したことにより，土地の価格が大きく下がった。

（4）ひかりさんは，**図2**中より雫石川の南に田が広がっていることを知った。近年は北海道など，寒い地域でも米が収穫できるようになった。次のグラフのうち，東北地方の米の生産量を表すものとして，グラフの①～④のうちから一つ選びなさい。

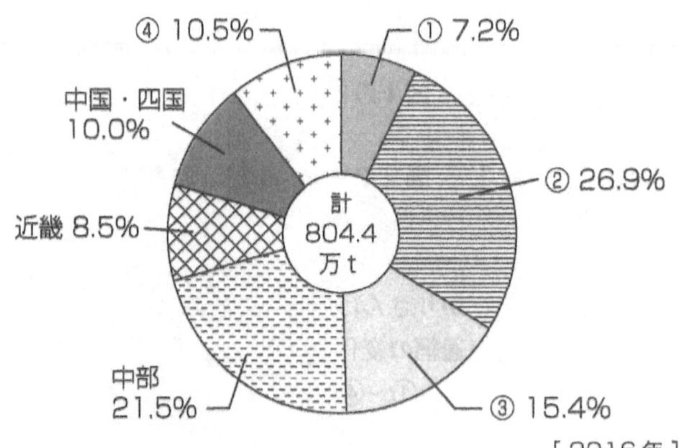

米の生産量の地方別割合（「作物統計」平成28年産）より

6 中学生の将平さんは，社会科の課題で感染症に関して調査し，プレゼンテーションを行った。このとき将平さんが作成した発表原稿が次の文章である。これを読んで，あとの問いに答えなさい。

(a)天然痘とは，紀元前から疫病として(b)人々から恐れられてきた伝染病である。

世界を調べてみると，紀元前1100年には(c)エジプトのラムセス２世のミイラに天然痘のあとがみられることから，このころには天然痘という病気があったことがわかる。天然痘がどこから発症したのかは定かではないが，古代ギリシャなどでも紀元前から天然痘の記録が確認されている。［あ］教会の呼びかけによって行われた十字軍遠征の影響で，西ヨーロッパへ天然痘が持ち込まれ，(d)12世紀以降，流行したと考えられている。

このように天然痘は人々の移動によってさまざまな地域へ拡大している。日本には６世紀ごろに渡来人によってもたらされ，奈良時代に大流行したと言われている。(e)この時代に東大寺の大仏が造られたのは，こうした伝染病などの社会不安から，仏教の力を借りて，国家を守ろうと考えたためである。

大航海時代以降，［い］がアメリカ大陸に到達し(f)植民地化が進むと，アメリカ大陸においても天然痘の患者がみられるようになった。

(g)18世紀末にワクチンが完成すると，徐々にワクチンが普及するようになり，20世紀の先進国では天然痘を根絶する地域も現れた。(h)日本においても1955年に根絶している。1958年にはWHO（世界保健機関）において，「世界天然痘根絶決議」が可決され，その22年後にWHOは総会で「世界天然痘根絶」を宣言した。

（1） 下線部(a)「天然痘」について，A・Bは天然痘に感染したと考えられている人物である。これらの人物について述べた文として適切なものを，以下の①～④のうちから一つ選びなさい。

A　豊臣秀吉　　　B　夏目漱石

① Aは，安土の市での税を免除し，特権的な座を廃止した。
② Aは，キリスト教に改宗し，キリシタンの少年４人をローマ教皇の元へ派遣した。
③ Bは，『たけくらべ』を著し，個人の感情を重視するロマン主義小説の作家として有名になった。
④ Bは，『吾輩は猫である』や『坊っちゃん』などを書いた人物である。明治の文豪として，千円札の肖像にも使用された。

（2） 下線部(b)に関連して，伝染病について述べた文をあげた。古いものから時代順に並べ替えたときに**3番目にくるもの**を，以下の①～④のうちから一つ選びなさい。

① 第一次世界大戦中，当時「スペイン風邪」と呼ばれたインフルエンザの世界的大流行が起きた。
② ユダヤ人のアンネ・フランクが送られたベルゲン・ベルゼン強制収容所ではチフスなどの伝染病が流行していた。
③ 言い伝えによると，戦国大名の伊達政宗は幼少期にかかった天然痘が原因で右目を失明した。
④ 長崎に入港したアメリカ船からコレラがもたらされると，攘夷運動が盛んになる一因となった。

（3） 下線部(c)に関連して，エジプト文明について述べた文として適切なものを，以下の①～④のうちから一つ選びなさい。

① 「目には目を，歯には歯を」という考えを示したハンムラビ法典がつくられた。
② ナイル川の増水や種まき，収穫の時期を予測するために，１年を365日とする太陽暦が作ら

れた。

③　王は占いによる政治を行い，その記録については甲骨文字が使用された。

④　アテネやスパルタのようにポリスと呼ばれる都市国家が作られた。

（4）　下線部(d)「12世紀」の日本の歴史について述べた文として**適切でないもの**を，以下の①〜④のうちから一つ選びなさい。

①　鎌倉を拠点とした源頼朝は，無断で朝廷から官位を受けた弟の義経を許さず，義経をかくまった平泉の奥州藤原氏を滅ぼした。

②　鎌倉幕府は，家来となることを誓った武士を御家人とし，御恩と奉公による主従関係を結んだ。

③　平清盛は，後白河上皇の院政を助け，武士として初めて太政大臣になった。

④　鳥羽上皇の死後，壬申の乱と承久の乱という二つの内乱が起こり，朝廷内の対立が武士どうしの戦いによって解決された。

（5）　空欄［あ］・［い］にあてはまる語句の組み合わせとして適切なものを，以下の①〜④のうちから一つ選びなさい。

①　［あ］－プロテスタント　　［い］－コロンブス

②　［あ］－プロテスタント　　［い］－バスコ・ダ・ガマ

③　［あ］－カトリック　　［い］－コロンブス

④　［あ］－カトリック　　［い］－バスコ・ダ・ガマ

（6）　下線部(e)に関連して，**図1・2**は東大寺の大仏と同時期に制作されたものである。これらについて述べた文として適切なものを，以下の①〜④のうちから一つ選びなさい。

図1

図2

①　**図1**は，国風文化期の作品である。

②　**図1**は，東大寺の正倉院に収められている宝物の一つである。

③　**図2**は，聖徳太子（厩戸皇子）がいた時代に造られた作品である。

④　**図2**は，当時流行していた浄土信仰の影響で造られた。

（7） 下線部(f)に関連して，次の文章はイギリスの植民地についてまとめたものである。文章中の空欄 う ・ え にあてはまる語句の組み合わせとして適切なものを，以下の①～④のうちから一つ選びなさい。

右の絵は，インド人反乱軍の拠点を攻撃するイギリス軍を描いたものである。イギリスは，18 世紀末から 19 世紀初めにかけて，戦争と征服によって，インド各地を植民地にしていった。インドには，イギリスの安い う が大量に流入し，伝統的な産業が打撃を受けた。インドの人々の不満が高まり，反乱が起きた。この反乱をおさえたイギリスは，インド全体を自国の植民地とすることに成功した。

第一次世界大戦が起こると，イギリスは，インドへ自治を与える約束と引き換えに，インド人兵士を戦場に動員した。しかし，大戦後にイギリスが行った当地の改革は，インドの人々の期待に及ばず， え らは，完全な自治を求めて「非暴力・不服従」を主張し，イギリスからの独立運動を推し進めた。

① う －茶　　え －ネルー
② う －茶　　え －ガンディー
③ う －綿織物　　え －ネルー
④ う －綿織物　　え －ガンディー

（8） 下線部(g)「18 世紀」の日本で活躍したある人物の説明をあげた。この人物として適切なものを，以下の①～④のうちから一つ選びなさい。

旗本から大名に取り立てられて，第 10 代将軍の側近・老中として政治を行った。幕府の財政難を解決するために，商人に株仲間を作ることをすすめ，特権を与えるかわりに，営業税を納めさせた。また長崎貿易を活発にするため，銅を専売にして，金・銀にかわる輸出品としたり，蝦夷地の調査を行って俵物の輸出を拡大したりした。一方，印旛沼の干拓を始め，年貢を増やすことも試みた。

この時代は経済の発展を背景に，学問や芸術が発展したが，その一方で，地位や特権を求めてわいろが横行し，政治に対する批判が高まった。

① 徳川吉宗　　② 田沼意次　　③ 松平定信　　④ 新井白石

（9） 下線部(h)に関連して，1955 年の日本で起きたこととして適切なものを，以下の①～④のうちから一つ選びなさい。

① 自由民主党の結成
② 朝鮮戦争の開始
③ 東京オリンピックの開催
④ 阪神・淡路大震災の発生

（10） 将平さんの発表を聞いた社会科の先生から次の課題が出された。この課題中の空欄 お ・ か にあてはまる文・記号の組み合わせとして適切なものを，次ページの①～④から一つ選び，記号で答えよ。

天然痘はワクチンが完成するまで，民間療法がとられていました。また，ある地域では天然痘などの疫病対策として，［お］。これが製作された地域を地図中のA～Dのうちから，一つ選びなさい。なお，この地域のヒントを以下にあげておきました。

［ヒント］

・この地域は古代において陸奥国と呼ばれていた。

・幕末期に新政府軍と旧幕府軍の戦闘があった場所である。

・明治時代に政府に対して激しい民権運動が行われた。

・東日本大震災の原発事故が起きた場所から約 100 km 離れた地であったが，激しい風評被害をうけた。

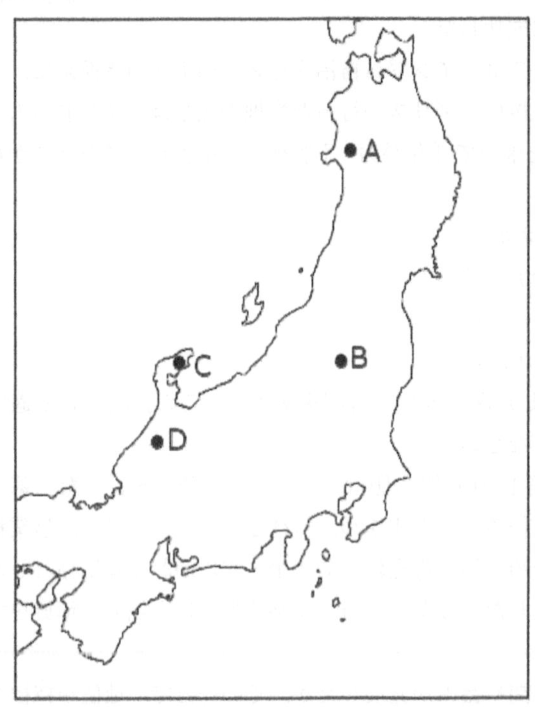

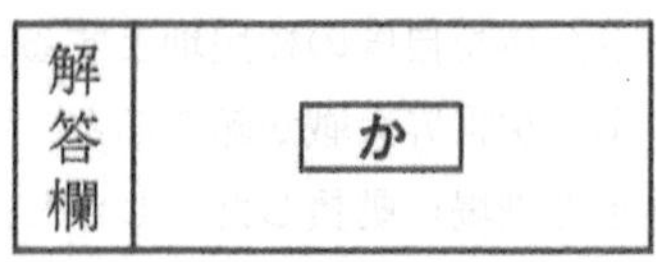

① ［お］－右の写真のような「赤べこ」が製作されました。背中の黒い点は天然痘のあとを示していると言われています

［か］－A

② ［お］－右の写真のような「赤べこ」が製作されました。背中の黒い点は天然痘のあとを示していると言われています

［か］－B

③ ［お］－右の写真のような「さるぼぼ」が製作されました。「ぼぼ」とは方言で，「赤ちゃん」を意味し，疫病から子どもを守ると言われています

［か］－C

④ ［お］－右の写真のような「さるぼぼ」が製作されました。「ぼぼ」とは方言で，「赤ちゃん」を意味し，疫病から子どもを守ると言われています

［か］－D

さるる齢ならねば、走りて坂を下る輪のごとくに衰へゆく。(兼好法師『徒然草』より)

※説経…人々に経文を説き聞かせて、仏教の教えを伝えること。
※導師…仏の教えを説く人。
※早歌…鎌倉時代に流行した歌謡の一つ。

問23 傍線部1「心憂かるべし」の意味として最も適当なものを**一つ**選びなさい。

ア おもしろいだろう　イ なさけないだろう
ウ かわいらしいだろう　エ あきれてしまうだろう
オ もったいないだろう

問24 傍線部2「二つのわざ」が指すものの組み合わせとして最も適当なものを**一つ**選びなさい。

ア 早歌と説経　イ 乗馬と学問
ウ 学問と説経　エ 学問と早歌
オ 乗馬と早歌

問25 傍線部3「大きなる道をも成じ」とあるが、どういうことか。最も適当なものを**一つ**選びなさい。

ア 出家をしてから、仏道の世界で有名になること。
イ 道徳を学び、思いやりの心を身につけること。
ウ 出世をし、専門家の域に到達できるほどになること。
エ 先人の知識や行動を真似して、生活に役立てること。
オ 死後の世界で安らかに暮らせるよう、修行をすること。

問26 傍線部4「走りて坂を下る輪のごとく」とあるが、どういうことか。最も適当なものを**一つ**選びなさい。

ア 決められた人生を生きていくことになるということ。
イ あっという間に人生は過ぎ、老いてしまうということ。
ウ 人生がますます悪い方向に向かっていくということ。
エ 人生には様々な危険が待ち受けているということ。
オ 人生には自分で決められないことが多いということ。

問27 この話から読み取れる教訓として、最も適当なものを**一つ**選びなさい。

ア 様々な能力や知識を持っていると、あとで役に立つことが多いので、当初の目的とは異なるものに対しても、意欲的に挑戦するのがよい。
イ 自分の当初の目的を達成できないかもしれないので、目の前の課題にとらわれず、自分が本当に成し遂げたいことに専念するのがよい。
ウ 親に決められた仕事に就こうとすると、うまくいかないことが多いので、将来の仕事は自分で決め、責任感を養うべきだ。
エ 法師は説経や乗馬など色々な方面の能力が求められる専門的な仕事なので、なろうとするときにはそれなりの覚悟が必要だ。
オ 将来どんなことが役立つかわからない以上、若いうちは積極的に挑戦して視野を広げ、判断力を身に着けてから、その内の一つを極めるのがよい。

よって作品に軽快な印象を与え、僕のガイドとしての説明はこの地域の歴史を感じさせる。

問22 本文中の波線部a～dは、ある生徒が本文を読む際にある観点から線を引いた所である。どのような観点から線を引いた部分だと考えられるか。最も適当なものを**一つ**選びなさい。

ア その場しのぎのつれない男の反応によって、僕がガイドの仕事に対して徐々に後ろ向きになっていると思われる部分。

イ 今日という長い一日を後から振り返って、男に対する対応を改善すべきだったと僕が反省していると思われる部分。

ウ 大人のように振るまおうとする中にかいま見える、子供らしく素直でストレートな心情が表れていると思われる部分。

エ 男の立場からはうかがい知ることのできない、僕が男に悟られまいと必死に隠そうとしていると思われる部分。

オ 僕が自身を冷静に自己分析しながらも、その生真面目さゆえに、ユーモラスな雰囲気をもたらしていると思われる部分。

四

次の文章を読んで、次の問いに答えなさい。

或者、子を法師になして、「学問して因果の理をも知り、※説経などして世わたるたづきともせよ（生活する手立てにもせよ）」と言ひければ、教のままに、説経師にならんために（説経師になろうとするために）、先づ馬に乗りならひけり。輿・車は持たぬ身の、※導師に請ぜられん時（人を運ぶためのかごや車を持っていない身で、導師として招かれるようなとき）、馬など迎へおこせたらんに（馬などを迎えによこすようなら）、桃尻にて落ちなんは（馬に乗るのが下手で落ちてしまうようでは）、[1]心憂かるべしと思ひけり。次に、仏事ののち、酒などすすむる事あらんに、法師の無下に能なきは、檀那すさまじく思ふべし（法師でまったく芸のないのは、施主が興ざめに思うだろう）とて、※早歌といふことを習ひけり。[2]二つのわざ、やうやう境に入りければ（熟達の境に達してきたので）、いよいよよくしたく覚えて嗜みけるほどに、説経習ふべき隙なくて、年寄りにけり。

この法師のみにもあらず、世間の人、なべてこの事あり（皆、これと同じことがあるものだ）。若き程は、諸事につけて（色々なことについて）、身を立て、[3]大きなる道をも成じ、能をもつき、学問をもせんと、※行末久しくあらます事ども（将来まで遠く思いめぐらす色々な事を）心にはかけながら、世を長閑に思ひてうち怠りつつ、まづさしあたりたる目の前の事にのみまぎれて月日を送れば、ことごと成す事なくして、身は老いぬ。終にもの上手にもならず、思ひしやうに身をも持たず、悔ゆれども取り返

ウ　豊富な知識と滑らかな弁舌で、大人たちを圧倒することができたから。

エ　僕のガイドに男が聞き入り、その説明に合った眺めに目をこらしていたから。

オ　自分を馬鹿にしていた運転手がいつの間にかガイドに聞きほれていたから。

問19　傍線部4「そうじゃないかな?」とあるが、男がこの発言に至った経緯についての説明として、最も適当なものを**一つ**選びなさい。

ア　自分の職業を意味のあるものとして受け止めてほしいという思いから、慎重に言葉を選びその思いを届けようとした。

イ　なれなれしい僕の態度に平静を失い呼吸が乱れたので、気持ちを落ち着かせようと一呼吸置いて予定通りの返事をした。

ウ　詩人という夢がかなわなかった過去を思い起こし、僕に現実の厳しさを教えておくことが大人としての義務であるという結論に達した。

エ　詩人よりも題名屋としての才能があることを理解しない僕の幼さに気づき、次の質問が来る前に自分の考えを示してこの場をしのいだ。

オ　年老いてはいるが経験豊富な題名屋としての気の利いた格言により僕を感心させ、詩人にはない仕事の魅力を僕に伝えたいと願った。

問20　傍線部5「ゆっくり考えてから僕は続けた」とあるが、ここでの僕の心情の説明として、最も適当なものを**一つ**選びなさい。

ア　男が自分のガイドとしての仕事ぶりを評価し感謝していることを恥ずかしく感じ、照れ臭さをごまかしたい。

イ　題名屋として多忙な日々を送っている男と出会って、自分もその仕事の素晴らしさを実感したい。

ウ　男にした無礼な質問という罪を帳消しにするために、何とか依頼を考え出して男の気持ちに応えたい。

エ　自分との別れを惜しみ気落ちする男を、得意な題名をつけるという仕事を依頼することで元気づけたい。

オ　出会った男と親交を深め、自分でも納得のいく働きができた意義深い一日を忘れないようにしたい。

問21　この文章について説明したものとして誤っているものを**一つ**選びなさい。

ア　男はぐれた自分を見つけ出し一生懸命ガイドをしてくれる僕に感謝し、頼りになる一人前のガイドとして認めている。

イ　僕の描写には利発さを感じる描写が多く見られ、想像される年齢よりも精神的に大人びた面があることを表している。

ウ　ガイドとしてのママは本文中では登場しないが、僕がママを心配し再会を心待ちにしていることで、一定の存在感を示している。

エ　一見軽薄とも受け取れるタクシー運転手の態度は、車内の雰囲気をある程度和らげ、僕と男の会話の間をもたせる働きがある。

オ　タクシーから眺める風景が次々に移り変わっていく描写に

男は黙ってうなずき、夜の闇がすぐそこまで迫っている空の一点を見据えた。瞬きもせず、声も漏らさず、息さえ聞こえてこなかった。彼の作業を邪魔しないよう、僕はじっと動かずにいた。

やがて男は杖の先で地面を一つ叩いた。それが合図だった。長身をかがめ、僕の耳元に近付き、真っすぐ鼓膜へ届く声で言った。

「『思い出を持たない人間はいない』」

それが題名なのだと、すぐに分かった。今日一日を記憶に刻み付けておくための、僕の題名だと。

（小川洋子『ガイド』より　一部改変）

問16　傍線部1「力を込めて、僕は答えた」とあるが、この時の僕の心情として最も適当なものを**一つ**選びなさい。

ア　男が自分勝手な行動でツアーを離れたことを少しも反省していないことに、あきれている。

イ　見つけてもらったうれしさを隠して平静を装う男の姿に、やり場のない怒りを抑えきれずにいる。

ウ　男を見つけ、母の代わりにガイドをするという自分の職務を全うしようと、使命感を持っている。

エ　自分の的確な推測通りに男が見つかったことを誇らしく感じ、アピールしようとしている。

オ　ツアーからはぐれた男が孤独から解放されたのは、自分のおかげだと満足している。

問17　傍線部2「ガイドの代役」とあるが、文中で「僕」がガイドをしている部分の描写についての説明として、最も適当なものを**一つ**選びなさい。

ア　ツアーから外れて一人になれた男の孤独を邪魔したことを申し訳なく感じ、その分丁寧なガイドを心がけようという僕の心優しい面が表れている。

イ　困難な対応をするために焦り、多弁になったが落ち着きを取り戻した僕と、ツアーからはぐれたことを気にせずのんびりと旅を楽しむ男が対照的に描かれている。

ウ　二度と見ることができないものとして男が食い入るように眺める風景を、意を尽くして説明しようというママ譲りのガイドとしての誇りが印象的である。

エ　予期せぬトラブルにも動じない堂々とした僕の対応ぶりを怪しむ男を信用させたいという思いから、緊張を隠しきれない代役としての未熟さが読み取れる。

オ　他の客からはぐれた動揺を隠して風景に見入るふりをしている男を心から楽しませようというサービス精神で、題名屋の秘密に迫ることに成功している。

問18　傍線部3「得意な気持ち」とあるが、僕がこのような気持ちになった理由として、最も適当なものを**一つ**選びなさい。

ア　さわやかな気候と美しい車窓の風景のおかげで気持ちよくガイドの仕事ができたから。

イ　こうした非常事態を想定した、ガイドになるためのふだんからの予習が役に立ったから。

名屋なんだ」

男は風で乱れた髪を整えた。

「なぜ、詩人をやめちゃったんですか?」[c]

男は返答に困り、顎(あご)に手をやったままうつむいた。図々(ずうずう)しい質問に気分を害したのか、子供でも分かる言葉を探しているのか、僕には区別がつかなかった。つまらないことを聞いてすみませんと謝ろうとした時、やっと男は口を開いた。

「詩など必要としない人は大勢いるが、思い出を持たない人間はいない」

同意を求めるように、男は僕の目を見やった。間近で見ると、第一印象よりも老けているのが分かった。皺(しわ)は深く、唇はひび割れ、呼吸が浅かった。気管支の奥の方で、骨の軋(きし)むような嫌な音が聞こえた。やはり遊覧船に乗る時、ちゃんとそばについて、手を貸してあげるべきだった。

「そうじゃないかな?」[4]

「はい、分かります」

彼をがっかりさせないために、あるいは、罪滅ぼしをするように、僕はそう答えた。

「あっ」

不意に男が叫んだ。遊覧船だった。甲板にいる人影のどれがママなのかは見分けられないが、間違いなく、僕たちが乗るはずの遊覧船だった。スクリューからのびる白い波が、流線型の模様を描き出していた。

「よかった……。これで先回りできる」[d]

「坊っちゃん、俺に任せておけば、大丈夫なのさ」

僕のつぶやきを聞いて運転手は、バックミラーに向かって合図を送ってきた。

「おっと、見逃すところでした。前方、丘の中腹に見えている木造建築。川下りツアー最後の名所、十六世紀に作られた武器庫です。なぜこのような場所に武器庫が必要だったか、理由は当時の勢力分布と戦法に関係があるのです。つまり……」

僕がガイドしている間に、遊覧船は後ろへ遠のいていった。

夜の七時、湖水地帯と川下りコースツアーは、すべての日程を予定どおり終え、観光局の駐車場にて解散した。

「君にぜひ、お礼がしたいんだが」

別れ際、男が言った。

「とんでもない。僕は何にもしてません」

「いや。君のおかげで忘れられない旅になったよ。だから、感謝の気持を表したい。ただ、それだけなんだ」

男の横顔は夕暮れの中で半分陰に沈んでいた。

「野球のボール、本、お菓子、何でも遠慮せず言ってくれたら助かるよ。明日、ここを出発するまでに用意して、観光局へ預けておこう」

「明日、帰っちゃうんですか?」

「残念だが、長居はできないんだ。予約が入っているのでね」

「そうですか……。僕……今、特別にほしいものはないんです。ただ一つ、小父さんにお願いが……」

ゆっくり考えてから僕は続けた。[5]

「今日の僕の一日に、題名をつけてほしいんです」

男は言った。

「ほお……」

運転手までが一緒にうなずいた。

「勉強になるよ、坊っちゃん」

ウインクする運転手の顔が、バックミラーに映った。

喋(しゃべ)り過ぎてイガイガする喉を鎮(しず)めるためと、[3]得意な気持ちが表情に出ないようにするために、僕は咳払(せきばら)いをした。[a]もっと飲み物を買っておけばよかったと後悔した。

「ところで君は、どうしてあれこれと、何でも詳しいのかね」

ズボンに落ちたパン屑(くず)を払いながら、男は質問した。

「社会の時間に習ったり、ママの勉強用のガイドブックを横目で見たりして、覚えたんです」

「じゃあやっぱり、あのガイドさんは君のお母さんなんだね」

「なぜ分かったんですか?」

「あれだけ顔が似ていれば、誰にだって分かるさ」

秘密を守るために払っていた細心の注意が、何の役にも立っていなかったのを知って、僕は拍子抜けした。でも今さら、そんなことはどうでもいい気分だった。

何台ものキャンピングカーとすれ違った。サイクリングしている自転車の車輪に、日光が反射していた。河原では人々が、バーベキューをしたり、水遊びで濡(ぬ)れた服を乾かしたり、昼寝をしたりしていた。

僕はこのあたり一帯に自生する植物を紹介し、主だった名所（見張り塔、霊廟(れいびょう)、動物公園……等々）の説明をしつつ、合間には石器時代から始まる歴史の概略を差しはさんだ。自分でも不思議なくらい、滑らかに喋っていた。それでいて知識があいまいなところは、間違いを口にしないよう、慎重に言葉を選ぶことができた。

[b]けれど正直に告白すれば、ずっと緊張は続いていたのだと思う。無意識のうちに何度もポケットに手を突っ込み、ママから預かったお金を落としていないか確かめていた。どんなに大丈夫だと言い聞かせても、そうする自分を止められなかった。

時折、林に遮(さえぎ)られることはあっても、いつでも川は僕たちの右手に見えた。ママの乗った遊覧船には、まだ追い付けなかった。

次の説明ポイントまで間があくと、僕は口をつぐみ、男が静かに風景を眺められる時間を作った。人の話ばかり聞かされたら、お客さんだってくたびれると、いつかママが言っていた。男は窓の縁に指を掛け、気持よさそうに風に当たっていた。運転手は鼻歌を再開した。僕たちの足元には、杖(つえ)が大人しく横たわっていた。

それでもあまりに長く沈黙が続きそうな場合は、題名屋について質問した。

「題名は、どうやってお客さんに渡すのですか?」

「口で、だよ」

窓から手を離し、シートにもたれて男は答えた。

「紙に書くとか、額縁に入れるとか、しないで?」

「ああ。自分だけの思い出に捧(ささ)げられた題名なんだ。そんなことをしなくても、すぐに覚えられる。お客の耳元で、一言一言、慎重にしっかりと発音する。それで十分だよ」

「小父さんのつけた題名に、満足しない人がいたら?」

「幸いにも、過去に一件のクレームもなかった。なかなか、優秀な題

「君にぴったりくっついて、離れないようにしよう」

「困ったことがあったら、遠慮せず言って下さい。解決方法をお探しします」

と、僕は言った。

スタンドでホットドッグと飲み物を買い、タクシーに乗ってすぐ食べた。運転手には事情を説明し、少し急いでもらうように頼んだ。ソーセージを一口飲み込んでから初めて、自分が空腹なのに気付いた。もう昼をかなり回っていた。

「遊覧船には、川魚のコース料理が用意されていたんだけど……。あっ、もちろん、船代と食事代も含めて、今日のツアー代金は全部払い戻しします」

「まあお互い、細かいことを気にするのはやめようじゃないか。川魚はあまり好きじゃないんだ。それに遊覧船に乗らなくとも、ちゃんと川はよく見える。水の匂いもかげる」

男はホットドッグを齧るたび、紙ナプキンで口元を押さえた。

川岸は野草の花々に覆われ、そのすぐ脇をサイクリングロードと平行して道路がのびていた。開け放たれた窓から、川面を伝う風が吹き込んできた。水量は豊かで、流れは穏やかだった。幸い道は混んでいなかった。タクシーの運転手は、長距離の客なので機嫌がいいのか、鼻歌を歌っていた。

「右の前方、あそこを見て下さい」

僕はオレンジジュースの入った紙コップを持ったまま指差した。

「木のあまり生えていない、ゴツゴツした岩山があるでしょう？　あれは昔の石膏の採掘場跡です。そこであの有名な、三万五千年前の女神の石像が発掘されました。坑員が偶然に見つけたんです。石像は前史博物館に展示してあったのですが、見ましたか？」

「ああ、もちろん」

男は大きくうなずいた。

「岩山を過ぎると、しばらくなだらかな丘が続きます。そこも、あそこも、斜面はたいてい果樹園です。桃とか、枇杷とか、杏とか。日当たりがいいし、川の水面から適度な湿り気が上がってきて、いい果物が採れるんです。所々に見える黒い屋根の建物は、果実酒の醸造所です」

次の説明ポイントが来る前に、急いで僕はオレンジジュースを飲み干した。

ママのガイドを聞いていた時と変わらず、男は僕が指し示すものすべてに熱心な視線を向けた。それが車窓を流れて視界から消えるまで、目を離さなかった。

「あっ、あれ。崖に引っ掛かるみたいに建っている廃墟。百年前まで、この世で一番死に近い場所として恐れられた牢獄でした。拷問室や死刑台も当時のまま残っていて、一時は見学できたらしいんですが、残酷すぎるという理由で閉鎖されました。昔、恋敵に無実の罪を着せられ、投獄された樵が、毎夜、恋人のことを思いながら涙を流していると、やがて涙が月の光を受け、乳白色の石になって河原を埋めるようになりました。樵が処刑されたあと、真実を知った恋人は、その石を両手一杯に抱いて川へ身を投げたそうです。今でもあのあたりの河原では、乳白色の小石がよく見つかるんです」

「何とも味わい深い伝説じゃないか」

そうだね。

ウ　利他的な行為をする際、見返りを求めてしまうという心の動きは自然なものである気もするけれど、だからこそ気を付けなければならないね。

エ　筆者が、相手のための行動を警戒し始めたのは、他人のために何かしなければならないという姿勢が強迫観念から生じていると気づいたからなんだ。

オ　自分の行動に対して、相手がどう思うかはわからない以上、行動の動機は、自己満足を得るということが基本になるね。

問15　この文章の説明として、正しくないものを**一つ**選びなさい。

ア　山岸氏の著書の引用を行った後に筆者自身の言葉で説明を加えることで、類似する話の定義の違いが正確かつ簡潔に理解できるようになっている。

イ　読者を想定し語りかけるような文体で書かれ、挙げた例についても筆者が解説していることにより、文章の難解さが和らいでいる。

ウ　冒頭で示された様々な観点が最終段落でまとめられるという構成になっており、読者に興味を失わせないようになっている。

エ　筆者が障害のある人に行なったインタビューなどから、障害のある人自身の考えが明瞭に描き出されており、主張に説得力が増している。

オ　「つまり」や「要するに」等の語を用いて言い換えを行ない、強調したい語にはカギカッコをつけるなど、重要な部分が目立つようになっている。

三　次の文章を読んで、後の問いに答えなさい。

「僕」は、ツアーガイドをしているママが担当した「湖水地帯と川下りコースツアー」に、客に内緒で同行した。途中バスで隣席に座っていた、題名屋という仕事（客が持ち込む記憶に題名をつける職業）をしている男と知り合いになった。遊覧船乗り場付近で「男」がツアー一行からはぐれ、「僕」はママに頼まれて男を探していた。

男はすぐに見つかった。切符売場の脇のベンチに腰掛け、川を眺めていた。

「おや、君も、置いてきぼりを食ったのかい？」

「あなたをお迎えに来たんです」

予想どおり、男は憤慨などしていなかった。焦(あせ)ってもいなかったし、これからどうしようかと、思案に暮れてもいなかった。ただ川が眺めたいからこうしているのだ、という様子だった。

「わざわざ、私一人を？」

「ええ、そうです」

[1]力を込めて、僕は答えた。

「本当なら船で下るコースなんですが、非常事態のために、遊覧船の終点まで、車で川沿いを走ることになりました。御免(ごめん)なさい」

「どうして君が謝るのかね」

[2]「ガイドの代役だからです」

「ほお、それは大役だ。じゃあこれからは、君の足手まといにならないよう、愚図愚図(ぐずぐず)していては駄目だな」

「いいえ。ゆっくり旅を楽しんでくれていいんです。乗り遅れたのは、小父(おじ)さんのせいじゃありません」

から。

ウ　周りの人にやさしくされることで当事者が得られる安心は一時的なものであり、いつかはなくなってしまうものだから。

エ　周りの人にやさしくされると、当事者は自分が見下されたような気持ちになり、いら立ちを感じるから。

オ　周りの人が障害のある人を助けすぎることで、障害のある人は何もできないという認識が世間に広がることになるから。

問12　傍線部3「信頼と安心はまったく別のものだ」について、筆者の「信頼」と「安心」に関する考え方として、最も適当なものを**一つ**選びなさい。

ア　信頼することはリスクを意識しながらも、大丈夫だと考える不合理なものであると考える一方、安心の追求は自分に不利益が生じることがないため合理的だと考えている。

イ　信頼することは自分の価値観の押しつけが生じないようにすることであると考える一方、安心を追求することは結果として自他ともに尊重しあうことだと考えている。

ウ　信頼することには、他者を手放しで信じなければいけないという条件を含むため、リスクがあると考える一方、安心を追求することはリスクを含まないと考えている。

エ　信頼することは相手の行動をコントロールしてしまう可能性があり、注意すべきだと考える一方、安心は自由に行動できる環境を求める上で必要であると考えている。

オ　信頼することには確実性はなく、リスクを負うものである一方、安心の追求には終わりがないため、ある程度の基準においては信頼すると判断することの方が合理的だと考えている。

問13　傍線部4「利他の大原則」について説明した文として最も適当なものを**一つ**選びなさい。

ア　利他的な行為は意図的に行うものではなく、無自覚に行われたことが偶然他者のためになった場合にのみ存在するものである。

イ　利他的な行為は見返りを求めないものである一方で自己を犠牲にしてしまうが、このことは他者を支配しないための想像力を養うことにつながる。

ウ　利他的な行為は、それに相手がどのような感情を抱くかは分からないと自覚しながら行わないかぎり、押しつけや暴力になってしまう。

エ　自分が他者のために行った行為はめぐりめぐって自分にかえってくるという考えを推し進めることは、すべての人にとっての利益につながる。

オ　利他的な行為に見返りはまったく期待できないのではなく、相手が喜ぶ顔を見ることができるということ自体が見返りとなっている。

問14　次のうち、本文の内容を踏まえ、筆者と同じ立場にある感想を**一つ**選びなさい。

ア　自分と違う世界に生きている人は、自分と違う価値観を持っているのだから、傷つけ合う可能性があるということをきちんと理解しておくべきなんだ。

イ　他者を支配しないための想像力を身につけると、善意からの行動が相手のためにならないというすれ違いは起こらずに済みてあげるんだから相手は喜ぶはずだ」という押しつけが始まるとき、人は利他を自己犠牲ととらえており、その見返りを相手に求めていることになります。

私たちのなかにもつい芽生えてしまいがちな、見返りを求める心。先述のハリファックス※は、警鐘を鳴らします。「自分自身を、他者を助け問題を解決する救済者と見なすと、気づかぬうちに権力志向、うぬぼれ、自己陶酔へと傾きかねません」（『Compassion』）。

アタリ※の言う合理的利他主義や、「情けは人のためならず」の発想は、他人に利することがめぐりめぐって自分にかえってくると考える点で、他者の支配につながる危険をはらんでいます。ポイントはおそらく、「めぐりめぐって」というところでしょう。めぐりめぐっていく過程で、私の「思い」が「予測できなさ」に吸収されるならば、むしろそれは他者を支配しないための想像力を用意してくれているようにも思います。

（伊藤亜紗『利他とは何か』より一部改変）

※「利他ぎらい」…筆者はこの文以前の箇所で、自分が利他について研究を始めたきっかけとして、利他主義に対する疑いや警戒心があったことを述べている。

※晴眼者…視覚に障害がない人を、視覚障害者との対比で述べる言葉。

※ハリファックス…ジョアン・ハリファックス。アメリカの人類学者で禅僧。世界各地で移動診療の活動を行っている。

※アタリ…ジャック・アタリ。フランスの経済学者。新型コロナウイルスの感染拡大に際し、「みずからが感染の脅威にさらされないためには、他人の感染を確実に防ぐ必要があります」と述べ、利他的であることは、ひいては自己の利益につながるため、利他主義は合理的な利己主義であると考えた。

問9 次のエピソードが入るのに最も適当な部分を文中のア～オから**一つ**選びなさい。

「私がうまく授乳できなかったのも、赤ん坊の力を信じられていなかったからです。」

問10 傍線部1「特定の目的に向けて他者をコントロールすること。私は、これが利他の最大の敵なのではないかと思っています」とあるが、他者をコントロールすることが、「敵」となるのはなぜか。最も適当なものを**一つ**選びなさい。

ア　自分の利益のために他者を利用することは、他者にとって心地よいものでないばかりか、自分にとっても不利益となるから。

イ　利他的な行為の結果はコントロールできないものであるため、時に自分を苦しめることにつながるから。

ウ　人を助けたいという思いから起こされた行動が、相手に特定のふるまいを強制させてしまうことがあるから。

エ　他者を気づかって起こした行動が、実は相手を支配することにつながり、その結果人間関係の悪化を招くから。

オ　健常者の考える通りに物事を進めると、障害者は健常者の思う「正義」を実行するための道具になってしまうから。

問11 傍線部2「周りの人のやさしさが、当事者を追い込んでいる」のはなぜか。その説明として最も適当なものを**一つ**選びなさい。

ア　周りの人にやさしくされればされるほど、その見返りを求められ、その対応のために疲弊してしまうから。

イ　周りの人が障害のある人を助けすぎることで、当事者は自分で何かに挑戦する機会を奪われ、自己肯定感を得られなくなるなかったり、認知症があったりと、自分と違う世界を生きている人に対して、その力を信じ、任せること。やさしさからつい先回りしてしまうのは、その人を信じていないことの裏返しだともいえます。

社会心理学が専門の山岸俊男は、信頼と安心はまったく別のものだ[3]と論じています。どちらも似た言葉のように思えますが、ある一点において、ふたつはまったく逆のベクトルを向いているのです。

その一点とは「不確実性」に開かれているか、閉じているか。山岸は『安心社会から信頼社会へ』のなかで、その違いをこんなふうに語っています。

信頼は、社会的不確実性が存在しているにもかかわらず、相手の（自分に対する感情までも含めた意味での）人間性のゆえに、相手が自分に対してひどい行動はとらないだろうと考えることです。これに対して安心は、そもそもそのような社会的不確実性が存在していないと感じることを意味します。

安心は、相手が想定外の行動をとる可能性を意識していない状態です。要するに、相手の行動が自分のコントロール下に置かれていると感じている。

それに対して、信頼とは、相手が想定外の行動をとるかもしれないこと、それによって自分が不利益を被るかもしれないことを前提としています。つまり「社会的不確実性」が存在する。にもかかわらず、それでもなお、相手はひどい行動をとらないだろうと信じること。これが信頼です。

つまり信頼するとき、人は相手の自律性を尊重し、支配するのではなくゆだねているのです。これがないと、ついつい自分の価値観を押しつけてしまい、結果的に相手のためにならない、というすれ違いが起こる。相手の力を信じることは、利他にとって絶対的に必要なことです。　ウ

もちろん、安心の追求は重要です。問題は、安心の追求には終わりがないことです。一〇〇％の安心はありえない。　エ

信頼はリスクを意識しているのに大丈夫だと思う点で、不合理な感情だと思われるかもしれません。しかし、この安心の終わりのなさを考えるならば、むしろ、「ここから先は人を信じよう」という判断をしたほうが、合理的であるということができます。

利他的な行動には、本質的に、「これをしてあげたら相手にとって利になるだろう」という、「私の思い」が含まれています。

重要なのは、それが「私の思い」でしかないことです。

思いは思い込みです。そう願うことは自由ですが、相手が実際に同じように思っているかどうかは分からない。「これをしてあげたら相手にとって利になるだろう」が「これをしてあげるんだから相手は喜ぶはずだ」に変わり、さらには「相手は喜ぶべきだ」になるとき、利他の心は、容易に相手を支配することにつながってしまいます。

つまり、利他の大原則[4]は、「自分の行為の結果はコントロールできない」ということなのではないかと思います。やってみて、相手が実際にどう思うかは分からない。分からないけど、それでもやってみる。この不確実性を意識していない利他は、押しつけであり、ひどい場合には暴力になります。　オ

「自分の行為の結果はコントロールできない」とは、別の言い方をすれば、「見返りは期待できない」ということです。「自分がこれをし

ア（　）差万別　　イ　一石（　）鳥
ウ（　）長一短　　エ　七転（　）倒
オ　三寒（　）温

> 令和四年度入学試験実施に当たり、一部に不適切な出題がありましたので、同一レベルの問題を参考問題として掲載しています。

二　次の文章を読んで、後の問いに答えなさい。

[1]特定の目的に向けて他者をコントロールすること。私は、これが利他の最大の敵なのではないかと思っています。

冒頭で、私は「※利他ぎらい」から研究を出発したとお話しました。なぜそこまで利他に警戒心を抱いていたのかというと、これまでの研究のなかで、他者のために何かよいことをしようとする思いが、しばしば、その他者をコントロールし、支配することにつながると感じていたからです。善意が、むしろ壁になるのです。［ア］

たとえば、全盲になって一〇年以上になる西島玲那さんは、一九歳のときに失明して以来、自分の生活が「毎日はとバスツアーに乗っている感じ」になってしまったと話します。「ここはコンビニですよ」。「ちょっと段差がありますよ」。どこに出かけるにも、周りにいる※晴眼者が、まるでバスガイドのように、言葉でことこまかに教えてくれます。それはたしかにありがたいのですが、すべてを先回りして言葉にされてしまうと、自分の聴覚や触覚を使って自分なりに世界を感じることができなくなってしまいます。たまに出かける観光だったら人に説明してもらうのもいいかもしれない。けれど、それが毎日だったらどうでしょう。

「障害者を演じなきゃいけない窮屈さがある」と彼女は言います。晴眼者が障害のある人を助けたいという思いそのものは、すばらしいものです。けれども、それがしばしば「善意の押しつけ」という形をとってしまう。障害者が、健常者の思う「正義」を実行するための道具にさせられてしまうのです。［イ］

若年性アルツハイマー型認知症当事者の丹野智文さんも、私によるインタビューのなかで、同じようなことを話しています。

　助けてって言ってないのに助ける人が多いから、イライラするんじゃないかな。家族の会に行っても、家族が当事者のお弁当を持ってきてあげて、ふたを開けてあげて、割り箸を割って、はい食べなさい、というのが当たり前だからね。「それ、おかしくない？　できるのになぜそこまでするの？」って聞いたら、「やさしいからでしょ」って。「でもこれは本人の自立を奪ってない？」って言ったら、一回怒られたよ。でもぼくは言い続けるよ。だってこれをずっとやられたら、本人はどんどんできなくなっちゃう。

認知症の当事者が怒りっぽいのは、周りの人が助けすぎるからなんじゃないか、と丹野さんは言います。何かを自分でやろうと思うと、先回りしてぱっとサポートが入る。お弁当を食べるときにも、割り箸をぱっと割ってくれるといったように、やってくれることがむしろ本人たちの自立を奪っている。病気になったことで失敗が許されなくなり、挑戦ができなくなり、自己肯定感が下がっていく。丹野さんは、[2]周りの人のやさしさが、当事者を追い込んでいると言います。

ここに圧倒的に欠けているのは、他者に対する信頼です。目が見え

【**国語**】〈五〇分〉〈満点：一〇〇点〉

一 次の各問いに答えなさい。

問1 漢字の送り仮名に誤りがあるものをそれぞれ**一つずつ**選びなさい。

a ア 疲る（つかれる）
イ 戒める（いましめる）
ウ 占める（しめる）
エ 謝る（あやまる）
オ 蓄える（たくわえる）

b ア 赴く（おもむく）
イ 企だてる（くわだてる）
ウ 退く（しりぞく）
エ 施す（ほどこす）
オ 携える（たずさえる）

問2 傍線部の慣用表現の使い方として適当ではないものを選択肢から**一つ**選びなさい。

ア 彼女は未熟だが可能性を持っていて、後生おそるべしだ。
イ 不参加だった人が得をするのはまさに漁夫の利だ。
ウ 君がいれば烏合の衆で、建設的な議論になるはずだ。
エ 彼の発明は、破天荒だと言われる。
オ 彼は人のあげ足を取ることが多いので、避けられている。

問3 対義語の関係として、最も適当なものを**一つ**選びなさい。

ア 獲得―得失　イ 巧遅―拙速　ウ 保守―防御
エ 文明―野生　オ 浪費―空費

問4 旧暦と現在の月の組み合わせとして、最も適当なものを**一つ**選びなさい。

ア 如月…一月　イ 卯月…四月　ウ 文月…八月
エ 葉月…七月　オ 霜月…十二月

問5 傍線部の敬語の使い方として、最も適当なものを**一つ**選びなさい。

ア 担当者が対応いたします。
イ どうぞお食事をいただいてください。
ウ 先生は職員室にいらっしゃられますか。
エ こちらにうかがっていただけますか。
オ こちらの商品でよろしかったでしょうか。

問6 「午」が表す方角として、最も適当なものを**一つ**選びなさい。

ア 東　イ 西　ウ 南　エ 北　オ 北東

問7 カタカナ語の意味として、適当ではないものを**一つ**選びなさい。

ア モラル…人として守るべき道
イ メタファー…直喩
ウ ステレオタイプ…型にはまった考えや行動
エ ジレンマ…板挟みの状態
オ パラドックス…真理に反しているようで真理を表す表現

問8 四字熟語について、a・bの問いに答えなさい。

a 選択肢の中から、正しい表記の四字熟語を**一つ**選びなさい。

ア 意味深重　イ 一騎当選　ウ 和魂洋裁
エ 巧言令色　オ 片言寂句

b （　）に当てはまる漢数字が、一番大きいものを**一つ**選びなさい。

大切なことはメモしておこうネ！

T.G

2022年度

解答と解説

《2022年度の配点は解答欄に掲載してあります。》

<数学解答>

1 (1) ア 1 イ 3 (2) ウ 2 エ 1 オ 0 (3) カ 2 キ 5
(4) ク 1 ケ 2 コ 1 サ 2 (5) シ 0[2] ス 2[0]

2 (1) (i) ア 1 イ 3 (ii) ウ 3 エ 2 (2) オ 1 カ 3 キ 1
ク 9 (3) ケ 3 コ 5

3 (1) ア 2 イ 3 (2) ウ 1 エ 2 (3) オ 7 カ 2 キ 0
ク 0

4 (1) ア 6 (2) イ 1 ウ 8 エ 5 (3) オ 9 カ 1 キ 0

5 (1) ア 2 イ 5 (2) (i) ウ 1 エ 5 オ 3 (ii) カ 2 キ 0
ク 3 ケ 9

○推定配点○

1 各6点×5 他 各5点×14(2(2)オ・カ，キ・ク各完答) 計100点

<数学解説>

基本 1 (正負の数，平方根，因数分解，2次方程式，正誤問題)

(1) $-12+4\div\left(-\frac{2}{5}\right)^2=-12+4\times\frac{25}{4}=-12+25=13$

(2) $(\sqrt{6}-\sqrt{2})(\sqrt{15}+\sqrt{5})=\sqrt{90}+\sqrt{30}-\sqrt{30}-\sqrt{10}=3\sqrt{10}-\sqrt{10}=2\sqrt{10}$

(3) $(x+1)^2-5(x+1)-6=\{(x+1)+1\}\{(x+1)-6\}=(x+2)(x-5)$

(4) $(x-2)(x+1)=3$　$x^2-x-2=3$　$x^2-x-5=0$　解の公式を用いて，
$x=\frac{-(-1)\pm\sqrt{(-1)^2-4\times1\times(-5)}}{2\times1}=\frac{1\pm\sqrt{21}}{2}$

(5) ⓪ 正しい。 ① ねじれの位置があるから，誤り。 ② 正しい。 ③ 表裏の出方は，表表，表裏，裏表，裏裏の4通りであるから，1枚は表で1枚は裏となる確率は$\frac{2}{4}=\frac{1}{2}$で，誤り。

2 (1次関数と図形，確率，角度)

重要 (1) (i) C(0, 1)より，CO=OD　OF//CEより，2組の角がそれぞれ等しいから，△ODF∽△CDE　相似比はDO：DC=1：2より，面積比は$1^2：2^2=1：4$　よって，△ODF：(四角形OFEC)=1：(4−1)=1：3

基本 (ii) EF=EBより，EからFBにひいた垂線をEHとすると，FH=BH　CE：OF=2：1，CE=OHより，OF=FH=HB　よって，B(2, 0)より，OF=$\frac{1}{3}$OB=$\frac{2}{3}$　したがって，直線①の傾きは$\frac{\mathrm{OD}}{\mathrm{OF}}=1\div\frac{2}{3}=\frac{3}{2}$

重要 (2) さいころの目の出方の総数は，6×6=36(通り)　このうち，$2a+b$が3の倍数となるa，bの値の組は，(a, b)=(1, 1)，(1, 4)，(2, 2)，(2, 5)，(3, 3)，(3, 6)，(4, 1)，(4, 4)，(5, 2)，(5, 5)，(6, 3)，(6, 6)の12通りだから，求める確率は，$\frac{12}{36}=\frac{1}{3}$　また，$\sqrt{3(2a+b)}$が

自然数となるのは，$2a+b=3\times1^2$，3×2^2のときで，$(a,\ b)=(1,\ 1)$，$(3,\ 6)$，$(4,\ 4)$，$(5,\ 2)$の4通りだから，求める確率は$\frac{4}{36}=\frac{1}{9}$

基本　(3)　ACは直径だから，$\angle ABC=90°$　$\angle CDB=x$とすると，$\overset{\frown}{BC}$の円周角だから，$\angle BAC=\angle CDB=x$　$\overset{\frown}{BC}:\overset{\frown}{CD}=1:2$より，$\angle DBC=2x$　よって，$\angle ABD=90°-2x$　△ABEの内角の和は180°だから，$x+(90°-2x)+125°=180°$　$x=35°$

3　(方程式の利用)

基本　(1)　題意より，いま持っている金額について，$30a=20b$　$a:b=20:30=2:3$

基本　(2)　$a:b=2:3$より，$b=\frac{3}{2}a$　よって，$30a\div\left(a+\frac{3}{2}a\right)=30a\times\frac{2}{5a}=12$(個)

(3)　$30a-(7a+6b)=3360$　これに$b=\frac{3}{2}a$を代入して，$30a-(7a+9a)=3360$　$14a=3360$　$a=240$　よって，いま持っている金額は，$240\times30=7200$(円)

4　(図形と関数・グラフの融合問題)

基本　(1)　$y=x^2$に$x=2$を代入して，$y=4$　よって，D(2，4)　四角形ABCDは正方形だから，$AB=AD=4$　よって，点Bのx座標は$2+4=6$より，B(6，0)

重要　(2)　直線BDの式を$y=-x+b$とすると，点Bを通るから，$0=-6+b$　$b=6$　$y=x^2$と$y=-x+6$からyを消去して，$x^2=-x+6$　$x^2+x-6=0$　$(x+3)(x-2)=0$　$x=-3,\ 2$　$y=x^2$に$x=-3$を代入して，$y=9$　よって，E$(-3,\ 9)$　直線AEの式を$y=mx+n$とすると，2点A，Eを通るから，$0=2m+n$，$9=-3m+n$　この連立方程式を解いて，$m=-\frac{9}{5}$，$n=\frac{18}{5}$　よって，F$\left(0,\ \frac{18}{5}\right)$

基本　(3)　$\triangle OEF=\frac{1}{2}\times\frac{18}{5}\times3=\frac{27}{5}$　G(0，6)とすると，$\triangle FED=\triangle FEG+\triangle FDG=\frac{1}{2}\times\left(6-\frac{18}{5}\right)\times3+\frac{1}{2}\times\left(6-\frac{18}{5}\right)\times2=6$　よって，$\triangle OEF:\triangle FED=\frac{27}{5}:6=9:10$

5　(空間図形の計量)

重要　(1)　$EH=\frac{1}{2}EF=\frac{1}{2}\times4=2$　△DEHに三平方の定理を用いて，$DH=\sqrt{3^2-2^2}=\sqrt{5}$　よって，$\triangle DEF=\frac{1}{2}\times4\times\sqrt{5}=2\sqrt{5}$ (cm^2)

重要　(2)　(i)　AからBCにひいた垂線をAIとすると，図2の四角形の残りの頂点がIとなり，四角形AIHDは長方形である。ID//HPより，平行線の錯角は等しいから，$\angle IDH=30°$　よって，$IH:DH=1:\sqrt{3}$より，$IH=\frac{1}{\sqrt{3}}DH=\frac{\sqrt{5}}{\sqrt{3}}=\frac{\sqrt{15}}{3}$　よって，$AD=\frac{\sqrt{15}}{3}$(cm)

基本　(ii)　こぼした水の体積は三角錐ABCDの体積に等しく，$\frac{1}{3}\times2\sqrt{5}\times\frac{\sqrt{15}}{3}=\frac{10\sqrt{3}}{9}$　三角柱ABC−DEFの体積は，$2\sqrt{5}\times\frac{\sqrt{15}}{3}=\frac{10\sqrt{3}}{3}$　よって，残っている水の体積は，$\frac{10\sqrt{3}}{3}-\frac{10\sqrt{3}}{9}=\frac{20\sqrt{3}}{9}$(cm^3)

★ワンポイントアドバイス★

例年どおりの出題構成，難易度である。解答数が1問減り，時間的余裕があるので，ミスのないようにできるところから解いていこう。

<英語解答>

[1] (1) 2　(2) 2　(3) 4　(4) 1　(5) 4　(6) 3　(7) 3　(8) 4
(9) 4, 6
[2] (10) 2　(11) 4　(12) 1　(13) 2　(14) 4　(15) 2　(16) 2
(17) A 1　B 3　C 3
[3] (18) 4　(19) 1　(20) 4　(21) 4　(22) 1　(23) 4　(24) A 4
B 4　C 4　D 2
[4] (25) 3　(26) 1　(27) 2
[5] (28) ②　(29) ③　(30) ②
[6] (31) 2　(32) 1　(33) 3　(34) 1
[7] (35) ①・⑥・②・⑤・④・③　(36) ③・④・⑤・①・②・⑥
(37) ③・④・⑤・②・⑥・①　(38) ④・⑤・⑥・②・③・①
(39) ③・①・④・⑥・⑤・②
[8] (40) 3　(41) 4　(42) 1　(43) 2　(44) 1

○推定配点○

各2点×50　　計100点

<英語解説>

や難 [1] **(長文読解・物語文：語句補充，指示語，要旨把握，内容吟味)**

(全訳) 最近，重要な出来事が起こるとすぐに，ソーシャルメディア上で読んだ。実際の出来事から数秒以内にこの情報を広めるために，携帯電話を使用する人がいつもいる。私たちが考えるべき新しいことがある前に，私たちは出来事を理解する時間がない。私たちはまた，私たちが聞くニュースが真実であるとは決して思わない。私たちは非常に困難な世界に住んでいる。では，ニュースが真実か真実でないことを確認するために何ができるか。

まず，フェイクニュースの2つの基本的なタイプを理解する必要がある：100％真実ではない話と，真実と偽の両方の情報を持つ話がある。100％真実ではない話は，UFO，幽霊，その他の奇妙な，または珍しいことについて，信じがたいものを信じさせようとするので，最も簡単に見つけることができる。数年前，地球上で発見された別の惑星からの異星人を示すインターネット上の人気のビデオがあった。ビデオは本物に見え，多くの人がそれを信じていた。しかし，①科学者たちはビデオの中でいくつかの非常に大きな問題を指摘した。例えば，異星人を研究していたビデオの人々は，異星人のウイルスから身を守るために，または人間のウイルスから異星人を保護するために特別な防護服やマスクを着ていなかった。明らかに，実際の科学者が最初にやりたいことは，地球を異星人のウイルスから守ることだ。これは，ビデオが偽物であることを示した。だから，私たちはすべてを慎重に考え，それが本物に見えても見えるものすべてを信じるわけではないことを学ばなければならない。

偽の情報の別のタイプは，真実と偽の両方の情報を持つものだ。②これはしばしば認識するのが非常に困難である。しかし，このタイプのフェイクニュースは，私たちが日常生活の中で見つける可能性が最も高い形式だ。たとえば，ニュース記事は 95％ が真実で 5％ が偽りになる可能性がある。しかし，③この偽の5％は危険だ。これはその5％があなたを騙して偽りを信じさせるために使われる非常にごまかしの多い情報を持っていることが多いからだ。このように考えてみてほしい。

あなたの両親があなたに味の悪い薬を飲んで欲しいなら，薬の味を隠すためにチョコレートのような甘いものにそれを入れるかもしれない。悪者は同じことをする。彼らは危険な嘘を広めたいとき，彼らはしばしばワクワクする理解しやすい事実にそれを隠す。だから，我々は情報の各部分について慎重に考え，それが100％真実であるかどうか疑問に思う必要がある。

ソーシャルメディアは現在，若者にとってニュースを見つけるのに非常に人気のある場だ。悪者は，若者がしばしば友人とワクワクするように見えるものを共有することを知っている。若者は，彼らが共有する話が真実であるかどうか本当に心配しない。④彼らはより多くの支持者を得るか，オンラインで注目を集めることに興味を持っている。これは悪者が悪い情報を広めることが非常に簡単になる。これは多くの大きな問題を引き起こし，多くの人々はフェイクニュースや虚偽の情報のために狂ったことをした。

メディアでフェイクニュースや虚偽の情報を認識するにはどうすればよいか？3つの簡単な方法がある：

1. 常に情報源を見てほしい。それは長い歴史(BBC，CNN，ロイター，AFP)または何か他の⑤良い情報源か？この情報を書いている人は，このテーマに関する専門家か？彼/彼女は実在の大学に行ったか。彼らが誰であるか，そして彼らが専門家であるかどうかを確認するためにインターネットを使用してほしい。
2. 他の情報源はこの情報を報道しているか？⑥もしソーシャルメディアのみから情報が得られる場合は，注意する必要がある。良い情報源(BBC，CNN，ロイター，AFP)が24時間以内にこの話を報道しない場合，それは本物ではないか，完全な真実とは限らないかもしれない。
3. この情報は事実か，それとも意見か？ソーシャルメディアは，多くの場合，科学的な情報ではなく，意見を報道する。覚えておいてほしい：意見は事実ではない。事実は科学者によって作り出される情報だ。⑦写真やビデオは必ずしも事実ではない。彼らは通常，物語の一部を示すだけで，簡単な技術を使用して簡単に偽造することができる。

今日，ソーシャルメディアからの虚偽の情報はファーストフードのようなものだ。それは良く見え，おいしいが，多すぎるとあなたの健康に害を与える。

(1) 第1段落には，「情報量」については書かれていないため，2が不適切である。
(2) 「異星人のウイルスから身を守るために，または人間のウイルスから異星人を保護するために特別な防護服やマスクを着ていなかった」ことを指している。
(3) 第3段落は「真実と偽の両方の情報」について書かれている。
(4) この後に This is because ~. とあるため，後に書かれている文が理由となる。
(5) 多くの支持者を得るか，オンラインで注目を集めることに興味を持っているのは若者である。
(6) 「よい」情報源は，その分野の専門家であるかどうかなので，「迅速な」情報源かどうかではない。
(7) 真実であれば，ソーシャルメディアだけではなく，良い情報源からも報告があるからである。
(8) この後の文にあるように，写真やビデオは簡単に偽造できるからである。
(9) 4 UFOや幽霊などに関する情報は，フェイクニュースの中でも100％真実ではない話なので，簡単に見分けることができる。 6 24時間以内に信頼できるメディアから報道がない場合は，その情報は真実ではないと書かれている。

2 (長文読解・説明文：語句補充，内容吟味，要旨把握)

(全訳) 先生はいつも忙しい。趣味を持つ暇はほとんどない。ほとんどの先生は午前7時ごろに学校に行き，午後8時か9時頃に学校を出る。学校で寝る人もいる！私は彼らを気の毒に思う。でも，私はいつも午後5時ごろ学校を出る。これは私に趣味を楽しんだり，しばらく学校のことを忘れたりする時間を与えてくれる。

さて，おそらく聞いたことのない面白い趣味を紹介したいと思う。誰でもできることから始めよう。それはマッドラーキングと呼ばれている。

マッドラーカーは川の隣の地域を歩く人々だ。彼らはずっと前に川に投げ込まれた古いものを探している。昔は川を，ゴミを投げる場所としてよく使っていた。このゴミのほとんどは海に流れたが，その一部は川の側面に広がった。マッドラーカーは，何千年も前に捨てられた非常に興味深いものを見つけることが多いため，浜や泥の地帯を持つ川に沿って歩くのが好きだ。①たとえば，イギリスのテムズ川はロンドンの中心部を通る。ローマ人は2000年前にロンドンを建て，人々はその時以来そこに住んでいる。つまり，テムズ川の隣には泥や砂に埋もれた2000年分のゴミがある。そして毎日，テムズ川は海とつながっているので，川の水位は上下する。これは，何百年何千年も前に川に投げ込まれて以来，見たことがないものを簡単に見つけることができることを意味する。

さて，私はあなたが「それはゴミだ！誰がゴミを見たいのか？」と言っていることを知っている。②では，それについて考えてみてほしい。2000年前はゴミだったが，今日は貴重な宝物かもしれない！私は水が低いときにテムズ川に沿って歩いて，何百もの古いものを見つけた。私はローマ時代の皿のかけら，ローマのガラス，ローマのコインを発見した。私はコインの多くだけでなく，古い道具，非常に古い子供のおもちゃ，さらには人間の骨を発見した！あなたが非常に小さな地域で数分で見つけることができるものは驚くべきものだ。あなたがマッドラーキングを経験したいが，川の近くに住んでいない場合は，YouTubeで「マッドラーキング」と検索することをお勧めする。素晴らしいものを見つける人々の多くの興味深いビデオがある。

次に紹介したいのは③マグネットフィッシングだ。この趣味は魚を捕まえるのではなく，素晴らしいものを捕まえるものである。必要なのは強い磁石といくつかのロープだ。ロープを磁石に結び付け，低い橋から川や湖に磁石を落とすだけだ。磁石は水中のどんな金属にもくっつく。ロープを引っ張って重いものを感じたら，引き上げて見つけたものを見てほしい。簡単だ！

繰り返すが，私はあなたが「それはただのより多くのゴミだ！」と言っていることを知っている。まあ，あなたが拾うものを選ぶことができない。しかし，同じことが釣りについてあてはまる。ある時あなたは大きな魚を手に入れ，ある時は小さな魚を手に入れ，時には何も得られないことがある。それがワクワクする理由だ！あなたは何を捕まえようとしているのかわからない！10回のうち9回，それはただのゴミだ。でも，たぶん10回目は④宝物になるだろう！

YouTube にはマグネットフィッシングに関する動画がたくさんある。私はヨーロッパの人々がそこの川や湖でこれをやっているのを見るのは本当にリラックスしてワクワクすることだと思う。オランダでこれを行う2人の男性がいる。多くの古い川とたくさんの小さな橋がある。彼らはしばしば自転車や車の破片のようなゴミを見つけるが，時には古いコイン，銃，指輪，その他の高価なものを見つける。ロシアの一部の男性は，湖で第二次世界大戦の飛行機を見つけた。パイロットはまだ飛行機の中に座っていた！

この趣味の良い点は，日本でも⑤同じことができるということだ。川や湖は多い。必要なのは運だけである！

(10)　「マッドラーカー」の例としてテムズ川の例が挙げられているので For example が適切。

(11)　「2000年前はゴミだったが，今日は貴重な宝物かもしれない」ので，「考えてほしい」と言っているのである。

(12)　見つけたものとして「皿のかけら」「ガラス」「コイン」「道具」「おもちゃ」「人間の骨」が挙げられている。

(13)　筆者は，川の近くに住んでいない場合，YouTubeで検索することを薦めている。

(14) マグネットフィッシングは，磁石を使って川や湖の中のものを引き上げることである。

(15) 10回のうち9回は「ただのゴミ」だが，10回目は「宝物」になるかもしれないのである。

(16) 日本には川や湖が多いので，「同じことができる」のである。

(17) (A) 第2段落参照。マッドラーキングは誰でもできることとして挙げられている。 (B) 第3段落参照。テムズ川にはゴミがないという記述はない。 (C) 第7段落第6文参照。第2次世界大戦の時の飛行機を見つけたとある。

重要 3 (会話文問題：空所補充，熟語，要旨把握)

(日本の茨城の学校にて)

スミス先生：おはようございます。今日はアメリカの有名な作家について話をします。彼の名前はレイ・ブラッドベリーです。彼の物語を読んだ人はいますか。

ジョン　：彼は海についての物語を書きましたか？

スミス先生：いいえ，彼は海についての話を書きませんでした。

スージー　：彼は学校生活についての物語を書かなかったですか？

スミス先生：いいえ，学校生活についての話は全く覚えていません。他の推測は？

ピーター　：彼は未来とタイムトラベルについての物語を書いたと思います。①彼はSF作家でしたね。

スミス先生：そうですね。彼は宇宙旅行，タイムトラベル，テクノロジー，そして他の世界での生活についての多くの物語を書きました。

スージー　：彼は真面目な作家ではないようです。なぜ私たちは彼を研究する必要がありますか？SFは子供のためのものですよね？

スミス先生：いいえ，そう思う人もいるかもしれませんが，②間違っています。SFは特に将来について多くのことを教えてくれます。

スージー　：たとえば，何ですか。

スミス先生：ブラッドベリーは10代の頃，1930年代に書き始めました。これは，コンピュータとインターネットよりも何年も前でした。これらの驚くべきことの未来を想像できる人はほとんどいませんでした。しかし，ブラッドベリーは，彼らが人気になる50年前にこれらの技術について書き始めました。

ジョン　：彼は将来を予測できたと言っているのですか？

スミス先生：彼の予測のすべてが実現したわけではありません。しかし，彼は多くのことについて正しかったのです。

スージー　：③例を教えてください。

スミス先生：1950年代に，コンピュータ，イヤホン，スマートフォン，スマートウォッチ，フェイスブックやインスタグラムなどのウェブサイト，自動運転車，ロボット，電子書籍について書きました。これらはほんの一例ですが，他にもたくさんあります。

ピーター　：彼は何事でも正しかったのかな，それとも何か間違っていたのかな？

スミス先生：彼はタイムトラベルについて正しくなかったよ。彼は2020年までには，時間をさかのぼることができるだろうと信じていましたが，それは起こりませんでした。しかし，将来的には可能かもしれません。

ジョン　：なぜ彼はこのような物語を書いたのですか？どうやって未来を予測できたのかな？

スミス先生：言うのは難しいね。彼が子供の頃，おばは彼に物語を読みました。ブラッドベリーは、これが彼にもっと読みたいと思わせたと言いました。1920年代から1930年代にかけて，SFが普及しました。SF作家の中には，刺激的な物語を書く人がたくさんいました。ブラッドベリーはこれらの物語の多くを読み，彼らの影響を受けました。彼は幼い頃から未来について考え始めました。

スージー　：しかし，多くのSF作家は将来について正しかった。ブラッドベリーは何がそんなに特別なのですか？なぜ私たちは他の作家ではなく，彼を研究する必要がありますか？

スミス先生：ブラッドベリーは，技術がいかに人間にとって危険になるかについて多くのことを書いたので，特別です。

スージー　：どうやって有用な技術が私たちにとって危険になるのでしょうか？便利な技術は良いことではありませんか？

ジョン　　：④私たちが毎日使っている技術には，悪い点があると思います。技術は必ずしも100％良いとは限りません。

スージー　：どういう意味ですか？

ジョン　　：インターネットで過ごす時間やスマートフォンで遊ぶ時間を考えてみてください。私たちは以前ほど外で遊んだり，お互いに話したりしません。私は毎日使っている電車の中で人々を見ています。誰も話していない。彼らは眠っているか，スマートフォンを見ています。ほとんどの人がイヤホンやヘッドフォンを装着しています。スマートフォンを見るのに忙しすぎるので，駅で電車を⑤降りるのを忘れることがあります。

スージー　：それは良いことではありませんが，危険ではありません。私は電車の中でゲームをするためにスマートフォンを使うのが好きです。時間がより速く過ぎるわ。

スミス先生：スージー，分かりますが，これはブラッドベリーを心配したことの一つです。

スージー　：どういう意味ですか？

スミス先生：ブラッドベリーは，技術が私たちの生活をすぐにコントロールし，私たちが考えるのをやめると信じていました。オンラインゲームは思考を奨励しません。彼は，人々が技術のために本を読むのをやめることを非常に恐れていました。ブラッドベリーは，一部の政府が人々に深刻な問題について考えさせる本を燃やす1930年代に育ちました。ブラッドベリーは，誰も本を読むことに興味がなければ，政府は本を燃やす必要はないと信じていました。オンラインゲーム，オンライン映画，インターネットウェブサイトなどの技術は，書籍に取って代わることができます。そして人々は深刻な問題についてあまり考えていません。⑥これはまさにブラッドベリーが予測したものです。

ジョン　　：ブラッドベリーは正しかったと思います。私たちは携帯電話でゲームをするのにあまりにも多くの時間を費やし，考えるのに十分な時間を費やしていません。

(18)　未来とタイムトラベルについての物語を書いたので，SF作家であるとわかる。

(19)　they は some people を指している。人々の中にはSFは子どものためのものだと考える人もいるが，スミス先生は，彼らは「間違っている」と言っているのである。

(20)　この後で，スミス先生は，ブラッドベリーが予測したものをあげているので，例をあげるようにお願いしていると判断できる。

(21)　「技術は必ずしも100％良いとは限らない」とあるので，技術にも悪い点があるとわかる。

(22)　get off「(乗り物を)降りる」

(23)　スミス先生の最後の発言は，ブラッドベリーが予測したものを挙げていることから判断できる。

(24)　(A)「ブラッドベリーは何について書いたか」 ブラッドベリーはSF作家で未来やタイムトラベルについて書いた。　(B)「ブラッドベリーはなぜ特別か」 ブラッドベリーは，技術がいかに人間にとって危険になるかについて多くのことを書いたので特別である。(C)「ブラッドベリーは将来についてなぜ心配しているのか」 ブラッドベリーは，技術が私たちの生活をすぐにコントロールし，私たちが考えるのをやめると信じていたのである。 (D)「どの文が話の中で話されていないか」 ブラッドベリーは技術の悪い点について触れているが，携帯電話を使ったりやゲームをしたりしないとは書かれていない。

基本 **4** **(単語)**

(25) served = given 「提供される」
(26) scared = afraid 「怖がって」
(27) warm = friendly 「心のこもった」

重要 **5** **(正誤問題：文型，接続詞，受動態)**

(28) what が主語であるので，動詞には3単現のsが必要。 ② make → makes
(29) 後の文はso ~ that …の文となる。 ③ very → so
(30)「私はベストプレーヤーに選ばれた」となる。 ② chose → chosen

6 **(資料問題)**

(31) コンテストのウェブサイトを訪れた人によって写真が審査されるとあることから判断できる。
(32) この広告から写真の審査は1月3日から17日の15日間であるとわかる。
(33) 賞金の合計は，50,000円＋40,000円＋30,000円＋10,000円×7人＝190,000円である。
(34) 質問がある場合には，Eメールを送るように書いてある。

重要 **7** **(語句整序問題：分詞，間接疑問文，現在完了，関係代名詞，疑問文)**

(35) (Do you) know the name of the bird singing in (the tree?) singing in the tree は前の名詞を修飾する分詞の形容詞的用法である。
(36) (Would you tell) her how she can go to (your house from the bus stop?) 間接疑問文は<how＋主語＋動詞>の語順になる。
(37) How many times have you been (to Osaka?) How many times で回数を尋ねる疑問文になる。
(38) (The comic) book which you lent me last (week was very funny.) which は前の名詞を修飾する目的格の関係代名詞である。
(39) How big is your new house(?) How big でどのくらいの大きさかを尋ねる文になる。

基本 **8** **(語句補充問題：分詞，動名詞，間接疑問文，熟語)**

(40) Why don't you ~？「~するのはどうですか」
(41) written in English は前の名詞を修飾する分詞の形容詞的用法である。
(42) finish の後は動名詞のみを目的語にとる。
(43)「なぜ日本の学生は制服を着なければならないのか」という間接疑問文になる。
(44) give a speech 「スピーチをする」

★ワンポイントアドバイス★

試験時間の割に長文読解の分量が多い。まずは過去問で長文読解の量に慣れるようにしたい。そして問題集を用いて，数多くの長文問題に触れるようにしよう。

<理科解答>

1 (1) ④ (2) ④ (3) ③ (4) ① (5) ③
2 (1) a ②・③ b ③ (2) ① (3) ④ (4) ②
3 (1) a ④ b ④ (2) a ② b ① c ②
4 (1) ③ (2) a ⑥ b ③ (3) ③ (4) a ④ b ③
5 (1) ③ (2) ② (3) ① (4) ③ (5) ④
6 (1) a ② b ④ (2) B ③ C ① (3) ⑥ (4) ②
7 (1) ② (2) ① (3) ④ (4) ②
8 (1) ② (2) ③ (3) ② (4) ④ (5) ②

○推定配点○
1 各2点×5 2 各2点×5((1)a完答) 3 各3点×5 4 各3点×6
5 (3) 3点 他 各2点×4 6 各3点×6 7 各2点×4 8 各2点×5
計100点

<理科解説>

重要 1 (植物の体のしくみ・生物どうしのつながり・ヒトの体のしくみ)

(1) Aは師管で，葉で作った栄養分の通り道である。Bは道管で，根毛で吸収した水や水に溶けた養分の通り道である。

(2) 精細胞は減数分裂によってつくられるので，④は間違いである。

(3) 顕微鏡で観察するときは，プレパラートと対物レンズをぎりぎりまで近づけて，プレパラートを遠ざけることでピントを合わせる。

基本 (4) 草食動物が増えると，肉食動物が増え，植物は減る。その後，肉食動物によって草食動物が多く食べられるようになり，植物も増え，元の状態となる。

(5) 動脈の壁は厚く，弁はない。静脈の壁はうすく，ゆっくり血液が流れるため弁が存在する。

2 (地層と岩石・天気の変化・地球と太陽系)

(1) チャートは主にホウサンチュウの死骸が，石灰石は主にサンゴの死骸が固まってできたものである。

(2) 短期間に局地的な激しい雨をもたらすのは，積乱雲である。

基本 (3) 閉塞前線は寒冷前線が温暖前線に追いつくことでできるので，閉塞前線は地上に寒気をもたらす。

(4) 地球が西から東に1日1回自転しているため，星は東から西に1時間で15度動いて見える。

3 (化学変化と質量)

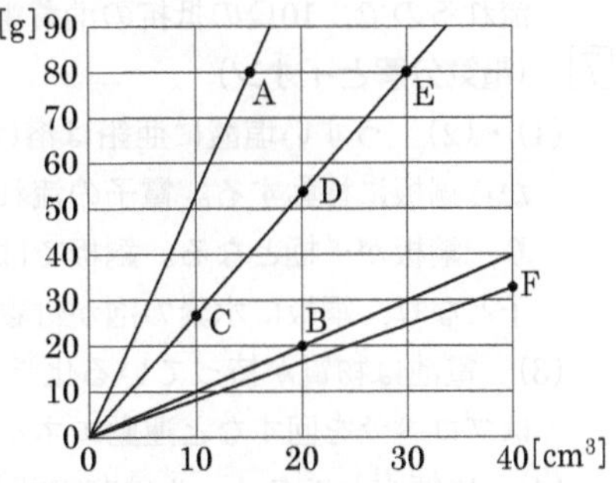

基本 (1) (a) 右図のようにグラフを書くとCとDが同じ物質であることがわかる。

やや難 (b) Fの密度は，32(g)÷40(cm^3)=0.8(g/cm^3)なので，エタノールより重いが，水より軽い物質である。

基本 (2) (a) 1.5(g)−0.90(g)=0.60(g) (b) 0.90(g):1.5(g)=2.7(g):x(g)より，4.5(g)である。

(c) 酸化マグネシウムの化学式はMgOである。

4 (光の性質・圧力・磁界とその変化・運動とエネルギー)

重要 (1) 光が空気中から水中に入るときは，水面から遠ざかるように屈折する。また，光は，水中から空気中に入るときは，水面に近づくように屈折する。

(2) (a) 面積の一番小さい面を水平面に置いたとき最も圧力が大きくなる。よって，圧力の大

やや難 きい順に並べると，面A＞面B＞面Cとなる。 (b) 面A0.4(m)×0.2(m)＝0.08(m^2)を水平面において，水平面に加わる圧力が400Paなので，水平面にはたらく重力の大きさは，x(N)÷0.08(m^2)＝400(Pa)より，32Nである。直方体にはたらく重力の大きさは20N(質量2kgであるため)なので，おもりにはたらく重力の大きさは32(N)－20(N)＝12(N)である。よって，おもりの質量は1.2kgである。

(3) (ア)より，N極が近づくと検流計の針は－側にふれるので，(ウ)のようにS極が近づくと検流計の針は＋側にふれ，(エ)のようにS極が遠ざかると検流計の針は－側にふれる。

(4) (a) 力学的エネルギーは，運動エネルギーと位置エネルギーを足したものなので，ふりこがどの位置にあっても，その力学的エネルギーは同じである。 (b) 途中で振り子の長さが変わっても，ふりこはAと同じ高さまで上がる。

5 (地球と太陽系)

やや難 (1) 明け方オリオン座が南の空に見える地球の位置は，ペガスス座が真夜中に南の空にみえる位置である。ペガスス座が真夜中南の空に見えるのは秋である。

重要 (2) 南中時の太陽の傾きは，∠QODであらわせる。

やや難 (3) 10時と11時の曲線の長さが3.3cmなので，太陽は1時間で3.3cm動くことがわかる。5時20分から10時まで4時間40分(4時間)あるので，曲線の長さは，1(時間)：3.3(cm)＝4(時間)：x(cm)より，15.4cmとなる。よって，最も数値が近い①が正解である。

(4) この日は秋分の日であるので，南中高度は，90(度)－36(度)＝54(度)である。

(5) 南半球では，太陽は東からのぼり，北に向かい，西にしずむ。

6 (電流と電圧)

基本 (1) (a) オームの法則より，12(V)＝15(Ω)×x(A)より，0.8Aである。 (b) 10(Ω)×0.8(A)＝8(V)

やや難 (2) 10Ωの抵抗に2Vの電圧をかけると，2(V)÷10(Ω)＝0.2(A)の電流が流れる。よって，B点は③である。5Ωの抵抗に2Vの電圧をかけると，2(V)÷5(Ω)＝0.4(A)の電流が流れる。よって，C点には0.2(A)＋0.4(A)＝0.6(A)の電流が流れるのでC点は①である。

(3) C点の抵抗が最も小さく，A点の抵抗が最も大きいので，流れる電流の大きさは，C＞B＞Aとなる。

(4) 図2は並列つなぎなので，5Ωの抵抗にも10Ωの抵抗にも同じ大きさの電圧がかかっている。(2)より，2Vの電圧をかけた場合，10Ωの抵抗には0.2Aの電流が，5Ωの電流には0.4Aの電流が流れるので，10Ωの抵抗の消費電力は，5Ωの電気抵抗の0.5倍となる。

重要 7 (電気分解とイオン)

(1)・(2) うすい塩酸に亜鉛は溶け，2価の陽イオン(亜鉛イオン)となり，放出した電子は亜鉛板から銅板に移動する。電子の流れに対して，電流の向きは逆になる。よって，亜鉛板が－極となり，銅板が＋極となる。銅板では，溶液中の水素イオンに電子を渡すため，水素イオンが水素原子となり，銅板に水素の泡が付着する。

(3) 電池は物質が持っている化学エネルギーを電気エネルギーとして取り出す。電気エネルギーはプロペラを回すなど運動エネルギーに変換することができる。

(4) 砂糖水とエタノールは非電解質なので，プロペラは回らない。

重要 8 (生物の類縁関係と進化)

(1) 長い年月をかけて生物が変化することを進化という。

(2) アメリカザリガニや昆虫は節足動物の仲間である

(3) 体の表面は，魚類とハチュウ類ではうろこで，両生類ではしめった皮ふでおおわれている。

(4) 根は，双子葉類では主根と側根を持ち，単子葉類ではひげ根を持つ。また，葉脈は双子葉類は網状脈，単子葉類は平行脈である。

(5) イ 胎生で子孫を増やすのは哺乳類だけである。 ウ シダ植物は根・茎・葉の区別があり維管束を持つが，コケ植物は根・茎・葉の区別がなく維管束を持たない。

★ワンポイントアドバイス★

やさしい問題と難度の高い問題を見抜き，やさしい問題から解いていこう。

<社会解答>

1 (1) ① (2) ③ (3) ③ (4) ② (5) ② (6) ④ (7) ④
(8) ② (9) ④ (10) ④

2 (1) ①・④ (2) ③ (3) ② (4) ①・③・④ (5) ② (6) ④
(7) ③ (8) ② (9) ② (10) ④

3 (1) ① (2) ② (3) ③ (4) ② (5) ① (6) ③ (7) ②
(8) ⑤ (9) ③ (10) ③

4 (1) ④ (2) ② (3) ② (4) ⑥ (5) ③ (6) ④

5 (1) ③ (2) ③ (3) ④ (4) ②

6 (1) ④ (2) ① (3) ② (4) ④ (5) ③ (6) ② (7) ④
(8) ② (9) ① (10) ②

○推定配点○

各2点×50(2(1)・(4)各完答) 計 100点

<社会解説>

1 (総合─世界の国々・近代日本の社会・国際経済など)

(1) 「元始，女性は太陽であった」の創刊の辞で知られる明治末～大正の進歩的女性グループ。

(2) アメリカ史上異例の4期にわたり大統領職を務めた人物。

(3) 7年8か月に及ぶ長期政権を打ち立てた高度経済成長期を代表する首相。

(4) 居住・移転・職業選択などとともに経済活動の自由に分類される。

重要 (5) 最高裁判所の長官は内閣の指名に基づき天皇が任命する。

(6) 2度の石油危機を通じて価格決定に大きな力を持ったが近年その影響力は衰えている。

(7) 多様な生物を育みCO_2吸収の重要な水域となっているが，近年開発で急減している。

(8) かつては黄金海岸と呼ばれたイギリスの植民地で，アフリカ独立の先駆けとなった国。

(9) 現在も銀の産出は世界1。NAFTAはUSMCA(米国・メキシコ・カナダ協定)に移行。

やや難 (10) 迫害を受けるロヒンギャ以外にも130以上の民族からなる多民族国家。

2 **(総合―産業・近現代の政治・憲法など)**

(1) 原爆ドームは人類の犯した過ちを記憶する負の遺産と呼ばれる。黒部ダムは日本最大級のアーチ式ダム。富岡製糸場は群馬，瀬戸大橋は3つの連絡橋の児島・今治ルート。

(2) モボ・モガは大正から昭和初期の流行語。①・④は1930年代，②は1910年代。

重要 (3) 八ヶ岳周辺は首都圏に近いため新鮮な野菜を提供することができる。高原のため冬の寒さは北海道並みに厳しい，戦後養蚕業は衰退，高原野菜は涼しい気候を利用した抑制栽培。

(4) 権利の侵害だからといって暴力に訴える行為は決して正当化することはできない。

(5) ケネディ大統領はフルシチョフ首相との間で危機を回避。マルタ会談はブッシュ(父)とゴルバチョフ，中距離核戦力はレーガン，大量破壊兵器疑惑で始まったのはイラク戦争。

(6) ひめゆり部隊は沖縄戦に動員された県立女学校の従軍看護隊の通称。

(7) メキシコ湾に臨むルイジアナ州最大の港湾都市。スエズ運河はイギリスのアジア支配に貢献，疏水は琵琶湖と京都を結ぶ，西廻り航路は江戸時代の日本海側と大阪を結ぶ航路。

(8) 多民族国家であるマレーシアはマレー系(イスラム教)が3分の2，華人(仏教)が4分の1，インド系(ヒンドゥー教)が10分の1程度。イギリスの植民地であったことからキリスト教徒も多い。

(9) 国共内戦で毛沢東の共産党に敗れた蒋介石の国民党は台湾に逃げ現在に至っている。

(10) 最高裁の判決を受け父母の婚姻を国籍条件から外す国籍法の改正も行われた。

3 **(公民―人権・政治のしくみ・地方自治など)**

(1) 大阪の交付金は約2300億円，他の4県はすべて1900億円以下。自主財源は人口が多いほど大きい，千葉の地方債は約1800億円，茨城は約1200億円，山口の地方税は約1800億円。

(2) 国民の権利であり義務でもある。教育は社会権，教育勅語や学制は戦前の制度。

(3) 予算や重要な法案に関しては開催が義務付けられる。

(4) 政治権力を立法・行政・司法に分けることで権力の濫用を防ぎ，国民の権利と自由を守る考え方。初めての社会権はワイマール憲法，法の精神はモンテスキュー，社会契約論はルソー。

(5) 外部からの圧力を排除し公正な裁判を保障するためのしくみ。裁判官はその良心に従い独立してその職権を行い，憲法および法律にのみ拘束される。

(6) 弾劾裁判所は衆参各7名の国会議員により構成，3分の2以上の賛成で罷免される。

重要 (7) 内閣不信任案が可決されると内閣は10日以内に衆議院を解散するか総辞職するかの決断をしなければならない。解散が行われると内閣は総選挙後の国会で総辞職し新内閣が組織される。

(8) イギリスは議院内閣発祥の国であり，選挙年齢も2006年に21歳から18歳に引き下げられた。日本はイギリスのような二大政党を目指し小選挙区を導入したが実現はしていない。

(9) コーランでは豚やイカなどの魚，酒などは禁止されている。信教の自由は精神の自由，世界三大宗教の一つは仏教でユダヤ教はユダヤ人の民族宗教。

(10) 大日本帝国憲法では信教の自由に対し法律による制限はなかったが，実際には命令によって制限されたほか神社は宗教とはみなされず特別な地位に置かれた。

4 **(地理―産業・貿易など)**

基本 (1) 宇都宮は栃木県，浜松は静岡県，宮崎は宮崎県，北九州は福岡県。

(2) モンゴルやチベット，ウイグルなど50以上の民族からなる多民族国家。人口密度は150人程度，一人っ子政策は2015年に終了，北部は畑作，南部は稲作が中心。

(3) 十勝平野などを中心に大規模な機械化による畑作経営で栽培されている。2010年に収穫量は最少を記録，用途は粗食料が約8割，自給率は9～15％程度。

(4) 北海道以外でも南九州では肉牛や豚，鶏，首都近郊でも乳牛や豚の生産が多い。

(5) 群馬などの高原キャベツ，愛知などの冬キャベツ，千葉などの春キャベツに大別される。

(6) 日清戦争後，筑豊の石炭と中国の鉄を利用して操業。かつては4大工業地帯と呼ばれたが現在は出荷額が減少，産業も金属から自動車や半導体などの機械工業に転換しつつある。

5 (日本の地理―地形図・産業など)

基本 (1) 1.5km＝1500m＝150000cm。150000cm÷50000＝3cm。

(2) 宮沢賢治も学んだ岩手大学の前身。前九年合戦は平安，原敬記念館は南南西。

(3) 新幹線や高速道路の開通は地価の上昇につながる。

(4) 東北は日本の米蔵といわれ全国の4分の1以上を産する。①は北海道，③は関東，④は九州。

6 (日本と世界の歴史―原始～現代の政治・社会・文化史など)

(1) 森鷗外と並び明治・大正期を代表する文豪。「たけくらべ」は樋口一葉の著書。

重要 (2) ③(安土桃山)→④(幕末)→①(第1次世界大戦)→②(第2次世界大戦)の順。

(3) 毎年決まった時期に定期的に起こる氾濫はエジプトに肥沃な土壌をもたらし繁栄の基礎を作った。ハンムラビ法典はメソポタミア，甲骨文字は中国，都市国家はギリシャ。

(4) 鳥羽上皇の死後に起こったのは保元・平治の乱。壬申の乱は7世紀，承久の乱は13世紀。

(5) ローマ教皇の掛け声でエルサレムの奪還を目指した運動。バスコ・ダ・ガマはインド航路。

(6) 図1はインド起源といわれる五弦の琵琶。図2は興福寺の阿修羅像。

(7) イギリスの綿織物をインドに，インドのアヘンや綿花を中国に，中国の茶をイギリスに輸出。ネルーはガンディーと共に反英闘争を指導，初代の首相となった人物。

(8) 商業資本を利用して幕政の改革を目指したが，天明の飢饉による一揆の頻発で失脚。

(9) 左右の社会党が統一，それに対抗し保守陣営も自由党と日本民主党が合併した。

(10) 会津若松の郷土玩具。さるぼぼは飛騨地方の郷土玩具。

★ワンポイントアドバイス★

単に社会科といった分野にとらわれない問題が増えている。日頃からいろいろなものに関心を持ち，一般常識や時事的な知識などにも幅を広げていこう。

＜国語解答＞

一 問1 a ア b イ　問2 ウ　問3 イ　問4 イ　問5 ア　問6 ウ　問7 イ　問8 a エ b ア

二 問9 ウ　問10 ウ　問11 イ　問12 オ　問13 ウ　問14 ウ　問15 ウ

三 問16 ウ　問17 イ　問18 エ　問19 ア　問20 オ　問21 ウ　問22 ウ

四 問23 イ　問24 オ　問25 ウ　問26 イ　問27 イ

○推定配点○

一 各2点×10　二 問13・問14 各5点×2　他 各4点×5

三 問17・問22 各5点×2　他 各4点×5　四 各4点×5　計100点

<国語解説>

一 (漢字の読み書き，慣用句，対義語，その他，敬語，熟語)

問1　a 「疲れる」が正しい。　b 「企てる」が正しい。

問2 「烏合の衆」とは「烏(カラス)が集まって騒ぐように規律や統制がない集団」のこと。ウの文は「建設的な議論になるはず」と逆の意味になっているので不適当。

問3 「巧遅」とは「出来ばえはすぐれているが，仕上がりまでの時間がかかること」。「拙速」は「できはよくないが，仕事が早いこと」。よって正答はイ。

問4 「如月」は二月，「文月」は七月，「葉月」は八月，「霜月」は十一月の旧暦。

問5　敬語の原則として，身内以外の行為をする人に対しては尊敬語，行為を受ける人に対しては謙譲語を使う。イは尊敬語「めしあがって」が適当。ウは「いらっしゃる」と「～れる・られる」の二つの尊敬語が使われているため不自然。「いらっしゃい」が適当。エは尊敬語「いらっしゃって」が適当。オは「～かった」と不要な過去形にしているため不自然。「よろしい」が適当。

問6 「午」は「うま」と読む。北を子(ね)として，そこから時計回り・干支で12分すると午は南となる。

問7 「メタファー」は隠喩(暗喩)のこと。

やや難　問8　a　ア 「意味深長」　イ 「一騎当千」　ウ 「和魂洋才」　オ 「片言隻句」
b　イ 「一石二鳥」　ウ 「一長一短」　エ 「七転八倒」　オ 「三寒四温」

二 (論説文―脱文・脱語補充，文脈把握，内容吟味)

問9 「信じられていなかった」がポイント。ウの直前では，「相手の力を信じることは…」と「信じる」ということを話題にしているため，ウが適当。

問10　第二段落に「他者のために…壁になるのです。」に注目したうえで，第三・第四段落で挙げられている具体例の内容をふまえて解答する。すると，具体例では障害者や患者としての特定の困りごとやふるまいを期待されてしまい，それが苦痛であるといった内容になっている。これに合致するウが適当。アは「利益」を基準にしている点が不適当。利他は善意からのことであるという前提と噛み合わない。イは「自分を苦しめる」が不適当。苦しんでいるのは，善意を受ける他者である。エは「人間関係の悪化」が不適当。視覚障害者の話では通りすがりの人の善意も問題にされており，人間関係については無関係と言える。オは障害者に限定している点が不適当。利他は障害者に対してのみ行われるものではなく，障害者はあくまで利他が害になってしまうことの一例として挙げられているのみである。

問11　第五・第六段落で述べられている認知症当事者の話の要点は，できることであっても善意で助けられてしまうことによって，かえって自立が阻害されるということである。アは「見返りを求められ」が誤り。追い込まれているのは自分で何かをする機会が奪われてしまうからであり，相手に何かをしなければいけないからではない。ウは「安心は一時的なもの」と利他的な行為に対して肯定的に捉えている点が誤り。利他的な行為を受けることそのものによる害について述べている文章である。エは「見下されたような気持ち」が誤り。「いら立ち」については本文中でも言及されているが，それは自分の自立が阻害されたからであり，他人から失礼な評価をされたからではない。オは「世間に広がる」が誤り。あくまでも自分の自立に関する話であり，世間のことについては本文中で言及されていない。

基本　問12　第十～十二段落より，まず筆者は「信頼」を肯定的に，「安心」を批判的に捉えているということをおさえておく。すると，ア・イ・ウは「安心」を肯定的にのみ捉えているため不適当。エの「信頼」に関する記述は第十段落で「安心」について述べられている部分と合致してしまうため不適当。

問13　第十八段落以降の内容をもとに解答する。アは利他的な行為を行う際の自覚の有無に注目している点が誤り。第十八段落によれば，利他かどうかではなく，自分の行為の結果は不確実なものだということを意識しているかどうかが争点となっている。イは利他が自己犠牲であるとしている点が誤り。第十九段落によれば，自己犠牲と考えることは見返りを求めることにつながるのであり，筆者はそれを第十九段落で暴力につながると批判している。エは「めぐりめぐって自分にかえってくる」という考え方に肯定的である時点で不適当。最終段落で，前提としてその考え方は他者の支配につながる危険をはらんでいると筆者は指摘している。ただ，「めぐりめぐって」には他者を支配しないための想像力があるように思われる，と一定の理解は示している。しかしそれで「すべての人にとっての利益につながる」ような全面的に肯定することにはつながらない。オは見返りが期待できるとしている時点で誤り。イと同じく，見返りを求めることは暴力につながるのである。見返りの内容ではなく，見返りを期待する・求める時点で暴力につながる危険性があるため筆者は批判的な立場をとっている。

重要 問14　アは「価値観」に注目している点が誤り。価値観の相違ではなく，自分の行為の結果がコントロールできないという前提を意識するかどうかの問題である。イは「想像力」の解釈の仕方が不自然。最終段落では「めぐりめぐって」という表現には他者を支配しないための想像力が用意されていそうだ，としているのみであり，他者を支配しないための想像力があればすれ違いが起きないという根拠はない。エは利他が自分を害するとしている点が誤り。また強迫観念についても本文中に関連する言及はない。利他は相手を支配しようとするもので，相手にとって害があるものである。オは「自己満足を得るということが基本」が誤り。本文中に自己満足に関連する記述はない。また，自己満足を基本として行動してしまうことは他人に対する想像を欠き，特定のふるまいや見返りを期待することにもつながってしまうと言える。

問15　ウは「冒頭で示された…構成になっており」が誤り。利他の危険性という第一段落の内容について，それ以降で具体的に説明していくという構成になっている。

三 **(小説―情景・心情，文脈把握)**

問16　アは「自分勝手な行動で」が誤り。男は「『君も，置いてきぼりを食ったのかい？』」と発言しているため，置いて行かれたのであって自主的にはぐれたわけではなさそうだと言える。イは「うれしさを隠して平静を装う」が誤り。男がそうしているという根拠は本文中から読み取れない。エは「的確な推測通りに男が見つかった」が誤り。「僕」の推測通りの場所に男がいたという根拠は本文中にない。推測していたのはあくまでも男の様子であり，見つけるということのためにどのような推測があったのかは定かではない。オは「満足している」が誤り。「僕」は直後の発言で「『御免なさい』」と謝っているため，ここで満足していると考えるのは無理がある。

基本 問17　アは「男の孤独を邪魔した」が誤り。本文中にそのような根拠はない。ウは「意を尽くして説明しようとするママ譲りのガイド」が誤り。本文中の「人の話ばかり聞かされたら，…いつかママが言っていた。」という記述と矛盾する。エは「僕の対応ぶりを怪しむ男」が誤り。本文中で男が怪しんでいるような描写はない。オは「風景に見入るふりをしている男」が誤り。確かに男は風景を見てはいるが，それが「ふり」であるという根拠は本文中にない。

問18　「得意な気持ち」とは，何かが自分の思惑通りに行き，誇らしく思う気持ちのことである。この時点で，自分の思惑と無関係なアは不適当。傍線部3に至るまでは，「僕」が廃墟にまつわる伝説を説明し，「男」は「僕」が説明するものに見入っていたという流れがあることから，ウが適当。イは「非常事態を想定した」が誤り。「僕」の廃墟についての説明が非常事態を想定したものだったかどうかは本文中に判断できる記述がない」。ウは「大人たちを圧倒」が誤り。「圧倒する」とは「相手を押し倒すほどの勢いや力で押さえ込むこと」であるが,「僕」は上手く説明ができたというだけで,大人たちを押さえ込んでいるとは言えない。オは「自分を馬鹿にしていた運転手」が誤り。運転手についての描写は傍線部3直前のウィンクが初出であるため,「僕」を馬鹿にしていたような描写は本文中にない。

問19　イは「平静を失い呼吸が乱れた」が誤り。「同意を求めるように,…手を貸してあげるべきだった。」から,男の呼吸が浅いのは老いのせいであるとわかる。また,男は「僕」の質問への返答に困った様子であったが,それだけで平静を失っているとは言い切れない。ウは「詩人という夢がかなわなかった」が誤り。男が夢やぶれて題名屋になったのか,題名屋の方に魅力を感じて積極的に題名屋になったのかは定かではない。エは才能の有無を問題にしている時点で不適当。「僕」は単になぜ詩人をやめたのかと質問したのみであり,「男」も返答において才能に関して言及していない。オは「気の利いた格言により僕を感心させ,」が誤り。「男」の返答が「気の利いた格言」とまでは言いがたいうえ,「僕」も「彼をがっかりさせないために,あるいは,罪滅ぼしをするように」応答しているので,感心してはいない。

重要　問20　アは「照れ臭さをごまかしたい」が誤り。照れ臭さをごまかしたいのであれば気持ちが焦り,「ゆっくり考えてから」ではなく早くその場をしのごうとするのが自然である。イは「多忙な」が誤り。予約が入っているということだけはわかるが,それだけで「男」が多忙であるかどうかは本文中から判断できない。ウは「罪を帳消しにするために」が誤り。「無礼な質問」とは詩人をやめた理由についての質問と考えられるが,その罪を帳消しにするのであればタイミングとして遅すぎる。仮にこのタイミングで帳消しに挑んだとしても,何らかそれを説明する記述がないのは不自然である。エは「気落ちする男」が誤り。「男」は感謝したいということと長居できないということを伝えているのみであり,気落ちしているとは言えない。

問21　ウは「僕がママを心配し再会を心待ちにしている」が誤り。心配しているのはツアーに合流できるかどうかという点であり,「ママ」自身のことではない。

問22　波線部はいずれも,「僕」の素直な気持ちから出た言葉である。加えて,「もっと飲み物を買っておけばよかった」「ずっと緊張は続いていた」など,場所の説明をしている時とは裏腹に幼さの垣間見える内容となっている。よってウが適当。

四　(古文―語句の意味,文脈把握,大意・要旨)

〈口語訳〉　ある者がその子を法師にして,「学問して因果応報の道理も知り,説経などして生活する手だてにもせよ」と言ったので,(子は)教えに従って,説経師になろうとするために,まず馬に乗ることを習った。人を運ぶためのかごや車を持っていない身で,(法事の)導師として招かれるようなとき,馬などを迎えによこすようなら,馬に乗るのが下手で落ちてしまうようでは,なさけないだろうと思ったのであった。次に,法事の後,酒など勧めることがあるような場合,法師でまったく芸のないのは,施主が興ざめに思うだろうと思って,早歌というものを習ったのであった。二つの技術が,ようやく熟練の境に達してきたので,ますますりっぱにやりたいと思って,心を入れて稽古している間に,説経を習うはずの時間がないまま,年をとってしまった。

この法師ばかりでもなく,世間の人々には,皆,これと同じことがあるものだ。若いうちは,色々なことについて,立身し,大きなことをも成し遂げ,芸能も身につけ,学問もしようと,将来まで遠く思いめぐらす色々な事を,気にはかけながらも,一生をのんびりしたものと思ってつい怠け,まずさしあたっている目前のことだけに気を取られて月日を送るから,どれもこれも完成することがなくて,わが身は年をとってしまう。とうとう一つの道で上達することもできず,思ったように立身出世もせず,後悔しても取り返すことのできる年齢ではないので,走って坂を下る車輪のように,どんどん衰えてゆくのだ。

問23　「憂し」は辞書的には「つらい」という意味である。この時点で，前向きな意味であるア・ウは不適当。法師になった際に馬から落ちたらつらい，という文脈から，イが適当。エと迷うが，あきれるのは自身ではなく周りの人物であると考えられるため不適当。

基本 問24　「二つのわざ」をしていたら「説経習うべき暇なくて」とのことなので，まず「説経」が入っているア・ウは不適当。「二つのわざ」のせいで説経が習えなかったということなので，法師になる前にまず身に着けたオが適当。「学問」については父から行うよう言われたのみで，その後本人が行っている描写がないため不適当。

問25　世間一般について述べている箇所なので，仏教関係に限定しているア・オは不適当。この法師になろうとした者の例から読み取れることなので，若いうちは色々なことで「道を成じ」ということなので，法師になろうとした者が馬や早歌を習ったように色々なことを極めると捉えると，ウが適当。イの「道徳」やエの「生活に役立てる」は法師になろうとした者の例と合致せず，不適当。

問26　走って坂を下る輪ということから，スピードが速いということをまず想像しておく。また，傍線部4直前の「取り返さるる齢ならねば」，直後の「衰へゆく」から年齢的に老いてしまうということが言えるため，イが適当。

重要 問27　「教訓」とはある程度誰にでもあてはまるよう一般化された教えのことなので，この時点で法師に限定しているエは不適当。そのうえで，「本来の目的とは異なることをしたために，本来の目的を遂行することができなかった」という内容から，「はじめから本来の目的のことに取り掛かるべきだ」というような教訓があると判断できる。よってイが適当。

★ワンポイントアドバイス★

論説文での筆者の主張は，一筋縄ではいかない場合もあるので注意しよう。小説は，体の動きと心の動きの関連を丁寧に読み取ろう。古文は，基本的な語句の意味は身につけつつ，文脈によって判断できる力を養おう。

大切なことはメモしておこうネ！

T.G

2021年度

★★★★★★★★★★★★★★★★★★★★★★★

入　試　問　題

2021年度

土浦日本大学高等学校入試問題

【数　学】（50分）〈満点：100点〉

【注意】 (1)　定規，コンパス，分度器，計算機は使用してはいけません。

(2)　計算は，この問題冊子の余白を利用して行い，解答用紙を使ってはいけません。

(3)　□の中の1つのカタカナには1つの数字が入ります。

その数字をマークしなさい。

例題　三角形の内角の和は $\boxed{\text{アイウ}}°$ である。

答えは180であるから，右のようにマークします。

ア	0	●	2	3	4	5	6	7	8	9
イ	0	1	2	3	4	5	6	7	●	9
ウ	●	1	2	3	4	5	6	7	8	9

また，選択肢から選ぶときは，該当する番号をマークしなさい。

(4)　分数で答える場合は必ず約分し，比で答える場合は最も簡単な整数比で答えなさい。

また，根号の中はできるだけ小さい自然数で答えなさい。

1　次の $\boxed{}$ をうめなさい。

（1）　$-\frac{1}{12}\div\left(\frac{1}{3}-\frac{1}{2}\right)+\frac{1}{4}=\frac{\boxed{\text{ア}}}{\boxed{\text{イ}}}$

（2）　$\left(\frac{\sqrt{5}+\sqrt{3}}{2}\right)^2\left(\frac{\sqrt{5}-\sqrt{3}}{2}\right)^2=\frac{\boxed{\text{ウ}}}{\boxed{\text{エ}}}$

（3）　方程式 $(x-3)^2=5(x-3)$ を解くと，$x=\boxed{\text{オ}}$，$\boxed{\text{カ}}$ である。

（$\boxed{\text{オ}}$ と $\boxed{\text{カ}}$ については，順番は問わない）

（4）　連立方程式 $\begin{cases}\frac{4x-2y}{3}=11-y\\ x+2y=24\end{cases}$ を解くと，$x=\boxed{\text{キ}}$，$y=\boxed{\text{ク}}$ である。

（5）　次の⓪～③のうち，正しいものは $\boxed{\text{ケ}}$ と $\boxed{\text{コ}}$ である。

（$\boxed{\text{ケ}}$ と $\boxed{\text{コ}}$ については，順番は問わない）

⓪　偶数の素数は2のみである。

①　関数 $y=3x^2$ の変化の割合は一定で3である。

②　四角形ABCDでAB//DC，AD＝BCならば，四角形ABCDは平行四辺形である。

③　5つのデータがあり，各値を2ずつ増やしたときの平均は，もとの平均より2大きくなる。

2 次の［　　］をうめなさい。

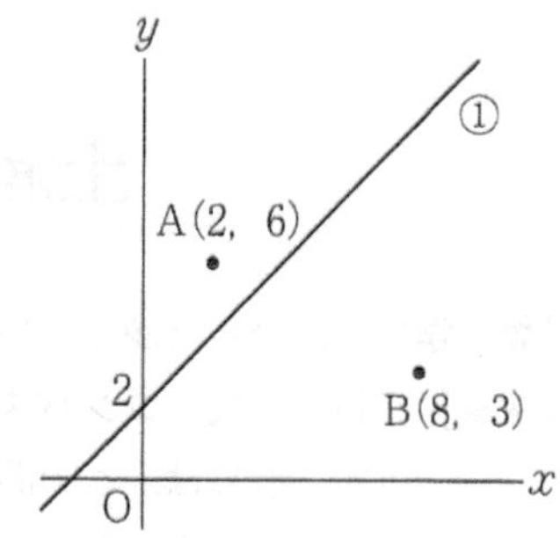

（1） 図のように，2点A（2，6），B（8，3）と

直線$y=ax+2$…①がある。直線①が線分ABと交わるとき，

aの値の範囲は$\dfrac{\boxed{ア}}{\boxed{イ}}\leqq a\leqq\boxed{ウ}$である。

（2） 1個のさいころを2回続けて投げるとき，出た目の積が3の倍数となる確率は$\dfrac{\boxed{エ}}{\boxed{オ}}$であり，出た目の積が4の倍数となる確率は$\dfrac{\boxed{カ}}{\boxed{キク}}$である。

（3） 図において，$\angle x=\boxed{ケコサ}^\circ$，$\angle y=\boxed{シス}^\circ$である。

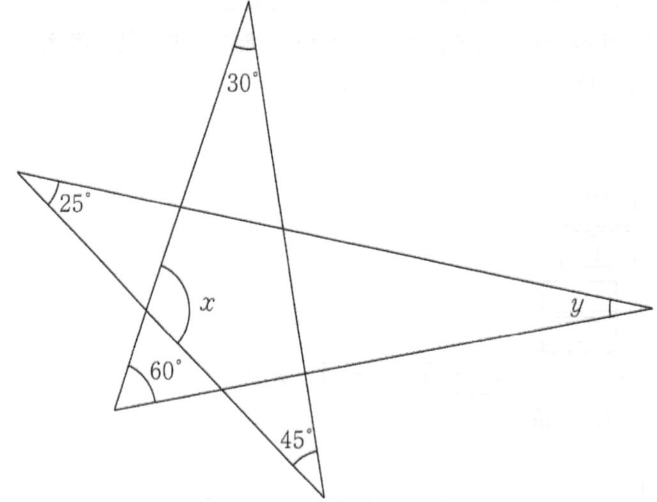

3 図のように，1周x kmのマラソンコースがある。A，Bの2人はS地点を矢印の方向に同時に出発し，それぞれ2周走って同時にS地点に着いた。Aは，1周目を時速18 kmで，2周目を時速12 kmで走った。Bは，はじめの20分間を時速18 kmで，次の20分間を時速15 kmで走った。このように，Bは20分間走るごとに時速3 kmずつ減速していき，2周走ってS地点に着いたときの速さは時速9 kmであった。このとき，次の［　　］をうめなさい。

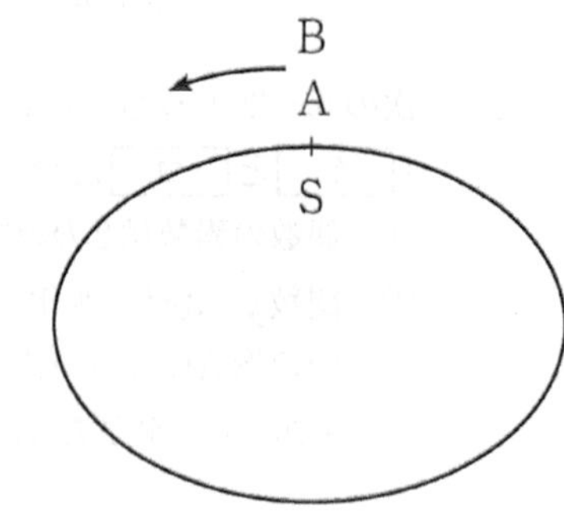

（1） Aが2周に要した時間をxの式で表すと，$\dfrac{\boxed{ア}}{\boxed{イウ}}x$時間である。

（2） Bが時速9 kmで走った距離をxの式で表すと，$\boxed{エ}x-\boxed{オカ}$ kmである。

（3） $x=\boxed{キ}$である。

4 図において，①は$y=x^2$，②は$y=x+2$のグラフである。①，②は2点A（−1，1），Bで交わっている。このとき，次の［　　］をうめなさい。

（1） 点Bの座標は（［ア］，［イ］）である。

（2） 点Aを通り，△AOBの面積を二等分する直線の式は

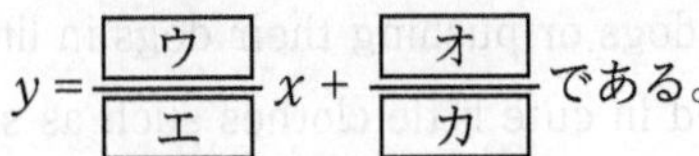

$y=\frac{\boxed{ウ}}{\boxed{エ}}x+\frac{\boxed{オ}}{\boxed{カ}}$ である。

（3） △AOBを直線$y=1$のまわりに1回転させてできる立体の体積は

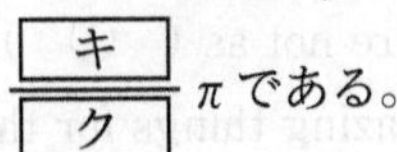

$\frac{\boxed{キ}}{\boxed{ク}}\pi$ である。

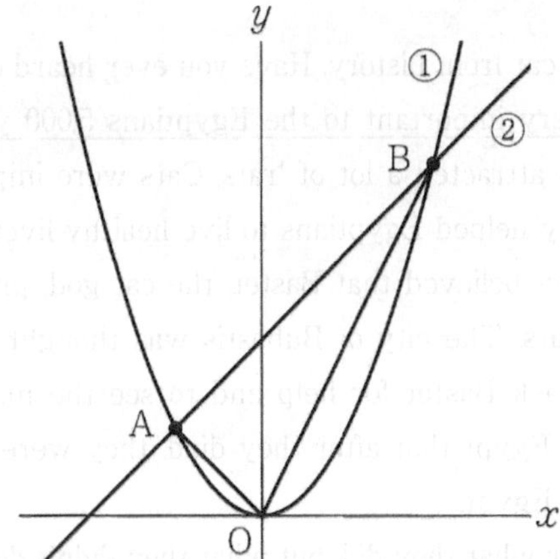

5 図のように，円周上に4点A，B，C，Dがあり，ACとBDの交点をEとする。AB＝AC＝3，BC＝BE＝$\sqrt{3}$ のとき，次の［　　］をうめなさい。

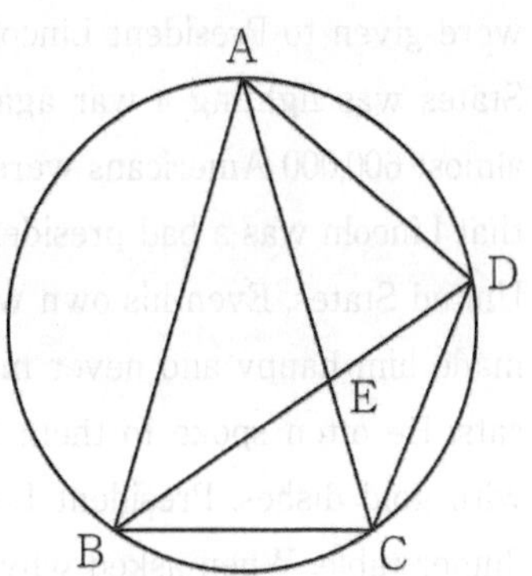

（1） 次の7個の三角形のうち，△ABCと相似なものは［ア］個ある。

△ABD，△ABE，△ACD，△AED

△BCD，△BCE，△CDE

（2） CE＝［イ］，DE＝$\frac{\boxed{ウ}\sqrt{\boxed{エ}}}{\boxed{オ}}$ である。

（3） 点Cを通り，ADに平行な直線とABの交点をFとする。

このとき，△AFCと△DCBの面積の比は［カキ］：［クケ］である。

【英　語】（50分）〈満点：100点〉

1　次の英文を読んで，あとの（1）～（9）の問いに答えなさい。

I have lived in Japan for a long time. I have seen many interesting things. One thing I learned was Japanese people love dogs! I see people walking their dogs or pushing their dogs in little carts usually made for human babies. Often the dogs are dressed in cute little clothes such as sweaters, shoes, and even little masks to protect them from catching a cold. This is nice, but, in fact, I like CATS! I almost never see Japanese people with cats. It seems that cats are not as (　①　) as dogs in Japan. This seems strange to me because cats have done so many amazing things for thousands of years.

Let's begin with the most important cat from history. Have you ever heard of Bastet? Probably not. ②<u>Bastet was a cat god that was very important to the Egyptians 5,000 years ago</u>. You see, Egyptians grew a lot of *wheat and this attracted a lot of *rats. Cats were important weapons in keeping rats from eating the wheat. They helped Egyptians to live healthy lives. So, a cat came to be seen as a god for the Egyptians. They believed that Bastet, the cat god, protected them from diseases which were often carried by rats. The city of Bubastis was thought to be the home of Bastet. So, many people went there to ask Bastet for help and to see the many cats that lived there. In fact, cats were so important in Egypt that after they died, they were often *mummified. Today, many cat *mummies are found in Egypt.

Cats have also become famous, not for what they did, but what they didn't do. President Lincoln, one of the most famous presidents of the United States, had two cats, Tabby and Dixie. These cats were given to President Lincoln when he first became president in 1861. At that time, the United States was fighting a war against the southern half of the USA. The war was very terrible and almost 600,000 Americans were killed. President Lincoln was not popular and many Americans said that Lincoln was a bad president. Some people said he was the worst president in the history of the United States. Even his own wife didn't like him! However, President Lincoln had two friends who made him happy and never made jokes about him: Tabby and Dixie. Lincoln was always with his cats. He often spoke to them for long periods of time and even served them at the dinner table with gold dishes. President Lincoln's wife hated the cats and tried to push them away from the dinner table. When asked why he liked the cats so much, Lincoln said that Tabby and Dixie were always kind to him!

Another cat was famous for doing what cats do best. No, not sleeping in the sun all day. No, not knocking things off tables. Towser, the cat was famous for killing rats! Towser was born in Crieff, Scotland in 1963. His owner, Fred, worked at a factory that made bread. The factory needed a lot of wheat to make bread. Wheat is the favorite food of rats. There were many rats in the factory. So, the factory owner asked his workers to bring their cats to work to help control the rats. Now, before going to work at the factory, Towser was like most (　③　) cats. He slept in the sun all day, and at night he slept in the bed with Fred. He was fat, lazy, and happy to watch life pass him by while sitting next to the kitchen window. However, once Towser was taken to the bread factory, he changed. He became excited and began chasing and killing rats. ④<u>Fred was shocked!</u> His fat, sleepy cat was suddenly a rat-killing machine! In fact, he killed so many rats on the first day that the owner of the factory decided to give him a job as a rat killer. Towser's skill at killing rats quickly attracted the attention of the local newspapers. Stories were written about Towser and soon scientists began to study Towser's rat-hunting activities. The scientists discovered that Towser killed an average of three rats each day. Towser also never had a day off. That means that in one year, Towser killed over a thousand rats! Towser worked at the bread factory for 23 years making him the champion rat killer of all time and one of the oldest cats in history.

There are many more stories I could tell you about famous cats but I don't have enough time. So, please remember Bastet, Towser, Dixie, and Tabby the next time you see some dog wearing a sweater and shoes being pushed around in a cart. Cats have been (⑤), friends to presidents, and champion rat killers! What have dogs ever done to become (⑥)?

*[注]wheat 小麦　　rat ネズミ
　mummify ～をミイラにする　　mummy ミイラ

（1） (①)に入れるのに最も適する語を，次の１～４の中から**１つ**選びなさい。

1．serious　2．old　3．popular　4．selfish

（2） 下線部②の理由として最も適するものを，次の１～４の中から**１つ**選びなさい。

1．Bubastisの中心にあるBastet寺院にたくさんの猫が生息しており，それが神格化された。
2．古代エジプト人にとって，Bubastisにたくさんいて，人々に愛されていた猫が神格化された。
3．古代エジプト人にとって，小麦を食べてしまうネズミを退治してくれる猫はとても重要な存在だったので，神格化された。
4．Bubastisの中心にあるBastet寺院にたくさんの猫が生息しており，そこに住むたくさんの猫をミイラにしたことから，それが神格化された。

（3） Lincolnがアメリカ合衆国大統領に就任した当時の状況として，最も適するものを１～４の中から**１つ**選びなさい。

1．アメリカ合衆国は内戦の最中であった。
2．アメリカ合衆国は領土を南に拡大しようとして戦争していた。
3．アメリカ合衆国は第1次世界大戦に参戦し，60万人が亡くなっていた。
4．アメリカ合衆国はイギリスから独立しようと戦争中であり，すでに60万人が亡くなっていた。

（4） Lincolnの飼い猫であるTabbyとDixieについて本文の内容と**合わない**ものを，次の１～４の中から**１つ**選びなさい。

1．TabbyとDixieは，事を成して有名なのではない。
2．LincolnはTabbyとDixieに度々長い時間話しかけていることがあった。
3．Lincoln夫妻は，TabbyとDixieをとてもかわいがり，夕食時には，金の食器で食事を与えた。
4．TabbyとDixieは決してLincolnに冷たくしなかったので，Lincolnは彼らを愛した。

（5） (③)に入れるのに最も適する語を，次の１～４の中から**１つ**選びなさい。

1．another　2．other　3．one　4．that

（6） 下線部④の理由として最も適するものを，次の１～４の中から**1つ**選びなさい。

1．Towserが一日中昼寝をしていて，あまりにも怠け者だから。

2．Towserがパン工場に来たとたん，ネズミ捕りをし始めたから。

3．Towserが地元の新聞紙に掲載されたから。

4．Towserが23年もの長きにわたり，パン工場で働いたから。

（7） （ ⑤ ）に入れるのに最も適する語を，次の１～４の中から**1つ**選びなさい。

1．gods　　2．presidents　　3．reporters　　4．scientists

（8） （ ⑥ ）に入れるのに最も適する語を，次の１～４の中から**1つ**選びなさい。

1．beautiful　　2．generous　　3．famous　　4．renewable

（9） 本文の内容と合うものを，次の１～５の中から**2つ**選びなさい。（同じ解答欄に**2つ**マークしなさい）

1．猫のすばらしさは常に勤勉であるところだ。

2．Lincolnは当時，新聞紙上で大変評価が高かった。

3．5,000年前の古代エジプトでは，猫が重宝されていた。

4．Lincolnが大統領に就任した時に，2匹の猫が贈られた。

5．Towserはパン工場に来てから，怠け者になった。

2　次の英文を読んで，あとの(10)～(15)の問いに答えなさい。

I came from London to Japan in 1995 to work as an English teacher in Tokyo. I remember getting into a taxi and telling the driver the name of a famous high school that was only a few kilometers from the train station. The driver had no idea how to get to the school and stopped several times to ask directions. I was shocked!

This is because if you use a London taxi all you need is to (①) the driver an address or the name of a building anywhere in the huge city of London and he will take you there without using a map. Amazingly, London taxi drivers have the map of London in their heads! They can tell you the way to anywhere within London or the surrounding area and the names of streets, shops, parks, hotels, restaurants, museums, theaters, and bridges you will see along the way. You see, taxi drivers have to take a special course and *pass difficult tests before they can *drive a taxi in London. The course is called The Knowledge. It is the hardest taxi-driver test in the world!

The first taxi service in London began in 1636. Fifty taxis were allowed to drive for people in the city. The drivers did not need to have any special training or to pass a test. Most couldn't find their way around the city without asking for directions. There were no rules about traffic and the city was filled with many crowded streets. It was very difficult to go anywhere. In the 1850s, however, everything changed. Sir Richard Mayne, a policeman, decided that it was time to bring some order to the streets of London. He created the first license test for London taxi drivers. Drivers had to show that they were an expert about the city and could explain how to get from one place to another without looking at a map.

Today, the test is much harder. People who want to become a London taxi driver now have to take many written tests and interviews to pass The Knowledge. They are known as ②Knowledge

Boys. Knowledge Boys must know over 25,000 streets in the city of London. They must also be able to explain how to get to any location in the city and what a passenger will see as the taxi travels to that place. A Knowledge Boy must also memorize the location of over 20,000 different hotels, parks, restaurants, churches, museums, theatres, and other places a passenger may ask to visit. To memorize all of these streets and locations, Knowledge Boys spend all of their free time walking the streets of London memorizing 320 required routes. It is a hard life for Knowledge Boys!

Once the Knowledge Boy has memorized the required routes, he will be given two written tests which he must pass. Once he has passed the written exams, he will next be tested on his knowledge of London's streets. A taxi driver will ask him to *describe four of the 320 routes using only his memory. During this interview test, the Knowledge Boy must not give any wrong directions. If he does, he cannot pass the test and must wait 56 days to take the test again. If he passes the next time, he must do a second test with another taxi driver. In the third and final stage of the (③) tests, the Knowledge Boy must explain in detail how to get to different places around the city in the shortest possible time. He must also say what buildings, churches, parks, museums, theaters, and other points of interest a passenger will see on the various routes. If he shows the *oral examiner that he has learned The Knowledge, he will be allowed to [④]. Most people fail the tests and give up after the first year. The hardest-working Knowledge Boys usually take between 2 − 5 years to pass. Only 20% will actually finish all of the tests and become London taxi drivers.

So, if you use a London taxi someday, please remember how hard your driver worked to get The Knowledge to drive a taxi. It takes a special person to pass the world's most difficult taxi-driver test.

*[注] pass ～に合格する　drive ～を運転する　describe ～を説明する
oral examiner 面接官

(10) (①)に入れるのに最も適する語を，次の１～４の中から**1**つ選びなさい。

１．tell　２．say　３．talk　４．speak

(11) 本文の内容と合っているものを，次の１～４の中から**1**つ選びなさい。

１．ロンドンのタクシーサービスは，385年前から始まった。
２．タクシー運転手には，設立当初から厳しい訓練が課された。
３．最初にロンドンでタクシーの認可が下りたのは，15台のタクシーであった。
４．当初のロンドンタクシー認定試験においては，地図を見て目的地を確認することが許されていた。

(12) 下線部②の指している人を，次の１～４の中から**1**つ選びなさい。

１．ロンドンタクシーの乗客
２．ロンドンタクシーの運転手
３．ロンドンタクシー運転手認定試験の試験官
４．ロンドンタクシー運転手認定試験の受験者

(13) (③)に入れるのに最も適する語を，次の1～4から1つ選びなさい。

1．first　2．interview　3．second　4．written

(14) [④]に入れるのに最も適するものを，次の1～4の中から1つ選びなさい。

1．explain The Knowledge to a London taxi driver
2．become a London taxi driver
3．see a London taxi driver
4．take a London taxi driver to anywhere

(15) 次の(A)～(E)の問いに対する答えとして最も適するものを，次の1～4の中から1つずつ選びなさい。

(A) Why was the writer surprised when he came to Tokyo in 1995?
1．He saw many famous buildings while in a taxi.
2．He became a student at a famous school for taxi drivers.
3．Taxi drivers in Japan were very clever and could find any location easily.
4．His taxi driver didn't know how to get to a famous school near the station.

(B) Which word is similar in meaning to "course" in the story?
1．education　2．fiction　3．history　4．idea

(C) Why is it not easy to become a taxi driver in London?
1．The taxi driver's test is very difficult.
2．A taxi driver has to learn a lot about cars in London.
3．A taxi driver has to spend his days standing in the streets of London.
4．A taxi driver doesn't need any special knowledge but he must drive on narrow streets.

(D) When did London taxi drivers first have to pass a test to drive a taxi?
1．In the 1950s.
2．In the 19th century.
3．Exactly 18 years ago.
4．Around 400 years ago.

(E) Why do most Knowledge Boys give up after the first year?
1．The test is not very difficult, but it takes too much time.
2．It takes a long time to pass each section of the test.
3．The test is very expensive and it takes a Knowledge Boy over five years to pay for it.
4．A Knowledge Boy does not need to memorize many streets and locations in London.

3

次の対話文を読んで，あとの(16)～(20)の問いに答えなさい。

(*In a school in Ibaraki, Japan.*)

Mr. Yoyo：Wake up, Takeshi!
Takeshi：I wasn't sleeping!
Mr. Yoyo：Really? Why were your eyes closed then?
Takeshi：Oh, I was just resting my eyes. I wasn't sleeping.
Mr. Yoyo：Then, why was your head down on your desk?

Takeshi : I was listening.

Mr. Yoyo : [①]

Takeshi : I was listening for *mice.

Mr. Yoyo : What? Are you *crazy?

Takeshi : No, I'm not crazy! Sometimes I can hear mice running around under my desk.

Mr. Yoyo : Why are mice running around under your desk and not my desk?

Takeshi : Maybe ②they like me. I'm such a kind person. I sometimes leave some chocolate under my desk for them.

Mr. Yoyo : What? You shouldn't do that, Takeshi!

Takeshi : Why? Mice like chocolate!

Mr. Yoyo : Because mice are *dirty animals! They spread disease and eat our food. Then, they leave mouse *droppings all over everything!

Takeshi : What about Mickey Mouse? Everyone loves Mickey!

Mr. Yoyo : He's not a real mouse! That's a man in a mouse *costume!

Takeshi : Really? Are you sure? Have you ever seen the man inside the Mickey Mouse costume? I haven't.

Mr. Yoyo : What? No, I haven't, but I know it's a man! There are no mice that large!

Takeshi : What about in Africa?

Mr. Yoyo : Of course, there are no mice the size of a man in Africa! Are you crazy?

Takeshi : [③]

Mr. Yoyo : What do you mean?

Takeshi : Well, cats here in Japan are really small.

Mr. Yoyo : So?

Takeshi : Well, lions are cats, right? And in Africa, lions are really (④), right? They *weigh around 200 kilograms. They have big teeth that are over 10 centimeters long. They can eat a man easily! A little teacher like you would be just like a snack for them!

Mr. Yoyo : That's not the same!

Takeshi : [⑤] Have you been to Africa?

Mr. Yoyo : No, but nobody has reported seeing a mouse the size of a man in Africa. If nobody has seen it, then there are no mice the size of men living in Africa.

Takeshi : What about air?

Mr. Yoyo : What about air? Why are you suddenly talking about air?

Takeshi : Well, we can't see air but we know there is air, right? So, though we can't see something, that doesn't mean it isn't there. That means there may be a mouse the size of a man living in Africa.

Mr. Yoyo : Then, why has nobody seen it? A mouse the size of a man must be an amazing sight! Why has nobody ever reported seeing it?

Takeshi : Maybe *man-sized mice are shy.

Mr. Yoyo : What? Are you crazy?

Takeshi ：Well, think about it. Maybe we don't see mice in our classroom because they are so shy! Maybe they don't want to be seen! They are clever animals! They know that if you see them, you will kill them. So, they *hide so we can't see them. Maybe the man-sized mice do the same thing in Africa!

Mr. Yoyo：Takeshi?

Takeshi ：What, Mr. Yoyo?

Mr. Yoyo：Put your head down on your desk, close your eyes, and listen for your shy mice. ⑥I don't want to talk to you anymore!

*［注］ mice mouse(ネズミ)の複数形　crazy 正気でない　dirty 汚い　dropping 糞
costume 衣装　weigh 重さが～である　man-sized 人間の大きさの　hide 隠れる

(16) ［ ① ］，［ ③ ］，［ ⑤ ］に入れるのに最も適するものを，次の１～６の中から**１つずつ**選びなさい。ただし，同じ選択肢を2回以上使うことはできない。

1．How many mice do you have?
2．What about cats?
3．Do you know about the mice running around in Tsuchiura?
4．How do you know?
5．Listening for what?
6．Don't ask anymore.

(17) 下線部②が表すものを，次の１～４の中から**１つ**選びなさい。

1．animal
2．mice
3．Mr. Yoyo's students
4．mice in costumes

(18) （ ④ ）に入れるのに最も適する語を，次の１～４の中から**１つ**選びなさい。

1．huge　　2．honest　　3．naughty　　4．patient

(19) なぜMr. Yoyoは下線部⑥のように思ったのか，その理由として最も適するものを，次の１～４の中から**１つ**選びなさい。

1．Takeshiの空想や妄想に付き合うのが，馬鹿らしくなったから。
2．Takeshiのアフリカの動物に対する知識量に圧倒されてしまったから。
3．Takeshiが眠そうだったので，これ以上話しかけるのは気の毒だと思ったから。
4．Takeshiがネズミの観察をしているのを，これ以上邪魔したくないと思ったから。

(20) 次の(A)～(D)の問いに対する答えとして最も適するものを，次の１～４の中から**１つずつ**選びなさい。

(A) Why does Mr. Yoyo think Takeshi is sleeping?

1．Because Takeshi's eyes are always open.
2．Because Takeshi's head is on his desk and his eyes are not open.
3．Because Takeshi's feet are on his desk and not under it.
4．Because Takeshi's head is on Mr. Yoyo's desk and his eyes are open.

（B） Why does Mr. Yoyo hate mice?

1． Because they make Takeshi afraid by running around under his desk.

2． Because they make Mr. Yoyo angry by running around under his desk.

3． Because they are very dirty and leave mouse droppings everywhere.

4． Because they are very clean and never eat Mr. Yoyo's chocolate.

（C） Why does Takeshi believe that Mickey Mouse is a real mouse?

1． Because he has seen a mouse as large as Mickey Mouse in Africa.

2． Because he thinks there are no mice as large as Mickey Mouse.

3． Because he has never seen the man inside the Mickey Mouse costume.

4． Because he thinks Mickey Mouse is actually a man in a mouse costume.

（D） Why does Takeshi think there are man-sized mice living in Africa?

1． Because there are small cats in Japan, but in Africa, cats such as lions are very large.

2． Because there are lions in Africa that are smaller than cats in Japan.

3． Because no one has seen big cats in Japan, but we can see them on TV.

4． Because we can't see air, but mice need air to live, so big mice live in Africa.

4 広告の内容について，次の(21)～(24)の(　　　)に入れるのに最も適するものを，次の１～４の中から**１つずつ**選びなさい。

(21) If you visit this festival on the second day, you can see (　　　).

1． the newest Japanese movies

2． old movies from Japan

3． movies which were made abroad

4． movies made by students of Tsuchiura Nihon University High School

(22) We can learn from this advertisement that (　　　).

1． there are two ways to buy tickets

2． people over 65 years old have to pay 2,000 yen to buy a one-day ticket

3． the best way to see the most movies is to buy a one-day ticket

4． Tsuchiura Nihon University High School will hold this movie festival at the school office

(23) If a 15-year-old boy, his grandmother (60 years old) and his grandfather (66 years old) visit this festival together for only one day, they have to pay (　　　) in total.

1． 4,000 yen　　2． 4,500 yen　　3． 5,000 yen　　4． 5,500 yen

(24) This advertisement says you can (　　　).

1． buy a one-day ticket for 1,500 yen if you are 64

2． bring snacks to the festival

3． see foreign movies on Friday

4． watch movies after 9:00 a.m.

Second TN Movie Festival

January 15th - 17th
Start: 9:00 a.m. Close: 4:30 p.m.
Location: Student Theater

Tsuchiura Nihon University High School
is going to hold its Movie Festival again this year.
Join us for 3 days of good movies!

Friday: Japanese classic movies
Saturday: Foreign movies
Sunday: Student movies

	One-day ticket:	Three-day ticket:
Adult: (Ages 65+)	1,500 yen	4,000 yen
Adult: (Ages 16-64)	2,000 yen	5,500 yen
Child: (Ages 6-15)	1,000 yen	2,500 yen
Kids: (Ages 3-5)	500 yen	1,000 yen

- You can buy tickets at the Student Center and on our school website. If you have any questions, please visit our high school or phone: 122-333-4444.
- If you want to see the program, visit our special website for this movie festival: www.tnmoviefes.tn.jp
- You are not allowed to bring any food to the festival.

5 次の(25)～(27)の各文の下線を施した語と似た意味を持つ語を，次の１～４の中から**１つずつ**選びなさい。

(25) My best friend from elementary school was very diligent.
　１．impatient　２．careless　３．serious　４．talkative

(26) My younger sister is afraid of the snakes in our garden.
　１．scared　２．sick　３．bored　４．proud

(27) My friend is very naughty. He always stays up late watching TV.
　１．funny　２．frank　３．brave　４．bad

6

次の(28)～(30)について，文法的に**誤りがある**のはどれか，下線部①～④の中から**1つずつ**選び，番号で答えなさい。

(28) I think ①that the ②standing man in front ③of the station ④is my father.

(29) ①Wasn't ②this picture ③take ④by the same person last year?

(30) I ①was ②very happy to ③hearing the ④exciting news.

7

次の(31)～(35)の日本文の意味を表すように，(　　)に最も適するものを，それぞれ下の語(句)の中から選び，英文を完成させなさい。**2番目と5番目の番号のみを答えなさい。**ただし，文頭にくる語も小文字で示してある。

(31) どんな本を読むべきか，私に教えてください。

Please (　　)(２番目)(　　)(　　)(５番目)(　　).

1．me　2．what　3．should read　4．I　5．book　6．tell

(32) 私は昨日，あまりに疲れていたので英語の勉強ができなかった。

(　　)(２番目)(　　)(　　)(５番目)(　　) English yesterday.

1．too　2．was　3．study　4．I　5．tired　6．to

(33) 富士山の頂上は雪で覆われている。

The (　　)(２番目)(　　)(　　)(５番目)(　　) snow.

1．Mt. Fuji　2．with　3．of　4．top　5．covered　6．is

(34) あなたは，何度茨城を訪れたことがありますか。

(　　)(２番目)(　　)(　　)(５番目)(　　) Ibaraki?

1．many　2．visited　3．you　4．times　5．how　6．have

(35) なんて美しいお花をお持ちなんでしょう。

(　　)(２番目)(　　)(　　)(５番目)(　　)!

1．beautiful　2．what　3．you　4．have　5．flower　6．a

8

次の(36)～(40)の(　　)に入れるのに最も適する語を，次の１～４の中から**1つずつ**選びなさい。

(36) (　) don't you go fishing with us?

1．How　2．When　3．Where　4．Why

(37) Susan cut the meat (　　) a knife.

1．at　2．in　3．on　4．with

(38) There are some men in front of the door (　　) want to meet you.

1．what　2．where　3．which　4．who

(39) She (　　) part in the English speech contest last year.

1．did　2．gave　3．took　4．wrote

(40) How (　　) are the English lessons at your school? — They are 3,000 yen for each lesson.

1．far　2．long　3．many　4．much

【理　科】（50分）〈満点：100点〉

1　次の各問いに答えなさい。

（1）図1は被子植物の花のつくりを示した模式図である。図中で受粉後に種子になる部分を示したものと，その名称の組み合わせとして，最も適切なものを次の①～⑥から一つ選びなさい。

図1

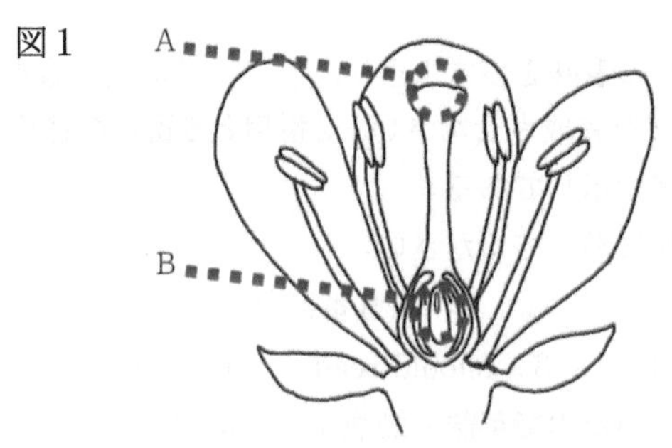

	受粉後に種子になる部分	名称
①	A	胚珠
②	A	子房
③	A	柱頭
④	B	胚珠
⑤	B	子房
⑥	B	柱頭

（2）節足動物の昆虫類について述べた文として，**誤りを含むもの**を次の①～⑤から一つ選びなさい。

① 昆虫類の外骨格は脱皮を通して成長していく。

② 昆虫類の胸部や腹部には気門があり，ここから取り入れた空気で呼吸している。

③ 昆虫類のあしは3対6本であり，胸部にのみ存在する。

④ ムカデやヤスデ，クモは昆虫類には分類されない。

⑤ チョウは昆虫類ではあるが，からだは柔らかく，内骨格の構造をしている。

（3）エンドウの子葉は黄色と緑色の2種類があり，黄色が優性形質，緑色が劣性形質であることが知られている。ある個体CとDをかけあわせると，その子の代では，子葉が黄色の個体のみが得られた。親の遺伝子の組み合わせとして可能性があるものを次の①～⑥から**すべて**選びなさい。ただし，子葉の色を決める遺伝子のうち，黄色の形質のものをY，緑色の形質のものをyとする。

	組み合わせ
①	YY × YY
②	YY × Yy
③	YY × yy
④	Yy × Yy
⑤	Yy × yy
⑥	yy × yy

（4） タンポポは花をつけたのち，その花がしぼむと，多くの場合は茎が地表にたおれてしまう。しかし，綿毛をつける頃にはもう一度茎が立ち上がる現象がみられる。このような現象がタンポポにもたらす利点として，最も適切なものを次の①～⑤から一つ選びなさい。

① タンポポの種子は光合成を行うため，地表からなるべく高いところに種子をつけることで，効率的に光合成をおこなうことができる。

② タンポポの種子は動物に付着して運ばれる性質があるため，地表からなるべく高いところに種子をつけることで，からだの大きな動物にも付着させることができる。

③ タンポポの種子は子房に包まれていないため，地表からなるべく高いところに種子をつけることで，昆虫などに食べられてしまうことを防ぐことができる。

④ タンポポの種子は動物に食べられて運ばれる性質があるため，地表からなるべく高いところに種子をつけることで，さまざまな動物に食べられやすくなる。

⑤ タンポポの種子は風によって運ばれるため，地表からなるべく高いところに種子をつけることで，より広範囲に種子を広げることができる。

（5） 図2は土壌生物を収集する際に使われるツルグレン装置という実験器具の模式図である。この装置について述べた文として，最も適切なものを次の①～④から一つ選びなさい。

図2

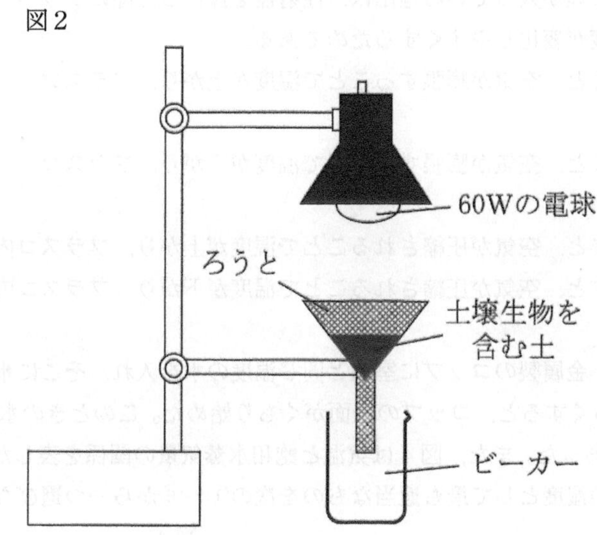

① 一般的に土壌生物は熱や乾燥を避けようとするので，電球をつけると，下に落ちてくる。

② 一般的に土壌生物は熱や乾燥を好むので，電球をつけると，上に集まってくる。

③ ろうとの下で受けるビーカーの中身は，土壌生物が死んでしまわないように，土だけをいれておく。

④ ろうとの下で受けるビーカーの中身は，土壌生物の動きを活発にした状態で観察できるように，70%エタノール水溶液をいれておく。

2

次の各問いに答えなさい。

（1） 次の文は，図１のような乾湿計の設置場所について説明したものである。［ア］～［ウ］に当てはまるものとして，最も適切なものを次の中からそれぞれ一つずつ選びなさい。

図１

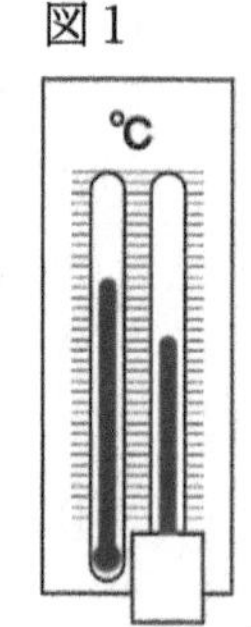

> 乾湿計は風通しが［ア］，地上から約［イ］mの直射日光が［ウ］場所に設置する。

［ア］：① よく　② 悪く

［イ］：① 1.5 m　② 15 m

［ウ］：① 当たる　② 当たらない

（2） 図２は，雲の発生のしくみを調べるために用いた実験装置である。この装置による実験について述べた文として，最も適切なものを次の①～⑥から一つ選びなさい。

図２

① フラスコ内に煙が入っている理由は，注射器を操作した際にフラスコが破損することを防ぐためである。

② フラスコ内に煙が入っている理由は，注射器を操作した際にフラスコ内の温度が変化しやすくするためである。

③ 注射器を引くと，空気が膨張することで温度が上がり，フラスコ内がくもる。

④ 注射器を引くと，空気が膨張することで温度が下がり，フラスコ内がくもる。

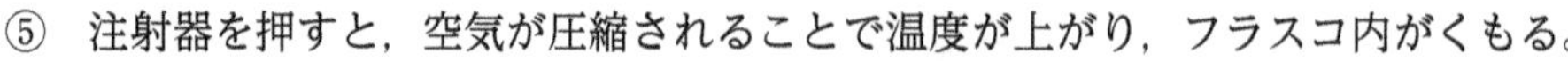

⑤ 注射器を押すと，空気が圧縮されることで温度が上がり，フラスコ内がくもる。

⑥ 注射器を押すと，空気が圧縮されることで温度が下がり，フラスコ内がくもる。

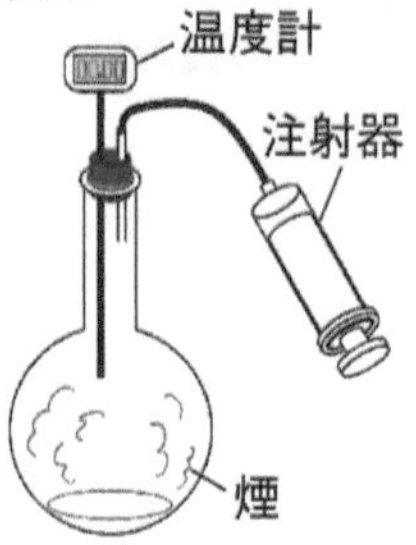

（3） 図３のように，金属製のコップに室温と同じ温度の水を入れ，そこに氷水を少しずつ加えて冷やした。しばらくすると，コップの表面がくもり始めた。このときの水の温度は11℃，部屋の温度は30℃であった。また，図４は気温と飽和水蒸気量の関係を表したグラフである。図４を用いて，部屋の湿度として最も適当なものを次の①～⑥から一つ選びなさい。

図３

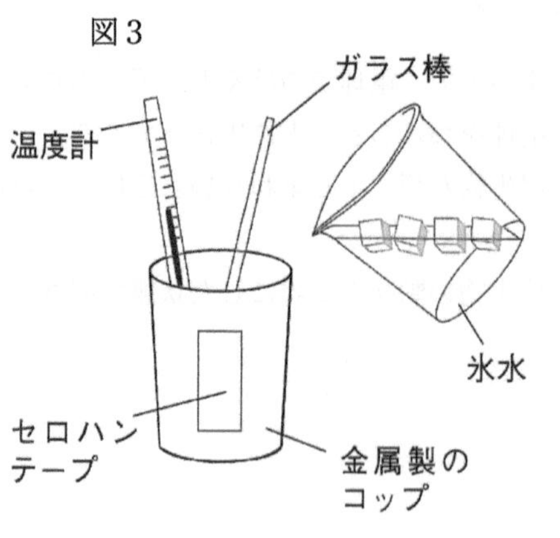

図４

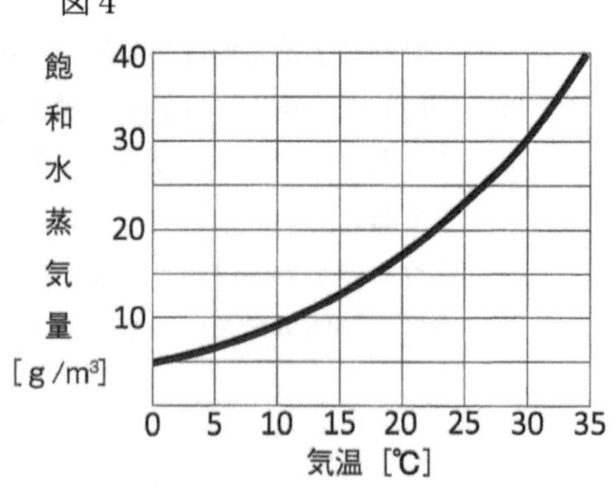

① 6％　② 11％　③ 33％　④ 43％　⑤ 51％　⑥ 76％

（4） 霧のでき方や水の循環についての説明として，**誤りを含むもの**を次の①～④から一つ選びなさい。

① 霧は，風の強い曇った夜の間に，地表付近の空気の温度が露点以上になることによって発生する。

② 太陽のエネルギーによって地表や海面から蒸発した水は，水蒸気として大気中に含まれる。

③ 地表付近の水蒸気を含んだ空気が強くあたためられると，上昇気流が発生し，上空で雲が発生する。

④ 水滴や氷の粒が雲の中で成長し，地表に落ちてきたものを降水と呼ぶ。

（5） 図5は，ある場所において風向・風力・天気の変化を観測し，その結果を2時間ごとに天気用図記号で記録したものである。なお，観測を行っている間に，2つの異なる前線が通過したことが分かっている。この観測中の気温と気圧の変化を表したグラフとして，最も適当なものを次の①～④から一つ選びなさい。

図5

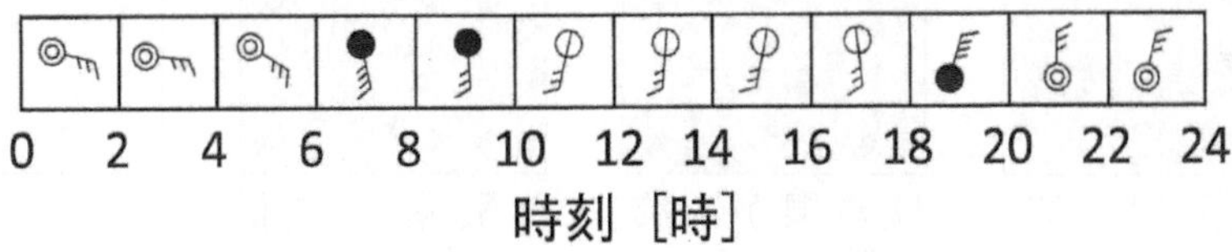

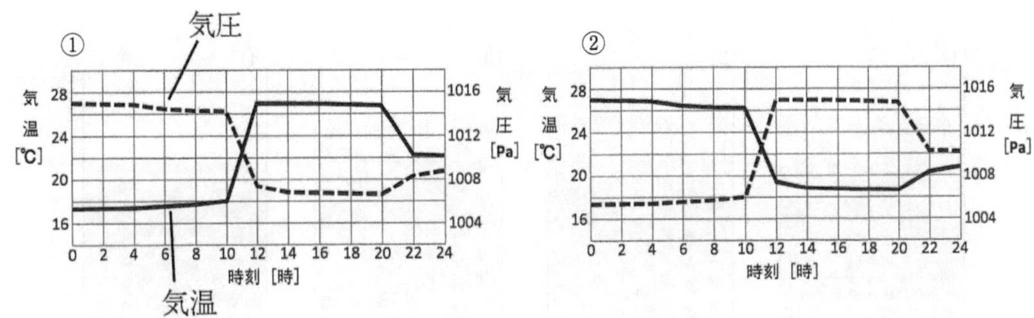

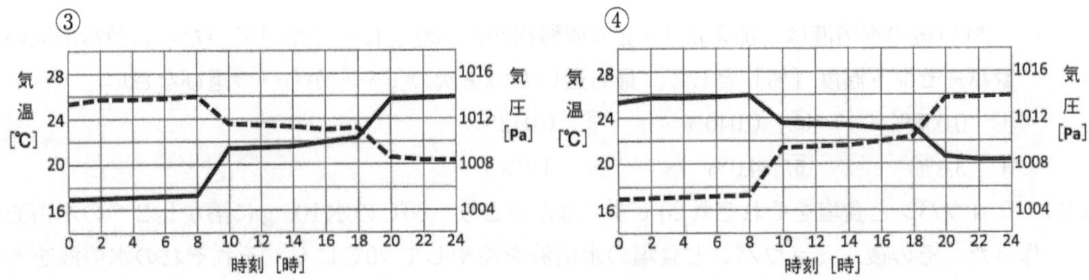

3 次の各問いに答えなさい。

（1） 図1のように硫酸銅4.0 gに水100 gを加えて，ラップをかけて放置してその変化を観察した。硫酸銅を溶かした直後と10日後，20日後，30日後に水溶液を観察した結果を図2にモデルで示した。次の（a），（b）に答えなさい。ただし，水面より上のビーカーの内壁やラップの内側には水滴は付いていなかったとする。

図1

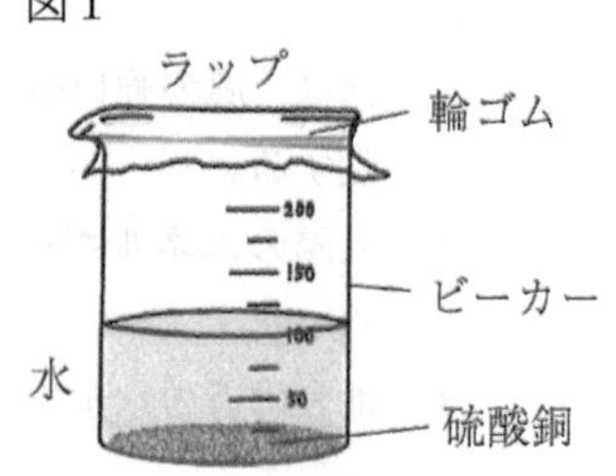

（a） 図2の状態Xのモデルとして，最も適切なものを次の①～④から一つ選びなさい。

図2

直後

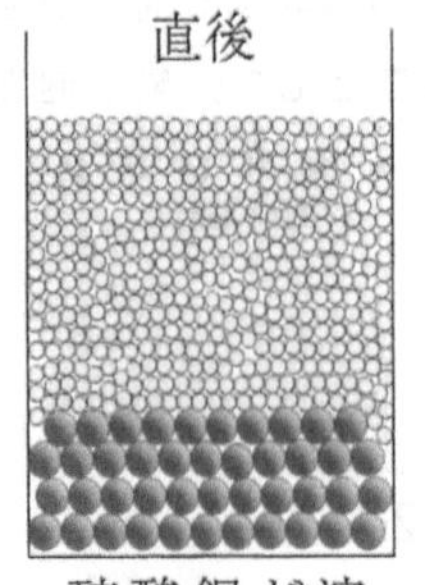

硫酸銅が溶け始める。

10日後

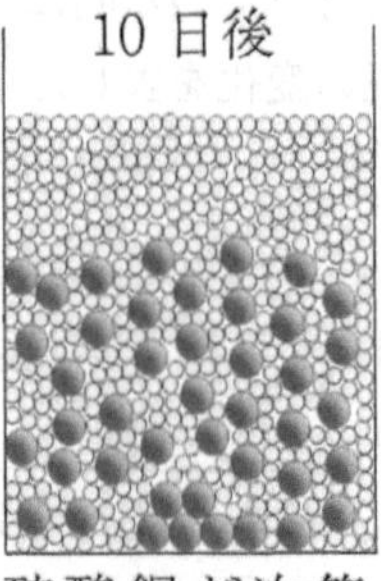

硫酸銅が次第に散らばる。

20日後

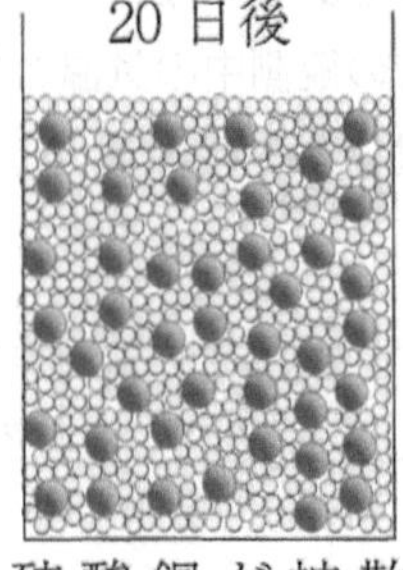

硫酸銅が拡散し，均一になる。

30日後

状態X

①

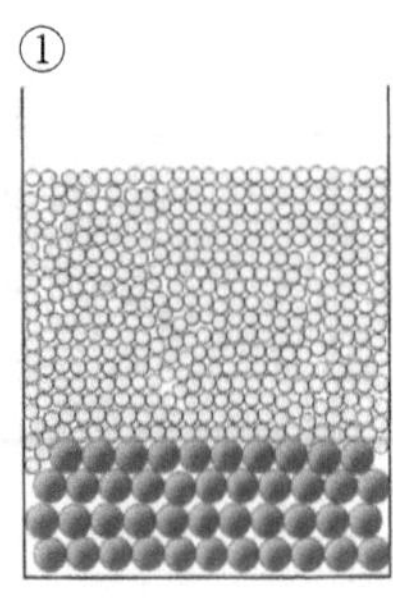

②

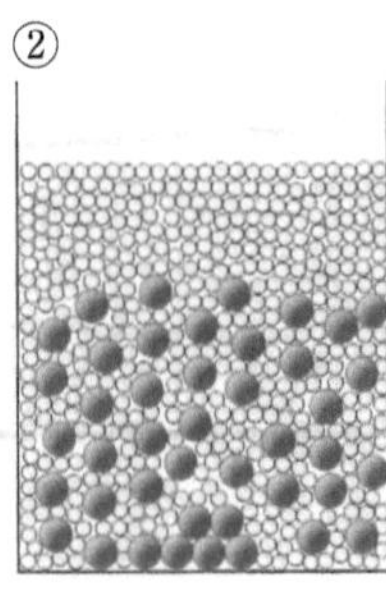

③

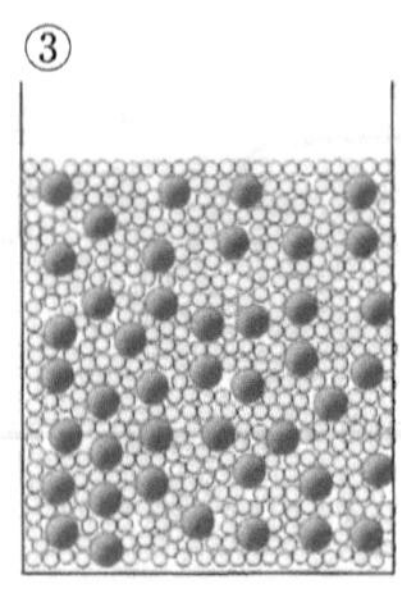

④

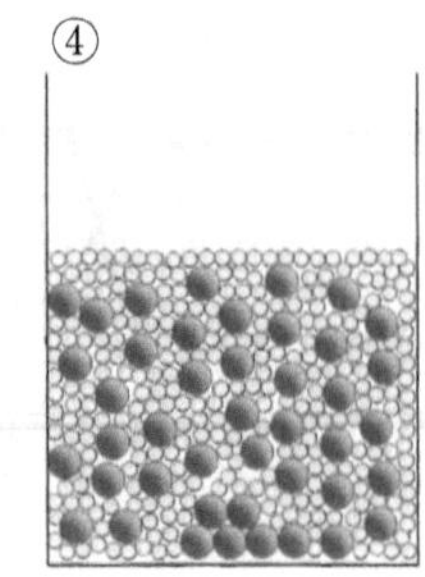

（b） 20日後の水溶液は，加えた4.0 gの硫酸銅が水100 gに全て溶けていた。この水溶液の質量パーセント濃度［%］として，最も近いものを次の①～⑥から一つ選びなさい。

① 0.038%　② 0.040%　③ 0.042%

④ 3.8%　⑤ 4.0%　⑥ 4.2%

（2） ミョウバンと食塩をそれぞれ20 gずつはかりとり，60℃の水100 gに溶かし2つの水溶液を作った。その後，ミョウバンと食塩の水溶液を冷やして20℃にし，それぞれの水溶液をろ過した。次の（a）～（c）に答えなさい。

（a） 一度溶かした物質を再び結晶として取り出す操作の名称として，正しいものを次の①～④から一つ選びなさい。

① 蒸留　② 蒸発　③ 再結晶　④ 精製

（b） 図３にミョウバンと食塩の溶解度曲線を示す。溶解度曲線からわかることとして，正しいものを次の①～④から一つ選びなさい。

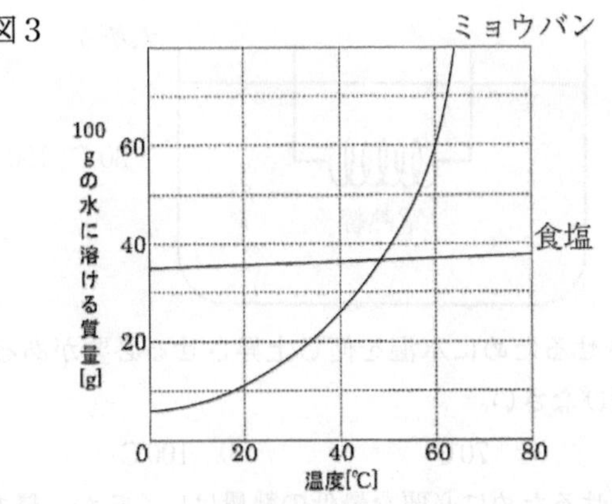

① ろ過によってミョウバンと食塩の結晶をそれぞれ取り出すことができる。
② ろ過によってミョウバンの結晶のみを取り出すことができる。
③ ろ過によって食塩の結晶のみを取り出すことができる。
④ 結晶を取り出すことができるかを，溶解度曲線から予想することはできない。

（c） 20℃のミョウバンの飽和溶液中に溶けているミョウバンの質量をａ[g]，60℃のミョウバンの飽和溶液中に溶けているミョウバンの質量をｂ[g]，60℃のミョウバンの飽和水溶液を20℃に冷やした後にろ過して，得られたろ液中に溶けているミョウバンの質量をｃ[g]としたとき，ａ，ｂ，ｃの関係式を表したものとして，最も適切なものを①～④から一つ選びなさい。

① ｂ＞ｃ＞ａ　　② ｂ＞ｃ＝ａ
③ ｂ＝ｃ＞ａ　　④ ｂ＝ｃ＝ａ

4

次の各問いに答えなさい。

（1） 慣性を表す例として，正しいものを次の①～④から一つ選びなさい。
① バスの中で立って乗車していたところ，バスが赤信号で停止する際に体が前のめりになった。
② 車から外の景色を眺めていると，景色が進行方向とは逆に流れて見えた。
③ 磁石のＮ極とＮ極を近づけると反発力が発生した。
④ 室内で大きな声を出すと，音が反響した。

（2）「力」についての文として，**誤っているもの**を次の①～④から一つ選びなさい。
① 物体を変形させるとき，物体に「力」がはたらく。
② 物体が動いているとき，物体は「力」をもっている。
③ 物体が落下して地面に衝突するとき，地面に「力」をおよぼす。
④ 物体の動きを変化させるとき，物体に「力」が作用する。

（3） 図1のように水そうの中に電熱線を沈めて電気を流し，水そうの水をあたためた。水の質量は150 gで，水の温度ははじめ30℃であった。次の（i）～（iii）に答えなさい。

図1

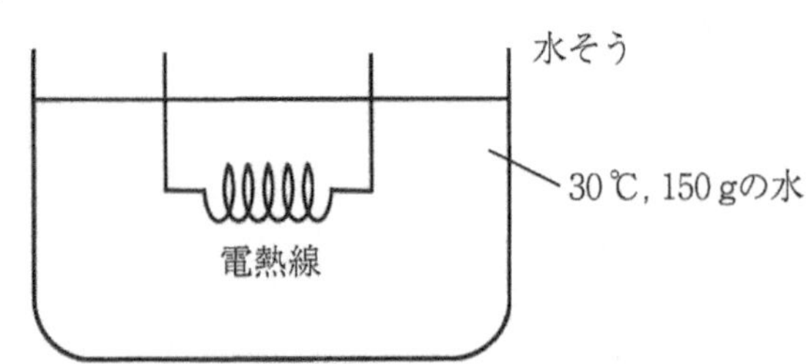

（i） この水を沸騰させるために水温を何℃上昇させる必要があるか。最も適当なものを次の①～④から一つ選びなさい。

① 30℃　② 70℃　③ 100℃　④ 120℃

（ii） この水を沸騰させるために必要な最低の熱量はいくらか。最も適当なものを次の①～④から一つ選びなさい。ただし，水1 gを1℃上昇させるために必要な熱量は4.2 Jである。

① 18900 J　② 44100 J　③ 63000 J　④ 75600 J

（iii） 30 Wの電熱線を用いてこの水を沸騰させるとき，要する時間として最も適当なものを，次の①～④のうちから一つ選びなさい。ただし，発生する熱はすべて水の温度上昇に使われるものとする。

① 630秒　② 1470秒　③ 2100秒　④ 2520秒

5　中学生の花子さんは，野外で採取した火成岩a～cについて調べ，レポートにまとめた。以下は，そのレポートの一部である。以下の各問いに答えなさい。

【火成岩を採取した場所と火成岩の見た目】

表1

	［採取した場所］	［見た目］
火成岩a	河口付近	丸くて，全体的に黒っぽい
火成岩b	川の上流の土手	角があり，全体的に白っぽい
火成岩c	山の中の［ I ］	丸くて，全体的に白っぽい

【火成岩の表面を磨き，その面をルーペで観察した様子】

図1

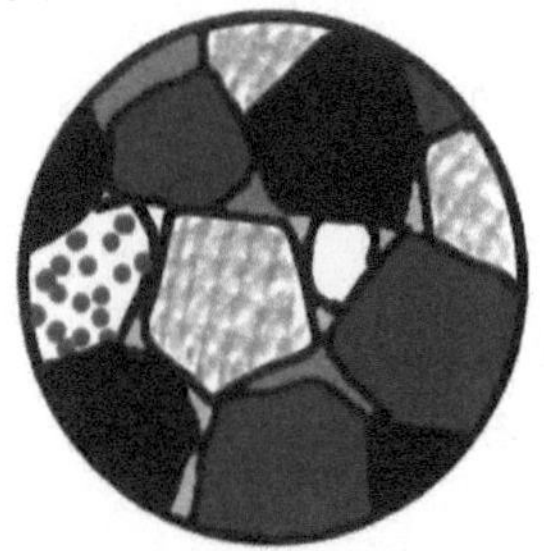
火成岩a

火成岩b

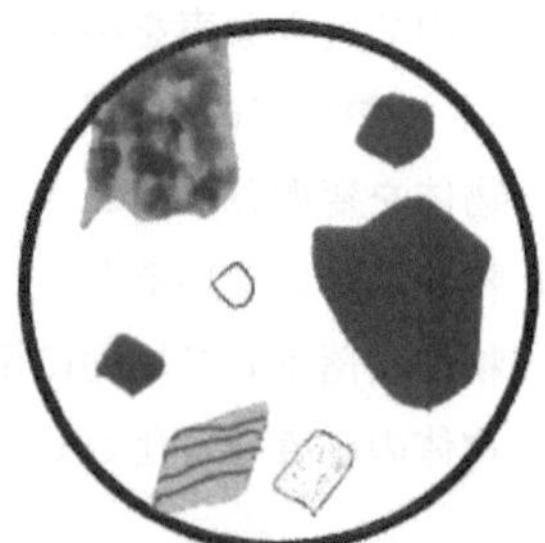
火成岩c

【火成岩を磨いた面に見られる鉱物の割合】

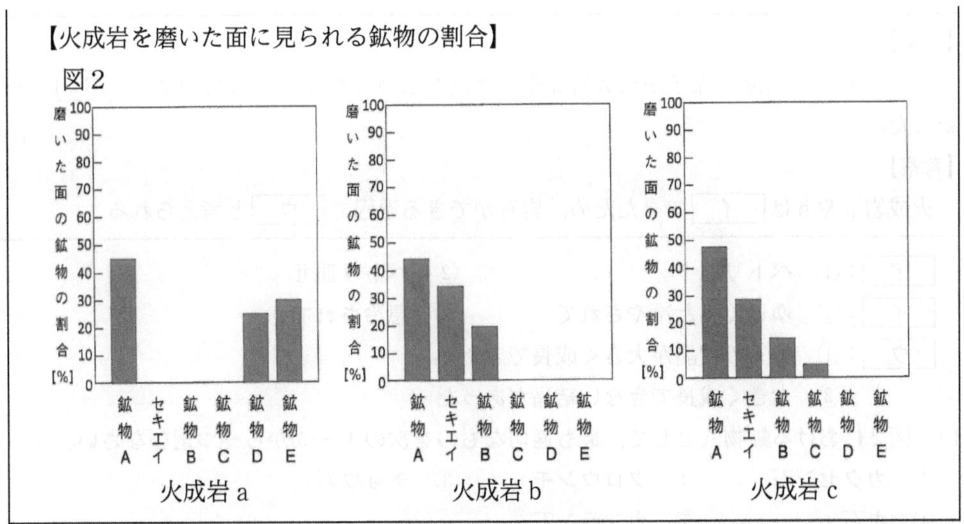

（1） 一般に流水によって運ばれたれき，泥，砂が河口付近から沖に向かって堆積する順番として，最も適切なものを次の①～⑥から一つ選びなさい。

① 泥→砂→れき　② 砂→れき→泥　③ 泥→れき→砂

④ れき→砂→泥　⑤ れき→泥→砂　⑥ 砂→泥→れき

（2） 表1の［Ⅰ］には，地層が地表に現れているところという意味の言葉が入る。［Ⅰ］に入る言葉として最も適切なものを次の①～⑤から一つ選びなさい。

① プレート　② 露頭　③ 地盤

④ 岩盤　⑤ 断層

（3） 図1について，花子さんは火成岩の組織のでき方を調べるために以下のような実験を行い，その結果や考察をまとめた。結果や考察の［ア］～［ウ］に当てはまるものとして，最も適切なものをそれぞれ選びなさい。

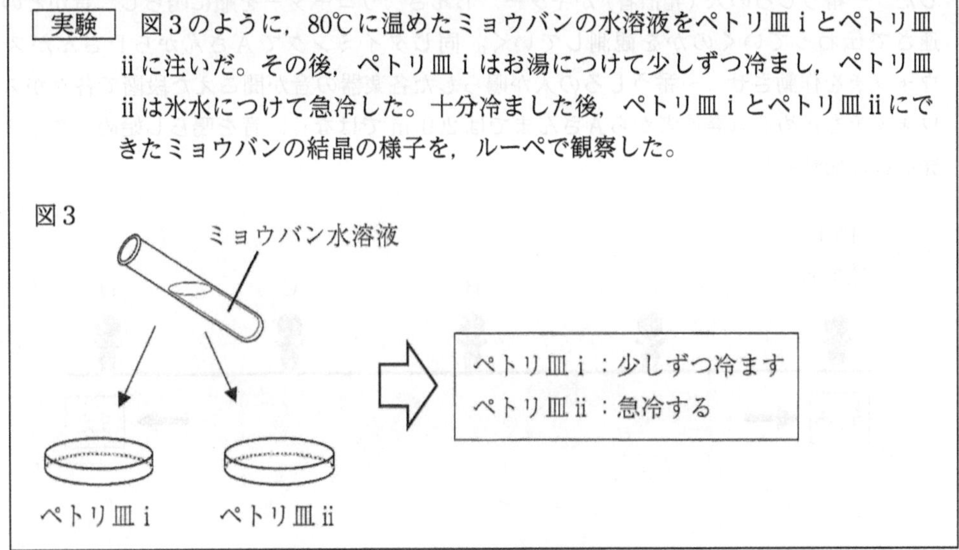
［実験］ 図3のように，80℃に温めたミョウバンの水溶液をペトリ皿ⅰとペトリ皿ⅱに注いだ。その後，ペトリ皿ⅰはお湯につけて少しずつ冷まし，ペトリ皿ⅱは氷水につけて急冷した。十分冷ました後，ペトリ皿ⅰとペトリ皿ⅱにできたミョウバンの結晶の様子を，ルーペで観察した。

【結果】
ミョウバンの結晶の様子が火成岩aやbと同じような組織になったのは，[ア]の方であった。
【考察】
火成岩aやbは[イ]できたため，岩石ができる過程で[ウ]と考えられる。

[ア]：① ペトリ皿 i　② ペトリ皿 ii
[イ]：① ゆっくりと冷やされて　② 急冷されて
[ウ]：① 多くの結晶が大きく成長できた
　② 大きく成長できない結晶があった

（4） 図2における鉱物Aとして，最も適切なものを次の①～⑤から一つ選びなさい。
① カクセン石　② クロウンモ　③ チョウ石
④ キ石　⑤ カンラン石

（5） 図1における火成岩cとして，最も適切なものを次の①～⑥から一つ選びなさい。
① 流紋岩　② 安山岩　③ 玄武岩
④ 花こう岩　⑤ せん緑岩　⑥ 斑れい岩

6

ギターから発生する音の特徴を理解するために以下の[実験1]，[実験2]を行った。次の各問いに答えなさい。なお，発生する音の弱まりは考えないこととする。

[実験1]
【目的】
ギターとその他の楽器で，音の伝わる速さに違いがあるかを調べる。
【手順】
静かな場所で図1のように200 m間隔でAさんからDさんまでの4人（観測者）が並び整列した。一番うしろの人（発信者）がギター，おんさ，リコーダーを順に鳴らし，音がどのような速さで伝わっていくのかを観測していく。同じタイミングでAさんからDさんがストップウォッチを作動させ，一番うしろの人が鳴らした各楽器の音が聞こえた段階で各々がストップウォッチを止める（発信者からAさんまでは200 mではなく，音を鳴らし始めるタイミングは発信者に任せられている）。

図1
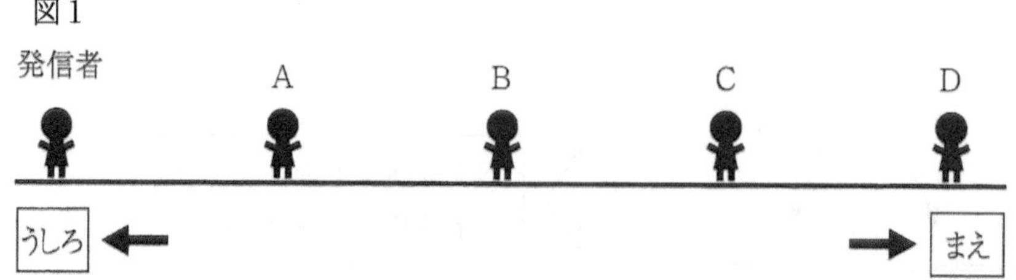

【結果】

ストップウォッチを止めた際に表示されていた数値は，以下の表1の通りである。ただし，実験結果の一部は操作の誤りなどから記録できず，記載できていない。

表1

	Aさん	Bさん	Cさん	Dさん
ギター	30.14秒	30.73秒	31.33秒	31.94秒
おんさ		40.63秒		41.83秒
リコーダー	34.20秒			35.99秒

実験2

【目的】

ギターから発生する音の大きさや高さが何によって変わるのかを調べる。

【手順】

操作Ⅰ～Ⅳに記した条件のもとでギターの弦の中央をはじき，その音を観測して特徴を記録した。このとき発生した音についてはオシロスコープを利用して波形についても観察を行った。図2は，条件を変える前のオシロスコープの波形の特徴を簡易的に表したものである。条件を変える前の弦の長さ，弦の太さ，弦をはじく強さ，弦の張る強さは図2のオシロスコープの波形を基準とする。なお，振幅は弦をはじく強さにのみ影響されるとする。

操作Ⅰ　弦の長さのみを変えて，太さ・はじく強さ・張る強さは固定する。

操作Ⅱ　弦の太さのみを変えて，長さ・はじく強さ・張る強さは固定する。

操作Ⅲ　弦のはじく強さのみを変えて，長さ・太さ・張る強さは固定する。

操作Ⅳ　弦の張る強さのみを変えて，長さ・太さ・はじく強さは固定する。

図2

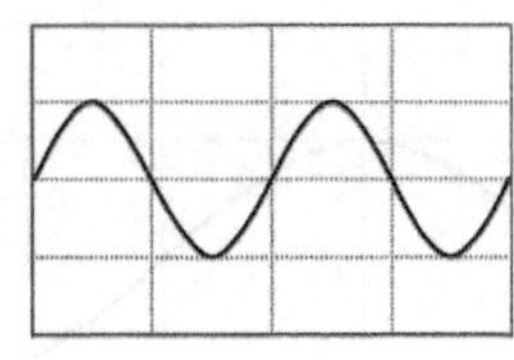

【結果】

各実験結果を表2にまとめた。

表2　　影響を及ぼさないものは表内で「—」で表している

	弦の長さ（操作Ⅰ）	弦の太さ（操作Ⅱ）	弦をはじく強さ（操作Ⅲ）	弦の張る強さ（操作Ⅳ）
大きな音	—	①	強い	—
小さな音	—	②	弱い	—
高い音	短い	③	—	強い
低い音	長い	④	—	弱い

（1）実験1 において，AさんからBさんまでの結果を用いて求まるギターの音の平均の速さとして，最も適切なものを次の①～④から一つ選びなさい。

①　330m/s　　②　333m/s　　③　347m/s　　④　350m/s

（2） 実験１ において，Ｃさんがリコーダーの音を観測した際のストップウォッチの値として，最も適切なものを次の①～④から一つ選びなさい。

① 34.80 秒　② 35.10 秒　③ 35.40 秒　④ 35.70 秒

（3） 実験１ の結果から考えられる文として，最も適切なものを次の①～④から一つ選びなさい。

① リコーダーのように高い音の出やすい道具は他に比べて音速が速くなる。
② 楽器による音が伝わる速さに違いはない。
③ おんさのように振動が細かい道具から出る音の速さは他と比べて遅くなる。
④ ギターのように弦の振動から発する音は弦全体を振動させなければならないため振動に時間がかかり，音速が遅くなる。

（4） 実験２ において弦の太さを変えて実験する際，表２中で「細い」が記入される欄として，正しいものを表２中の①～④から一つ選びなさい。

（5） 実験２ の操作Ｉにおいて，弦の長さを長くしてギターの弦をはじいたときのオシロスコープの波形を簡易的に表したものとして最も適切なものを次の①～④から一つ選びなさい。

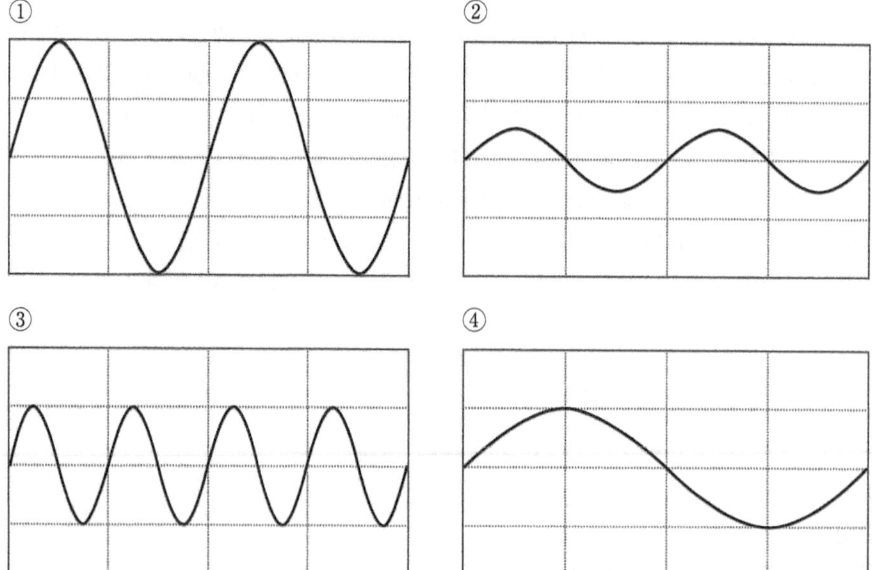

（6） 図２に示した波形と同じ波形の音が出る可能性があるものはどれか。適切なものを次の①～⑥から**すべて**選びなさい。ただし，選択肢に書いてある条件以外は変更しないものとする。

① 弦を長くして，張る強さを強める。
② 弦を長くして，張る強さを弱める。
③ 弦を太くして，弦を強くはじく。
④ 弦を太くして，弦を弱くはじく。
⑤ 弦を細くして，弦を長くする。
⑥ 弦を細くして，弦を短くする。

7 太郎さんは，化学変化と物質の質量の関係を調べるために以下の 実験１ と 実験２ を行った。以下の各問いに答えなさい。

実験１

【実験操作】

操作１　電子てんびんで薬包紙を使って図１のように酸化銀の粉末を1.45 g，2.90 g，4.35 g，5.80 g ずつはかりとった。

操作２　酸化銀の粉末を図２のように試験管に入れ，質量が変化しなくなるまで加熱して，反応後に残った固体Ａの質量を電子てんびんで測定した。

操作３　再び，酸化銀の粉末を1.45 g，2.90 g，4.35 g，5.80 g ずつはかりとり，操作２と同様に，ガスバーナーで十分に加熱して，発生した気体Ｂを集めた。

図１　図２

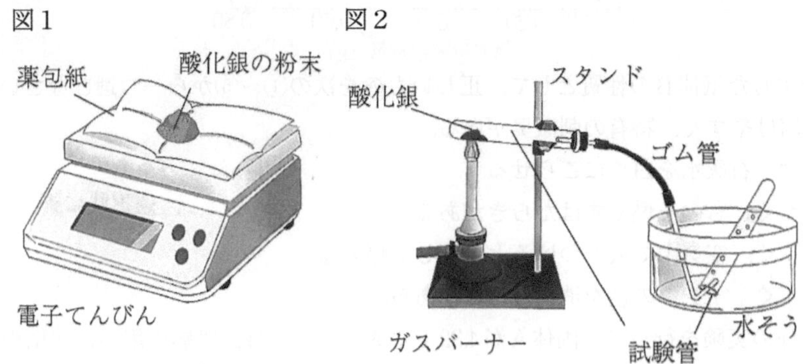

【結果】

酸化銀の粉末の質量［g］と生成した固体Ａの質量［g］は表１のようになった。

表１

使用した酸化銀の質量［g］	1.45	2.90	4.35	5.80
生成した固体Ａの質量［g］	1.35	2.70	4.05	5.40

実験２

【実験操作】

操作１　ステンレス皿の質量をはかった後，図１と同様に銅の粉末を0.20 g，0.40 g，0.60 g，0.80 g ずつはかりとった。

操作２　銅の粉末をステンレス皿に広げ，図３のように全体の色が変化しなくなるまで加熱して，銅を空気中の酸素と完全に反応させた。

操作３　十分にステンレス皿を冷やした後，ステンレス皿全体の質量を測定し，操作１で測定したステンレス皿の質量を引いて，ステンレス皿の上に残った酸化銅の質量を求めた。

図３

【結果】

ステンレス皿の上に残った酸化銅の質量をもとに計算した結果，銅の粉末の質量と化合した酸素の質量の関係は図４のようになった。

図４

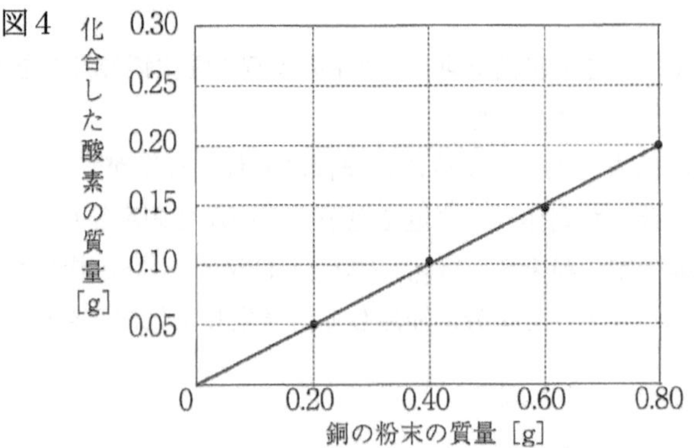

（１） 実験１ で発生した気体Ｂの性質として，正しいものを次の①～⑤から一つ選びなさい。

① 水に非常に溶けやすく，特有の刺激臭がある。

② 水に少し溶け，石灰水を白くにごらせる。

③ 水に溶けにくく，ものを燃やすはたらきがある。

④ 水に溶けにくく，空気中で火をつけると爆発して燃える。

⑤ 水に溶けやすく，インクの色を消すはらきがある。

（２） 実験１ と同様の実験を行って，固体Ａが4.32 g生成した場合は，実験に用いた酸化銀の質量［g］はどのようになるか。最も適切なものを次の①～④から一つ選びなさい。

① 4.30 g　② 4.64 g　③ 5.50 g　④ 5.85 g

（３） 物質が酸素と結びつくことによってできた化合物の名称として，最も適切なものを次の①～⑤から一つ選びなさい。

① 有機物　② 無機物　③ 酸化物　④ 硫化物　⑤ 単体

（４） 実験２ の結果から，銅と酸素が化合するとき，銅と化合する酸素の質量比として，最も適切なものを次の①～⑥から一つ選びなさい。

① 銅：酸素＝１：２　② 銅：酸素＝１：３　③ 銅：酸素＝１：４

④ 銅：酸素＝２：１　⑤ 銅：酸素＝３：１　⑥ 銅：酸素＝４：１

（５） 化学変化と質量の関係について興味をもった太郎さんは，マグネシウムを用いて 実験２ と同様の操作を行ったところ，マグネシウムとマグネシウムに化合する酸素の質量比は３：２（マグネシウム：酸素）になることがわかった。0.1 gの酸素と結びつく銅の質量と，0.1 gの酸素と結びつくマグネシウムの質量の比は ア ：３（銅：マグネシウム）となる。 ア に入る適切な数値をマークしなさい。

8 花子さんと太郎さんは，理科の授業で目の構造について学んだ。二人の会話文を読み，次の各問いに答えなさい。

花子さん：目には色々な構造があってなかなか覚えられないよ。

太郎さん：先生は，ａ水晶体と虹彩の２つを覚えようって言っていたよ。

花子さん：水晶体は１年生の時に学んだ凸レンズの仕組みで説明できるので，しっかり復習をしておくことが大事だね。

太郎さん：ところで，虹彩には括約(かつやく)筋と散大筋という筋肉が２種類あって，これらが腕の曲げ伸ばしの時のようにゆるんだり，縮んだりすることで，ひとみの大きさを調節しているよ。

花子さん：ひとみの大きさは，どんな時に変わるのかな。

太郎さん：光の量によって変わるよ。まぶしいときは入ってくる光の量を減らすように，逆に暗いときは入ってくる光の量を増やすようにすることで，見えやすいように調節しているね。

花子さん：ということは，まぶしい時には虹彩によってひとみの大きさは［ア］，暗い時にはひとみの大きさが［イ］なるということだね。ひとみの大きさの調節は反射なので，無意識的に起こると聞いたことがあるよ。だから，刑事ドラマなどでは生死を確認する際に目に光を当てるシーンが描かれるんだね。

太郎さん：他にも面白い実験があるよ。b <u>網膜から神経が出ていく場所には，光の刺激を受け取る細胞が無いから，僕らの視野には実は死角があるんだ</u>。少し試してみよう。左目を閉じて，右目で「×」のマークを真っ直ぐじっと見てごらん。そのままの状態で顔を前後に動かすと「●」が見えなくなる距離があるはずだよ。

花子さん：わぁ。本当に見えない。私たちの体は不思議だね。

太郎さん：目や耳で受け取られた情報は，末しょう神経を通って中枢神経に受け渡されて，c <u>意識的な運動や反射</u>なども行われているよ。

（1） 下線部ａについて，図１は太郎さんが理科の授業でノートに描いていた目の断面図である。図１において水晶体と虹彩の位置を示した組み合わせとして，最も適切なものを次の①～⑥から一つ選びなさい。

図１

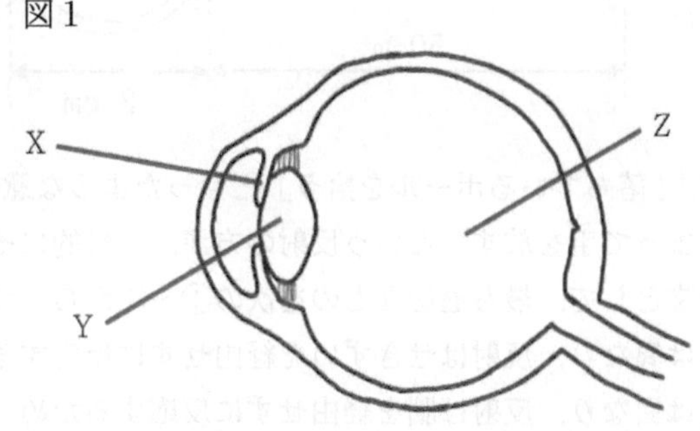

	水晶体	虹彩
①	Z	X
②	Z	Y
③	Y	X
④	Y	Z
⑤	X	Y
⑥	X	Z

（2） 会話文中の［ア］，［イ］に入る語句の組み合わせとして，最も適切なものを次の①～④から一つ選びなさい。

	［ア］	［イ］
①	小さく	小さく
②	小さく	大きく
③	大きく	小さく
④	大きく	大きく

（3） 下線部bについて，「×」を書いた紙と「●」を書いた紙のそれぞれを用意し，「×」を書いた紙を壁に貼った。左目を閉じて，右目で「×」印を真っ直ぐ見ながら，「●」を書いた紙を右に向かってゆっくりと水平に動かすと，10 cm 離れたところで「●」が見えなくなった。なお，眼と壁の距離はつねに 50 cm に保たれており，眼球の直径は 2 cm とする。このとき，図2のように相似な三角形とみることで，「目の中央（場所O）」から「神経が出ていく場所（場所M）」までの直線距離を求めることができ，その距離は 0.［ウ］ cm となる。［ウ］に入る適当な数値をマークしなさい。

図2

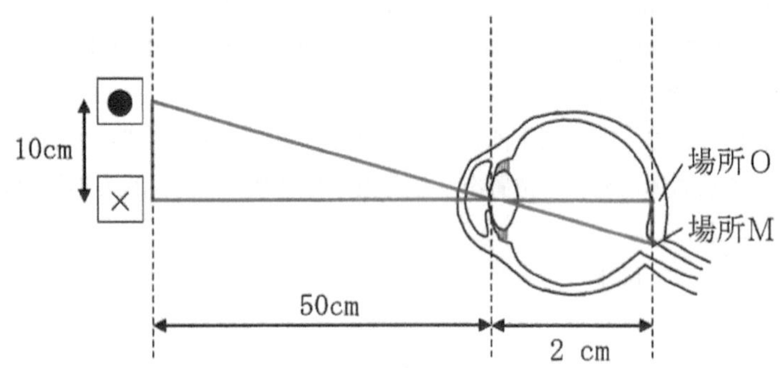

（4） 下線部cについて，「落ちているボールを拾う」といったような意識的な運動に比べて，「熱いやかんを触ってしまって手を放す」という反射の方が，一般的にその反応速度は速い。その理由について述べた文として，最も適切なものを次の①～④から一つ選びなさい。

① 意識的な運動とは異なり，反射はせきずいを経由せずに反応するため。
② 意識的な運動とは異なり，反射は脳を経由せずに反応するため。
③ 意識的な運動とは異なり，反射は中枢神経のみで反応するため。
④ 意識的な運動とは異なり，反射は末しょう神経のみで反応するため。

【社　会】（50分）〈満点：100点〉

1　あとの問いに答えなさい。（8）～（10）については，それぞれの説明にあてはまる国名を，以下の①～④のうちから一つずつ選びなさい。なお，（8）～（10）は，図（地図）中の番号に対応しています。

（1）連合国軍総司令部（GHQ）の占領政策として**適切でないもの**を，以下の①～④のうちから一つ選びなさい。

①　財閥解体　　②　農地改革
③　治安維持法の廃止　　④　皇民化政策

（2）サンフランシスコ平和条約と同時に調印された条約として適切なものを，以下の①～④のうちから一つ選びなさい。

①　日米安全保障条約　　②　日ソ中立条約
③　日英通商航海条約　　④　日英同盟

（3）1968年，日本の国民総生産は資本主義国においてアメリカに次ぐ2位となった。「国民総生産」を示す略称として適切なものを，以下の①～④のうちから一つ選びなさい。

①　GDP　　②　WTO　　③　GNP　　④　PKO

（4）国会において予算の審議の際に必ず開かれる，利害関係者や学識経験者などから意見を聞く会の名称として適切なものを，以下の①～④のうちから一つ選びなさい。

①　公聴会　　②　審議会　　③　委員会　　④　憲法審査会

（5）住民による首長・議員の解職や議会の解散請求を意味する語として適切なものを，以下の①～④のうちから一つ選びなさい。

①　リコール　　②　イニシアティブ
③　レファレンダム　　④　リテラシー

（6）ヒンドゥー教徒にとって神聖な川とされており，この河川の中流域に広がるヒンドスタン平原はインド有数の稲作地域である。この河川の名称として適切なものを，以下の①～④のうちから一つ選びなさい。

①　インダス川　　②　ガンジス川
③　メコン川　　④　ユーフラテス川

（7）ブラジルの公用語として適切なものを，以下の①～④のうちから一つ選びなさい。

①　英語　　②　スペイン語　　③　フランス語　　④　ポルトガル語

（8）2020年2月にヨーロッパ連合（EU）を初めて離脱した国である。議会では，保守党と労働党の二大政党制が実現している。

①　イタリア　　②　イギリス　　③　ギリシャ　　④　スペイン

（9）イスラーム教を信仰する国民が多いが，政教分離の原則をもつ世俗主義の国である。EU加盟を目指しており，最大都市イスタンブールにあるブルーモスクは世界遺産としても知られている。

①　イラン　　②　クウェート　　③　サウジアラビア　　④　トルコ

(10) イギリスの植民地を経て，イギリス連邦の一員として独立した経緯から国旗の一部にユニオンジャックが描かれている。この国のラグビー代表は，先住民マオリの踊りであるハカを披露することで知られている。

① オーストラリア　② ニュージーランド
③ パプアニューギニア　④ フィジー

図

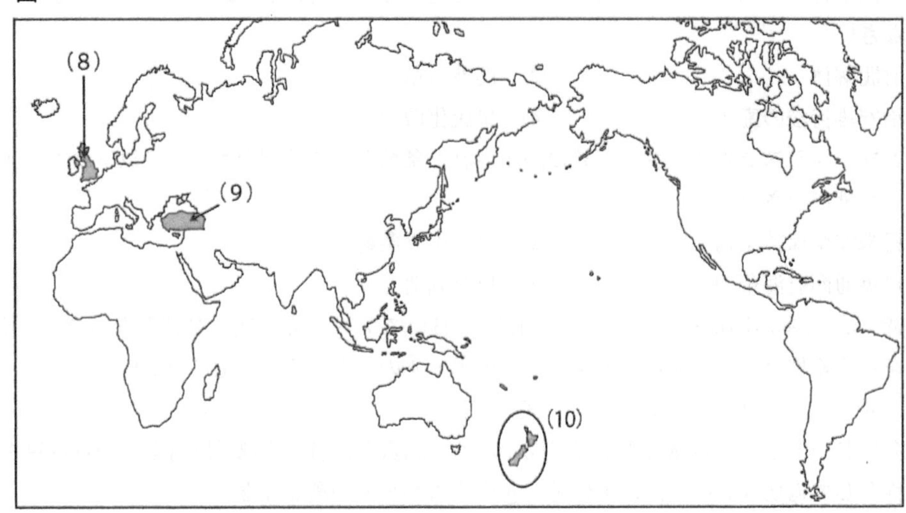

2

個人が自由に生きることと，平等な社会を実現することは，しばしば衝突することがある。自由と平等を両立するためには，私たちが常に社会のあるべき姿を考えていく必要がある。次の文章A・Bを読んで，あとの問いに答えなさい。

A　アメリカ合衆国では8人に1人が貧困状態にあるといわれています。多国籍企業が世界の産業をリードする現在の(a)アメリカ合衆国の話です。昔のことではありません。なぜ豊かな社会で貧困が存在するのでしょうか？(b)スマートフォンをもっていれば豊かだといえるでしょうか？(c)車をもっていれば豊かなのでしょうか？いいえ，そうではありません。スマートフォンが社会とつながる唯一の手段である人もいるのです。車が唯一の財産である人は，家を失った人かもしれません。何かの事情で自宅に戻れないのかもしれません。そうした人にとって，スマホや車は豊かな生活の証だとはいえません。目には見えにくい貧困に対して，我々はもっと真剣に解決方法を考えていかなければなりません。

ヴィクトル・ユゴーの代表作『レ・ミゼラブル』という話を知っていますか？(d)フランス革命を経て，ナポレオンが自由と平等という種をまいた19世紀のヨーロッパで書かれた作品です。主人公ジャン・バルジャンは，パンを盗んだために長年牢に入れられました。釈放されるとまもなく，銀の燭台（しょくだい）を盗んだのではないかと疑われます。改心して市長になった後も，過去を探索するジャベール警部に，執拗（しつよう）なまでに追及されるのです。19世紀のフランス社会を背景にしたこの話は，(e)冤罪（えんざい）・暴力・窃盗などさまざまな悲劇（ミゼラブル）が，個人の責任なのか，それとも社会に問題があるのかを問うています。貧困についても，個人の責任や努力を問うだけでなく，社会のあり方も考える必要があるのではないかと思えてきます。皆さんはどう思いますか？

（1） 下線部(a)「アメリカ合衆国」では，貧困や感染症の影響を受けたのは黒人層が多いといわれる。彼らはかつて奴隷として連れてこられた人の子孫である。19世紀の南北戦争で，北部側の指導者として，奴隷解放を宣言し，この戦争を勝利に導いた大統領は誰か。以下の①～④のうちから一つ選びなさい。

① ワシントン　② リンカン　③ ケネディ　④ オバマ

（2） 下線部(b)「スマートフォン」などの部品やソフトウェアを開発する先端技術産業が多く集まる，アメリカ・サンフランシスコ郊外の地域として適切なものを，以下の①～④のうちから一つ選びなさい。

① サンベルト　② ボリウッド　③ バンガロール　④ シリコンバレー

（3） 下線部(c)に関連して，自動車産業が集中する愛知県を含む工業地帯の工業生産額を示すグラフとして適切なものを，以下の①～④のうちから一つ選びなさい。

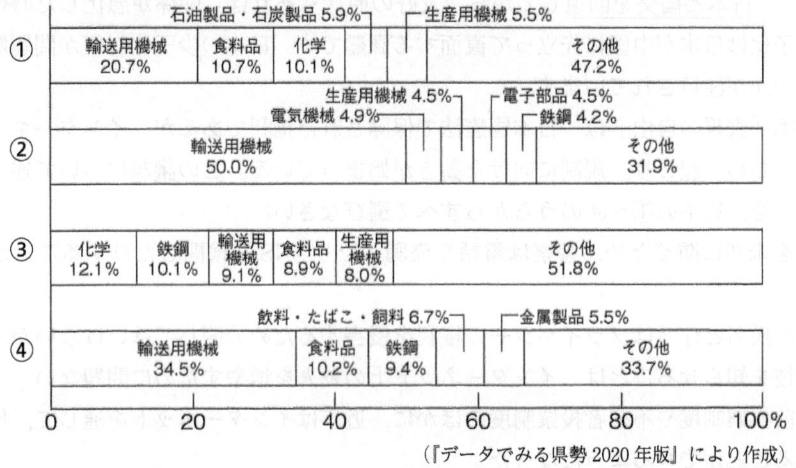

（『データでみる県勢 2020 年版』により作成）

（4） 下線部(d)「フランス革命」では，近代社会の原理・原則が生まれた。革命の原動力となった考え方について述べた文として適切なものを，以下の①～④のうちから一つ選びなさい。

① ルターは，抵抗権を唱え，人民の意思に反した政府は交替させることができるとした。

② クロムウェルは，権力の集中を阻止するため三権分立を提唱した。

③ ルソーは，社会契約説と人民主権を説き，人民の政治参加を支持した。

④ ロックは，国王を処刑し，共和政を樹立して独裁政治を行った。

（5） 下線部(e)「冤罪」とは無実の罪を着せることである。刑事裁判手続きについて述べた文として**適切でないもの**を，以下の①～④のうちから一つ選びなさい。

① 被疑者を取り調べた検察官は，拷問による自白を唯一の証拠として裁判に臨み，裁判所はこれを認めて刑罰を課す。

② 被告人は裁判を受けている間，拘置所に勾留されることが多い。裁判には推定無罪の原則があり，証拠がない限り罪に問われることはない。

③ 裁判にかけられた被疑者を被告人という。被告人には黙秘する権利と弁護人を依頼する権利がある。

④ 裁判に国民の意見を反映させるため，抽選で選ばれた国民が裁判員をつとめる制度が始まった。

注）勾留とは被疑者や被告人を刑事施設に拘束することである。

B 「80後」(パーリンホウ) とは，中国で1980年代以降に生まれた人を指します。中華人民共和国は建国後，大きな動乱の時代を経て，改革の時代に入ったのです。統制から解放されて，(f)表現の自由が少しずつ花開いた世代のことを呼ぶ言い方です。日本では「ゆとり世代」という言い方があります。「ゆとり教育」を受けた世代は，1987年から2003年までに学校教育を受けた世代を指します。(g)経済成長を背景にした知識詰め込み教育に対する批判を受けて打ち出されたものです。戦後中国の動乱と比べることはできませんが，それぞれの言葉を理解するには，その歴史的な背景を知る必要があります。

現在，(h)世界の人口の6割はアジアが占めていますが，2050年までにはアジアとアフリカの国々がさらに多くを占めると予測されています。2020年代には(i)インドが世界で最も人口の多い国になることは確実です。中国では人口を抑制するため，2015年まで一人っ子政策が行われました。今後は高齢化が一気に進み，福祉政策などにおいて難しい問題に直面するかもしれません。(j)日本と国交を回復してから，友好の時代もあれば，関係が悪化した時代もありました。少子化は日本が中国に先立って直面する課題です。日本の少子化対策が問題解決の手引きになるのかが注目されています。

(6) 下線部(f)「表現の自由」は，日本国憲法で保障された権利であるが，インターネット上での誹謗中傷やいじめが起こり，規制に向けた動きが始まっている。この議論について述べた文として適切なものを，以下の①～④のうちから**すべて**選びなさい。

① 犯罪を未然に防ぐため，警察は電話を盗聴したりSNSを検閲したりすることが認められている。

② 個人の氏名と住所はプライバシーの権利を侵害するため公開してはいけないが，他人の趣味や特技を知らせることは，インターネット上の友人を増やすために問題ない。

③ 期日前投票制度や不在者投票制度のほかに，近年はインターネットを通じて，代理人でも投票することができるようになった。

④ 友人と撮った写真を，本人の同意なくインターネット上に掲載することは，肖像権を侵害したことになる。

(7) 下線部(g)「経済成長」期の負の側面として公害問題がある。これについて述べた文として適切なものを，以下の①～④のうちから一つ選びなさい。

① 三重県の四日市では，鉱山から流れ出たカドミウムが阿賀野川を汚染し，多くのぜんそく患者が発生した。

② イタイイタイ病は，住宅開発などにより産業排水や生活排水が流れ込み，赤潮が大量発生したことで広がった。

③ 水俣病は，化学工場から排出された水銀が魚などに蓄積され，それらを人間が食べたことで発生した。

④ 四大公害裁判はいずれも企業が勝訴したが，世論に押され，政府は1971年に環境庁を設置した。

（8） 下線部(h)に関連して，以下は各国の人口構成を示したグラフである。問題文を参考にして，中国を示すグラフとして適切なものを，以下の①～④のうちから一つ選びなさい。

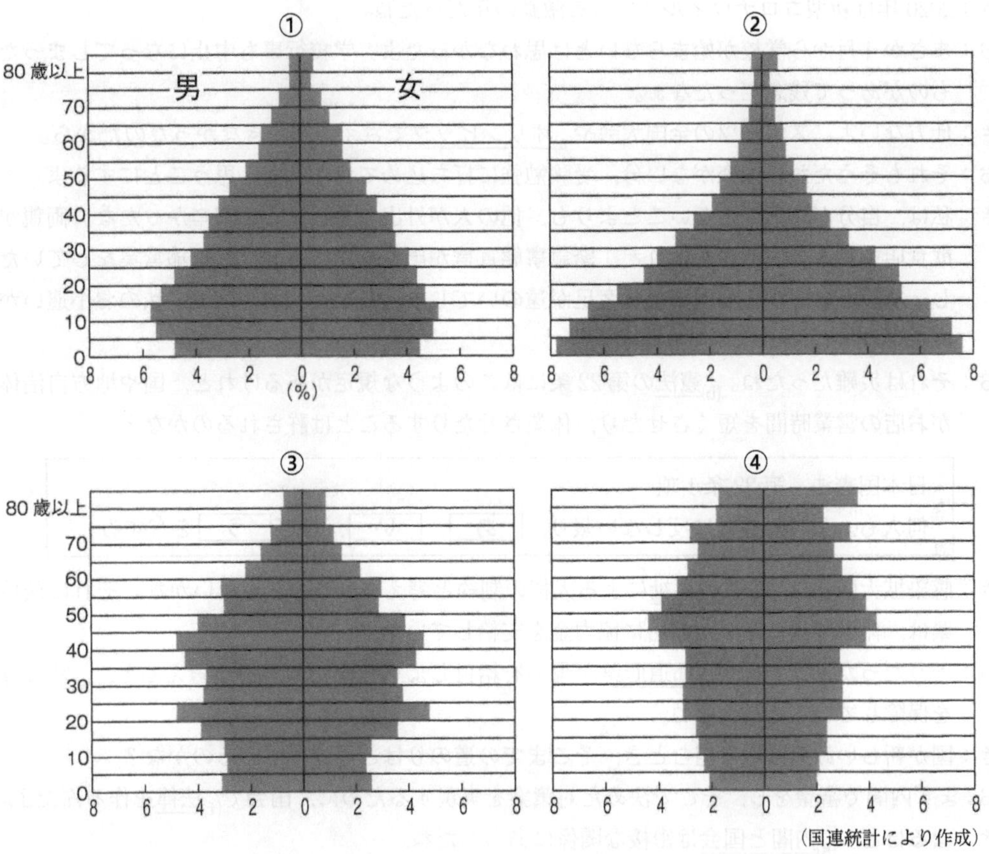

（国連統計により作成）

（9） 下線部(i)「インド」は中国と並ぶアジアの大国である。この国について述べた文として適切でないものを，以下の①～④のうちから一つ選びなさい。

① 紀元前6世紀にはシャカが仏教をはじめ，正しい行いが救いをもたらすと説いた。

② アーリヤ人が侵入し，バラモンを頂点とする身分制度ができた。

③ デカン高原は，世界で有数の綿花の生産地である。

④ インドでは8割以上の人がイスラーム教を信仰しており，牛は神の使いとして神聖視されている。

（10） 下線部(j)に関連して，戦争の時期を除くと，日本と中国の間ではさまざまな交流があった。両国の交流について述べた文として適切なものを，以下の①～④のうちから一つ選びなさい。

① 中国は，日本に学び，「四つの現代化」を掲げて改革開放政策を推進した。

② 足利尊氏は，明の皇帝に使節を送り，「日本国王」に任命された。

③ 聖徳太子は遣唐使の廃止を提案し，9世紀の末から，使節は送られなくなった。

④ 遣隋使は卑弥呼の時代に送られ，仏教の教えを日本にもたらした。

3　茨城県に住む中学3年生のひできさんとかずおさんの会話文を読んで，あとの問いに答えなさい。

ひでき：2020年は新型コロナウィルスによる激動の年だったね。

かずお：まさか4月から学校が始まらないとは思わなかったよ。学校行事も中止になってしまったものがあって残念だったなぁ。

ひでき：仕方ないよ。スポーツの全国大会や(a)オリンピックでさえ実施できなかったのだから。

かずお：それもそうだね。娯楽がない分，受験勉強に打ち込めて良かったと思うことにするよ。

ひでき：私は，自分が外出できないことよりも，他の人が外出できないことが辛かったな。両親が飲食店を営んでいるのだけれど，緊急事態宣言が出されている間は，短縮営業をしていたし，解除されてからも例年より客足が遠のいてしまったんだ。おかげで，私のお小遣いが減らされてしまったよ。

かずお：それは災難だったね。(b)憲法の第22条にはこのような規定があるけれど，国や地方自治体がお店の営業時間を短くさせたり，休業させたりすることは許されるのかな？

> 日本国憲法　第22条1項
> 何人も，公共の福祉に反しない限り，［あ］，［い］，及び［う］を有する。

ひでき：感染拡大防止は(c)公共の福祉による人権の制約と考えられるんじゃないかな。それに茨城県は，休業要請に応じたお店に協力金を支給していたよ。

かずお：そうだったんだ。国や(d)都道府県が現金を給付していたんだね。そう考えると，(e)社会権を保障していると言えるね。

ひでき：国が新しい政策に取り組むとき，そこまでの道のりはどうなっているのかな？

かずお：まず内閣で審議をし，そこで決めた対策案を実現するために，国会で(f)法律を作るんだよ。

ひでき：なるほど。(g)内閣と国会は密接な関係にあるんだね。

かずお：特に日本の場合は(h)議院内閣制を採用しているから，内閣と国会の距離が近く感じるね。でも三権分立で権力の集中を防ぐことも必要だと社会の授業で習ったよ。

ひでき：授業では，(i)大統領制を採用しているアメリカでは日本以上に厳格な三権分立の体制がとられているとも習ったね。

（1）　下線部(a)に関連して，1964年の東京オリンピック以前に起きた日本の出来事として適切なものを，以下の①～④のうちから一つ選びなさい。

①　人種差別をなくすことを目的とする人種差別撤廃条約を，日本が批准した。

②　女性だけ離婚や死別後6か月間は再婚禁止とする民法の規定について，憲法が保障する法の下の平等に反するという判決が出された。

③　日ソ共同宣言に調印したことで，日本は国際連合に加盟し，国際社会に復帰した。

④　国政選挙における選挙権年齢が，満18歳以上に引き下げられた。

（2）　下線部(b)に関連して，大日本帝国憲法について述べた文として適切なものを，以下の①～④のうちから一つ選びなさい。

①　大日本帝国憲法では，各国務大臣は天皇の協賛機関と定められており，天皇に対してのみ責任を負うとされていた。

②　制定にあたり，伊藤博文らはヨーロッパに渡って各地の憲法を学んだため，人民の自由権が

広く認められており，その権利は人々が生来持つ天賦人権とされた。

③ 議会は天皇の輔弼（ほひつ）機関と定められ，立法権を有する天皇を補佐する役割が与えられていた。

④ 天皇は統治権を有するだけでなく，軍隊を指揮する統帥権も与えられ，こうした天皇の大きな権限は天皇大権と呼ばれた。

(3) 空欄［あ］～［う］にあてはまる語句の組み合わせとして適切なものを，以下の①～④のうちから一つ選びなさい。

① ［あ］－結社 ［い］－言論 ［う］－出版その他一切の表現の自由

② ［あ］－表現 ［い］－思想 ［う］－良心の自由

③ ［あ］－居住 ［い］－移転 ［う］－職業選択の自由

④ ［あ］－生命 ［い］－自由 ［う］－幸福追求に対する国民の権利

(4) 下線部(c)「公共の福祉」によって人権が制限される例として**適切でないもの**を，以下の①～④のうちから一つ選びなさい。

① 医師の無資格の診療が禁止される。

② 治安を守るため，社会主義者らの思想が制限される。

③ 公務員のストライキが禁止される。

④ 他人の名誉を傷つける行為が禁止される。

(5) 下線部(d)に関連して，次の**表**，**図１・２**は茨城県の財政に関する表やグラフである。これらから読み取れることとして適切なものを，以下の①～④のうちから一つ選びなさい。

表 茨城県年度当初予算（歳出）

（単位：千円）

平成31年度		令和２年度
1,691,505	議会費	1,715,010
38,395,914	総務費	36,552,111
11,238,769	企画開発費	12,648,565
11,159,763	生活環境費	9,959,818
212,004,088	保健福祉費	218,297,813
2,798,826	労働費	2,603,800
43,946,432	農林水産業費	49,135,748
82,079,944	商工費	82,215,383
113,206,308	土木費	116,586,507
62,133,271	警察費	63,947,728
274,791,255	教育費	274,689,315
816,395	災害復旧費	813,205
147,515,489	公債費	147,237,530
133,635,508	諸支出金	146,214,482
300,000	予備費	300,000
1,135,713,467	歳出合計	1,162,917,015

（茨城県 HP により作成）

図１ 茨城県の歳入とその内訳

（2017 年度決算）

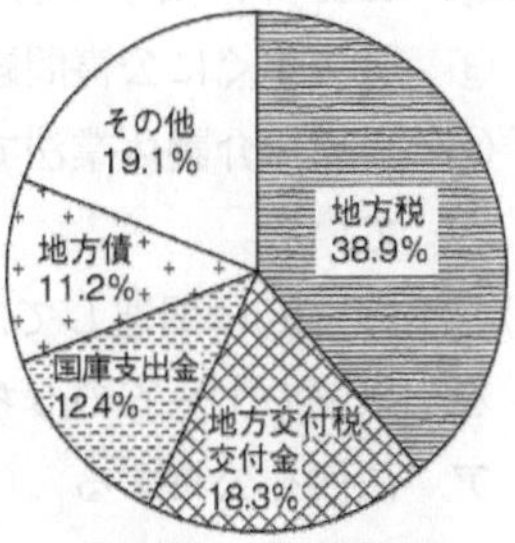

注）作成の都合上，データの合計は100%にならない。

図２ 茨城県の歳入とその内訳

（1989 年度決算）

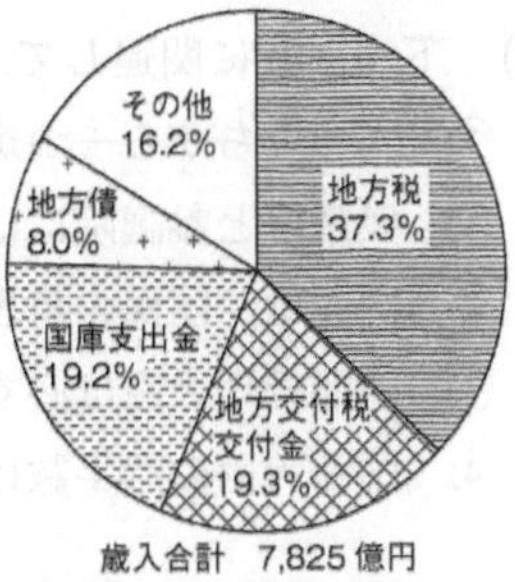

（図１，２のいずれも総務省「地方財政状況調査結果」により作成）

① 平成31年度から令和２年度にかけて予算額が600万円以上増えている項目は，保健福祉費と諸支出金だけであり，新型コロナウィルス対策で保健福祉費が増大したと考えられる。
② 1989年度から2017年度にかけて国から配分される地方交付税交付金の額は減少しており，その半面，地方公共団体が集める地方税の額が増大していることから，国から地方への税源移譲が行われたことがわかる。
③ 1989年度から2017年度にかけて，国がお金の使いみちを限定して配分する国庫支出金の割合は６％以上減少しており，その半面，地方公共団体が集める地方税の額は増大している。
④ 2017年度に茨城県が借金をして得た歳入額は，2,000億円を超えている。

（6） 下線部(e)に関連して，次の条文が規定されている憲法・宣言として適切なものを，以下の①～④のうちから一つ選びなさい。

> 第151条１項
> 経済生活の秩序は，すべての人に人間たるに値する生存を保障する目的をもつ正義の諸原則に適合しなければならない。

① ワイマール憲法　　② 日本国憲法
③ フランス人権宣言　　④ アメリカ独立宣言

（7） 下線部(f)に関連して，日本の法律について述べた文として適切なものを，以下の①～④のうちから一つ選びなさい。
① 現在，選挙権年齢や選挙活動について規定している法律は，普通選挙法である。
② 1985年，女子差別撤廃条約の批准に向けて，男女雇用機会均等法が制定された。
③ 戦後すぐに公害問題が深刻化し，新しい人権である環境権が法律に規定された。
④ 育児・介護休業法では，女性のみが育児休業・介護休業を取得することができると規定されている。

（8） 下線部(g)に関連して，次の**ア**～**ウ**の権限のうち，内閣と国会の権限として適切な組み合わせを，以下の①～⑥のうちから一つ選びなさい。
ア 法律を公布する
イ 弾劾裁判所を設置する
ウ 条約を締結する
① 内閣－**ア**　国会－**イ**　　② 内閣－**ア**　国会－**ウ**
③ 内閣－**イ**　国会－**ア**　　④ 内閣－**イ**　国会－**ウ**
⑤ 内閣－**ウ**　国会－**ア**　　⑥ 内閣－**ウ**　国会－**イ**

（9） 下線部(h)に関連して，日本の議院内閣制について述べた文として**適切でないもの**を，以下の①～④のうちから一つ選びなさい。
① 衆議院と参議院には，内閣不信任の決議権が与えられている。
② 内閣は，国民の意思を問う必要があるとき，いつでも衆議院を解散することができる。
③ 内閣総理大臣は必ず国会議員の中から指名される。
④ 国務大臣の過半数は国会議員の中から選ばなければならない。

(10) 下線部(i)に関連して，アメリカの大統領制について述べた文として**適切でないもの**を，以下の①～④のうちから一つ選びなさい。

① 大統領が締結した条約を承認する権限は，議会に与えられている。

② 大統領には強い権限が与えられており，下院を解散することができる。

③ アメリカの大統領選挙は，国民によって選ばれた大統領選挙人が大統領を選出することから，間接選挙と呼ばれる。

④ 大統領には，連邦議会が作成した法律案を拒否する権限が与えられている。

4

次の文章を読んで，あとの問いに答えなさい。

瀬戸内海の「瀬戸」とは海峡を指す言葉で，瀬戸内海は古くから海上交通が盛んであった。12世紀，[あ]は日宋貿易を活発にするために瀬戸内の航路を整備した。

[あ]は，航海の安全や一門の繁栄を願い厳島神社に参詣した。厳島神社は1996年，世界遺産に登録され，現在も多くの観光客が参詣に訪れている。厳島神社のほかにも，瀬戸内海には航海の安全祈願の信仰を集める神社がある。(a)香川県の金刀比羅宮は，「こんぴらさん」と呼ばれ，現在でも漁師や船員など海事関係者の信仰を集めている。

17世紀，日本海側から関門海峡を経由して，瀬戸内海を通って「天下の台所」と呼ばれた[い]へ結ばれる海上交通のルートが確立した。瀬戸内海の海上交通は瀬戸内の工業にも影響を与えており，沿岸部の埋立地造成のしやすさなどを背景に，第二次世界大戦後には(b)瀬戸内工業地域が形成された。一方で，1988年の瀬戸大橋開通以降，本州と四国を結ぶ(c)本州四国連絡橋が整備され，瀬戸内海は高速道路や鉄道で結ばれるようになった。

中国・四国地方において最大の人口を有する都市が，[う]市である。[う]市は，[え]県の県庁所在地であり，16世紀末に毛利氏が城下町を築いたことにより，現在の都市としての発展が始まった。明治時代には陸軍の師団司令部が置かれたことで，軍都として発展し，日清戦争のときには，第7回帝国議会も開催された。1945年8月6日，原子爆弾が投下され，多くの犠牲者を出した。このことから平和記念都市としても知られている。現在，[う]市は，政令指定都市であり，多くの行政機関，企業の支社・支店が集まる中心性が高い都市である。近年では，2014年と2018年，[う]市内で発生した(d)豪雨による土砂災害が報道されたことも記憶に新しい。

(1) 空欄[あ]・[い]にあてはまる人物・都市の組み合わせとして適切なものを，以下の①～④のうちから一つ選びなさい。

① [あ]－平清盛　[い]－江戸

② [あ]－平清盛　[い]－大阪

③ [あ]－足利義満　[い]－江戸

④ [あ]－足利義満　[い]－大阪

(2) 空欄[う]・[え]にあてはまる県名・市名の組み合わせとして適切なものを，以下の①～④のうちから一つ選びなさい。

① [う]－岡山　[え]－岡山

② [う]－高松　[え]－香川

③ [う]－広島　[え]－広島

④ [う]－松山　[え]－愛媛

（3） 下線部(a)「香川県」は全国を代表するうどんが特産として知られている。以下の文章を参考にして，香川県でうどんが特産となった理由として適切なものを，以下の①～④のうちから一つ選びなさい。

・うどんをつくる際には，小麦粉に塩，水を加える。
・香川県は古代より農地の開発が進んだ一方で，渇水や干ばつに悩まされてきた。
・中世に二毛作が始まると，讃岐平野において，稲の裏作として干ばつに強い小麦の生産が広まった。
・瀬戸内海地域では，かつて海水を濃縮させる方法で製塩が行われていた。この方法では，海水を砂地にまき，乾燥を繰り返すことにより海水を濃縮させて，塩をつくった。
・江戸時代中期には，潮の干満の差を生かして塩田に海水を入れる方法が取り入れられた。
・香川県が位置する瀬戸内海の特徴は，中国山地と四国山地に挟まれているため，年間を通じて降水量が少なく，温暖である。

① うどんの原料となる小麦は，稲の代わりに生産が広まったため。
② うどんの原料となる小麦は，讃岐平野のような降水量が多い地域での生育に適していたため。
③ かつてうどんの原料となる塩をつくるには，夏よりも冬に降水量が多いことが必要だったため。
④ かつてうどんの原料となる塩をつくるには，海水の濃縮をするために日照時間が長いことが必要だったため。

（4） 下線部(b)「瀬戸内工業地域」に含まれる岡山県の製造品出荷額等割合を図に示した。図中のAにあてはまる品目として適切なものを，以下の①～④のうちから一つ選びなさい。

図 岡山県の製造品出荷額等割合（2017年）

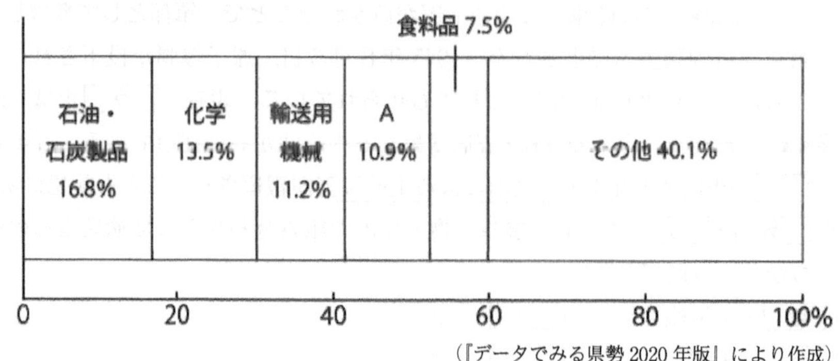

（『データでみる県勢 2020 年版』により作成）

① 印刷　② 飲料・飼料　③ 鉄鋼　④ 電気機械

（5） 下線部(c)「本州四国連絡橋」によって結ばれている県の組み合わせとして適切なものを，以下の①～④のうちから一つ選びなさい。

① 岡山県 － 愛媛県　② 岡山県 － 徳島県
③ 兵庫県 － 愛媛県　④ 兵庫県 － 徳島県

(6)　下線部(d)に関連して，自然災害や防災について述べた文X・Yの正誤の組み合わせとして適切なものを，①～④のうちから一つ選びなさい。

X　台風などの発達した低気圧が沿岸部に接近すると，気圧が低いことと吸い上げ効果により津波が起こり浸水被害が発生することがある。

Y　事前に河川の氾濫による浸水地域を予測し，避難場所などの情報と合わせた地図を「ハザードマップ」という。

①　X－正　Y－正	②　X－正　Y－誤
③　X－誤　Y－正	④　X－誤　Y－誤

5　絵梨さんは夏休みの課題として地域調査を行うことにした。次の図1・2を読み取り，あとの問いに答えなさい。

図1

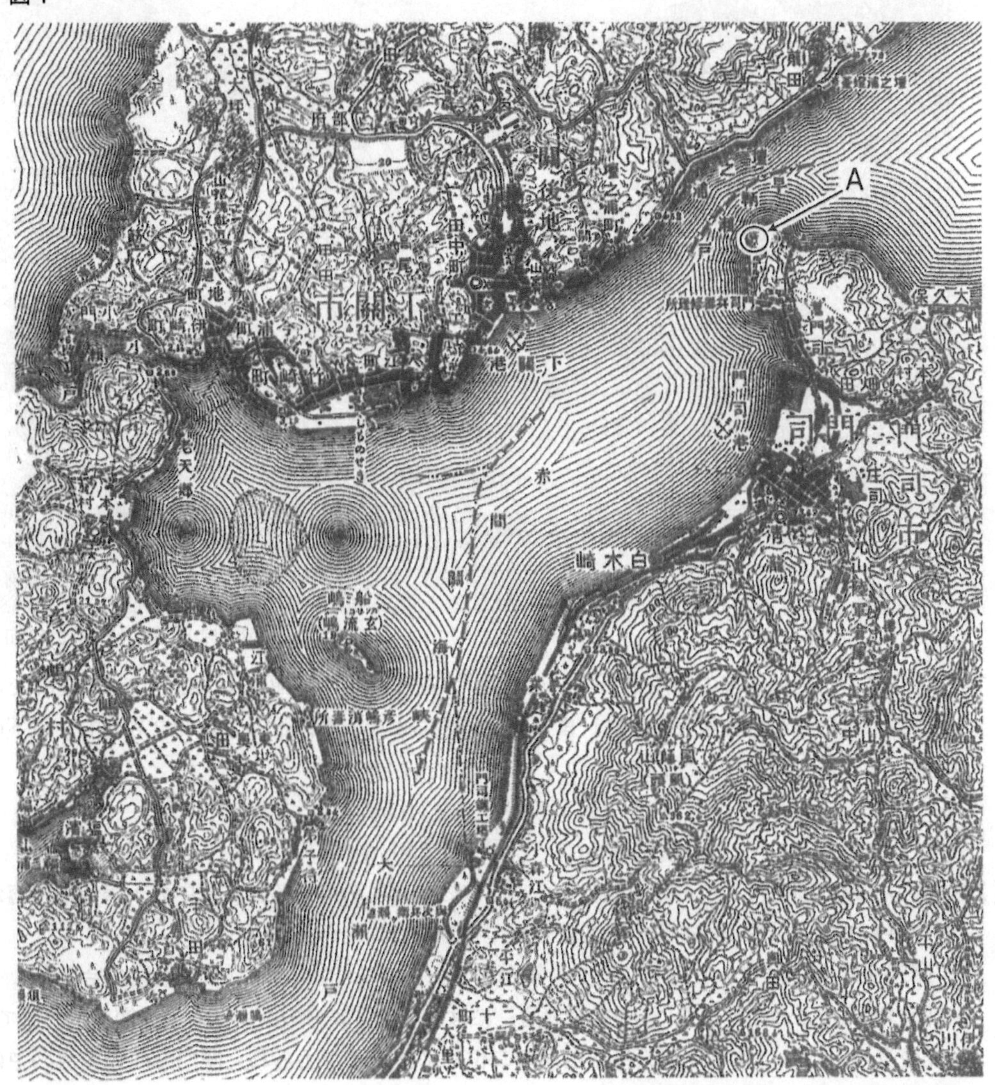

（5万分の1地形図「小倉」，明治33年測図）

図２

（５万分の１地形図「小倉」，平成19年修正）

（１）　図２において門司港の渡船場から船島（巌流島）までの直線距離は地図上で約6 cmである。門司港の渡船場から船島（巌流島）までの実際のおよその距離として適切なものを，以下の①〜⑥のうちから一つ選びなさい。

①　約0.15 km　　②　約0.3 km　　③　約1.5 km

④　約3 km　　⑤　約15 km　　⑥　約30 km

（２）　次の文章は図１・２から読み取れたことをまとめたものである。文章中の下線部の内容が**適切でないもの**を，以下の①〜④のうちから一つ選びなさい。

関門海峡は，古くから何度も歴史の舞台になった。1185年には，源平最後の合戦となった壇ノ浦の戦いがこの地で起きた。『平家物語』には敗れた平家方の武将たちの最期が描かれている。「先帝身投」には，幼い安徳天皇が祖母の二位尼に抱きかかえられ，関門海峡の激流の中に身を投げた場面が描かれている。図２をみると，①山口県側の「赤間神宮」の近くに安徳天皇陵がみられ，現在にその名残をとどめている。

図１をみると，②山口県側に下関市があり，福岡県側に門司市とある。図１が発行された明治時代においては，関門海峡を渡る手段は船以外になかったことがわかる。鉄道開通後も，客車を船に乗せたり，下関駅から門司駅まで連絡船に乗り換えたりして関門海峡を通過した。その後，関門海峡には橋やトンネルが開通した。図２をみると，③自動車や鉄道が船を利用せずに関門海峡を渡ることができるルートは，２か所存在する。

北九州市とゆかりがある作家に，松本清張があげられる。『時間の習俗』というミステリー小説には，北九州市の和布刈（めかり）神社でワカメを刈り取るという神事が登場する。図１における和布刈神社はAの神社であり，図２においては，④関門橋のほぼ真下に位置している。

（３）　絵梨さんは，北九州市における工業を調査することにした。調査すべき項目として最も**適切でないもの**を，以下の①～④のうちから一つ選びなさい。

① 北九州市にある日本を代表する鉄鋼メーカーの歴史
② 北九州市における工場の分布とその業種
③ 北九州市における製造品出荷額
④ 北九州市の門司港を発着する長距離フェリーの乗客数

（４）　表は，下関市と北九州市のいくつかの統計データを比較したものである。表から読み取れることとして適切なものを，以下の①～④のうちから一つ選びなさい。

表

下関市		北九州市
716.10	面積 （平方キロメートル）	491.95
26万6,429	人口（人）	96万1,024
−1.13	人口増減率（%）	−5.8
0～14歳　11.3 15～64歳　54.5 65歳以上　34.2	年齢別人口構成 （%）	0～14歳　12.5 15～64歳　57.6 65歳以上　29.8
第1次産業　4.6 第2次産業　24.0 第3次産業　71.4	産業別就業者 割合（%）	第1次産業　0.8 第2次産業　24.6 第3次産業　74.6
事業所数　374 従業者数　14,876 製造品出荷額等 5,164億円	工業統計	事業所数　994 従業者数　47,376 製造品出荷額等 ２兆583億円
事業所数　2,699 従業者数　19,010 年間商品販売額 5,514億円	卸売業，小売業	事業所数　8,993 従業者数　68,712 年間商品販売額 ２兆6,967億円

（『データでみる県勢 2020 年版』により作成）

① 北九州市のほうが下関市よりも人口が多いが，人口密度は下関市の方が高い。
② 下関市のほうが北九州市よりも65歳以上の人口の割合は高く，65歳以上の人口の数も多い。
③ 北九州市も下関市も第２次産業の従事者割合はほぼ同じだが，北九州市における工業統計の事業所数・従業者数・製造品出荷額等はいずれも，下関市の約４倍である。
④ 北九州市のほうが下関市よりも，卸売業，小売業の事業所数・従業者数・年間商品販売額が多く，これらは人口の大小との関連が考えられる。

6 中学生のしんやさんとあつしさんは社会の課題で茨城県の特産品について調べ，メモを作った。以下のメモを見て，あとの問いに答えなさい。

しんやさんの特産品メモ

品名	説明
霞ヶ浦レンコン	1970年代に(a)霞ヶ浦周辺で栽培が開始されたと言われている。減反政策のもと，米に代わる作物への転作が進められる中で生産されるようになった。
雪村うちわ	(b)室町時代に佐竹氏の一族の画僧・雪村が創作したものが伝承された。200年以上続く日本情緒豊かな民芸うちわである。
笠間焼	1770年代後半に信楽の陶工であった長右衛門がその技術を伝えたことで始まった。戦後に一時需要が減ることもあったが，現在では国内だけでなく(c)国外へ輸出されることもある。

（１） 下線部(a)「霞ヶ浦周辺」には旧石器時代から人間が暮らしていた痕跡（こんせき）が残っている。これに関連して，旧石器時代～古墳時代の霞ヶ浦について述べた文章を以下にあげた。文章中の下線部の内容が**適切でないもの**を，以下の①～④のうちから一つ選びなさい。

> 霞ヶ浦周辺にある旧石器時代の遺跡は，まばらに点在しており，そのほとんどが旧石器時代後期のものである。これらの遺跡からは，①石を打ち欠いて作った打製石器が発見されている。縄文時代の遺跡を調べてみると②赤褐色をした薄手でかための縄文土器や石を磨いてつくられた③磨製石器が発見されている。弥生時代から古墳時代にかけては遺跡数が爆発的に増加している。このことから，霞ヶ浦周辺では④人口が急激に増加したことが考えられる。

（２） 下線部(b)に関連して，この時期の佐竹氏は鎌倉公方（鎌倉府の長官）に仕えていた。鎌倉公方の役割として適切なものを，以下の①～④のうちから一つ選びなさい。

① 執権の補佐　　② 蝦夷を征服するための軍の総司令官
③ 京都の警備　　④ 関東８か国と伊豆・甲斐の支配

（３） 下線部(c)に関連して，貿易について述べた文として適切なものを，以下の①～④のうちから一つ選びなさい。

① 元寇後，元と日本との間で貿易は行われなくなった。
② 18世紀，中国はインドへ綿織物を輸出し，インドはイギリスへアヘンを輸出し，イギリスは中国へ茶を輸出するといった三角貿易が展開されていた。
③ 第一次世界大戦によって，日本は連合国やその植民地への輸出が急激に減少し，不景気となった。
④ 朝鮮戦争が始まると大量の軍需物資が日本に注文されたため，日本の経済は好景気となった。

あつしさんの特産品メモ

品名	説明
紫峰醤油	柴沼醤油醸造株式会社の商品である。この企業は，柴沼庄左衛門という人物が(d)土浦にて(e)1688年に創業した。土浦は関東の醤油の三大名醸地の一つと称されるほど，醤油の醸造で有名な土地である。
さしま茶	江戸時代初期から生産が始まった。1858年に あ が締結された翌年からアメリカへの緑茶の輸出を始めた。
稲田みかげ石	稲田を産出地とする花崗岩。(f)明治時代に本格的な石材発掘が始まった。 い 年に(g)石材輸送の貨物駅として稲田駅（現在のJR水戸線・稲田駅）が開業した。この石が使用された代表的建築物は，(h)国会議事堂・最高裁判所・上野駅・東京駅・日本橋などがある。

（4） 下線部(d)「土浦」で起きた出来事を以下にあげた。古いものから時代順に並べ替えたときに**3番目にくるもの**として適切なものを，以下の①～④のうちから一つ選びなさい。

① 航空隊殉職者の慰霊と，関東大震災後の不況により落ち込んだ土浦の経済を活性化させるという趣旨で，土浦の花火大会が初めて開催された。

② 政府により学制が公布されると，土浦市内には公立の小学校が設置された。

③ 田沼意次が老中を罷免された年，土浦の城下町は大洪水に見舞われていた。

④ 土浦地方で太閤検地が行われ，村の境界が設定された。

（5） 下線部(e)「1688年」に処罰された人物とその概要を，次の表にまとめた。これらの人物は全て同じ法令が理由で処罰されている。その法令の名称と，法令が出された時の将軍の組み合わせとして適切なものを，以下の①～④のうちから一つ選びなさい。

日付	概要
5/30	鳩に石を投げた子どもが追放される。
8/22	小鳥を捕まえるための銃を持っていた親子らが島流しの刑に処せられる。
8/27	捨ててあった子犬を養わなかった幕府の役人が追放される。
10/3	鳥が巣をつくっていた木をきってしまったため，武蔵国の新羽村西方寺の僧が，閉門といわれる刑罰を受けた。

① 生類憐みの令・徳川綱吉　　② 倹約令・徳川綱吉

③ 生類憐みの令・徳川吉宗　　④ 倹約令・徳川吉宗

（6） 空欄 あ に入る条約の名称として適切なものを，以下の①～④のうちから一つ選びなさい。

① ポーツマス条約　② 日米修好通商条約　③ 日米和親条約　④ ベルサイユ条約

（7） 下線部(f)「明治時代」について，この時代に起きた出来事について述べた文として適切なものを，以下の①～④のうちから一つ選びなさい。

① 政府は欧米諸国に対抗するため，経済を発展させて国力をつけ，軍隊を強くすることを目指し，富国強兵政策を行った。

② 政府はロシアと樺太・千島交換条約を結び，ロシアに千島列島の領有を認める代わりに，樺太の全てを日本領とした。

③　吉野作造や美濃部達吉らによって民衆の間でデモクラシーの思想が広まった影響で，社会運動も活発に行われるようになった。

④　ラジオ放送が全国に普及し，新聞と並ぶ情報源となった。

(8)　次の内容を参考に，空欄［　い　］にあてはまる西暦年を，以下の①～④のうちから一つ選びなさい。

> ○日清戦争における清の敗北により，古代から続いていた中国を中心とする東アジアの伝統的な国際関係は崩れた。朝鮮は清からの独立を宣言し，［　い　］年には国名を大韓帝国に改めた。
>
> ○［　い　］年に，志賀潔が赤痢菌を発見した。

①　1867　　②　1897　　③　1945　　④　1997

(9)　下線部(g)に関連して，物資の輸送について述べた文として**適切でないもの**を，以下の①～④のうちから一つ選びなさい。

①　中国では漢の時代に，シルクロードとよばれる交通路を通って，馬やぶどう，仏教などが伝わった。

②　平安時代末期から，物資を運ぶ馬借や問と呼ばれる運送業をかねた倉庫業者が活動した。

③　ルネサンス期のヨーロッパでは羅針盤が実用化され，15世紀後半には大航海時代が到来した。

④　17世紀の中ごろから海路が運送の中心となり，大阪・江戸間を菱垣廻船や樽廻船が定期的に往復するようになった。

(10)　下線部(h)に関連して，**資料1～3**について述べた文として**適切でないもの**を，以下の①～③から一つ選びなさい。①～③にあてはまるものがない場合は④を選びなさい。

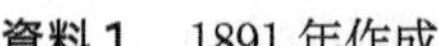

資料1　1891年作成

資料2　1913年撮影

資料3　1960年撮影

① **資料1**のころの帝国議会は国民が選挙した議員で構成する参議院と，皇族や華族，天皇が任命した議員などで構成する貴族院の二院制であった。

② **資料2**は，第一次護憲運動の影響で，桂内閣の退陣を求めて集結した民衆を撮影したものである。

③ **資料3**は，日米安保条約の改定に対して，反対運動を起こした多数の市民が国会議事堂を取り囲んでいる様子を撮影したものである。

④ ①～③にあてはまるものがない。

問25 傍線部４「いみじうわびしきこと」とあるが、夢の中の猫はなぜそう言ったのか。その理由の説明として、最も適当なものを**一つ**選びなさい。

ア　筆者の姉が病気であると知り、心配になったから。
イ　筆者の姉の看病をしたかったが、できなかったから。
ウ　苦手なエサであったが、無理に食べさせられたから。
エ　筆者のそばにいたいのに、遠ざけられていたから。
オ　まだ幼い自分に対し、筆者の接し方が粗雑であったから。

問26 傍線部５「聞き知り顔」とあるが、その説明として、最も適当なものを**一つ**選びなさい。

ア　筆者の、全てを理解して納得した表情。
イ　筆者の、猫の状況を知り、気の毒に思う表情。
ウ　猫の、周囲の人々を見下しているかのような表情。
エ　猫の、まるで言葉を理解しているかのような表情。
オ　猫の、期待通りの扱いをされ、満足しているかのような表情。

問27 本文の内容として、誤っているものを**一つ**選びなさい。

ア　猫がとても可愛らしいので、元の飼い主に見つからないようにこっそり飼おうと姉が提案した。
イ　猫が鳴いているのは、元の飼い主を恋しがってのことだと筆者は気づいた。
ウ　飼い始めたころの猫は、身分の低い者には近づかず、姉妹のそばにいるようになった。
エ　姉が病気になってしまい、家の中が騒然としていたので、猫は使用人の部屋の方にばかり居させられた。
オ　筆者は、病気になった姉から夢の話を聞いた。

[4]いみじうわびしきこと（ほんとうにつらいこと）」と言ひて、いみじう泣くさまは、あてにをかしげなる人と見えて（上品で美しい人に見えて）、うちおどろきたれば（はっと目を覚ましたところ）、この猫の声にてありつるが、いみじくあはれなるなり」と語りたまふを聞くに、いみじくあはれなり。

その後は、この猫を北面にも出ださず、思ひかしづく（大切に世話をする）。ただ一人ゐたる所に、この猫がむかひゐたれば、かいなでつつ（なでながら）、「侍従の大納言の姫君のおはするな（侍従の大納言の姫君がおいでになったのね）。大納言殿に知らせたてまつらばや（お父上の大納言にお知らせしたいわ）」といひかくれば、顔をうちまもりつつなごう鳴くも、心のなし（こころなしか）、目のうちつけに（一見したところ）、例の猫にはあらず（普通の猫ではなく）、[5]聞き知り顔にあはれなり。

※下衆…貴族ではない一般庶民。ここでは、使用人のこと。

※北面…使用人のいる北向きの部屋。

※侍従の大納言殿の御むすめ…筆者が書道の手本をもらうなど交流があった、字の上手な姫君で、本文中では既に亡くなっている。

※中の君…筆者のこと。

問22 傍線部1「なほさるにてこそは」とあるが、そのように考えた根拠にあたる箇所を抜き出したものとして、最も適当なものを**一つ**選びなさい。

ア　すべて下衆のあたりにも寄らず、

イ　物もきたなげなるは、ほかさまに顔を向けて食はず。

ウ　をかしがりらうたがるほどに、

エ　姉のなやむことあるに、

オ　かしがましく鳴きののしれども、

問23 傍線部2「こち率て来」とあるが、姉はなぜそう言ったのか。その理由の説明として、最も適当なものを**一つ**選びなさい。

ア　猫が自分のそばにいないと、妹の方になついてしまうかもしれないから。

イ　猫が使用人の部屋に出入りすると、使用人に迷惑がかかるから。

ウ　猫が侍従の大納言の娘の生まれ変わりだという夢を見たから。

エ　猫に名前を付けたのは自分なので、どこにいるのか知りたかったから。

オ　猫の様子がおかしかったので、健康状態を心配していたから。

問24 傍線部3「など」とあるが、だれからだれへの質問であるか。最も適当なものを**一つ**選びなさい。

ア　姉から筆者へ。

イ　姉から姫君へ。

ウ　使用人から姉へ。

エ　筆者から姉へ。

オ　筆者から使用人へ。

問8 次の①・②の熟語と同じ構成のものをそれぞれ**一つずつ**選びなさい。

①推量　ア 鎮静　イ 高低　ウ 降雨
　　　　エ 懇願　オ 改定

②失望　ア 開会　イ 辛勝　ウ 請求
　　　　エ 退避　オ 獲得

二

※問題に使用された作品の著作権者が二次使用の許可を出していないため、問題を掲載しておりません。

（出典：池上嘉彦『ことばの詩学』より一部改変）

三

※問題に使用された作品の著作権者が二次使用の許可を出していないため、問題を掲載しておりません。

（出典：小川糸『ツバキ文具店』より一部改変）

四

次の文章は、筆者（菅原孝標女（すがわらのたかすえのむすめ））が、自分の四十年間の人生を振り返って書いた『更級日記（さらしなにっき）』の一部で、十五歳ごろに、迷い込んできた猫を飼うことにしたときの話である。これを読んで、後の問いに答えなさい。

「いづくより来つる猫ぞ」と見るに、姉なる人、「あなかま（しっ静かに）、人に聞かすな。いとをかしげなる（たいそうかわいい）猫なり。飼はむ（飼おう）」とあるに、いみじう人馴（な）れつつ、かたはらにうち臥（ふ）したり。尋ぬる人やあると、これを隠して飼ふに、すべて（全く）下衆（げす）※のあたりにも寄らず、つと（じっと）前にのみありて、物もきたなげなるは（食物でもきたならしいものは）、ほかさまに顔を向けて食はず。

姉おととの中につとまとはれて（姉妹の間をぴったりとまとわりついて）、をかしがりらうたがる（かわいがっている）ほどに、姉のなやむことあるに（姉が病気になることがあって）、もの騒がしくて、この猫を北面（きたおもて）※にのみあらせて呼ばねば、かしがましく（やかましく）鳴きののしれども、「なほさるにてこそは」[1]（やはり何か理由があるのだろう）と思ひてあるに、わづらふ姉おどろきて（目を覚まして）「いづら、猫は（どうしたの、猫は）。こち率（ゐ）て来」[2]とあるを、「など」[3]（どうして）と問へば、「夢にこの猫の、かたはらに来て、『おのれは、侍従（じじゅう）※の大納言殿（だいなごんどの）の御（おほん）むすめの、かくなりたるなり。さる（前世の）べき縁（えん）のいささかありて（因縁が少々あって）、この中の君※の、すずろにあはれと思ひ出でたまへば（こちらの妹君が、私のことをしきりに懐かしがって思い出してくださいますので、）、ただしばしここにあるを、このごろ下衆の中にありて、

【国語】〈五〇分〉〈満点：一〇〇点〉

一 次の各問いに答えなさい。

問1 次の①・②の傍線部のカタカナ部分と、同じ部首の漢字を使うものをそれぞれ**一つずつ**選びなさい。

①コンクールでカ作に選ばれる。

ア 遠リョばかりしてはいけない。
イ オウ来の激しい道路。
ウ 親に送ゲイを頼む。
エ ピアノのバン奏を行う。
オ セン明な映像を撮影する。

②荷物をハン入する。

ア ケン悪な雰囲気になる。
イ 悪事をテキ発する。
ウ コ独を味わう。
エ 健康的な自スイ生活。
オ テン削指導を受ける。

問2 次の傍線部の読み方と同じ読みを含まないものを**一つ**選びなさい。

「臨床」

ア 称賛　イ 精進　ウ 人相
エ 衣装　オ 半鐘

問3 次のうち、送り仮名のつけ方として正しいものを**一つ**選びなさい。

ア 促がす　イ 災わい　ウ 携さえる
エ 被むる　オ 厳か

問4 次のことわざの空欄に生き物を表す言葉が入らないものを**一つ**選びなさい。

ア 泣き面に（　）
イ （　）に腕押し
ウ （　）の行水
エ はきだめに（　）
オ 借りてきた（　）

問5 次の慣用句のうち、「思いがけないことで驚く様子」という意味を表すものを**一つ**選びなさい。

ア のどもと過ぎれば熱さを忘れる
イ 寝耳に水
ウ 井の中の蛙(かわず)
エ とんびが鷹(たか)を生む
オ 猿も木から落ちる

問6 次の四字熟語のうち、全て正しい漢字で構成されているものを**一つ**選びなさい。

ア 有為転変　イ 一騎倒千　ウ 内憂外観
エ 絶対絶命　オ 前代未問

問7 次のうち、敬語表現として正しいものを**一つ**選びなさい。

ア お医者さんはすぐによくなると申しました。
イ 母が僕の体調をずいぶん心配なさっています。
ウ この件についてお聞きしていらっしゃいますか。
エ 拝見した作品はどれも素晴らしいものでした。
オ 先生が職員室でお仕事をしております。

2021年度

解 答 と 解 説

《2021年度の配点は解答欄に掲載してあります。》

＜数学解答＞

1 (1) ア 3 イ 4 (2) ウ 1 エ 4 (3) オ 3 カ 8[オ 8 カ 3]
(4) キ 6 ク 9 (5) ケ 0 コ 3[ケ 3 コ 0]

2 (1) ア 1 イ 8 ウ 2 (2) エ 5 オ 9 カ 5 キ 1 ク 2
(3) ケ 1 コ 0 サ 5 シ 2 ス 0

3 (1) ア 5 イ 3 ウ 6 (2) エ 2 オ 1 カ 5 (3) キ 8

4 (1) ア 2 イ 4 (2) ウ 1 エ 2 オ 3 カ 2 (3) キ 9
ク 2

5 (1) ア 2 (2) イ 1 ウ 2 エ 3 オ 3 (3) カ 2 キ 7
ク 2 ケ 5

○推定配点○

各5点×20 計100点

＜数学解説＞

基本 1 (正負の数，平方根，2次方程式，連立方程式，正誤問題)

(1) $-\frac{1}{12}\div\left(\frac{1}{3}-\frac{1}{2}\right)+\frac{1}{4}=-\frac{1}{12}\div\left(-\frac{1}{6}\right)+\frac{1}{4}=\frac{1}{2}+\frac{1}{4}=\frac{3}{4}$

(2) $\left(\frac{\sqrt{5}+\sqrt{3}}{2}\right)^2\left(\frac{\sqrt{5}-\sqrt{3}}{2}\right)^2=\left(\frac{\sqrt{5}+\sqrt{3}}{2}\times\frac{\sqrt{5}-\sqrt{3}}{2}\right)^2=\left(\frac{5-3}{4}\right)^2=\frac{1}{4}$

(3) $(x-3)^2=5(x-3)$ $(x-3)\{(x-3)-5\}=0$ $(x-3)(x-8)=0$ $x=3,\ 8$

(4) $\frac{4x-2y}{3}=11-y$より，$4x+y=33$…① $x+2y=24$…② ①×2−②より，$7x=42$ $x=6$ これを①に代入して，$24+y=33$ $y=9$

(5) ⓪ 偶数の素数は2のみであるから，正しい。

① xの値がaからbに増えるとき，変化の割合は，$\frac{3b^2-3a^2}{b-a}=3(a+b)$であるから，3ではない。よって，誤り。

② 等脚台形の場合があるから，誤り。

③ 元の5つのデータをa，b，c，d，eとし，その平均をSとすると，$\frac{(a+2)+(b+2)+(c+2)+(d+2)+(e+2)}{5}=\frac{a+b+c+d+e+10}{5}=\frac{a+b+c+d+e}{5}+2=$ S+2 よって，正しい。

2 (1次関数，確率，角度)

基本 (1) 直線$y=ax+2$が点Aを通るとき，$6=2a+2$ $a=2$ 点Bを通るとき，$3=8a+2$ $a=\frac{1}{8}$ よって，$\frac{1}{8}\leqq a\leqq 2$

重要 (2) さいころの目の出方の総数は，6×6＝36(通り) このうち，出た目の積が3の倍数にならないのは，2回とも1，2，4，5のどれかの目が出るときだから，求める確率は，$1-\frac{4\times4}{36}=\frac{5}{9}$

また，出た目の積が4の倍数になるのは，(1回目，2回目)＝(1，4)，(2，2)，(2，4)，(2，6)，(3，4)，(4，1)，(4，2)，(4，3)，(4，4)，(4，5)，(4，6)，(5，4)，(6，2)，(6，4)，(6，6)の15通りだから，求める確率は$\frac{15}{36}=\frac{5}{12}$

基本 (3) 右の図のように，A～Gをとると，△ACFの内角の和は180°だから，$\angle x=180°-30°-45°=105°$　三角形の内角と外角の関係より，△CDEにおいて，∠CED＝∠ACF－∠CDE＝105°－60°＝45°　△BEGにおいて，$\angle y$＝∠CED－∠EBG＝45°－25°＝20°

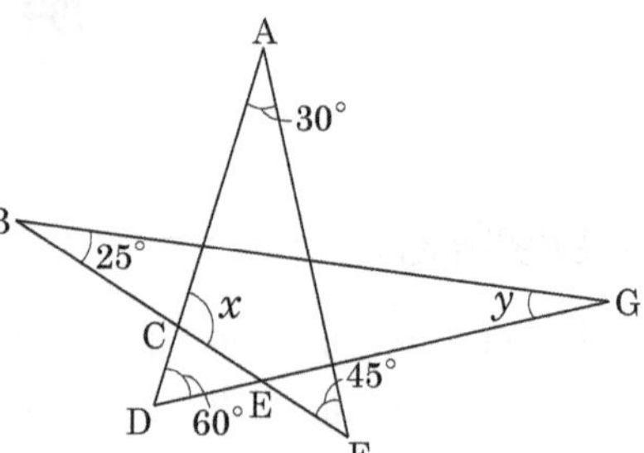

3 (方程式の利用)

基本 (1) 題意より，$\frac{x}{18}+\frac{x}{12}=\frac{5}{36}x$(時間)

(2) Bが時速9kmで走る前までに走った距離は，$18\times\frac{20}{60}+15\times\frac{20}{60}+12\times\frac{20}{60}=6+5+4=15$(km)　よって，時速9kmで走った距離は，$2x-15$(km)

(3) 2人は同時にS地点に着いたので，時間について，$\frac{5}{36}x=\frac{20}{60}\times3+\frac{2x-15}{9}$　$5x=36+4(2x-15)$　$-3x=-24$　$x=8$(km)

4 (図形と関数・グラフの融合問題)

基本 (1) $y=x^2$と$y=x+2$からyを消去して，$x^2=x+2$　$x^2-x-2=0$　$(x+1)(x-2)=0$　$x=-1，2$　$y=x^2$に$x=2$を代入して，$y=4$　よって，B(2，4)

基本 (2) 線分OBの中点をMとすると，M(1，2)　求める直線AMの式を$y=ax+b$とすると，2点A，Mを通るから，$1=-a+b$，$2=a+b$　この連立方程式を解いて，$a=\frac{1}{2}$，$b=\frac{3}{2}$　よって，$y=\frac{1}{2}x+\frac{3}{2}$

重要 (3) 直線$y=1$と線分OBとの交点をCとすると，直線OBの式は$y=2x$だから，$y=1$を代入して，$x=\frac{1}{2}$　よって，$C\left(\frac{1}{2},\ 1\right)$　△AOBを直線$y=1$のまわりに1回転させてできる立体は，△ABCを直線$y=1$のまわりに1回転させてできる立体に等しい。△ABCを直線$y=1$のまわりに1回転させてできる立体の体積を[△ABC]と表し，D(2，1)とすると，[△ABC]＝[△ADB]－[△CDB]　BD＝4－1＝3，AD＝2－(－1)＝3，CD$=2-\frac{1}{2}=\frac{3}{2}$より，[△ABC]＝[△ADB]－[△CDB]$=\frac{1}{3}\times\pi\times3^2\times3-\frac{1}{3}\times\pi\times3^2\times\frac{3}{2}=\frac{9}{2}\pi$

5 (平面図形の計量)

基本 (1) △ABCと△BECは∠Cが共通の二等辺三角形だから，△ABC∽△BEC　対頂角だから，∠AED＝∠BEC，$\overset{\frown}{AB}$の円周角だから，∠ADE＝∠BCE　よって，△AED∽△BEC　以上より，△ABCと相似な三角形は2個ある。

基本 (2) △ABC∽△BEC より，AB：BE＝CB：CE　$CE=\frac{\sqrt{3}\times\sqrt{3}}{3}=1$　よって，AE＝AC－CE＝3－1＝2　△ABC∽△AED より，AB：AE＝CB：DE　$DE=\frac{2\times\sqrt{3}}{3}=\frac{2\sqrt{3}}{3}$

重要 (3) △ABC∽△BEC より，∠BAC＝∠EBC　$\overset{\frown}{BC}$の円周角だから，∠BAC＝∠CDB　よって，∠CBD＝∠CDBより，△CBDは二等辺三角形　また，△FACにおいて，∠FAC＝∠BAC　AD//FCより，平行線の錯角は等しいから，∠FCA＝∠DAC　よって，△FACは二等辺三角形で，△CBDと底角の大きさが等しいから，△FAC∽△CBD　相似比はAC：BD$=3:\left(\sqrt{3}+\frac{2\sqrt{3}}{3}\right)=9:5\sqrt{3}=3\sqrt{3}:5$　したがって，△AFCと△DCBの面積比は，$(3\sqrt{3})^2:5^2=27:25$

★ワンポイントアドバイス★

出題構成，難易度に変化はない。あらゆる分野から標準レベルの問題が出題されている。基礎をしっかり固めておこう。

＜英語解答＞

1 (1) 3 (2) 3 (3) 1 (4) 3 (5) 2 (6) 2 (7) 1 (8) 3
(9) 3，4

2 (10) 1 (11) 1 (12) 4 (13) 2 (14) 2
(15) A 4 B 1 C 1 D 2 E 2

3 (16) ① 5 ③ 2 ⑤ 4 (17) 2 (18) 1 (19) 1
(20) A 2 B 3 C 3 D 1

4 (21) 3 (22) 1 (23) 2 (24) 4

5 (25) 3 (26) 1 (27) 4

6 (28) 2 (29) 3 (30) 3

7 (31) (2番目，5番目) 1，4 (32) (2番目，5番目) 2，6
(33) (2番目，5番目) 3，5 (34) (2番目，5番目) 1，3
(35) (2番目，5番目) 6，3

8 (36) 4 (37) 4 (38) 4 (39) 3 (40) 4

○推定配点○

各2点×50 計100点

＜英語解説＞

重要 1 **(長文読解・物語文：語句補充，要旨把握，内容吟味)**

(大意) 私は長い間日本に住んでいる。私は多くの興味深いものを見た。一つは日本人は犬が大好きだということだ！私は人々が犬を散歩させたり，人間の赤ちゃんのために作られた小さなカートで犬を押しているのを見る。多くの場合，犬は風邪を引くことから守るために，セーター，靴，さらには小さなマスクなどのかわいい服を着ている。これはいいが，実は私は猫が好きだ！猫を飼う日本人を見ることはほとんどない。猫は日本では犬ほど①人気ではないようだ。猫は何千年もの間，多くの素晴らしいことをしてきたので，これは奇妙だ。

歴史から最も重要な猫から始めよう。バステトのことを聞いたことがあるか。②バステトは5000年前にエジプト人にとって非常に重要だった猫の神だった。エジプト人は多くの小麦を栽培し，多くのネズミを引き付けた。ネズミが小麦を食べないようにする上で，猫は重要な武器だった。それらはエジプト人が健康な生活を送るのを助けた。そこで，猫はエジプト人の神と見なされるようになった。猫の神であるバステトが，しばしばネズミによって運ばれる病気から守ったと信じていた。ブバスティスの街はバステットの本拠地と考えられていた。だから，多くの人々がバステトに助けを求め，そこに住んでいた多くの猫を見るためにそこに行った。実際，エジプトでは猫がとても重要だったので，死んだ後，ミイラ化されることが多かった。今日，多くの猫のミイラはエジプトで発見されている。

猫も有名になったが，彼らがしたことではなく，しなかったことで有名になった。アメリカで最も有名な大統領であるリンカン大統領は，タビーとディキシーの2匹の猫を飼っていた。これらの猫は，彼が最初に1861年に大統領になったとき，リンカン大統領に与えられた。当時，アメリカ合衆国はアメリカの南半分と戦っていた。戦争は非常に恐ろしいものだったし，約60万人のアメリカ人が殺された。リンカン大統領は人気が出ておらず，多くのアメリカ人はリンカンは悪い大統領だと言った。彼がアメリカ史上最悪の大統領だと言った人もいた。妻でさえ彼が好きではなかった！しかし，リンカン大統領には彼を幸せにし，彼についての冗談を言わなかった2人の友人がいた：タビーとディキシーだ。リンカンは猫と一緒だった。彼はしばしば長い間彼らに話しかけ，夕食で金の皿の料理を食べた。リンカンの妻は猫を嫌い，夕食のテーブルから押しのけようとした。なぜ猫がそんなに好きなのかと尋ねられると，リンカンはタビーとディキシーはいつも彼に親切だと言った！

もう一匹の猫は最善を尽くしたことで有名だ。一日中太陽の下で眠ることではない。テーブルから物を叩き落すことではない。タウザーという猫はネズミを殺すことで有名だ！タウザーは1963年にスコットランドのクリフで生まれた。飼い主のフレッドはパンを作る工場で働いていた。工場はパンを作るために多くの小麦を必要とした。小麦はネズミの好きな食べ物だ。工場にはネズミがたくさんいた。そこで，工場のオーナーは，ネズミを管理するために猫を働かせるように労働者に頼んだ。工場で働く前，タウザーはほとんど③他の猫のようだった。彼は一日中太陽の下で寝て，夜はフレッドと一緒にベッドで寝た。彼は太っていて怠け者で，台所の窓の隣に座っている間，人生が彼を通り過ぎるのを見て幸せだった。しかし，タウザーがパン工場に連れて行かれると，変わった。興奮し，ネズミを追いかけ，殺し始めた。④フレッドはショックを受けた！彼の太った眠い猫は突然ネズミを殺す機械になった！実際，彼は最初の日に非常に多くのネズミを殺したので，工場のオーナーは彼にネズミの殺す仕事を与えることにした。ネズミを殺すタウザーの技術は，地元の新聞の注目を集めた。タウザーについて書かれ，科学者たちはタウザーのネズミ狩り活動を研究し始めた。科学者たちは，タウザーが毎日平均3匹のネズミを殺したことを発見した。タウザーはまた，休みを取ったことがなかった 。つまり，1年でタウザーは千匹以上のネズミを殺した！タウザーはネズミ殺しのチャンピオンになった。23年間パン工場で働き，工場で最も古い猫の一匹となった。

有名な猫についてもっとたくさんの話があるが，十分な時間がない。だから，次にセーターと靴を履いた犬がカートに押し込まれているのを見たら，バステト，タウザー，ディキシー，タビーを思い出してほしい。猫は⑤神であり，大統領の友人であり，そしてチャンピオンのネズミ殺しだった！犬は⑥有名になるために何をしたか？

(1)　日本人は犬が大好きだと書いてあるため，猫は犬ほど人気がないことがわかる。

(2)　猫はネズミが小麦を食べないようにしてくれる重要な武器だったので「神」であった。

(3)　第3段落第4文に，当時のアメリカの状況が書かれている。アメリカ合衆国は南部と戦っていたとある。

(4)　第4段落第12文参照。リンカンの妻は猫が嫌いであった。

(5)　複数形の名詞に接続できる単語は other のみ。その他は単数形の名詞に接続する。

(6)　それまでは怠け者だった猫が，工場ではネズミを追いかけて殺し始めたからである。

(7)　猫はバステトという「神」でもあった。

(8)　猫は神であり，大統領の友人であり，ネズミの殺し屋でもあるが，犬は有名になるために何もしなかったのである。

(9) 猫は5000年前エジプト人にとって非常に重要だった神であった。またリンカンが大統領になったときタビーとディキシーという2匹の猫が送られた。

2 (長文読解・説明文：語句補充，内容吟味，要旨把握)

(大意) 私は東京で英語教師として働くために，1995年にロンドンから日本に来た。タクシーに乗って，駅からわずか数キロの有名な高校の名前を運転手に伝えたことを覚えている。運転手は学校に行く方法を知らず，道を尋ねるために何度か止まった。私は衝撃を受けた！

ロンドンのタクシーを使用する場合，必要なのは，ロンドンの巨大な都市のどこでも住所や建物の名前を①伝えることだけで，運転手は地図を使わずに目的地へ連れて行くからだ。驚くことに，ロンドンのタクシー運転手は，頭の中にロンドンの地図を持っている！ロンドンや周辺のどこにでも行く道や，通り，店，公園，ホテル，レストラン，博物館，劇場，橋の名前を教えてくれる。タクシーの運転手は，ロンドンでタクシーを運転する前に，特別な課程を受講し，難しいテストに合格する必要がある。その課程はノリッジ試験と呼ばれている。それは世界で最も難しいタクシードライバーのテストだ！

ロンドンで最初のタクシーサービスは1636年に始まった。市内の人々のために50台のタクシーが運転することができた。運転手は特別な訓練を受けたり，テストに合格したりする必要はない。ほとんどの人は，道を尋ねずに，道を見つけることができなかった。交通に関する規則はなく，街は混雑した通りで満たされていた。どこへ行くのも非常に難しかった。しかし，1850年代には，すべてが変わった。警官のリチャード・メイン卿は，ロンドンの通りに何らかの秩序をもたらす時が来たと決めた。彼はロンドンのタクシー運転手のための最初のライセンステストを作成した。ドライバーは，彼らが都市についての専門家であることを示す必要があり，地図を見ずにある場所から別の場所に行く方法を説明することができた。

今日，テストははるかに難しい。ロンドンのタクシー運転手になりたい人は，ノリッジ試験に合格するために多くの筆記試験や面接を受ける必要がある。彼らは②ノリッジ試験受験者として知られている。ノリッジ試験受験者はロンドンの25000以上の通りを知っている必要がある。彼らはまた，市内のどんな場所でも到達する方法と，タクシーがその場所に移動する際に乗客が見るものを説明できる必要がある。受験者はまた，20000以上の異なるホテル，公園，レストラン，教会，博物館，劇場，および乗客が訪問するように求める他の場所を覚えておく必要がある。これらの通りや場所を暗記するために，受験者は320の必要な経路を暗記し，ロンドンを歩いて自由な時間のすべてを過ごす。それは受験者にとって大変な生活だ！

受験者が必要なルートを暗記すると，彼は合格しなければならない2つの筆記試験を受ける。彼は筆記試験に合格したら，次にロンドンの通りの知識についてテストされる。タクシーの運転手は，記憶だけで320経路のうちの4つを説明するように受験者に求める。この面接試験では，受験者が間違った方向を示してはならない。もしそうなら，テストに合格することができず，再びテストを受けるために56日待たなければならない。次回合格した場合，別のタクシー運転手と2番目のテストを行う必要がある。③面接試験の第3段階と最終段階では，受験生は，できるだけ短時間で市内のさまざまな場所に行く方法を詳細に説明する必要がある。彼はまた，乗客が様々な経路で見る建物，教会，公園，博物館，劇場，その他の関心のあるポイントを言わなければならない。彼がノリッジ試験を学んだことを面接官に示せば，彼は④ロンドンのタクシー運転手になることが許される。ほとんどの人はテストに失敗し，最初の年の後あきらめる。勤勉な受験生は通常，2?5年かかる。実際にすべてのテストを完了し，ロンドンのタクシー運転手になるのはわずか20%だ。

だから，あなたがいつかロンドンのタクシーを使用する場合は，タクシーを運転するために知識を得るために運転手がどれほど一生懸命学んだかを覚えておいてほしい 。世界で最も難関なタクシー運転手のテストに合格するには特別な人が必要だ。

(10) 東京のタクシー運転手は道を知らなかったが，イギリスのタクシー運転手は道を「伝える」だけで目的地に行くことができるのである。

(11) ロンドンのタクシーサービスは1636年(385年前)に始まった。

(12) Knowledge Boys はこの後，タクシー運転手になるためのテストを受けるという内容が書かれているので，受験者であるとわかる。

(13) タクシー運転手になるためには，「筆記試験」と「面接試験」に合格しなければならない。

(14) ノリッジ試験で学んだことを示すことができれば，タクシー運転手になれるのである。

(15) (A) 「筆者は1995年に東京に来たとき，なぜ驚いたのか」 第1段落第3文参照。近い距離の目的地の道順も知らなかったからである。 (B) 「話の中で“course”の意味にどの単語が近いか」 タクシー運転手は試験のために，様々なことを身につけなければならないのでeducation(教育)が適切。 (C) 「ロンドンではなぜタクシー運転手になるのが簡単ではないのか」 第2段落最終文参照。ロンドンのタクシー運転手が受ける試験は，世界で最も難しい試験だからである。 (D) 「初めてロンドンのタクシー運転手がテストに合格しなければならなかったのはいつか」 第3段落第7文参照。ノリッジ試験が始まったのは1850年代である。

(E) 「なぜ多くのノリッジ試験受験者は初年度のあとあきらめるのか」 合格するまでに2～5年と長期間かかるからである。

3 (会話文問題：空所補充，指示語，要旨把握)

(日本の茨城の学校にて)

Mr. Yoyo：起きなさい，たけし！

Takeshi ：寝ていません！

Mr. Yoyo：本当に？なぜ目を閉じていたの？

Takeshi ：ちょうど目を休ませていたんです。僕は眠っていませんでした。

Mr. Yoyo：じゃあ，なぜ机の上に頭をのせていたの？

Takeshi ：聞いていたんです。

Mr. Yoyo：①何を聞いているの？

Takeshi ：ネズミの音を聞いていたんです。

Mr. Yoyo：何？あなたはおかしいんじゃないの？

Takeshi ：いいえ，おかしくありません！時々，机の下を走り回るネズミの声が聞こえるのです。

Mr. Yoyo：なぜネズミが僕の机ではなく，あなたの机の下を走り回っているの？

Takeshi ：たぶん②彼らは僕が好きです。僕はとても親切です。時々彼らのために机の下にいくつかのチョコレートを残します。

Mr. Yoyo：何？そんなことをしてはいけないよ，たけし！

Takeshi ：なぜ？ネズミはチョコレートが好きですよ！

Mr. Yoyo：ネズミは汚い動物だからです！彼らは病気を広め，僕たちの食べ物を食べます。そして彼らはすべての上に糞を残すのよ！

Takeshi ：ミッキーマウスは？誰もがミッキーを愛しています！

Mr. Yoyo：彼は本当のネズミじゃないよ！それはネズミの衣装を着た人です！

Takeshi ：本当に？確かですか。ミッキーマウスの衣装の中にいる人を見たことがありますか？僕は見たことがありません。

Mr. Yoyo：何？僕は見たことがないけれど，僕はそれが人であることを知っています！そんなに大きなネズミはいない!

Takeshi　：アフリカではどうですか？
Mr. Yoyo：もちろん，アフリカには人の大きさのネズミはいません。あなたはおかしいの？
Takeshi　：③猫はどうですか？
Mr. Yoyo：どういうこと？
Takeshi　：日本の猫は本当に小さいです。
Mr. Yoyo：そう？
Takeshi　：ライオンは猫ですよね？そしてアフリカでは，ライオンは本当に④巨大ですよね？彼らは 約200キロの重量があります。彼らは10cm以上の大きな歯を持っています。彼らは簡単に人を食べることができます！あなたのような小さな先生は，ちょうどスナックのようなものでしょう！
Mr. Yoyo：それは同じではないね！
Takeshi　：⑤どうしてわかるのですか？アフリカに行ったことがありますか？
Mr. Yoyo：いや，アフリカに人の大きさのネズミを見た人は誰も報告していない。誰もそれを見ていない場合は，アフリカに住んでいる人の大きさのネズミはいないよ。
Takeshi　：空気はどうですか？
Mr. Yoyo：空気はどうかって？なぜ突然空気について話しているの？
Takeshi　：空気は見えませんが，空気は知っていますよね。だから，僕たちは何かを見ることはできませんが，それはそれがそこにないという意味ではありません。つまり，アフリカに住む人の大きさのネズミがいるかもしれません。
Mr. Yoyo：じゃあ，なぜ誰も見ていないの？人の大きさのネズミは驚くべき光景に違いない！なぜ誰もそれを見たことを報告したことがないんだ？
Takeshi　：たぶん人間の大きさのネズミは恥ずかしがり屋です。
Mr. Yoyo：何？あなたはおかしいのか？
Takeshi　：考えてみてください。たぶん，僕たちの教室ではネズミがとても恥ずかしがり屋なので見えません。たぶん，見られたくないと思っています！彼らは賢い動物です！あなたが見れば、彼らはあなたが殺すことを知っています。だから，僕たちが見ることができないように隠れます。たぶん，人の大きさのネズミはアフリカで同じことをしているのです！
Mr. Yoyo：たけし？
Takeshi　：Mr. Yoyo，何ですか？
Mr. Yoyo：机の上に頭を下げて目を閉じて，恥ずかしがり屋のネズミの音を聞いてなさい。⑥もうあなたと話したくない！

(16)　①　この後で，何を聞いていたか答えていることから判断できる。　③　この後，猫の話題になっていることからわかる。　⑤　アフリカに行ったことがあるかと尋ねているので，どのようにしてわかったのかを訪ねているのかがわかる。

(17)　前文で出てきているネズミを指している。

(18)　ライオンは200kgあり，10cmの歯があると言っているので，巨大であることが分かる。

(19)　屁理屈ばかりを言うTakeshiの話を聞きたくないから言った発言である。

(20)　(A)「Mr. YoyoはなぜTakeshiが寝ていると思ったのか」目を閉じて，頭を机の上にのせていたからである。　(B)「Mr. Yoyoはなぜネズミが嫌いなのか」ネズミは汚くて，糞を落とすからである。　(C)「Takeshiはなぜミッキーマウスが本物のネズミだと信じているのか」ミッキーマウスの中の人を見たことがないからである。　(D)「なぜTakeshiは人のサイズのネズミがアフリカにいると思ったか」 ライオンのように大きな猫がいるからである。

4 (資料問題)

(21) 2日目の土曜日は「外国映画」が上映される。

(22) チケットは「学生センター」か「ウェブサイト」から購入できる。

(23) 15歳と60歳，66歳のワンデーチケットは，1,000＋2,000＋1,500＝4,500(円)である。

(24) 映画は，午前9時から午後4時半まで上映される。

やや難 5 (語句解釈)

(25) diligent = serious 「まじめな」

(26) afraid = scare 「怖がって」

(27) naughty = bad 「行儀が悪い」

6 (正誤問題：分詞，受動態，不定詞)

(28) the man standing in front of ~ standing in front of the station は前の名詞を修飾する分詞の形容詞的用法である。

(29) 受動態の文なので，take ではなく，taken が適切である。

基本 (30) <be happy to + 動詞の原形>となるので，hearing ではなく to hear が適切である。

重要 7 (語句整序問題：間接疑問文，不定詞，受動態，現在完了，感嘆文)

(31) (Please) tell me what book I should read. 間接疑問文は<疑問詞＋主語＋動詞>になる。

(32) I was too tired to study (English yesterday.) <too ~ to …>「~すぎて…できない」

(33) (The) top of Mt. Fuji is covered with (snow.) be covered with ~「~に覆われている」

(34) How many times have you visited (Ibaraki ?) 回数を訪ねるときには How many times を用いる。

(35) What a beautiful flower you have (!) <What a(an) + 形容詞 + 名詞 ~！>の語順となる。

基本 8 (語句補充問題：助動詞，前置詞，関係代名詞，熟語)

(36) <Why don't you + 動詞の原形~?>「~するのはどうですか」

(37) <with + 名詞>「~で(手段)」

(38) some men が先行詞なので，主格の関係代名詞 who が適切。

(39) take part in ~「~に参加する」

(40) 値段を尋ねるときは How much を用いる。

★ワンポイントアドバイス★

長文読解問題が長いため，短時間で処理できるようにしたい。過去問や問題集を用いて，同程度の読解問題を繰り返し練習しよう。

<理科解答>

1 (1) ④ (2) ⑤ (3) ①・②・③ (4) ⑤ (5) ①
2 (1) ア ① イ ① ウ ② (2) ④ (3) ③ (4) ① (5) ①
3 (1) a ③ b ④ (2) a ③ b ② c ②
4 (1) ① (2) ② (3) i ② ii ② iii ②
5 (1) ④ (2) ② (3) ア ① イ ① ウ ① (4) ③ (5) ①
6 (1) ② (2) ③ (3) ② (4) ③ (5) ④ (6) ①・⑤
7 (1) ③ (2) ② (3) ③ (4) ⑥ (5) ⑧
8 (1) ③ (2) ② (3) ④ (4) ②

○推定配点○

1 各2点×5((3)完答) 2 各2点×5((1)完答) 3 各2点×5 4 各2点×5
5 各3点×5((3)完答) 6 各3点×6((6)完答) 7 各3点×5 8 各3点×4
計100点

<理科解説>

1 **(植物の体のしくみ・生殖と遺伝)**

(1) 受粉後，種子になる部分を胚珠といい，めしべの根元にある。

(2) 昆虫は外骨格なので，⑤は間違いである。

基本 (3) Yが1つでもあれば，エンドウの色は黄色になる。よって，子の代で黄色のみの個体が現れるのは，YY×YY，YY×Yy，YY×yyの3つである。

基本 (4) タンポポの種子は風によって運ばれるので，種子を飛ばすころには，地上から高い位置に綿毛をもっていく。

(5) 土壌生物は，熱や乾燥に弱いため，電灯をつけるとビーカーに落ちてくる。

2 **(天気の変化)**

(1) 乾湿計は風通しがよく，地上から1.2～1.5mの高さで，直射日光が当たらないようにして計測する。

(2) 注射器を引くとフラスコ内部の空気が膨張するため気温が下がり，水蒸気が水滴に変化するためフラスコ内が曇る。

基本 (3) 気温が11℃になると結露が始まるので，30℃の部屋に含まれる水蒸気量は10g/cm³である。よって，$\frac{11(g)}{30(g)}\times100=36.6\cdots$となるので，最も近い③が正解である。

(4) 霧は風の弱いときに発生するので，①は間違いである。

基本 (5) 0時から10時までは曇りや雨なので気温が低く，10時から18時までは晴れなので気温が上がり，18時以降は再び雨や曇りなので気温が下がる。よって，①のグラフとなる。

重要 3 **(溶液とその性質)**

(1) (a) 20日後で硫酸銅が均一になっているので，30日後も同じく硫酸銅が均一になっている状態である。 (b) $\frac{4.0(g)}{100(g)+4.0(g)}\times100=3.84\cdots$より，3.8%である。

(2) (a) 一度溶かしたものを再び結晶として取り出す操作を，再結晶という。 (b) 食塩は温度によって溶ける量の変化が少ないが，ミョウバンは大きいので，ろ過によってミョウバンのみを取り出すことができる。 (c) aは10g，bは60g，Cは60(g)－10(g)＝50(g)のミョウバンが溶け残るので，10gである。よって，b>c=aとなる。

4 (力・電力と熱)

(1) 動いているものが動き続けようとする現象を慣性というので，①が例としてふさわしい。

(2) 物体が動いているとき，物体は力を持たないので，②は間違いである。

やや難 (3) (i) 30℃の水を沸騰させるためには(100℃にするためには)，あと70℃水温を上げる必要がある。 (ii) 4.2(J/g・℃)×150(g)×70(℃)=44100(J) (iii) 電力量(J)=電力(W)×使用した時間(秒)より，44100(J)÷30(W)=1470(秒)となる。

重要 5 (地層と岩石)

(1) 重いものから順に沈んでいくので，れき→砂→泥の順に堆積する。

(2) 地層が地表に現れているところを露頭という。

(3) ミョウバンはゆっくり冷ますと大きな粒となる。同様に，火成岩aとbはゆっくり冷やされたため，岩石ができる過程で多くの結晶が大きく成長できた。

(4) 鉱物Aはすべての岩石で多く含まれており，多いほど白っぽいので，チョウ石であると考えられる。

(5) 火成岩cは火山岩の仲間で，色が白いので，流紋岩である。

6 (音の性質)

基本 (1) 200(m)÷(30.73(秒)−30.14(秒))=338.9…(m/秒)より，最も近い②を選ぶ。

やや難 (2) ギターの場合，AさんとBさんで0.59秒，BさんとCさんで0.6秒，CさんとDさんで0.61秒の差があることから，音は200mで約0.6秒進むことがわかる。おんさにしても，BさんとDさんの時間差は1.2秒なので，音は200mを約0.6秒で進むことがわかる。よって，Cさんがリコーダーの音を観測した際のストップウォッチの値は，35.99(秒)−0.6(秒)=35.39(秒)なので，最も近い③を選ぶ。

(3) (2)より，音の伝わる速さは楽器によって違いはない。

(4) 高い音を出すには，弦の太さを細くすればよい。

(5) 弦の長さを太くすると，音は低くなる。音が低くなると波長は長くなる。

やや難 (6) 弦を長くすると低い音になるので，張る強さを強めれば，図2と同じ波形になる。弦を細くすると高い音になるので，弦を長くすれば，図2と同じ波形となる。よって，①と⑤が正解となる。

7 (化学変化と質量)

(1) 酸化銀を加熱すると，酸素が発生する。酸素は，水に溶けにくく助燃性の性質を持つ。

基本 (2) 酸化銀4.35gは加熱すると，固体Aが4.05gできる。よって，固体Aが4.32g生成されたときの酸化銀は，4.35(g)：4.05(g)=x(g)：4.32(g)より，4.64gである。

(3) 物質が酸素と結びついたものを酸化物という。

(4) グラフから，銅：酸素=0.20(g)：0.05(g)=4：1であることがわかる。

やや難 (5) 0.1gの酸素と結びつく銅の質量は，4：1=x(g)：0.1(g)より，0.4gである。また，0.1gの酸素と結びつくマグネシウムの質量は，3：2=x(g)：0.1(g)より，0.15gである。よって，0.1gの酸素と結びつく銅：マグネシウムの質量の比は，0.4(g)：0.15(g)=x：3より，8：3となる。

8 (ヒトの体の仕組み)

(1) Xは虹彩，Yは水晶体である。

(2) 虹彩が開いたり閉じたりすることで，まぶしいときには，ひとみの大きさは小さくなり，暗いときには大きくなる。

やや難 (3) 50(cm)：2(cm)=10(cm)：x(cm)より，OからMまでの距離は0.4cmである。

(4) 熱いものを触ったときや，とがったものを触ったときは，脳を経由しないで反応するので，反射の方が反応速度は速い。

★ワンポイントアドバイス★

問題の条件情報をしっかりと整理し考えよう。

<社会解答>

1 (1) ④ (2) ① (3) ③ (4) ① (5) ① (6) ② (7) ④
(8) ② (9) ④ (10) ②

2 (1) ② (2) ④ (3) ② (4) ③ (5) ① (6) ④ (7) ③
(8) ③ (9) ④ (10) ①

3 (1) ③ (2) ④ (3) ③ (4) ② (5) ③ (6) ① (7) ②
(8) ⑥ (9) ① (10) ②

4 (1) ② (2) ③ (3) ④ (4) ③ (5) ④ (6) ③

5 (1) ④ (2) ③ (3) ④ (4) ④

6 (1) ② (2) ④ (3) ④ (4) ② (5) ① (6) ② (7) ①
(8) ② (9) ② (10) ①

○推定配点○

各2点×50　　計100点

<社会解説>

1 (総合―世界地理・戦後の日本・政治のしくみなど)

(1) 台湾や朝鮮半島で行った同化政策。日本語の強制や創氏改名などが行われた。

(2) 米軍の駐留や侵略・内乱の際の米軍の出動などが定められた条約

(3) 1国の国民が作り出した価値の合計。現在では一般に国内総生産(GDP)が用いられる。

(4) 予算や重要な歳入法案については開催が義務付けられている。

重要 (5) 有権者の3分の1以上の署名で選挙管理委員会に請求する。イニシアティブは条例の制定改廃請求，レファレンダムは憲法改正の国民投票や特別法の住民投票，リテラシーは読み書き能力。

(6) ヒマラヤを源とする川で，ヒンドゥー教徒の沐浴(もくよく)や火葬された人の灰も流される。

(7) 1500年ポルトガル人が漂着して以来，ポルトガルの植民地となっていった。

(8) 2016年の国民投票で離脱を決定，3年半の交渉でようやく離脱が実現した。

(9) アジアとヨーロッパにまたがる国家。イスタンブールはかつての東ローマ帝国の首都。

(10) 日本と同様環太平洋造山帯に属し地震も多い。農業先進国で輸出の半分は農産物が占める。

2 (総合―産業・日中の歴史・憲法・政治のしくみなど)

重要 (1) 「人民の・人民による・人民のための政治」という言葉は民主主義の本質を表している。

(2) 半導体の材料であるシリコンから命名。コンピューターやソフト産業なども集中している。

(3) 中京は日本最大の工業地帯で，中でも自動車を中心とする機械工業の割合が約7割を占める。

(4) 絶対王政を批判し直接民主制を主張。①はロック，②はモンテスキュー，④はクロムウェル。

(5) 拷問(ごうもん)や不当に長い拘束により得られた自白は証拠とならない(憲法38条)。
(6) 明文の規定はないが判例で認められた権利。ネット上に関しても紙媒体と同様に考えられる。憲法21条で検閲は禁止，ネットを使った選挙運動は認められるが投票はできない。
(7) 廃液の中の有機水銀が原因で発症。四日市ぜんそくの原因は大気汚染，イタイイタイ病は鉱山からのカドミウムが原因，四大公害裁判はいずれも企業側が敗訴した。
(8) 中国では1979年から一人っ子政策を導入していたが2015年に廃止された。④は日本。
(9) 14億人に迫ろうとするインドでは国民の8割以上がヒンドゥー教徒である。
(10) 鉱業・農業・科学技術・国防の4つ。日明貿易は足利義満，遣隋使は聖徳太子。

3 **(日本と世界の歴史・公民―戦後の歴史・憲法・政治のしくみなど)**

(1) 1956年，鳩山首相はモスクワを訪問し日ソ共同宣言に調印し国交を回復。人種差別撤廃条約の批准は1995年，再婚禁止の違憲判決と公職選挙法の改正は2015年。
(2) 大日本帝国憲法下では天皇は絶対的な権力を持っていた。国務大臣は天皇を輔弼(ほひつ)，議会は協賛機関と定められ国民の人権は法律の範囲内という留保がされていた。
(3) 実質的平等を確保するため政策的な制限が認められる経済活動の自由。
(4) 思想・良心の自由は精神活動の自由の中でも最も根本的なもので最大限の尊重を要する。
(5) 国庫支出金は約1500億円から1300億円へ，地方税は約2900億円から4100億円へと変化。コロナは令和2年以降に表面化，交付税は拡大，借金である地方債は1200億円以下。
(6) ワイマールで開かれた国民議会で採択。当時最も民主的といわれたドイツ憲法。
(7) 批准国には国内の立法措置も義務化されていたため，家庭科の男女共修なども実施された。選挙は公職選挙法，環境権の明文規定はなし，育児・介護は男女の区別はなく労働者が対象。
重要 (8) 法律の公布は天皇の国事行為。条約は事前ないしは事後に国会の承認を要する。
(9) 内閣不信任は衆議院の権限。参議院も問責決議権があるが法的拘束力はない。
(10) 大統領制のアメリカでは議会の解散はない。下院は任期2年で各州から人口比で選出される。

4 **(日本の地理・歴史―瀬戸内の自然・産業・歴史など)**

(1) あ 平治の乱で源氏を破った清盛は実権を掌握し平氏政権を確立した。 い 日本海沿岸から瀬戸内を経由するルートは西廻り航路と呼ばれ，経済の中心地大坂へ全国の物資を運んだ。
基本 (2) 人口120万人を要する中国・四国地方の政治・経済・文化の中心地。
(3) 天日により水分を蒸発させて製造。小麦は裏作で栽培，瀬戸内は降水量が少ない地域。
(4) 岡山を代表する水島工業地域は石油化学や鉄鋼コンビナートを中心に発展した。
(5) 本四連絡橋は東から神戸・鳴門ルート(兵庫―徳島)，児島・坂出ルート(岡山―香川)，尾道・今治ルート(広島―愛媛)の3本が完成している。
(6) X 台風では高潮による被害が発生する。 Y ハザード(危険物)を記したマップ(地図)。

5 **(日本の地理―地形図・産業など)**

基本 (1) 6cm×50000＝300000cm＝3000m＝3km。
(2) 関門国道トンネルと関門橋，関門鉄道トンネルの3本存在。
(3) 九州の表玄関ともいえる門司は古くから交通の要地として発展してきた。
(4) 北九州市は約100万人を擁する政令指定都市であり下関市よりはるかに大きい。

6 **(日本の歴史―原始~現代の政治・経済など)**

(1) 縄文土器は焼成温度もあまり高くなく厚手でもろい土器。
(2) 室町幕府の地方組織。次第に幕府から独立して関東を支配，将軍と対立していった。
(3) 朝鮮特需は日本の戦後復興に大きな役割を果たした。元との民間交易は活発，三角貿易は綿製品(英→印)，アヘン(印→中)，茶(中→英)，第一次世界大戦で日本の輸出は急激に拡大。

(4) 太閤検地→田沼時代→学制の発布→関東大震災の順。
(5) 5代・徳川綱吉の動物愛護例。極端な政策として批判も多いが近年は見直されつつある。
(6) 大老・井伊直弼が勅許をえず独断で結んだ不平等条約。貿易の開始で経済は大混乱，尊王攘夷運動はますます激化していった。
(7) 徴兵令や地租改正，官営工場による殖産興業といった一連の政策。樺太・千島交換条約で日本は千島列島を領有，吉野作造らの思想は大正デモクラシー，ラジオ放送の開始は大正末年。
(8) 日清戦争後列強による中国の分割が進展，宗主関係にあった朝鮮も国号を改称し中国から独立。
(9) 馬借や問と呼ばれる運送・倉庫業者は鎌倉末期ごろ畿内を中心に生まれてきた。
(10) 帝国議会は選挙で選ばれる衆議院と特権階級を代表する貴族院の二院から構成。

★ワンポイントアドバイス★

分野をまたいだ総合的な問題はこれからも増える傾向にある。日頃からいろいろなものに関心を持ち様々な角度から考える姿勢を持つことが大切である。

＜国語解答＞

一 問1 ① エ ② イ 問2 ウ 問3 オ 問4 イ 問5 イ 問6 ア
問7 エ 問8 ① ア ② ア
二 問9 ウ 問10 イ 問11 オ 問12 エ 問13 ア 問14 エ 問15 ア
三 問16 ア 問17 エ 問18 ウ 問19 ウ 問20 イ 問21 ア
四 問22 オ 問23 ウ 問24 エ 問25 エ 問26 エ 問27 イ

○推定配点○
一 問1～問5 各2点×6 他 各3点×4 二 各4点×7
三 各4点×6 四 各4点×6 計100点

＜国語解説＞

一 (筆順・画数・部首，漢字の読み書き，仮名遣い，ことわざ・慣用句，熟語，敬語・その他)

問1 ①「佳作」の「佳」は「にんべん」を使っている。 ア，「慮」の部首は「したごころ」または「こころ」といい，「念」「思」などの漢字に使われている。 イ，「往来」の「往」の部首は「ぎょうにんべん」といい，にんべんとの混同が起きやすいので注意。にんべんは人に関するもの，ぎょうにんべんは道が分かれているということからできた部首であるので，漢字の意味から推測して使い分けられるとよい。 ウ，「送迎」の「迎」の部首は「しんにょう」といい，「進」「道」などの漢字に使われている。 オ，「鮮明」の「鮮」の部首は「魚へん」といい，鮭(さけ)や鯖(さば)など基本的には魚の名前で見かけることが多いが，この「鮮」はもともと「生魚」という意味を持っていたという説がある。 ②「搬入」の「搬」は「てへん」を使っている。「般」と混同しないように注意。ア，「険悪」の「険」の部首は「こざとへん」といい，「院」「降」などの漢字に使われている。ウ，「孤独」の「孤」の部首は「子へん」といい，「孤」のように漢字の左側につくものだけでなく，「存」「学」なども子へんの漢字に分類される。 エ，「自炊」の「炊」

の部首は「火へん」といい,「灯」「焼」などの漢字に使われている。　オ,「添削」の「添」の部首は「さんずい」といい,「泳」「沢」などの漢字に使われている。

問2　「臨床」は「りんしょう」と読む。　ア「しょうさん」,　イ「しょうじん」,　ウ「にんそう」,エ「いしょう」,　オ「はんしょう」。

問3　ア,「促す」が正しい。　イ,「災い」が正しい。　ウ,「携える」が正しい。　エ,「被る」が正しい。

問4　ア「泣き面に蜂」,　イ「暖簾に腕押し」,　ウ「からすの行水」,　エ「はきだめに鶴」,　オ「借りてきた猫」。アは不運や不幸が重なることのたとえ。イは手ごたえがないこと,張り合いがないことのたとえ。ウは入浴時間が非常に短いことのたとえ。からすは短時間で水浴びをすることから。エはつまらないものの中に飛びぬけて優れたものや美しいものがまじっていることのたとえ。オは普段と違っておとなしい様子や,かしこまった様子のたとえ。

問5　ア,「苦しいことや嫌なことも,過ぎ去ってしまえばその苦しさを忘れてしまうこと」。ウ,「ほかに広い世界があるのに,自分のせまい視野の中だけでものを考えていること」。エ,「平凡な親が優れた子を産むこと」。　オ,「その道に優れた者でも,時には失敗することがあるということ」。同じ意味のことわざに「弘法にも筆の誤り」がある。この「弘法」とは空海の別名「弘法大師」のことである。空海は優れた書家として有名な人物。

問6　イ,「一騎当千」が正しい。　ウ,「内憂外患」が正しい。　エ,「絶体絶命」が正しい。オ,「前代未聞」が正しい。アは「万物が常に変化してやまないこと」。イは「一人で千人を相手にできるほど強いこと」。ウは「国内の心配事と,外国との間に生じるやっかいな事態。」国内のことが「内憂」,外国との間のことが「外患」。エは「困難や危険からどうしても逃れられず,追いつめられ,切羽詰まったさま」。「絶体」は身体のこと,「絶命」は命のことで,身も命も窮地に立たされるということなので,「必ず」という意味になる「絶対」は誤り。オは「今までに一度もきいたことがないようなこと」。

問7　「拝見する」は「見る」の謙譲語である。謙譲語は通常,自分や身内の人間に対して使うものであり,エの文は自分が作品を見た感想を述べていると考えられるので,エが正答。

重要　問8　①「推量」は,「ある事柄を根拠にして他の事柄へと考えを進める」という意味の「推す」と「見当をつける」という意味の「量る」という,似た意味の二つの言葉が合わさってできているので,同じく似たような意味で構成されているアが正解となる。イは反対の意味,ウ・エ・オは,ウ「雨が降る」,　エ「懇ろに願う」,　オ「改めて定める」と動詞を組み合わせている。　②「失望」は,「望みを失う」と下の漢字を目的語として上の漢字が動詞になっているので,同じく下から上へ「会を開く」という意味になるアが正解となる。イ・エは,　イ「辛くも勝つ」,エ「退いて避ける」と上から下へ読み,ウ・オはいずれも似た意味の二つの言葉が合わさったものである。

二　**(評論―脱文・脱語補充,指示語の問題,文脈把握)**

やや難　問9　第一段落「言語の補助ないしは代用になりうるもの」,「一定の意味が定められている」,また第二段落の「私たちが身にまとっているもの,食べるもの,住んでいるところ」も「言語らしいもの」になるということを前提とするが,第一・二段落のみから解答することは難しく,本文全体の内容をふまえる必要がある。アの制服については第六段落に,イの礼儀作法については第六段落に,それぞれ「言語らしいもの」として挙げられている。エの女性の髪形については「『何かあったのではないか』と想像させる」という点で「一定の意味が定められている」と言える。オの道端の石ころについては,第二段落で注がつけられている「先ほど」に対応できる。無価値だと見る人については「当事者である私たち自身は…捉えないかもしれません」にあてはまる。ウの占い師の予言は,「それを心から信じる人にとってのみ」なので,信号のように一般に共有される「一定の意味」とは言えず，不適当。

問10　「このような」という指示語は，一般に前に出てきた内容を指す。すると，傍線部2の直前の「こうして」以降に「私たちが住んでいる…ということになります」と文化についてまとめられている。「こうして」とは，「私たちが身にまとっているもの…ということになります」つまり，私たちの暮らす環境には，第一段落で述べられているように「一定の意味が定められているもの」が非常に多くあるということになる。

重要　問11　傍線部3を含む一文に「こういった発想を少し一般化して考えてみましょう」とあるので，第八段落は「こういった発想」が一般化されたものだと推測できる。すると，「『言語らしいもの』で書かれた…と考えることができます」，「だからこそその担い手は…作り出すことができるのです」とあることから，「言語らしいもの」で書かれた文化のテクストには，一定の決まりをもった構造的特徴があるということがわかる。傍線部3「こういった」に該当するものの一つである建築についても，第七段落で「非常に具体的な意味で構造を有する」と述べられている。

問12　傍線部4直後で，「それは，言語というものが…位置づけられるということです」と「たいへん重要な意味合い」について説明されている。「文化的創造」の「創造」について，第八段落最終文に「作り出す」という同じ意味合いの表現が登場しているが，それは第八段落にあるように「ある文化の担い手は…構造的特徴を有するものとして作り出すことができる」ということなので，つまり言語においては文法を身に付けているからこそ意味が通じる文を作り出せるように，文化においては文化の文法を身に付けることで文化的価値のあるものを作り出せるということである。

問13　傍線部5以降，「たとえば」で始められている内容をもとに解答する。特に「しかし，たまたま…」以降に注目すると，「その背後には決まった『文法』などはない」，「同じ衣服が他の場合でも同じ意味を常に有するという保証はない」とあるため，「言語らしいもの」であっても常に同じ「文法」が適用されるとは限らないということである。イは「読み取る側の主観に左右される」根拠はなく，不適当。

問14　Aは「背後には明らかに『文法』が存在しているように思え」るということの例なので，イの「臨時」は不適当。Bは，Aの後に「しかし」とあることと，B直後の内容から，明らかな「文法」がないということの例であるため，　ウ「典型」，　オ「体系」は不適当。この時点でア・エに絞られる。Eの「科学」は共通しているので，C・Dで判断していく。Cは「このようなことは言語の場合にも起こります」としたうえで詩をその例として挙げているので，アの「体系的」は不自然。また，Dを含む「背後にある『文法』というものが必ずしもD的なものではない」という記述が，第十段落の「同じ意味を常に有するという保証はない」ということの言い換えなので「絶対的」が当てはまるため，エが正答。

問15　第十二段落で「閉じた世界」が「背後の決まりは高度に確定したものでないと」「きちんと構成された，動きのない」としていることから，それに対する「開かれた構成」は，傍線部6直後に「既存の決まりが…伝統と革新」とあるように，決まりが高度に確定しているわけではなく，動きのあるものと考えられる。イ・エは「閉じた世界」の説明なので不適当。ウの「法則性などはない」は本文のそれまでの内容と矛盾する。法則性はあるが，それが固定されているわけではないということである。オは「あらゆる人」が無関係なので不適当。「開かれた」とは対象者の話ではなく，決まりが一定でないということである。

三　**（小説一文脈把握，情景・心情，内容吟味）**

重要　問16　傍線部1直前の匿名さんの発言にある「『もうね，私，完全に縁を切りたいんです』」だけでは解答に確信が持てない。波線部B直前の匿名さんの発言「『思い切りバスッて潔く切った方が…あなた，プロの代書屋さんなんでしょう？』」もふまえ，匿名さんが相手と完全に縁を切るために代書屋に依頼しているという点をおさえる。

やや難 問17　この一文は，匿名さんが相手と縁を切りたいという話を「語気を強め」てしている場面とは対照的に，のどかな印象を与えている。その直後に「先代だったら，こんな時，どうしたのだろうか」と先代について鳩子が思いを馳せていることから，桜が先代を連想させるものであるということに言及しているエが正答。

問18　傍線部3を含む匿名さんの発言全体，特に「『付き合いたくない人とは，付き合わなくていい』」「『嫌いな相手と…したくないの』」をもとに解答する。　ア，「他の大人」に関して言及されていないので不適当。　イ，「『嫌いな相手と…お互いに疲れるだけ』」としていることから，嫌いな相手と付き合うことは相手のためにもならないという考えがあると読み取れるので，「自分勝手」とは言えず，不適当。　エ，これは「男」に対する「女」についての説明であり，「大人」の説明としてはややずれるため不適当。　オ，「年を追うごとに」については言及がないうえ，「『付き合いたくない人とは，付き合わなくていい』」を「弱い存在」とは言えないため不適当。

問19　本文全体の内容をふまえて解答する。　ア，鳩子が「自分も相手への強い怒り」を感じている描写はないため不適当。鳩子は一貫して匿名さんの話に対する反応を示している。　イ，「既に五軒も断られたという」ことが判明するのは波線部Bの後なので不適当。　エ，「この絶縁状で関係を修復できる」のであれば，波線部Bの後，匿名さんの「『思いっきり，斧を振りかざしてちょうだい』」に対して「『がんばります！』」と返答するのは不自然なので不適当。　オ，「恨みがあまりにも強い」のであれば，匿名さんの「『私のこと，嫌いなら嫌いって，…切ってあげるんです』」「『思いっきりバスッて潔く切った方が，お互い，痛みが少なくて済みますから』」という相手のことも気遣った発言につながらないため不適当。

基本 問20　イの「本当は引き受けたくないと思っていた」は，波線部Aから「それでいいという考え方もできる」と矛盾する。また，「強引な人」は，波線部Bを含む一文にある「匿名さんの言葉を聞くうち」という表現と矛盾する。鳩子は依頼を引き受けるか迷っていたが，匿名さんの話を聞いて自発的に引き受ける決心をしたのである。

問21　アの「鎌倉の美しくのどかな景色」は本文中に描かれていない。また，傍線部4以降の内容から，匿名さんが非常に仲良くなれる相手と奇跡的に出会えたことと，相手に対して誤魔化しをよしとしない公正な姿勢が述べており，鳩子と匿名さんは握手を交わしていることから，絶縁を「悲しい主題」とするのは不自然なため不適当。

四 (古文ー文脈把握，語句の意味，内容吟味)

〈口語訳〉「どこから来た猫か」と見ていると，姉が，「しっ，静かに，人に聞かせないで。たいそうかわいい猫ね。飼いましょう」と言った(ので飼ってみた)ところ，(猫は)たいそう人に馴れて，(私たちの)そばで寝ている。

(猫を)探している人がいるかと(思い)，この猫を隠して飼っていたが，全く使用人のそばにも寄らず，じっと(私たちの)前にだけいて，食事でもきたならしいものは，顔をそむけて食べない。

姉妹の間をぴったりとまとわりついて，愛しく思ってかわいがっていたところに，姉が病気になることがあって，(家の中が)騒がしく，この猫を使用人のいる北向きの部屋にだけいさせて呼ばずにいたところ，やかましく鳴いて騒いだけれども，「やはり何か理由があるのだろう」と(私は)思っていたところ，病気の姉が目を覚まして「どうしたの，猫は。こっちに連れて来て」と言うのを，「どうして」と聞くと，「夢にこの猫が，そばに来て，『私は，侍従の大納言殿の娘が，このよう(な姿)になったのである。前世の因縁が少々あって，こちらの妹君が，私のことをしきりに懐かしがって思い出してくださいますので，ただ少しの間ここにいるのだが，この頃は使用人の中に

(ばかり)いて，ほんとうにつらいこと』と言って，ひどく泣く様子は，上品で美しい人に見えて，はっと目を覚ましたところ，この猫の声であったのが，とてもしみじみ寂しいのだ」とおっしゃるのを聞き，とても寂しく思った。

その後は，この猫を北向きの部屋にも出さずに，大切に世話をした。(私が)一人で座っている所に，この猫が向かいに座っていたので，なでながら，「侍従の大納言の姫君がおいでになったのね。お父上の大納言にお知らせしたいわ」と話しかけると，(私の)顔を見つめつつ和やかに鳴く(様子)も，心なしか，一見したところ普通の猫ではなく，まるで人の言葉を理解しているかのようでしみじみと趣深い。

やや難 問22 「やはり何か理由があるのだろう」という訳があるが，「そのように考えた根拠」とはつまり何について「何か理由がある」と考えたのかということである。すると傍線部1の直前に「かしがましく鳴きののしれども」とあるので，筆者はそれについて，なぜかはわからないが「何か理由がある」と考えたのであり，その理由がその後の姉が見た夢の中で解明されている。

基本 問23 傍線部2のあとに「など(どうして)」と理由を尋ねていて，その返答として「夢にこの猫の…」とあるので，「夢にこの猫の…」の発言内容から判断する。姉の発言を要約すると，猫は筆者と交流のあった侍従の大納言の娘の生まれ変わりだが，この頃は使用人の部屋にばかりいて筆者に会えずつらいのだと言う夢を見た，ということである。

問24 わづらふ姉おどろきて(病気の姉が目を覚まして)「いづら，猫は。…」なので，「いづら，猫は。…」の発言主は姉である。それに対して「など(どうして)」と尋ねているため，ア・イ・オは不適当。この文章は自伝的文章なので，特に言及されていない場合や根拠がない場合，主語は筆者自身となるが，使用人が言ったという根拠はない。

問25 傍線部4を含む『　』内は夢の中での猫の発言なので，猫の発言内容から判断する。すると，猫は筆者と交流のあった侍従の大納言の娘の生まれ変わりであり，『この中の君の，すずろにあはれと思い出でたまへば，ただしばしここにあるを，このごろ下衆の中にありて』傍線部4のように思ったということである。「筆者が自分のことを懐かしがってくれていたからここにいるのに，この頃は使用人のところにいる」という意味であり，つまり筆者に会えずつらいということである。

重要 問26 「聞き知り顔なり」は「わかっているような顔つきだ」という意味の形容詞だが，単語として知っていなければ解けないわけではなく，文脈から判断できる。傍線部5の直前に「例の猫にはあらず(普通の猫ではなく)」とあることから，傍線部5は猫の様子であることがわかるため，ア・イは不適当。　ウ，「見下しているかのよう」であれば「あはれなり」つまり「しみじみと趣深い」とは思われないし，傍線部5を含む第四段落に「ただ一人ゐたる所に」とあることから，「周囲の人々」と複数の人に対することでもないので不適当。　オ，「満足している」だけでは「例の猫にはあらず」とまでは思われないため不適当。

問27 ア，第一段落に根拠あり。　ウ，第二段落に根拠あり。エ，第三段落に根拠あり。　オ，第三段落で姉が夢の話をしている。　イは，第二段落に「尋ぬる人やある」とは言っているが，恋しがって鳴いている描写はない。

★ワンポイントアドバイス★

論説文は具体例やキーワードに注目して筆者の考えや主張をとらえよう。選択肢は細かく分けて吟味することが大切だ。小説は，会話だけでなく比喩表現にも注目して，どんなことが描かれているのかを正確に読み取ろう。古文は，省略されている語を補いつつ，全体の内容をとらえよう。

大切なことはメモしておこうネ！

解答用紙集

○月×日 △曜日　天気（合格日和）

◆ご利用のみなさまへ
＊解答用紙の公表を行っていない学校につきましては、弊社の責任において、解答用紙を制作いたしました。
＊編集上の理由により一部縮小掲載した解答用紙がございます。
＊編集上の理由により一部実物と異なる形式の解答用紙がございます。

人間の最も偉大な力とは、その一番の弱点を克服したところから生まれてくるものである。 ──カール・ヒルティ──

東京学参株式会社

土浦日本大学高等学校　2024年度

◇数学◇

※ 110%に拡大していただくと，解答欄は実物大になります。

記入上の注意

(1) ＨＢの黒鉛筆を使用し，マークすること。
(2) 氏名とフリガナを記入すること。
(3) 受験番号を算用数字で記入すること。
(4) 受験番号欄に番号を正確にマークすること。
(5) 記入すべきこと以外は，絶対に書かないこと。
(6) マークを訂正するときは，プラスチックの消しゴムを使用し，きれいに消すこと。
(7) 消しくずは，きれいに取り除くこと。
(8) この解答用紙は，折り曲げたり，破ったり，汚したりしないこと。

マークの仕方	よい例	わるい例
	●	◎ ○ ⊗ ◐

1	(1)	ア	0	1	2	3	4	5	6	7	8	9
		イ	0	1	2	3	4	5	6	7	8	9
	(2)	ウ	0	1	2	3	4	5	6	7	8	9
	(3)	エ	0	1	2	3	4	5	6	7	8	9
		オ	0	1	2	3	4	5	6	7	8	9
		カ	0	1	2	3	4	5	6	7	8	9
		キ	0	1	2	3	4	5	6	7	8	9
	(4)	ク	0	1	2	3	4	5	6	7	8	9
		ケ	0	1	2	3	4	5	6	7	8	9
	(5)	コ	0	1	2	3	4	5	6	7	8	9
		サ	0	1	2	3	4	5	6	7	8	9
2	(1)	ア	0	1	2	3						
		イ	0	1	2	3						
	(2)	ウ	0	1	2	3	4	5	6	7	8	9
		エ	0	1	2	3	4	5	6	7	8	9
		オ	0	1	2	3	4	5	6	7	8	9
		カ	0	1	2	3	4	5	6	7	8	9
		キ	0	1	2	3	4	5	6	7	8	9
	(3)	ク	0	1	2	3	4	5	6	7	8	9
		ケ	0	1	2	3	4	5	6	7	8	9
		コ	0	1	2	3	4	5	6	7	8	9
		サ	0	1	2	3	4	5	6	7	8	9

3	(1)	ア	0	1	2	3	4	5	6	7	8	9
		イ	0	1	2	3	4	5	6	7	8	9
	(2)	ウ	0	1	2	3	4	5	6	7	8	9
	(3)	エ	0	1	2	3	4	5	6	7	8	9
		オ	0	1	2	3	4	5	6	7	8	9
4	(1)	ア	0	1	2	3	4	5	6	7	8	9
	(2)	イ	0	1	2	3	4	5	6	7	8	9
		ウ	0	1	2	3	4	5	6	7	8	9
	(3)	エ	0	1	2	3	4	5	6	7	8	9
		オ	0	1	2	3	4	5	6	7	8	9
5	(1)	ア	0	1	2	3	4	5	6	7	8	9
		イ	0	1	2	3	4	5	6	7	8	9
	(2)	ウ	0	1	2	3	4	5	6	7	8	9
		エ	0	1	2	3	4	5	6	7	8	9
	(3)	オ	0	1	2	3	4	5	6	7	8	9
		カ	0	1	2	3	4	5	6	7	8	9

土浦日本大学高等学校　2024年度

◇英語◇

※ 130%に拡大していただくと，解答欄は実物大になります。

記入上の注意

(1) ＨＢの黒鉛筆を使用し，マークすること。
(2) 氏名とフリガナを記入すること。
(3) 受験番号を算用数字で記入すること。
(4) 受験番号欄に番号を正確にマークすること。
(5) 記入すべきこと以外は，絶対に書かないこと。
(6) マークを訂正するときは，プラスチックの消しゴムを使用し，きれいに消すこと。
(7) 消しくずは，きれいに取り除くこと。
(8) この解答用紙は，折り曲げたり，破ったり，汚したりしないこと。

マークの仕方	よい例	わるい例
	●	✓ ○ ⊗ ◐

大問	設問		解答欄
1	(1)		① ② ③ ④
	(2)		① ② ③ ④
	(3)		① ② ③ ④
	(4)		① ② ③ ④
	(5)		① ② ③ ④
	(6)		① ② ③ ④
	(7)		① ② ③ ④
	(8)		① ② ③ ④
	(9)	1番目	① ② ③ ④
		2番目	① ② ③ ④
		3番目	① ② ③ ④
		4番目	① ② ③ ④
	(10)		① ② ③ ④
2	(11)		① ② ③ ④
	(12)		① ② ③ ④
	(13)		① ② ③ ④ ⑤ ⑥ ⑦ ⑧
	(14)		① ② ③ ④
	(15)		① ② ③ ④
	(16)		① ② ③ ④
	(17)		① ② ③ ④
	(18)		① ② ③ ④ ⑤ ⑥ ⑦

大問	設問		解答欄
3	(19)		① ② ③ ④
	(20)		① ② ③ ④
	(21)		① ② ③ ④
	(22)		① ② ③ ④
	(23)		① ② ③ ④
	(24)		① ② ③ ④
	(25)		① ② ③ ④
	(26)		① ② ③ ④
	(27)		① ② ③ ④ ⑤ ⑥ ⑦
4	(28)		① ② ③ ④
	(29)		① ② ③ ④
	(30)		① ② ③ ④
	(31)		① ② ③ ④
5	(32)		① ② ③ ④
	(33)		① ② ③ ④
	(34)		① ② ③ ④
6	(35)		① ② ③ ④
	(36)		① ② ③ ④
	(37)		① ② ③ ④
7	(38)	1番目	① ② ③ ④ ⑤ ⑥
		2番目	① ② ③ ④ ⑤ ⑥
		3番目	① ② ③ ④ ⑤ ⑥
		4番目	① ② ③ ④ ⑤ ⑥
		5番目	① ② ③ ④ ⑤ ⑥
		6番目	① ② ③ ④ ⑤ ⑥

大問	設問		解答欄
7	(39)	1番目	① ② ③ ④ ⑤ ⑥
		2番目	① ② ③ ④ ⑤ ⑥
		3番目	① ② ③ ④ ⑤ ⑥
		4番目	① ② ③ ④ ⑤ ⑥
		5番目	① ② ③ ④ ⑤ ⑥
		6番目	① ② ③ ④ ⑤ ⑥
	(40)	1番目	① ② ③ ④ ⑤ ⑥
		2番目	① ② ③ ④ ⑤ ⑥
		3番目	① ② ③ ④ ⑤ ⑥
		4番目	① ② ③ ④ ⑤ ⑥
		5番目	① ② ③ ④ ⑤ ⑥
		6番目	① ② ③ ④ ⑤ ⑥
	(41)	1番目	① ② ③ ④ ⑤ ⑥
		2番目	① ② ③ ④ ⑤ ⑥
		3番目	① ② ③ ④ ⑤ ⑥
		4番目	① ② ③ ④ ⑤ ⑥
		5番目	① ② ③ ④ ⑤ ⑥
		6番目	① ② ③ ④ ⑤ ⑥
	(42)	1番目	① ② ③ ④ ⑤ ⑥
		2番目	① ② ③ ④ ⑤ ⑥
		3番目	① ② ③ ④ ⑤ ⑥
		4番目	① ② ③ ④ ⑤ ⑥
		5番目	① ② ③ ④ ⑤ ⑥
		6番目	① ② ③ ④ ⑤ ⑥
8	(43)		① ② ③ ④
	(44)		① ② ③ ④
	(45)		① ② ③ ④
	(46)		① ② ③ ④
	(47)		① ② ③ ④

土浦日本大学高等学校　2024年度

◇理科◇

※ 111％に拡大していただくと，解答欄は実物大になります。。

記入上の注意

(1) ＨＢの黒鉛筆を使用し，マークすること。
(2) 氏名とフリガナを記入すること。
(3) 受験番号を算用数字で記入すること。
(4) 受験番号欄に番号を正確にマークすること。
(5) 記入すべきこと以外は，絶対に書かないこと。
(6) マークを訂正するときは，プラスチックの消しゴムを使用し，きれいに消すこと。
(7) 消しくずは，きれいに取り除くこと。
(8) この解答用紙は，折り曲げたり，破ったり，汚したりしないこと。

マークの仕方	よい例	わるい例
	●	◎ ○ ⊗ ◐

問	小問		解答欄
1	(1)		① ② ③ ④ ⑤ ⑥
	(2)		① ② ③ ④ ⑤
	(3)		① ② ③ ④
	(4)		① ② ③ ④
	(5)		① ② ③ ④
2	(1)	(a)	① ② ③ ④
		(b)	① ② ③ ④
		(c)	① ② ③ ④
	(2)		① ② ③ ④ ⑤ ⑥
	(3)		① ② ③ ④ ⑤
	(4)		① ② ③ ④
3	(1)	(a)	① ② ③ ④ ⑤ ⑥
		(b)	① ② ③ ④ ⑤ ⑥ ⑦ ⑧
	(2)		① ② ③ ④ ⑤ ⑥
	(3)		① ② ③ ④ ⑤ ⑥
	(4)	(a)	① ② ③ ④ ⑤ ⑥ ⑦ ⑧ ⑨
		(b)	① ② ③ ④ ⑤ ⑥
4	(1)		① ② ③ ④ ⑤ ⑥
	(2)		① ② ③ ④ ⑤ ⑥
	(3)		① ② ③ ④
	(4)		① ② ③ ④
	(5)	(a)	① ② ③ ④ ⑤ ⑥ ⑦ ⑧
		(b)	① ② ③ ④ ⑤ ⑥ ⑦ ⑧

問	小問		解答欄
5	(1)		① ② ③ ④
	(2)		① ② ③ ④
	(3)		① ② ③ ④ ⑤ ⑥ ⑦ ⑧
	(4)		① ② ③ ④ ⑤ ⑥ ⑦ ⑧
	(5)		① ② ③ ④ ⑤ ⑥ ⑦ ⑧
6	(1)		① ② ③ ④ ⑤ ⑥ ⑦ ⑧ ⑨
	(2)		① ② ③ ④ ⑤ ⑥ ⑦ ⑧
	(3)		① ② ③ ④ ⑤ ⑥ ⑦ ⑧ ⑨
	(4)		① ② ③ ④ ⑤ ⑥ ⑦ ⑧ ⑨
	(5)		① ② ③ ④ ⑤ ⑥ ⑦ ⑧
7	(1)	ア	① ② ③ ④ ⑤ ⑥ ⑦ ⑧ ⑨ ⓪
		イ	① ② ③ ④ ⑤ ⑥ ⑦ ⑧ ⑨ ⓪
		ウ	① ② ③ ④ ⑤ ⑥ ⑦ ⑧ ⑨ ⓪
		エ	① ② ③ ④ ⑤ ⑥ ⑦ ⑧ ⑨ ⓪
	(2)		① ② ③ ④ ⑤ ⑥ ⑦ ⑧
	(3)		① ② ③ ④ ⑤ ⑥ ⑦ ⑧
	(4)		① ② ③ ④ ⑤ ⑥ ⑦ ⑧
	(5)	オ	① ② ③ ④ ⑤ ⑥ ⑦ ⑧ ⑨ ⓪
		カ	① ② ③ ④ ⑤ ⑥ ⑦ ⑧ ⑨ ⓪
		キ	① ② ③ ④ ⑤ ⑥ ⑦ ⑧ ⑨ ⓪
8	(1)	(a)	① ② ③ ④ ⑤
		(b)	① ② ③ ④
	(2)		① ② ③ ④
	(3)		① ② ③ ④ ⑤ ⑥ ⑦ ⑧ ⑨
	(4)		① ② ③ ④ ⑤ ⑥

土浦日本大学高等学校　2024年度

◇社会◇

※解答欄は実物大になります。

記入上の注意

(1) ＨＢの黒鉛筆を使用し，マークすること。
(2) 氏名とフリガナを記入すること。
(3) 受験番号を算用数字で記入すること。
(4) 受験番号欄に番号を正確にマークすること。
(5) 記入すべきこと以外は，絶対に書かないこと。
(6) マークを訂正するときは，プラスチックの消しゴムを使用し，きれいに消すこと。
(7) 消しくずは，きれいに取り除くこと。
(8) この解答用紙は，折り曲げたり，破ったり，汚したりしないこと。

マークの仕方	よい例	わるい例
	●	⊘ ○ ⊗ ◐

大問	小問	解答欄
1	(1)	① ② ③ ④
	(2)	① ② ③ ④
	(3)	① ② ③ ④
	(4)	① ② ③ ④
	(5)	① ② ③ ④
	(6)	① ② ③ ④
	(7)	① ② ③ ④
	(8)	① ② ③ ④
	(9)	① ② ③ ④
	(10)	① ② ③ ④
2	(1)	① ② ③ ④
	(2)	① ② ③ ④
	(3)	① ② ③ ④
	(4)	① ② ③ ④
	(5)	① ② ③ ④
	(6)	① ② ③ ④
	(7)	① ② ③ ④
	(8)	① ② ③ ④
	(9)	① ② ③ ④ ⑤ ⑥
	(10)	① ② ③ ④
3	(1)	① ② ③ ④
	(2)	① ② ③ ④
	(3)	① ② ③ ④
	(4)	① ② ③ ④
	(5)	① ② ③ ④
	(6)	① ② ③ ④
	(7)	① ② ③ ④
	(8)	① ② ③ ④
	(9)	① ② ③ ④
	(10)	① ② ③ ④
4	(1)	① ② ③ ④
	(2)	① ② ③ ④
	(3)	① ② ③ ④ ⑤ ⑥
	(4)	① ② ③ ④
	(5)	① ② ③ ④ ⑤ ⑥
	(6)	① ② ③ ④
5	(1)	① ② ③ ④ ⑤ ⑥
	(2)	① ② ③ ④
	(3)	① ② ③ ④
	(4)	① ② ③ ④
6	(1)	① ② ③ ④
	(2)	① ② ③ ④
	(3)	① ② ③ ④
	(4)	① ② ③ ④ ⑤ ⑥ ⑦ ⑧
	(5)	① ② ③ ④
	(6)	① ② ③ ④
	(7)	① ② ③ ④
	(8)	① ② ③ ④
	(9)	① ② ③ ④
	(10)	① ② ③ ④

土浦日本大学高等学校　2024年度

◇国語◇

※解答欄は実物大になります。

記入上の注意

(1) ＨＢの黒鉛筆を使用し，マークすること。
(2) 氏名とフリガナを記入すること。
(3) 受験番号を算用数字で記入すること。
(4) 受験番号欄に番号を正確にマークすること。
(5) 記入すべきこと以外は，絶対に書かないこと。
(6) マークを訂正するときは，プラスチックの消しゴムを使用し，きれいに消すこと。
(7) 消しくずは，きれいに取り除くこと。
(8) この解答用紙は，折り曲げたり，破ったり，汚したりしないこと。

マークの仕方	よい例	わるい例
	●	⊘ ○ ⊗ ◐

大問	問						
一	問1	a	㋐	㋑	㋒	㋓	㋔
		b	㋐	㋑	㋒	㋓	㋔
	問2	a	㋐	㋑	㋒	㋓	㋔
		b	㋐	㋑	㋒	㋓	㋔
	問3		㋐	㋑	㋒	㋓	㋔
	問4	a	㋐	㋑	㋒	㋓	㋔
		b	㋐	㋑	㋒	㋓	㋔
	問5		㋐	㋑	㋒	㋓	㋔
	問6		㋐	㋑	㋒	㋓	㋔
二	問7		㋐	㋑	㋒	㋓	㋔
	問8		㋐	㋑	㋒	㋓	㋔
	問9		㋐	㋑	㋒	㋓	㋔
	問10		㋐	㋑	㋒	㋓	㋔
	問11		㋐	㋑	㋒	㋓	㋔
	問12		㋐	㋑	㋒	㋓	㋔
	問13		㋐	㋑	㋒	㋓	㋔

大問	問					
三	問14	㋐	㋑	㋒	㋓	㋔
	問15	㋐	㋑	㋒	㋓	㋔
	問16	㋐	㋑	㋒	㋓	㋔
	問17	㋐	㋑	㋒	㋓	㋔
	問18	㋐	㋑	㋒	㋓	㋔
	問19	㋐	㋑	㋒	㋓	㋔
	問20	㋐	㋑	㋒	㋓	㋔
四	問21	㋐	㋑	㋒	㋓	㋔
	問22	㋐	㋑	㋒	㋓	㋔
	問23	㋐	㋑	㋒	㋓	㋔
	問24	㋐	㋑	㋒	㋓	㋔
	問25	㋐	㋑	㋒	㋓	㋔

土浦日本大学高等学校　2023年度

◇数学◇

※ 110%に拡大していただくと，解答欄は実物大になります。

記入上の注意

(1) ＨＢの黒鉛筆を使用し，マークすること。
(2) 氏名とフリガナを記入すること。
(3) 受験番号を算用数字で記入すること。
(4) 受験番号欄に番号を正確にマークすること。
(5) 記入すべきこと以外は，絶対に書かないこと。
(6) マークを訂正するときは，プラスチックの消しゴムを使用し，きれいに消すこと。
(7) 消しくずは，きれいに取り除くこと。
(8) この解答用紙は，折り曲げたり，破ったり，汚したりしないこと。

マークの仕方	よい例	わるい例
	●	✓ ○ ⊗ ◐

大問	小問	記号	マーク
1	(1)	ア	0 1 2 3 4 5 6 7 8 9
		イ	0 1 2 3 4 5 6 7 8 9
	(2)	ウ	0 1 2 3 4 5 6 7 8 9
		エ	0 1 2 3 4 5 6 7 8 9
	(3)	オ	0 1 2 3 4 5 6 7 8 9
		カ	0 1 2 3 4 5 6 7 8 9
		キ	0 1 2 3 4 5 6 7 8 9
		ク	0 1 2 3 4 5 6 7 8 9
	(4)	ケ	0 1 2 3 4 5 6 7 8 9
		コ	0 1 2 3 4 5 6 7 8 9
	(5)	サ	0 1 2 3
		シ	0 1 2 3
2	(1)	ア	0 1 2 3 4 5 6 7 8 9
		イ	0 1 2 3 4 5 6 7 8 9
		ウ	0 1 2 3 4 5 6 7 8 9
	(2)	エ	0 1 2 3 4 5 6 7 8 9
		オ	0 1 2 3 4 5 6 7 8 9
		カ	0 1 2 3 4 5 6 7 8 9
		キ	0 1 2 3 4 5 6 7 8 9
	(3)	ク	0 1 2 3 4 5 6 7 8 9
		ケ	0 1 2 3 4 5 6 7 8 9

大問	小問	記号	マーク
3	(1)	ア	0 1 2 3 4 5 6 7 8 9
	(2)	イ	0 1 2 3 4 5 6 7 8 9
		ウ	0 1 2 3 4 5 6 7 8 9
		エ	0 1 2 3 4 5 6 7 8 9
	(3)	オ	0 1 2 3 4 5 6 7 8 9
		カ	0 1 2 3 4 5 6 7 8 9
		キ	0 1 2 3 4 5 6 7 8 9
4	(1)	ア	0 1 2 3 4 5 6 7 8 9
		イ	0 1 2 3 4 5 6 7 8 9
	(2)	ウ	0 1 2 3 4 5 6 7 8 9
		エ	0 1 2 3 4 5 6 7 8 9
		オ	0 1 2 3 4 5 6 7 8 9
		カ	0 1 2 3 4 5 6 7 8 9
		キ	0 1 2 3 4 5 6 7 8 9
		ク	0 1 2 3 4 5 6 7 8 9
	(3)	ケ	0 1 2 3 4 5 6 7 8 9
		コ	0 1 2 3 4 5 6 7 8 9
5	(1)	ア	0 1 2 3 4 5 6 7 8 9
		イ	0 1 2 3 4 5 6 7 8 9
	(2)	ウ	0 1 2 3 4 5 6 7 8 9
		エ	0 1 2 3 4 5 6 7 8 9
		オ	0 1 2 3 4 5 6 7 8 9
	(3)	カ	0 1 2 3 4 5 6 7 8 9
		キ	0 1 2 3 4 5 6 7 8 9

土浦日本大学高等学校　2023年度　◇英語◇

※ 130%に拡大していただくと，解答欄は実物大になります。

記入上の注意

(1) ＨＢの黒鉛筆を使用し，マークすること。
(2) 氏名とフリガナを記入すること。
(3) 受験番号を算用数字で記入すること。
(4) 受験番号欄に番号を正確にマークすること。
(5) 記入すべきこと以外は，絶対に書かないこと。
(6) マークを訂正するときは，プラスチックの消しゴムを使用し，きれいに消すこと。
(7) 消しくずは，きれいに取り除くこと。
(8) この解答用紙は，折り曲げたり，破ったり，汚したりしないこと。

マークの仕方	よい例	わるい例
	●	⊘ ○ ⊗ ◐

大問	設問		解答欄
1	(1)		① ② ③ ④
	(2)		① ② ③ ④
	(3)		① ② ③ ④
	(4)		① ② ③ ④
	(5)		① ② ③ ④
	(6)		① ② ③ ④
	(7)		① ② ③ ④
	(8)		① ② ③ ④
	(9)		① ② ③ ④ ⑤ ⑥ ⑦
2	(10)		① ② ③ ④
	(11)		① ② ③ ④
	(12)		① ② ③ ④
	(13)		① ② ③ ④
	(14)		① ② ③ ④
	(15)		① ② ③ ④
	(16)		① ② ③ ④ ⑤ ⑥ ⑦
3	(17)		① ② ③ ④
	(18)		① ② ③ ④
	(19)		① ② ③ ④
	(20)		① ② ③ ④
	(21)		① ② ③ ④
	(22)		① ② ③ ④
	(23)		① ② ③ ④
	(24)		① ② ③ ④
	(25)		① ② ③ ④ ⑤ ⑥ ⑦ ⑧
4	(26)		① ② ③ ④
	(27)		① ② ③ ④
	(28)		① ② ③ ④
	(29)		① ② ③ ④
5	(30)		① ② ③ ④
	(31)		① ② ③ ④
	(32)		① ② ③ ④
6	(33)		① ② ③ ④
	(34)		① ② ③ ④
	(35)		① ② ③ ④
7	(36)	1番目	① ② ③ ④ ⑤ ⑥
		2番目	① ② ③ ④ ⑤ ⑥
		3番目	① ② ③ ④ ⑤ ⑥
		4番目	① ② ③ ④ ⑤ ⑥
		5番目	① ② ③ ④ ⑤ ⑥
		6番目	① ② ③ ④ ⑤ ⑥
	(37)	1番目	① ② ③ ④ ⑤ ⑥
		2番目	① ② ③ ④ ⑤ ⑥
		3番目	① ② ③ ④ ⑤ ⑥
		4番目	① ② ③ ④ ⑤ ⑥
		5番目	① ② ③ ④ ⑤ ⑥
		6番目	① ② ③ ④ ⑤ ⑥
	(38)	1番目	① ② ③ ④ ⑤ ⑥
		2番目	① ② ③ ④ ⑤ ⑥
		3番目	① ② ③ ④ ⑤ ⑥
		4番目	① ② ③ ④ ⑤ ⑥
		5番目	① ② ③ ④ ⑤ ⑥
		6番目	① ② ③ ④ ⑤ ⑥
7	(39)	1番目	① ② ③ ④ ⑤ ⑥
		2番目	① ② ③ ④ ⑤ ⑥
		3番目	① ② ③ ④ ⑤ ⑥
		4番目	① ② ③ ④ ⑤ ⑥
		5番目	① ② ③ ④ ⑤ ⑥
		6番目	① ② ③ ④ ⑤ ⑥
	(40)	1番目	① ② ③ ④ ⑤ ⑥
		2番目	① ② ③ ④ ⑤ ⑥
		3番目	① ② ③ ④ ⑤ ⑥
		4番目	① ② ③ ④ ⑤ ⑥
		5番目	① ② ③ ④ ⑤ ⑥
		6番目	① ② ③ ④ ⑤ ⑥
8	(41)		① ② ③ ④
	(42)		① ② ③ ④
	(43)		① ② ③ ④
	(44)		① ② ③ ④
	(45)		① ② ③ ④

土浦日本大学高等学校　2023年度

◇理科◇

※ 111％に拡大していただくと，解答欄は実物大になります。。

記入上の注意

(1) ＨＢの黒鉛筆を使用し，マークすること。
(2) 氏名とフリガナを記入すること。
(3) 受験番号を算用数字で記入すること。
(4) 受験番号欄に番号を正確にマークすること。
(5) 記入すべきこと以外は，絶対に書かないこと。
(6) マークを訂正するときは，プラスチックの消しゴムを使用し，きれいに消すこと。
(7) 消しくずは，きれいに取り除くこと。
(8) この解答用紙は，折り曲げたり，破ったり，汚したりしないこと。

マークの仕方	よい例	わるい例
	●	⊘ ○ ⊗ ◐

大問	設問		解答
1	(1)		① ② ③ ④
	(2)		① ② ③ ④
	(3)		① ② ③ ④
	(4)	(a)	① ② ③ ④
		(b)	① ② ③ ④
2	(1)		① ② ③ ④ ⑤
	(2)		① ② ③ ④ ⑤ ⑥ ⑦ ⑧
	(3)		① ② ③ ④
	(4)		① ② ③ ④ ⑤ ⑥
	(5)	(a)	① ② ③ ④
		(b)	① ② ③ ④ ⑤ ⑥
3	(1)		① ② ③ ④ ⑤ ⑥
	(2)		① ② ③ ④ ⑤ ⑥
	(3)		① ② ③ ④ ⑤
	(4)	(a)	① ② ③ ④ ⑤
		(b)	① ② ③ ④
4	(1)	(a)	① ② ③ ④ ⑤ ⑥ ⑦ ⑧ ⑨
		(b)	① ② ③ ④
	(2)	ア	⓪ ① ② ③ ④ ⑤ ⑥ ⑦ ⑧ ⑨
		イ	⓪ ① ② ③ ④ ⑤ ⑥ ⑦ ⑧ ⑨
	(3)		① ② ③ ④
	(4)	ウ	⓪ ① ② ③ ④ ⑤ ⑥ ⑦ ⑧ ⑨
		エ	⓪ ① ② ③ ④ ⑤ ⑥ ⑦ ⑧ ⑨
	(5)		① ② ③ ④ ⑤ ⑥ ⑦ ⑧
5	(1)		① ② ③ ④
	(2)		① ② ③ ④
	(3)		① ② ③ ④
	(4)		① ② ③ ④
	(5)		① ② ③ ④ ⑤ ⑥
	(6)		① ② ③ ④
6	(1)		① ② ③ ④
	(2)		① ② ③ ④ ⑤ ⑥ ⑦ ⑧
	(3)		① ② ③ ④
	(4)		① ② ③ ④
	(5)	ア	⓪ ① ② ③ ④ ⑤ ⑥ ⑦ ⑧ ⑨
		イ	⓪ ① ② ③ ④ ⑤ ⑥ ⑦ ⑧ ⑨
	(6)		① ② ③ ④ ⑤ ⑥ ⑦ ⑧
7	(1)		① ② ③ ④
	(2)		① ② ③ ④ ⑤ ⑥
	(3)		① ② ③ ④ ⑤ ⑥
	(4)		① ② ③ ④ ⑤
	(5)	(a)	① ②
		(b)	① ② ③ ④ ⑤
8	(1)		① ② ③ ④ ⑤ ⑥
	(2)		① ② ③ ④
	(3)		① ② ③ ④
	(4)		① ② ③ ④
	(5)		① ② ③ ④

土浦日本大学高等学校　2023年度

◇社会◇

※解答欄は実物大になります。

記入上の注意

(1) ＨＢの黒鉛筆を使用し，マークすること。
(2) 氏名とフリガナを記入すること。
(3) 受験番号を算用数字で記入すること。
(4) 受験番号欄に番号を正確にマークすること。
(5) 記入すべきこと以外は，絶対に書かないこと。
(6) マークを訂正するときは，プラスチックの消しゴムを使用し，きれいに消すこと。
(7) 消しくずは，きれいに取り除くこと。
(8) この解答用紙は，折り曲げたり，破ったり，汚したりしないこと。

マークの仕方	よい例	わるい例
	●	⊘ ○ ⊗ ◐

1	(1)	① ② ③ ④
	(2)	① ② ③ ④
	(3)	① ② ③ ④
	(4)	① ② ③ ④
	(5)	① ② ③ ④
	(6)	① ② ③ ④
	(7)	① ② ③ ④
	(8)	① ② ③ ④
	(9)	① ② ③ ④
	(10)	① ② ③ ④
2	(1)	① ② ③ ④ ⑤ ⑥ ⑦ ⑧
	(2)	① ② ③ ④
	(3)	① ② ③ ④
	(4)	① ② ③ ④
	(5)	① ② ③ ④
	(6)	① ② ③ ④
	(7)	① ② ③ ④
	(8)	① ② ③ ④
	(9)	① ② ③ ④
	(10)	① ② ③ ④

3	(1)	① ② ③ ④
	(2)	① ② ③ ④
	(3)	① ② ③ ④ ⑤ ⑥
	(4)	① ② ③ ④
	(5)	① ② ③ ④
	(6)	① ② ③ ④ ⑤ ⑥
	(7)	① ② ③ ④
	(8)	① ② ③ ④
	(9)	① ② ③ ④
	(10)	① ② ③ ④
4	(1)	① ② ③ ④
	(2)	① ② ③ ④ ⑤ ⑥
	(3)	① ② ③ ④
	(4)	① ② ③ ④
	(5)	① ② ③ ④
	(6)	① ② ③ ④
5	(1)	① ② ③ ④ ⑤ ⑥
	(2)	① ② ③ ④
	(3)	① ② ③ ④
	(4)	① ② ③ ④

6	(1)	① ② ③ ④
	(2)	① ② ③ ④
	(3)	① ② ③ ④
	(4)	① ② ③ ④
	(5)	① ② ③ ④
	(6)	① ② ③ ④
	(7)	① ② ③ ④
	(8)	① ② ③ ④
	(9)	① ② ③ ④
	(10)	① ② ③ ④

土浦日本大学高等学校　2023年度

◇国語◇

※解答欄は実物大になります。

記入上の注意

(1) ＨＢの黒鉛筆を使用し，マークすること。
(2) 氏名とフリガナを記入すること。
(3) 受験番号を算用数字で記入すること。
(4) 受験番号欄に番号を正確にマークすること。
(5) 記入すべきこと以外は，絶対に書かないこと。
(6) マークを訂正するときは，プラスチックの消しゴムを使用し，きれいに消すこと。
(7) 消しくずは，きれいに取り除くこと。
(8) この解答用紙は，折り曲げたり，破ったり，汚したりしないこと。

マークの仕方	よい例	わるい例
	●	⊘ ○ ⊗ ◐

一	問 1	㋐	㋑	㋒	㋓	㋔
	問 2	㋐	㋑	㋒	㋓	㋔
	問 3	㋐	㋑	㋒	㋓	㋔
	問 4	㋐	㋑	㋒	㋓	㋔
	問 5	㋐	㋑	㋒	㋓	㋔
	問 6	㋐	㋑	㋒	㋓	㋔
	問 7	㋐	㋑	㋒	㋓	㋔
	問 8	㋐	㋑	㋒	㋓	㋔
	問 9	㋐	㋑	㋒	㋓	㋔
	問 10	㋐	㋑	㋒	㋓	㋔
二	問 11	㋐	㋑	㋒	㋓	㋔
	問 12	㋐	㋑	㋒	㋓	㋔
	問 13	㋐	㋑	㋒	㋓	㋔
	問 14	㋐	㋑	㋒	㋓	㋔
	問 15	㋐	㋑	㋒	㋓	㋔
	問 16	㋐	㋑	㋒	㋓	㋔
	問 17	㋐	㋑	㋒	㋓	㋔
	問 18	㋐	㋑	㋒	㋓	㋔

三	問 19	㋐	㋑	㋒	㋓	㋔
	問 20	㋐	㋑	㋒	㋓	㋔
	問 21	㋐	㋑	㋒	㋓	㋔
	問 22	㋐	㋑	㋒	㋓	㋔
	問 23	㋐	㋑	㋒	㋓	㋔
	問 24	㋐	㋑	㋒	㋓	㋔
	問 25	㋐	㋑	㋒	㋓	㋔
四	問 26	㋐	㋑	㋒	㋓	㋔
	問 27	㋐	㋑	㋒	㋓	㋔
	問 28	㋐	㋑	㋒	㋓	㋔
	問 29	㋐	㋑	㋒	㋓	㋔
	問 30	㋐	㋑	㋒	㋓	㋔

土浦日本大学高等学校　　2022年度

◇数学◇

※ 110%に拡大していただくと，解答欄は実物大になります。

記入上の注意

(1) ＨＢの黒鉛筆を使用し，マークすること。
(2) 氏名とフリガナを記入すること。
(3) 受験番号を算用数字で記入すること。
(4) 受験番号欄に番号を正確にマークすること。
(5) 記入すべきこと以外は，絶対に書かないこと。
(6) マークを訂正するときは，プラスチックの消しゴムを使用し，きれいに消すこと。
(7) 消しくずは，きれいに取り除くこと。
(8) この解答用紙は，折り曲げたり，破ったり，汚したりしないこと。

マークの仕方	よい例	わるい例
	●	✓ ◯ ⊗ ◐

大問	小問		記号	マーク
1	(1)		ア	0 1 2 3 4 5 6 7 8 9
			イ	0 1 2 3 4 5 6 7 8 9
	(2)		ウ	0 1 2 3 4 5 6 7 8 9
			エ	0 1 2 3 4 5 6 7 8 9
			オ	0 1 2 3 4 5 6 7 8 9
	(3)		カ	0 1 2 3 4 5 6 7 8 9
			キ	0 1 2 3 4 5 6 7 8 9
	(4)		ク	0 1 2 3 4 5 6 7 8 9
			ケ	0 1 2 3 4 5 6 7 8 9
			コ	0 1 2 3 4 5 6 7 8 9
			サ	0 1 2 3 4 5 6 7 8 9
	(5)		シ	0 1 2 3
			ス	0 1 2 3
2	(1)	(i)	ア	0 1 2 3 4 5 6 7 8 9
			イ	0 1 2 3 4 5 6 7 8 9
		(ii)	ウ	0 1 2 3 4 5 6 7 8 9
			エ	0 1 2 3 4 5 6 7 8 9
	(2)		オ	0 1 2 3 4 5 6 7 8 9
			カ	0 1 2 3 4 5 6 7 8 9
			キ	0 1 2 3 4 5 6 7 8 9
			ク	0 1 2 3 4 5 6 7 8 9
	(3)		ケ	0 1 2 3 4 5 6 7 8 9
			コ	0 1 2 3 4 5 6 7 8 9

大問	小問		記号	マーク
3	(1)		ア	0 1 2 3 4 5 6 7 8 9
			イ	0 1 2 3 4 5 6 7 8 9
	(2)		ウ	0 1 2 3 4 5 6 7 8 9
			エ	0 1 2 3 4 5 6 7 8 9
	(3)		オ	0 1 2 3 4 5 6 7 8 9
			カ	0 1 2 3 4 5 6 7 8 9
			キ	0 1 2 3 4 5 6 7 8 9
			ク	0 1 2 3 4 5 6 7 8 9
4	(1)		ア	0 1 2 3 4 5 6 7 8 9
	(2)		イ	0 1 2 3 4 5 6 7 8 9
			ウ	0 1 2 3 4 5 6 7 8 9
			エ	0 1 2 3 4 5 6 7 8 9
	(3)		オ	0 1 2 3 4 5 6 7 8 9
			カ	0 1 2 3 4 5 6 7 8 9
			キ	0 1 2 3 4 5 6 7 8 9
5	(1)		ア	0 1 2 3 4 5 6 7 8 9
			イ	0 1 2 3 4 5 6 7 8 9
	(2)	(i)	ウ	0 1 2 3 4 5 6 7 8 9
			エ	0 1 2 3 4 5 6 7 8 9
			オ	0 1 2 3 4 5 6 7 8 9
		(ii)	カ	0 1 2 3 4 5 6 7 8 9
			キ	0 1 2 3 4 5 6 7 8 9
			ク	0 1 2 3 4 5 6 7 8 9
			ケ	0 1 2 3 4 5 6 7 8 9

土浦日本大学高等学校　2022年度

◇英語◇

※ 130%に拡大していただくと，解答欄は実物大になります。

記入上の注意

(1) ＨＢの黒鉛筆を使用し，マークすること。
(2) 氏名とフリガナを記入すること。
(3) 受験番号を算用数字で記入すること。
(4) 受験番号欄に番号を正確にマークすること。
(5) 記入すべきこと以外は，絶対に書かないこと。
(6) マークを訂正するときは，プラスチックの消しゴムを使用し，きれいに消すこと。
(7) 消しくずは，きれいに取り除くこと。
(8) この解答用紙は，折り曲げたり，破ったり，汚したりしないこと。

マークの仕方	よい例	わるい例
	●	◎ ○ ⊗ ◐

大問	設問		解答欄
1	(1)		① ② ③ ④
	(2)		① ② ③ ④
	(3)		① ② ③ ④
	(4)		① ② ③ ④
	(5)		① ② ③ ④
	(6)		① ② ③ ④
	(7)		① ② ③ ④
	(8)		① ② ③ ④
	(9)		① ② ③ ④ ⑤ ⑥ ⑦
2	(10)		① ② ③ ④
	(11)		① ② ③ ④
	(12)		① ② ③ ④
	(13)		① ② ③ ④
	(14)		① ② ③ ④
	(15)		① ② ③ ④
	(16)		① ② ③ ④
	(17)	(A)	① ② ③ ④
		(B)	① ② ③ ④
		(C)	① ② ③ ④
3	(18)		① ② ③ ④
	(19)		① ② ③ ④
	(20)		① ② ③ ④
	(21)		① ② ③ ④
	(22)		① ② ③ ④
	(23)		① ② ③ ④
	(24)	(A)	① ② ③ ④
		(B)	① ② ③ ④
		(C)	① ② ③ ④
		(D)	① ② ③ ④

大問	設問		解答欄
4	(25)		① ② ③ ④
	(26)		① ② ③ ④
	(27)		① ② ③ ④
5	(28)		① ② ③ ④
	(29)		① ② ③ ④
	(30)		① ② ③ ④
6	(31)		① ② ③ ④
	(32)		① ② ③ ④
	(33)		① ② ③ ④
	(34)		① ② ③ ④
7	(35)	1番目	① ② ③ ④ ⑤ ⑥
		2番目	① ② ③ ④ ⑤ ⑥
		3番目	① ② ③ ④ ⑤ ⑥
		4番目	① ② ③ ④ ⑤ ⑥
		5番目	① ② ③ ④ ⑤ ⑥
		6番目	① ② ③ ④ ⑤ ⑥
	(36)	1番目	① ② ③ ④ ⑤ ⑥
		2番目	① ② ③ ④ ⑤ ⑥
		3番目	① ② ③ ④ ⑤ ⑥
		4番目	① ② ③ ④ ⑤ ⑥
		5番目	① ② ③ ④ ⑤ ⑥
		6番目	① ② ③ ④ ⑤ ⑥
	(37)	1番目	① ② ③ ④ ⑤ ⑥
		2番目	① ② ③ ④ ⑤ ⑥
		3番目	① ② ③ ④ ⑤ ⑥
		4番目	① ② ③ ④ ⑤ ⑥
		5番目	① ② ③ ④ ⑤ ⑥
		6番目	① ② ③ ④ ⑤ ⑥

大問	設問		解答欄
7	(38)	1番目	① ② ③ ④ ⑤ ⑥
		2番目	① ② ③ ④ ⑤ ⑥
		3番目	① ② ③ ④ ⑤ ⑥
		4番目	① ② ③ ④ ⑤ ⑥
		5番目	① ② ③ ④ ⑤ ⑥
		6番目	① ② ③ ④ ⑤ ⑥
	(39)	1番目	① ② ③ ④ ⑤ ⑥
		2番目	① ② ③ ④ ⑤ ⑥
		3番目	① ② ③ ④ ⑤ ⑥
		4番目	① ② ③ ④ ⑤ ⑥
		5番目	① ② ③ ④ ⑤ ⑥
		6番目	① ② ③ ④ ⑤ ⑥
8	(40)		① ② ③ ④
	(41)		① ② ③ ④
	(42)		① ② ③ ④
	(43)		① ② ③ ④
	(44)		① ② ③ ④

土浦日本大学高等学校　2022年度

◇理科◇

※解答欄は実物大になります。

記入上の注意

(1) ＨＢの黒鉛筆を使用し，マークすること。
(2) 氏名とフリガナを記入すること。
(3) 受験番号を算用数字で記入すること。
(4) 受験番号欄に番号を正確にマークすること。
(5) 記入すべきこと以外は，絶対に書かないこと。
(6) マークを訂正するときは，プラスチックの消しゴムを使用し，きれいに消すこと。
(7) 消しくずは，きれいに取り除くこと。
(8) この解答用紙は　折り曲げたり，破ったり，汚したりしないこと。

マークの仕方	よい例	わるい例
	●	⊘ ○ ⊗ ◐

大問	小問		解答欄
1	(1)		① ② ③ ④
	(2)		① ② ③ ④
	(3)		① ② ③ ④
	(4)		① ② ③ ④
	(5)		① ② ③ ④
2	(1)	(a)	① ② ③ ④
		(b)	① ② ③ ④
	(2)		① ② ③ ④
	(3)		① ② ③ ④
	(4)		① ② ③ ④
3	(1)	(a)	① ② ③ ④
		(b)	① ② ③ ④
	(2)	(a)	① ② ③ ④
		(b)	① ② ③ ④
		(c)	① ② ③ ④
4	(1)		① ② ③ ④ ⑤ ⑥ ⑦ ⑧ ⑨
	(2)	(a)	① ② ③ ④ ⑤ ⑥
		(b)	① ② ③ ④ ⑤ ⑥
	(3)		① ② ③ ④
	(4)	(a)	① ② ③ ④
		(b)	① ② ③ ④

大問	小問		解答欄
5	(1)		① ② ③ ④
	(2)		① ② ③ ④
	(3)		① ② ③ ④
	(4)		① ② ③ ④
	(5)		① ② ③ ④
6	(1)	(a)	① ② ③ ④ ⑤ ⑥
		(b)	① ② ③ ④ ⑤ ⑥
	(2)	B点	① ② ③ ④ ⑤
		C点	① ② ③ ④ ⑤
	(3)		① ② ③ ④ ⑤ ⑥
	(4)		① ② ③ ④ ⑤ ⑥
7	(1)		① ② ③ ④
	(2)		① ② ③ ④
	(3)		① ② ③ ④
	(4)		① ② ③ ④
8	(1)		① ② ③ ④
	(2)		① ② ③ ④
	(3)		① ② ③ ④
	(4)		① ② ③ ④
	(5)		① ② ③ ④

土浦日本大学高等学校　2022年度

◇社会◇

※解答欄は実物大になります。

記入上の注意

(1) ＨＢの黒鉛筆を使用し，マークすること。
(2) 氏名とフリガナを記入すること。
(3) 受験番号を算用数字で記入すること。
(4) 受験番号欄に番号を正確にマークすること。
(5) 記入すべきこと以外は，絶対に書かないこと。
(6) マークを訂正するときは，プラスチックの消しゴムを使用し，きれいに消すこと。
(7) 消しくずは，きれいに取り除くこと。
(8) この解答用紙は，折り曲げたり，破ったり，汚したりしないこと。

マークの仕方	よい例	わるい例
	●	◎ ○ ⊗ ◐

大問	設問	解答
1	(1)	① ② ③ ④
	(2)	① ② ③ ④
	(3)	① ② ③ ④
	(4)	① ② ③ ④
	(5)	① ② ③ ④
	(6)	① ② ③ ④
	(7)	① ② ③ ④
	(8)	① ② ③ ④
	(9)	① ② ③ ④
	(10)	① ② ③ ④
2	(1)	① ② ③ ④
	(2)	① ② ③ ④
	(3)	① ② ③ ④
	(4)	① ② ③ ④
	(5)	① ② ③ ④
	(6)	① ② ③ ④
	(7)	① ② ③ ④
	(8)	① ② ③ ④
	(9)	① ② ③ ④
	(10)	① ② ③ ④
3	(1)	① ② ③ ④
	(2)	① ② ③ ④
	(3)	① ② ③ ④
	(4)	① ② ③ ④
	(5)	① ② ③ ④
	(6)	① ② ③ ④
	(7)	① ② ③ ④
	(8)	① ② ③ ④ ⑤ ⑥ ⑦
	(9)	① ② ③ ④
	(10)	① ② ③ ④
4	(1)	① ② ③ ④
	(2)	① ② ③ ④
	(3)	① ② ③ ④
	(4)	① ② ③ ④ ⑤ ⑥
	(5)	① ② ③ ④
	(6)	① ② ③ ④
5	(1)	① ② ③ ④ ⑤ ⑥
	(2)	① ② ③ ④
	(3)	① ② ③ ④
	(4)	① ② ③ ④
6	(1)	① ② ③ ④
	(2)	① ② ③ ④
	(3)	① ② ③ ④
	(4)	① ② ③ ④
	(5)	① ② ③ ④
	(6)	① ② ③ ④
	(7)	① ② ③ ④
	(8)	① ② ③ ④
	(9)	① ② ③ ④
	(10)	① ② ③ ④

土浦日本大学高等学校　　2022年度

◇国語◇

※解答欄は実物大になります。

記入上の注意

(1) ＨＢの黒鉛筆を使用し，マークすること。
(2) 氏名とフリガナを記入すること。
(3) 受験番号を算用数字で記入すること。
(4) 受験番号欄に番号を正確にマークすること。
(5) 記入すべきこと以外は，絶対に書かないこと。
(6) マークを訂正するときは，プラスチックの消しゴムを使用し，きれいに消すこと。
(7) 消しくずは，きれいに取り除くこと。
(8) この解答用紙は，折り曲げたり，破ったり，汚したりしないこと。

マークの仕方	よい例	わるい例
	●	⊘ ○ ⊗ ◐

一	問1	a	㋐	㋑	㋒	㋓	㋔
		b	㋐	㋑	㋒	㋓	㋔
	問2		㋐	㋑	㋒	㋓	㋔
	問3		㋐	㋑	㋒	㋓	㋔
	問4		㋐	㋑	㋒	㋓	㋔
	問5		㋐	㋑	㋒	㋓	㋔
	問6		㋐	㋑	㋒	㋓	㋔
	問7		㋐	㋑	㋒	㋓	㋔
	問8	a	㋐	㋑	㋒	㋓	㋔
		b	㋐	㋑	㋒	㋓	㋔
二	問9		㋐	㋑	㋒	㋓	㋔
	問10		㋐	㋑	㋒	㋓	㋔
	問11		㋐	㋑	㋒	㋓	㋔
	問12		㋐	㋑	㋒	㋓	㋔
	問13		㋐	㋑	㋒	㋓	㋔
	問14		㋐	㋑	㋒	㋓	㋔
	問15		㋐	㋑	㋒	㋓	㋔

三	問16	㋐	㋑	㋒	㋓	㋔
	問17	㋐	㋑	㋒	㋓	㋔
	問18	㋐	㋑	㋒	㋓	㋔
	問19	㋐	㋑	㋒	㋓	㋔
	問20	㋐	㋑	㋒	㋓	㋔
	問21	㋐	㋑	㋒	㋓	㋔
	問22	㋐	㋑	㋒	㋓	㋔
四	問23	㋐	㋑	㋒	㋓	㋔
	問24	㋐	㋑	㋒	㋓	㋔
	問25	㋐	㋑	㋒	㋓	㋔
	問26	㋐	㋑	㋒	㋓	㋔
	問27	㋐	㋑	㋒	㋓	㋔

土浦日本大学高等学校　2021年度

◇数学◇

※118%に拡大していただくと，解答欄は実物大になります。

記入上の注意

(1) ＨＢの黒鉛筆を使用し，マークすること。
(2) 氏名とフリガナを記入すること。
(3) 受験番号を算用数字で記入すること。
(4) 受験番号欄に番号を正確にマークすること。
(5) 記入すべきこと以外は，絶対に書かないこと。
(6) マークを訂正するときは，プラスチックの消しゴムを使用し，きれいに消すこと。
(7) 消しくずは，きれいに取り除くこと。
(8) この解答用紙は，折り曲げたり，破ったり，汚したりしないこと。

マークの仕方	よい例	わるい例
	●	⊘ ◯ ⊗ ◐

大問	小問	記号	マーク
1	(1)	ア	0 1 2 3 4 5 6 7 8 9
		イ	0 1 2 3 4 5 6 7 8 9
	(2)	ウ	0 1 2 3 4 5 6 7 8 9
		エ	0 1 2 3 4 5 6 7 8 9
	(3)	オ	0 1 2 3 4 5 6 7 8 9
		カ	0 1 2 3 4 5 6 7 8 9
	(4)	キ	0 1 2 3 4 5 6 7 8 9
		ク	0 1 2 3 4 5 6 7 8 9
	(5)	ケ	0 1 2 3
		コ	0 1 2 3
2	(1)	ア	0 1 2 3 4 5 6 7 8 9
		イ	0 1 2 3 4 5 6 7 8 9
		ウ	0 1 2 3 4 5 6 7 8 9
	(2)	エ	0 1 2 3 4 5 6 7 8 9
		オ	0 1 2 3 4 5 6 7 8 9
		カ	0 1 2 3 4 5 6 7 8 9
		キ	0 1 2 3 4 5 6 7 8 9
		ク	0 1 2 3 4 5 6 7 8 9
	(3)	ケ	0 1 2 3 4 5 6 7 8 9
		コ	0 1 2 3 4 5 6 7 8 9
		サ	0 1 2 3 4 5 6 7 8 9
		シ	0 1 2 3 4 5 6 7 8 9
		ス	0 1 2 3 4 5 6 7 8 9

大問	小問	記号	マーク
3	(1)	ア	0 1 2 3 4 5 6 7 8 9
		イ	0 1 2 3 4 5 6 7 8 9
	(2)	ウ	0 1 2 3 4 5 6 7 8 9
		エ	0 1 2 3 4 5 6 7 8 9
		オ	0 1 2 3 4 5 6 7 8 9
		カ	0 1 2 3 4 5 6 7 8 9
	(3)	キ	0 1 2 3 4 5 6 7 8 9
4	(1)	ア	0 1 2 3 4 5 6 7 8 9
		イ	0 1 2 3 4 5 6 7 8 9
	(2)	ウ	0 1 2 3 4 5 6 7 8 9
		エ	0 1 2 3 4 5 6 7 8 9
		オ	0 1 2 3 4 5 6 7 8 9
		カ	0 1 2 3 4 5 6 7 8 9
	(3)	キ	0 1 2 3 4 5 6 7 8 9
		ク	0 1 2 3 4 5 6 7 8 9
5	(1)	ア	0 1 2 3 4 5 6 7
	(2)	イ	0 1 2 3 4 5 6 7 8 9
		ウ	0 1 2 3 4 5 6 7 8 9
		エ	0 1 2 3 4 5 6 7 8 9
		オ	0 1 2 3 4 5 6 7 8 9
	(3)	カ	0 1 2 3 4 5 6 7 8 9
		キ	0 1 2 3 4 5 6 7 8 9
		ク	0 1 2 3 4 5 6 7 8 9
		ケ	0 1 2 3 4 5 6 7 8 9

土浦日本大学高等学校　2021年度

◇英語◇

※104％に拡大していただくと，解答欄は実物大になります。

記入上の注意

(1) ＨＢの黒鉛筆を使用し，マークすること。
(2) 氏名とフリガナを記入すること。
(3) 受験番号を算用数字で記入すること。
(4) 受験番号欄に番号を正確にマークすること。
(5) 記入すべきこと以外は，絶対に書かないこと。
(6) マークを訂正するときは，プラスチックの消しゴムを使用し，きれいに消すこと。
(7) 消しくずは，きれいに取り除くこと。
(8) この解答用紙は，折り曲げたり，破ったり，汚したりしないこと。

マークの仕方	よい例	わるい例
	●	✓ ○ ⊗ ◐

大問	設問		解答欄
1	(1)		① ② ③ ④
	(2)		① ② ③ ④
	(3)		① ② ③ ④
	(4)		① ② ③ ④
	(5)		① ② ③ ④
	(6)		① ② ③ ④
	(7)		① ② ③ ④
	(8)		① ② ③ ④
	(9)		① ② ③ ④ ⑤
2	(10)		① ② ③ ④
	(11)		① ② ③ ④
	(12)		① ② ③ ④
	(13)		① ② ③ ④
	(14)		① ② ③ ④
	(15)	(A)	① ② ③ ④
		(B)	① ② ③ ④
		(C)	① ② ③ ④
		(D)	① ② ③ ④
		(E)	① ② ③ ④
3	(16)	①	① ② ③ ④ ⑤ ⑥
		③	① ② ③ ④ ⑤ ⑥
		⑤	① ② ③ ④ ⑤ ⑥
	(17)		① ② ③ ④
	(18)		① ② ③ ④
	(19)		① ② ③ ④
	(20)	(A)	① ② ③ ④
		(B)	① ② ③ ④
		(C)	① ② ③ ④
		(D)	① ② ③ ④
4	(21)		① ② ③ ④
	(22)		① ② ③ ④
	(23)		① ② ③ ④
	(24)		① ② ③ ④
5	(25)		① ② ③ ④
	(26)		① ② ③ ④
	(27)		① ② ③ ④
6	(28)		① ② ③ ④
	(29)		① ② ③ ④
	(30)		① ② ③ ④
7	(31)	2番目	① ② ③ ④ ⑤ ⑥
		5番目	① ② ③ ④ ⑤ ⑥
	(32)	2番目	① ② ③ ④ ⑤ ⑥
		5番目	① ② ③ ④ ⑤ ⑥
	(33)	2番目	① ② ③ ④ ⑤ ⑥
		5番目	① ② ③ ④ ⑤ ⑥
	(34)	2番目	① ② ③ ④ ⑤ ⑥
		5番目	① ② ③ ④ ⑤ ⑥
	(35)	2番目	① ② ③ ④ ⑤ ⑥
		5番目	① ② ③ ④ ⑤ ⑥
8	(36)		① ② ③ ④
	(37)		① ② ③ ④
	(38)		① ② ③ ④
	(39)		① ② ③ ④
	(40)		① ② ③ ④

土浦日本大学高等学校　2021年度

◇理科◇

※111％に拡大していただくと，解答欄は実物大になります。

記入上の注意

(1) ＨＢの黒鉛筆を使用し，マークすること。
(2) 氏名とフリガナを記入すること。
(3) 受験番号を算用数字で記入すること。
(4) 受験番号欄に番号を正確にマークすること。
(5) 記入すべきこと以外は，絶対に書かないこと。
(6) マークを訂正するときは，プラスチックの消しゴムを使用し，きれいに消すこと。
(7) 消しくずは，きれいに取り除くこと。
(8) この解答用紙は，折り曲げたり，破ったり，汚したりしないこと。

マークの仕方	よい例	わるい例
	●	✓ ◍ ⊗ ◐

大問	小問		解答欄
1	(1)		①②③④⑤⑥
	(2)		①②③④⑤
	(3)		①②③④⑤⑥
	(4)		①②③④⑤
	(5)		①②③④
2	(1)	ア	①②
		イ	①②
		ウ	①②
	(2)		①②③④⑤⑥
	(3)		①②③④⑤⑥
	(4)		①②③④
	(5)		①②③④
3	(1)	(a)	①②③④
		(b)	①②③④⑤⑥
	(2)	(a)	①②③④
		(b)	①②③④
		(c)	①②③④
4	(1)		①②③④
	(2)		①②③④
	(3)	(i)	①②③④
		(ii)	①②③④
		(iii)	①②③④
5	(1)		①②③④⑤⑥
	(2)		①②③④⑤
	(3)	ア	①②
		イ	①②
		ウ	①②
	(4)		①②③④⑤
	(5)		①②③④⑤⑥
6	(1)		①②③④
	(2)		①②③④
	(3)		①②③④
	(4)		①②③④
	(5)		①②③④
	(6)		①②③④⑤⑥
7	(1)		①②③④⑤
	(2)		①②③④
	(3)		①②③④⑤
	(4)		①②③④⑤⑥
	(5)		①②③④⑤⑥⑦⑧⑨
8	(1)		①②③④⑤⑥
	(2)		①②③④
	(3)		①②③④⑤⑥⑦⑧⑨
	(4)		①②③④

土浦日本大学高等学校　2021年度　◇社会◇

※103%に拡大していただくと，解答欄は実物大になります。

記入上の注意

(1) ＨＢの黒鉛筆を使用し，マークすること。
(2) 氏名とフリガナを記入すること。
(3) 受験番号を算用数字で記入すること。
(4) 受験番号欄に番号を正確にマークすること。
(5) 記入すべきこと以外は，絶対に書かないこと。
(6) マークを訂正するときは，プラスチックの消しゴムを使用し，きれいに消すこと。
(7) 消しくずは，きれいに取り除くこと。
(8) この解答用紙は，折り曲げたり，破ったり，汚したりしないこと。

マークの仕方	よい例	わるい例

大問	小問	解答
1	(1)	①②③④
	(2)	①②③④
	(3)	①②③④
	(4)	①②③④
	(5)	①②③④
	(6)	①②③④
	(7)	①②③④
	(8)	①②③④
	(9)	①②③④
	(10)	①②③④
2	(1)	①②③④
	(2)	①②③④
	(3)	①②③④
	(4)	①②③④
	(5)	①②③④
	(6)	①②③④
	(7)	①②③④
	(8)	①②③④
	(9)	①②③④
	(10)	①②③④
3	(1)	①②③④
	(2)	①②③④
	(3)	①②③④
	(4)	①②③④
	(5)	①②③④
	(6)	①②③④
	(7)	①②③④
	(8)	①②③④⑤⑥
	(9)	①②③④
	(10)	①②③④
4	(1)	①②③④
	(2)	①②③④
	(3)	①②③④
	(4)	①②③④
	(5)	①②③④
	(6)	①②③④
5	(1)	①②③④⑤⑥
	(2)	①②③④
	(3)	①②③④
	(4)	①②③④
6	(1)	①②③④
	(2)	①②③④
	(3)	①②③④
	(4)	①②③④
	(5)	①②③④
	(6)	①②③④
	(7)	①②③④
	(8)	①②③④
	(9)	①②③④
	(10)	①②③④

土浦日本大学高等学校　2021年度

◇国語◇

※解答欄は実物大になります。

記入上の注意

(1) ＨＢの黒鉛筆を使用し，マークすること。
(2) 氏名とフリガナを記入すること。
(3) 受験番号を算用数字で記入すること。
(4) 受験番号欄に番号を正確にマークすること。
(5) 記入すべきこと以外は，絶対に書かないこと。
(6) マークを訂正するときは，プラスチックの消しゴムを使用し，きれいに消すこと。
(7) 消しくずは，きれいに取り除くこと。
(8) この解答用紙は，折り曲げたり，破ったり，汚したりしないこと。

マークの仕方	よい例	わるい例
	●	✓ ◎ ⊗ ◐

一	問1	①	㋐	㋑	㋒	㋓	㋔
		②	㋐	㋑	㋒	㋓	㋔
	問2		㋐	㋑	㋒	㋓	㋔
	問3		㋐	㋑	㋒	㋓	㋔
	問4		㋐	㋑	㋒	㋓	㋔
	問5		㋐	㋑	㋒	㋓	㋔
	問6		㋐	㋑	㋒	㋓	㋔
	問7		㋐	㋑	㋒	㋓	㋔
	問8	①	㋐	㋑	㋒	㋓	㋔
		②	㋐	㋑	㋒	㋓	㋔
二	問9		㋐	㋑	㋒	㋓	㋔
	問10		㋐	㋑	㋒	㋓	㋔
	問11		㋐	㋑	㋒	㋓	㋔
	問12		㋐	㋑	㋒	㋓	㋔
	問13		㋐	㋑	㋒	㋓	㋔
	問14		㋐	㋑	㋒	㋓	㋔
	問15		㋐	㋑	㋒	㋓	㋔

三	問16	㋐	㋑	㋒	㋓	㋔
	問17	㋐	㋑	㋒	㋓	㋔
	問18	㋐	㋑	㋒	㋓	㋔
	問19	㋐	㋑	㋒	㋓	㋔
	問20	㋐	㋑	㋒	㋓	㋔
	問21	㋐	㋑	㋒	㋓	㋔
四	問22	㋐	㋑	㋒	㋓	㋔
	問23	㋐	㋑	㋒	㋓	㋔
	問24	㋐	㋑	㋒	㋓	㋔
	問25	㋐	㋑	㋒	㋓	㋔
	問26	㋐	㋑	㋒	㋓	㋔
	問27	㋐	㋑	㋒	㋓	㋔

～公立高校志望の皆様に愛されるロングセラーシリーズ～

公立高校入試シリーズ

・全国の都道府県公立高校入試問題から良問を厳選
※実力錬成編には独自問題も！
・見やすい紙面、わかりやすい解説

数学

合格のために必要な点数をゲット

目標得点別・公立入試の数学 基礎編

- 効率的に対策できる！　30・50・70点の目標得点別の章立て
- web解説には豊富な例題167問！
- 実力確認用の総まとめテストつき

定価：1,210 円（本体 1,100 円 + 税 10%）／ ISBN：978-4-8141-2558-6

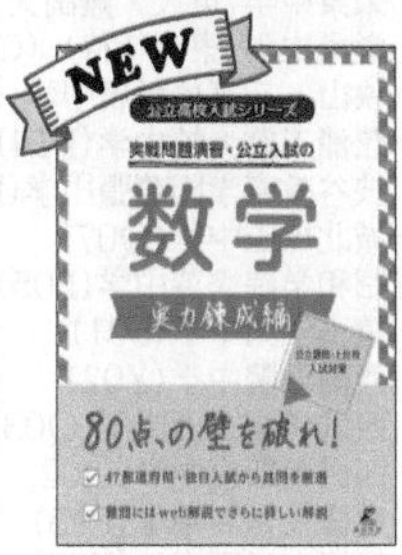

応用問題の頻出パターンをつかんで80点の壁を破る！

実戦問題演習・公立入試の数学 実力錬成編

- 応用問題の頻出パターンを網羅
- 難問にはweb解説で追加解説を掲載
- 実力確認用の総まとめテストつき

定価：1,540 円（本体 1,400 円 + 税 10%）／ ISBN：978-4-8141-2560-9

英語

「なんとなく」ではなく確実に長文読解・英作文が解ける

実戦問題演習・公立入試の英語 基礎編

- 解き方がわかる！　問題内にヒント入り
- ステップアップ式で確かな実力がつく

定価：1,100 円（本体 1,000 円 + 税 10%）／ ISBN：978-4-8141-2123-6

公立難関・上位校合格のためのゆるがぬ実戦力を身につける

実戦問題演習・公立入試の英語 実力錬成編

- 総合読解・英作文問題へのアプローチ手法がつかめる
- 文法、構文、表現を一つひとつ詳しく解説

定価：1,320 円（本体 1,200 円 + 税 10%）／ ISBN：978-4-8141-2169-4

理科

短期間で弱点補強・総仕上げ

実戦問題演習・公立入試の理科

- 解き方のコツがつかめる!　豊富なヒント入り
- 基礎～思考・表現を問う問題まで
  重要項目を網羅

定価：1,045 円（本体 950 円 + 税 10%）
ISBN：978-4-8141-0454-3

社会

弱点補強・総合力で社会が武器になる

実戦問題演習・公立入試の社会

- 基礎から学び弱点を克服!　豊富なヒント入り
- 分野別総合・分野複合の融合など
  あらゆる問題形式を網羅
  ※時事用語集を弊社HPで無料配信

定価：1,045 円（本体 950 円 + 税 10%）
ISBN：978-4-8141-0455-0

国語

最後まで解ききれる力をつける

形式別演習・公立入試の国語

- 解き方がわかる!　問題内にヒント入り
- 基礎～標準レベルの問題で
  確かな基礎力を築く
- 実力確認用の総合テストつき

定価：1,045 円（本体 950 円 + 税 10%）
ISBN：978-4-8141-0453-6

〈ダウンロードコンテンツについて〉

本問題集のダウンロードコンテンツ、弊社ホームページで配信しております。現在ご利用いただけるのは「2025年度受験用」に対応したもので、**2025年3月末日**までダウンロード可能です。弊社ホームページにアクセスの上、ご利用ください。
※配信期間が終了いたしますと、ご利用いただけませんのでご了承ください。

高校別入試過去問題シリーズ

土浦日本大学高等学校　2025年度

ISBN978-4-8141-3022-1

[発行所] 東京学参株式会社
〒153-0043　東京都目黒区東山2-6-4

書籍の内容についてのお問い合わせは右のQRコードから　⇒ 

※書籍の内容についてのお電話でのお問い合わせ、本書の内容を超えたご質問には対応できませんのでご了承ください。

2024年5月30日　初版